普通高等学校土木工程专业新编系列教材
中国土木工程学会教育工作委员会　审订

桥梁工程

（第4版）

主　编　邵旭东　金晓勤

武汉理工大学出版社
·武　汉·

内容提要

本书重点介绍了中小跨径混凝土梁式桥、拱桥和墩台的结构构造、设计计算和施工方法，简要介绍了大跨径悬臂体系、连续体系梁桥、斜拉桥和悬索桥的主要特点和构造。

本书可作为高等院校土木工程专业学生的教材，也可供从事桥梁工程技术工作的科技人员参考。

图书在版编目(CIP)数据

桥梁工程/邵旭东，金晓勤主编．—4版．—武汉：武汉理工大学出版社，2016.6(2022.5重印)
ISBN 978-7-5629-5203-9

Ⅰ．①桥…　Ⅱ．①邵…　②金…　Ⅲ．①桥梁工程—高等学校—教材　Ⅳ．①U44

中国版本图书馆CIP数据核字(2016)第144498号

项目负责人：蔡德民　刘永坚　田道全　　**责任编辑**：王利永
责任校对：夏冬琴　　**装帧设计**：语新文化
出版发行：武汉理工大学出版社
社　　址：武汉市洪山区珞狮路122号
邮　　编：430070
网　　址：http://www.wutp.com.cn
经　　销：各地新华书店
印　　刷：武汉市天星美润设计印务有限公司
开　　本：880×1230　1/16
印　　张：14.5
字　　数：459千字
版　　次：2002年6月第1版　2016年6月第4版
印　　次：2022年5月第7次印刷　总第25次印刷
印　　数：18001—19500册
定　　价：28.00元

普通高等学校土木工程专业新编系列教材编审委员会
（第4届）

第 4 版前言

本书是根据 2011 年 9 月高等学校土木工程学科专业指导委员会最新颁布的《高等学校土木工程本科指导性专业规范》制定的培养目标和课程体系，按教材编委会制定的教学大纲编写的。为使学生掌握各种桥型的特点和技术要领，了解其发展趋势，本书着重于系统阐明桥梁工程的基本要领、理论和方法，并多举实例和算例便于读者理解和领会，同时尽可能地融入了桥梁领域内的新技术和新进展。通过本课程的学习，要求学生熟练掌握中小型桥梁的设计和施工方法，并且能较好地理解大型桥梁的主要受力和结构构造特点。

本书是湖南大学编写的《桥梁工程》第 4 版，此版在前三版的基础上，按照《公路工程技术标准》(JTG B01—2014)、《公路桥梁设计通用规范》(JTG D60—2015)，对书中所涉及的相关内容作了更新；根据近几年桥梁技术的新发展，修改了部分内容。全书共 9 章，第 1 章介绍桥梁工程的基本知识和发展动态，以及规划设计方法和程序，第 2、3、4 章介绍中小跨径梁式桥和支座的设计方法，第 5 章介绍大跨径悬臂体系、连续体系梁桥、斜拉桥和悬索桥的主要特点和构造，第 6、8 章分别介绍混凝土梁桥和拱桥的常用施工方法，第 7、9 章分别介绍拱桥和墩台的设计方法。

本书第 3 版的编写分工为：第 1 章第 1.1～第 1.4 节(第 1.5 节由彭旺虎编写)、第 5 章由邵旭东编写，第 2、3、4 章由金晓勤编写，第 6、8 章由程翔云编写，第 7、9 章由赵华编写。全书由邵旭东教授最后修改定稿。

本次修订由金晓勤、邵晓东、邓富颢完成。

本书若有差错和不当之处，敬请读者指正。

编　者

2016 年 4 月

目　录

1 总　论

本章提要

本章主要介绍桥梁的基本组成和名词术语、桥梁的分类，对桥梁发展动态作了概述，并介绍了桥梁的总体规划和设计步骤，以及桥梁上的作用。

1.1 概　述

桥梁工程在学科上属于土木工程的分支，在功能上是交通工程中的咽喉。

随着我国国民经济的迅速发展和经济的全球化，大力发展交通运输事业，建立四通八达的现代交通网络，对发展国民经济、促进文化交流、加强民族团结、缩小地区差别、巩固国防等方面，都有非常重要的作用。

我国自改革开放以来，路(特别是高等级公路和城市道路)、桥建设得到了飞速的发展，对改善人民的生活环境、改善投资环境、促进经济的腾飞，起到了关键性的作用。

桥梁工程在工程规模上占道路总造价的10%～20%，同时它也是保证全线通车的咽喉，特别是在战时，桥梁工程具有非常重要的地位。

桥梁是一种功能性的结构物，但自古以来，人类从未停止过对桥梁美学的追求，很多桥梁被建成为令人赏心悦目的艺术品，具有鲜明的时代特征，至今仍然为人们所赞叹。

随着科学技术的进步和经济、社会、文化水平的提高，人们对桥梁建筑提出了更高的要求。经过几十年的努力，我国的桥梁工程无论是在建设规模上，还是在科技水平上，均已跻身世界先进行列。各种功能齐全、造型美观的立交桥、高架桥，横跨长江、黄河等大江大河的特大跨度桥梁，如雨后春笋频频建成。目前随着国家公路国道主干线规则的编制完成，几十千米长的跨海湾、海峡特大桥梁的宏伟建设工程已经摆在我们面前，并已逐渐开始建设，广大桥梁工程技术人员将不断面临着建设新颖和复杂桥梁结构的挑战，肩负着光荣而艰巨的任务。

1.2 桥梁的基本组成和分类

1.2.1 桥梁的基本组成

概括地说，桥梁由四个基本部分组成，即上部结构(superstructure)、下部结构(substructure)、支座(bearing)和附属设施(accessory)。

图1.1为一座公路桥梁的概貌，从图1.1中可见，涉及一般桥梁工程的几个主要名词解释如下：

上部结构是在线路中断时跨越障碍的主要承重结构，是桥梁支座以上(无铰拱起拱线或刚架主梁底线以上)跨越桥孔的总称，当跨越幅度越大时，上部结构的构造也就越复杂，施工难度也相应增加。

下部结构包括桥墩(pier)、桥台(abutment)和基础(foundation)。

桥墩和桥台是支承上部结构并将其传来的恒载和车辆等活载再传至基础的结构物。通常设置在桥两端的称为桥台，设置在桥中间部分的称为桥墩。桥台除了具有上述作用外，还与路堤相衔接，并抵御路堤土压力，防止路堤填土的坍方。单孔桥只有两端的桥台，而没有中间的桥墩。

桥墩和桥台底部的奠基部分，称为基础，基础承担了从桥墩和桥台传来的全部荷载，这些荷载包括竖向荷载以及地震、船舶撞击墩身等引起的水平荷载。由于基础往往深埋于水下地基中，在桥梁施工中是难度较大的一个部分，也是确保桥梁安全的关键之一。

支座是设在墩（台）顶，用于支承上部结构的传力装置，它不仅要传递很大的荷载，而且要保证上部结构按设计要求能产生一定的变形。

桥梁的基本附属设施包括桥面系（bridge decking）、伸缩缝（expansion joint）、桥梁与路堤衔接处的桥头搭板（transition slab at bridge head）和锥形护坡（conical slope）等。

河流中的水位是变动的，枯水季节的最低水位称为低水位（low water level），洪峰季节河流中的最高水位称为高水位（high water level）。桥梁设计中按规定的设计洪水频率计算所得的高水位（很多情况下是推算水位），称为设计洪水位（designed flood level）；设计洪水位加壅水和浪高，称为计算水位（calculated water level）；在各级航道中，能保持船舶正常航行时的水位，称为通航水位（navigable water level）。

下面介绍一些与桥梁布置有关的主要尺寸和名词术语。

净跨径（clear span），对于设支座的桥梁为相邻两墩、台身顶内缘之间的水平净距，对于不设支座的桥梁为上、下部结构相交处内缘间的水平净距，用 l_0 表示（见图 1.1、图 1.2）。

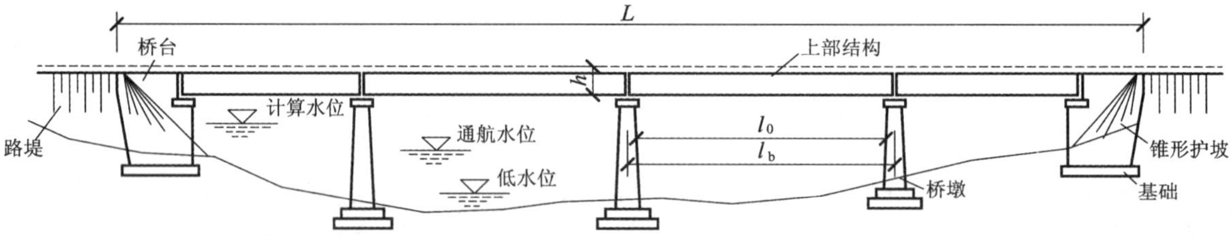

图 1.1　梁式桥概貌

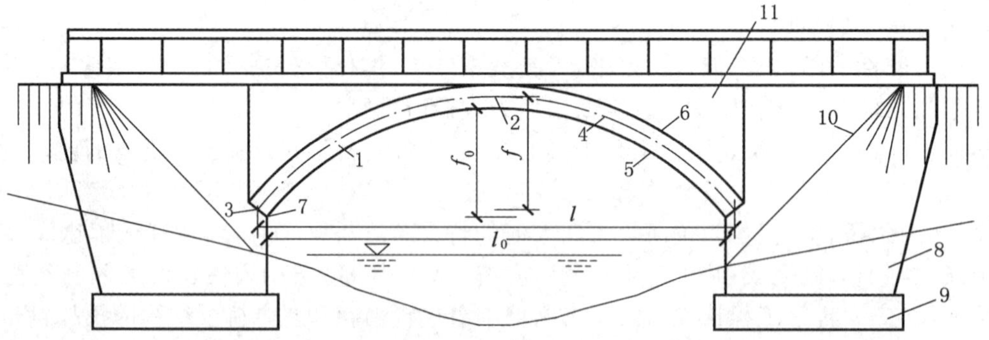

图 1.2　拱桥概貌

1— 主拱圈；2— 拱顶；3— 拱脚；4— 拱轴线；5— 拱腹；6— 拱背；7— 起拱线；8— 桥台；9— 桥台基础；10— 锥坡；11— 拱上建筑；

l_0— 净跨径；l— 计算跨径；f_0— 净矢高；f— 计算矢高；f/l（或 f_0/l_0）— 矢跨比

总跨径（total span）是多孔桥梁中各孔净跨径的总和（$\sum l_0$），它反映了桥下宣泄洪水的能力。

计算跨径（computed span），对于设支座的桥梁，为相邻支座中心的水平距离，对于不设支座的桥梁（如拱桥、刚构桥等），为上、下部结构的相交面之中心间的水平距离，用 l 表示，桥梁结构的力学计算是以 l 为准的。

标准跨径（standard span），对于梁式桥、板式桥，以两桥墩中线之间桥中心线长度或桥墩中线与桥台台背前缘线之间桥中心线长度为准；对于拱式桥和涵洞，以净跨径为准。

桥梁全长（total length of bridge）简称桥长，对于有桥台的桥梁为两岸桥台翼墙尾端间的距离，对于无桥台的桥梁为桥面系行车道长度，用 L 表示。

桥下净空（clearance of span）是为满足通航（或行车、行人）的需要和保证桥梁安全而对上部结构底缘以下规定的空间界限。

桥梁建筑高度（construction height of bridge）是上部结构底缘至桥面顶面的垂直距离（图 1.1 中的 h），线路定线中所确定的桥面标高，与通航（或桥下通车、人）净空界限顶部标高之差，称为容许建筑高度（allowable construction height）。显然，桥梁建筑高度不得大于容许建筑高度。为控制桥梁建筑高度，可以通过在桥面以上布置结构(如斜拉桥,悬索桥,中、下承式拱桥等)的方式加以解决。

桥面净空(clearance above bridge floor)是桥梁行车道、人行道上方应保持的空间界限,公路、铁路和城市桥梁对桥面净空都有相应的规定。

我国《公路桥涵设计通用规范》(JTG D60—2015)(以下简称《桥规》)规定了特大、大、中、小桥的划分,如表 1.1 所示。

桥梁按总长 L 和标准跨径 L_k 分类 **表 1.1**

桥梁分类	多孔跨径总长 L(m)	单孔跨径 L_k(m)	桥梁分类	多孔跨径总长 L(m)	单孔跨径 L_k(m)
特大桥	$L > 1000$	$L_k > 150$	中桥	$30 < L < 100$	$20 \leqslant L_k < 40$
大桥	$100 \leqslant L \leqslant 1000$	$40 \leqslant L_k \leqslant 150$	小桥	$8 \leqslant L \leqslant 30$	$5 \leqslant L_k < 20$

1.2.2 桥梁的分类

1.2.2.1 桥梁按受力体系分类

按照受力体系分类,桥梁有梁、拱、吊三大基本体系,其中梁桥以受弯为主,拱桥以受压为主,吊桥以受拉为主。另外,由上述三大基本体系的相互组合,派生出在受力上也具组合特征的多种桥型,如刚架桥和斜拉桥等,下面分别阐述各种桥梁体系的主要特点。

(1) 梁式桥(beam bridge)

梁式桥是一种在竖向荷载作用下无水平反力的结构[见图 1.3(a)、图 1.3(b)],由于外力(恒载和活载)的作用方向与承重结构的轴线接近垂直,因而与同样跨径的其他结构体系相比,梁桥内产生的弯矩最大,通常需用抗弯、抗拉能力强的材料(钢、配筋混凝土、钢-混凝土叠合结构等)来建造。对于中、小跨径桥梁,目前在公路上应用最广的是标准跨径的钢筋混凝土简支梁桥,施工方法有预制装配和现浇两种。这种梁桥结构简单,施工方便,简支梁对地基承载力的要求也不高,其常用跨径在 25m 以下,当跨径较大时,需采用预应力混凝土简支梁桥,但跨度一般不超过 50m。为了改善受力条件和使用性能,地质条件较好时,中、小跨径梁桥均可修建连续梁桥,如图 1.3(c) 所示;对于跨径很大的大桥和特大桥,可采用预应力混凝土梁桥、钢桥和钢-混凝土叠合梁桥,如图 1.3(d)、图 1.3(e) 所示。

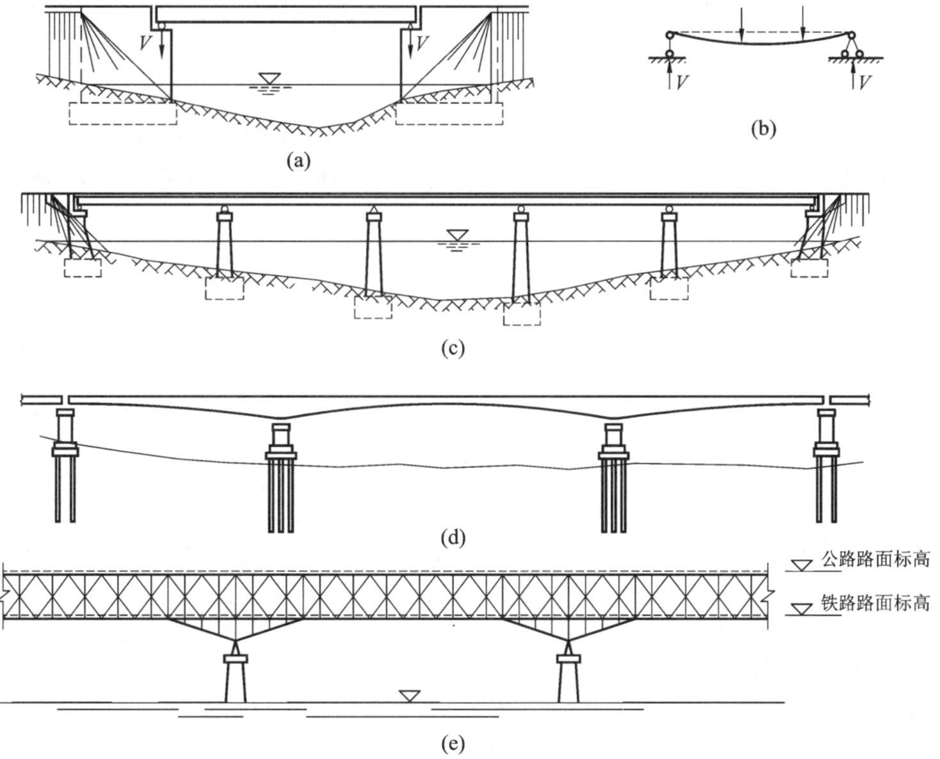

图 1.3 梁式桥

(2) 拱式桥(arch bridge)

拱式桥的主要承重结构是拱圈或拱肋(拱圈横截面设计成分离形式时称为拱肋)。拱结构在竖向荷载作用下,桥墩和桥台将承受水平推力,如图 1.4(b) 所示。同时,根据作用力和反作用力原理,墩台向拱圈(或拱肋) 提供一对水平反力 H,这种水平反力将大大抵消在拱圈(或拱肋) 内由荷载所引起的弯矩。因此,与同跨径的梁相比,拱的弯矩、剪力和变形都要小得多。鉴于拱桥的承重结构以受压为主,通常可用抗压能力强的圬工材料(如砖、石、混凝土) 和钢筋混凝土等来建造。

拱桥不仅跨越能力很大,而且外形酷似彩虹卧波,十分美观,在条件许可的情况下,修建拱桥往往是经济合理的,一般在跨径 500m 以内均可作为比选方案。

应当注意,为了确保拱桥的安全,下部结构和地基(特别是桥台) 必须能经受住很大的水平推力作用,此外,与梁式桥不同,由于拱圈(或拱肋) 在合拢前自身不能维持平衡,因而拱桥在施工过程中的难度和危险性要远大于梁式桥。对于跨度特别大的拱桥,也可建造钢桥或钢-混凝土组合截面的拱桥,由自重较轻但强度很高的钢拱首先合拢并承担施工荷载,这样,其施工的难度和风险就可降低。

在地基条件不适合修建具有很大推力的拱桥的情况下,也可建造水平推力由受拉系杆来承受的系杆拱桥。系杆可由钢、预应力混凝土或高强钢筋做成,如图 1.4(d) 所示。近年来发展了一种所谓"飞雁式" 的三跨微小推力拱桥,如图 1.4(e) 所示,即在边跨的两端施加强大的水平预加力 H,通过边跨梁传至拱脚,以抵消主跨拱脚处的巨大水平推力。

按照行车道处于主拱圈的不同位置,拱桥分为上承式拱、中承式拱和下承式拱三种。如图 1.4 所示,"承" 代表承受车辆荷载的位置,即行车道位置,"上、中、下" 分别代表这个车道位于主拱圈的上部、中部和下部。

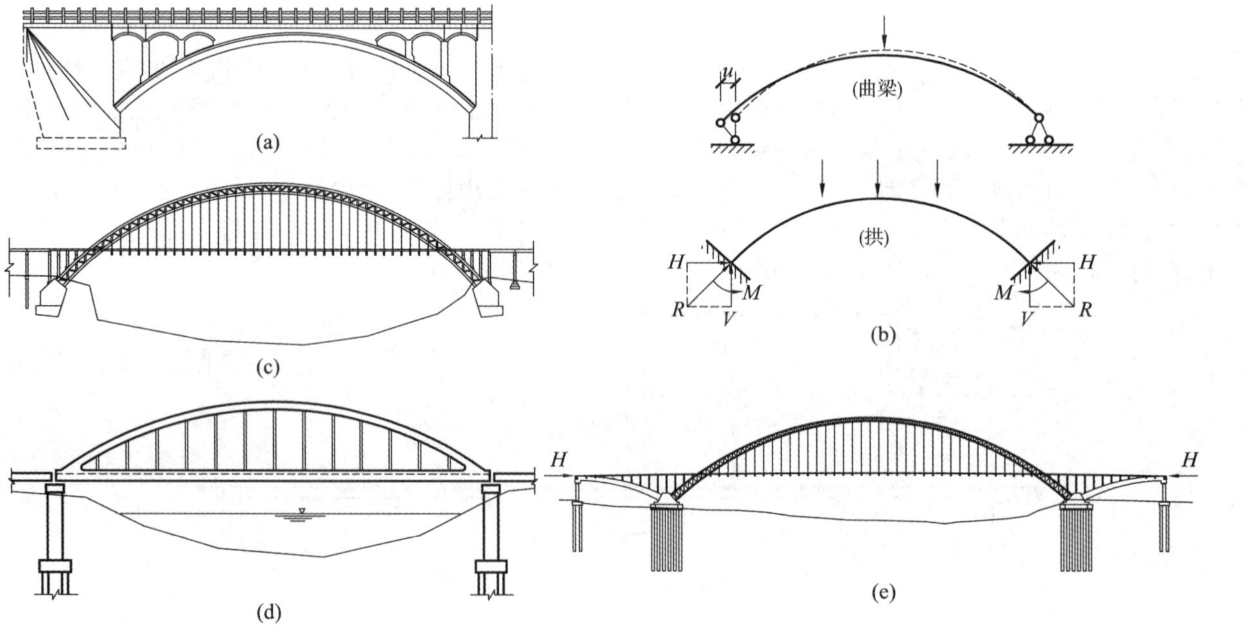

图 1.4　拱式桥

(a) 上承式拱;(b) 曲梁和拱;(c) 中承式拱;(d) 下承式系杆拱;(e) 中承式系杆拱

(3) 刚构桥(rigid frame bridge)

刚构桥的主要承重结构是梁(或板) 与立柱(或竖墙) 整体结合在一起的刚架结构,梁和柱的联接处具有很大的刚性,以承受负弯矩的作用。图 1.5(a) 所示的门式刚架桥,在竖向荷载作用下,柱脚处具有水平反力,梁部主要受弯,但弯矩值较同跨径的简支梁小,梁内还有轴压力 H,因而其受力状态介于梁桥与拱桥之间[见图 1.5(b)]。刚架桥跨中的建筑高度就可做得较小。但普通钢筋混凝土修建的刚架桥在梁柱联接处较易产生裂缝,需在该处多配钢筋。另外,门式刚架桥在温度变化时,内部易产生较大的附加内力,应引起重视。

图 1.5(c) 所示的 T 型刚构桥(带挂孔的或不带挂孔的) 是修建跨径较大的混凝土桥梁曾采用的桥型,属静定或低次超静定结构。对于这种桥型,由于 T 构长悬臂处于一种不受约束的自由变形状态,在车辆荷载作用下,悬臂内的弯、扭应力均较大,因而各个方向均易产生裂缝。另外,由于混凝土徐变,会使悬臂端产生一定

的下挠，从而在悬臂端部和挂梁的结合处形成一个折角，不仅损坏了伸缩缝，而且车辆在此跳车，给悬臂以附加冲击力，使行车不适，对桥梁受力也不利，目前这种桥型已较少采用。

图 1.5(d) 所示的连续刚构桥，属于多次超静定结构，在设计中一般应减小墩柱顶端的水平抗推刚度，使得温度变化时在结构内不致产生较大的附加内力。对于很长的桥，为了降低这种附加内力，往往在两侧的一个或数个边跨上设置滑动支座，从而形成图 1.5(e) 所示的刚构 - 连续组合体系桥型。

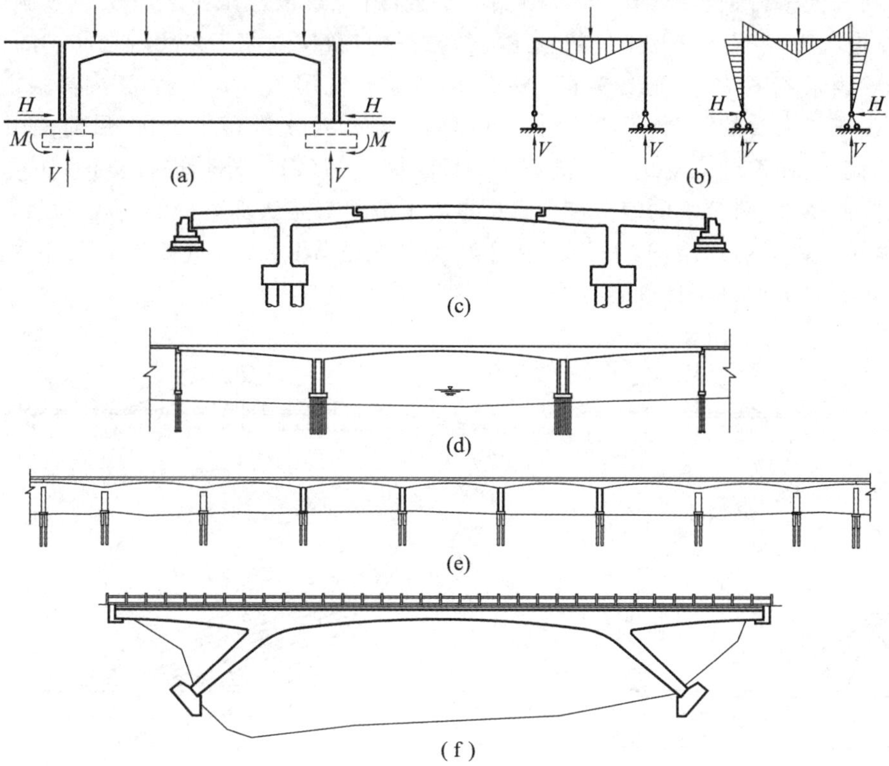

图 1.5 刚构桥

(a) 门式刚架；(b) 受力状态；(c) T 型刚构；(d) 连续刚构；(e) 刚构-连续组合体系；(f) 斜腿刚构

当跨越陡峭的河岸和深谷时，修建斜腿刚构桥往往既经济合理又造型轻巧美观，如图 1.5(f) 所示。由于斜腿墩柱置于岸坡上，有较大斜角，中跨梁内的轴压力也很大，因而斜腿刚构桥的跨越能力比门式刚构桥要大得多，但斜腿的施工难度较直腿大些。

刚构桥一般均需承受正负弯矩的交替作用，横截面宜采用箱形截面。连续刚构桥主梁受力情况与连续梁相近，横截面形式与尺寸也与连续梁基本相同。

(4) 斜拉桥(cable stayed bridge)

斜拉桥由塔柱、主梁和斜拉索组成，如图 1.6 所示。它的基本受力特点是：受拉的斜索将主梁多点吊起，并将主梁的恒载和车辆等其他荷载传至塔柱，再通过塔柱基础传至地基，塔柱基本上以受压为主。跨度较大的主梁就像一条多点弹性支承(吊起) 的连续梁一样工作，从而使主梁内的弯矩大大减小。由于同时受到斜拉索水平分力的作用，主梁截面的基本受力特征是偏心受压。斜拉桥属高次超静定结构，主梁所受弯矩大小与斜拉索的初张力密切相关，存在着一定的最优索力分布，使主梁在各种状态下的弯矩(或应力) 最小。

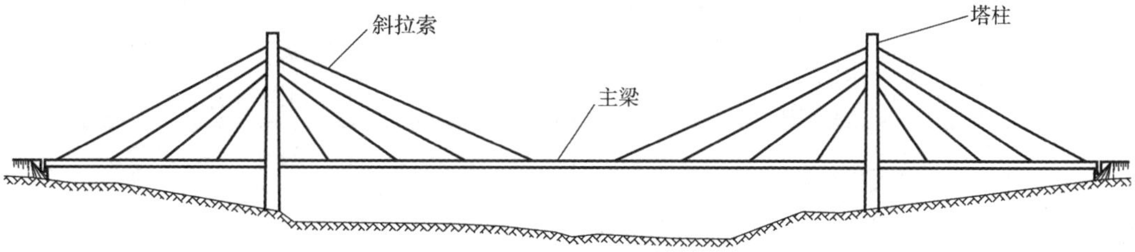

图 1.6 斜拉桥

由于受到斜拉索的弹性支承，弯矩较小，使得主梁尺寸大大减小，结构自重显著减轻，从而大幅度地提高了斜拉桥的跨越能力。此外，由于塔柱、拉索和主梁构成稳定的三角形，斜拉桥的结构刚度较大，斜拉桥的抗风能力较悬索桥要好得多。但是，当跨度很大时，悬臂施工的斜拉桥因主梁悬臂长度过长，承受压力过大，而使得风险较大，塔高也过高，外索过长，索垂度的影响使索的刚度大幅下降，这些问题都需要加以认真地研究和解决。

斜拉索的组成和布置、塔柱形式及主梁的截面形状是多种多样的，主梁的截面形状与拉索的布置情况要相互配合。我国常将高强平行钢丝或钢绞线等制成斜拉索，斜拉索按施工工艺有工厂预制（成品索）和现场防护两种。我国20世纪80年代末、90年代初修建的斜拉桥中，斜拉索大多采用现场防护的方法。由于现场防护环境较差，不确定因素较多，加上施工技术不够成熟，拉索在使用7～8年后，索内高强钢材均出现了不同程度的锈蚀现象，影响了大桥的安全，近年来已有几座斜拉桥对拉索进行了更换。目前常用的平行钢丝斜拉索系完全在工厂内制成，在钢丝束上包一层高密度（HD）聚乙烯（PE）外套进行防护，还可用彩色高密度聚乙烯制成彩色索。除防锈外，斜拉索的疲劳和PE套的老化是两个需认真对待的问题。

常用的斜拉桥是三跨双塔式结构，但独塔双跨形式也常见（图1.7），具体形式及布置的选择应根据河流、地形、通航、美观等要求加以论证确定。

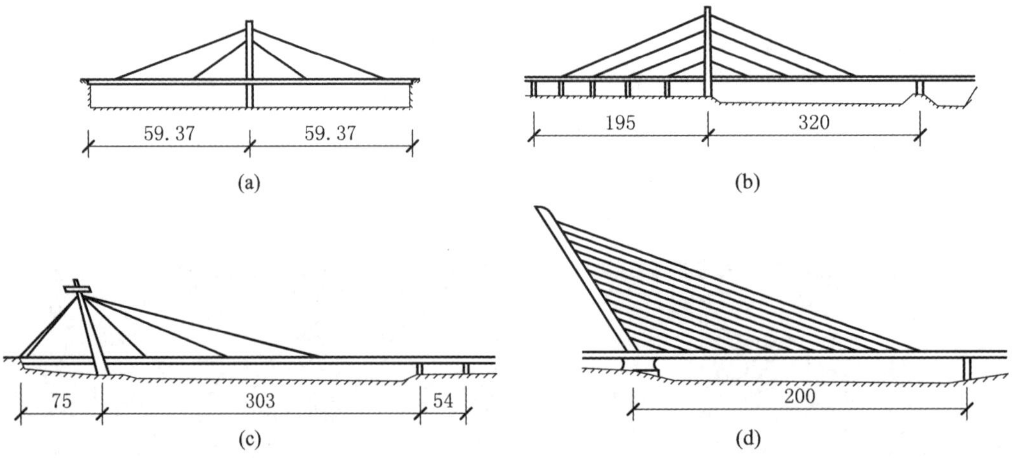

图1.7　独塔式斜拉桥（单位：m）

(5) 悬索桥（suspension bridge）

悬索桥（吊桥）是用悬挂在两边塔架上的强大缆索作为主要承重结构，如图1.8所示。在桥面系竖向荷载作用下，通过吊杆使缆索承受很大的拉力，缆索锚于悬索桥两端的锚碇结构中。为了承受巨大的缆索拉力，锚碇结构需做得很大（重力式锚碇），或者依靠天然完整的岩体来承受水平拉力（隧道式锚碇）。缆索传至锚碇的拉力可分解为垂直和水平两个分力，因而悬索桥也是具有水平反力（拉力）的结构。现代悬索桥广泛采用高强度的钢丝成股编制形成钢缆，以充分发挥其优良的抗拉性能。悬索桥的承载系统包括缆索、塔柱和锚碇三部分，因此结构自重较轻，能够跨越任何其他桥型无法跨越的特大跨度。悬索桥的另一特点是，受力简单明了，成卷的钢缆易于运输，在将缆索架设完成后，便形成了一个强大、稳定的结构支承系统，施工过程中的风险相对较小。

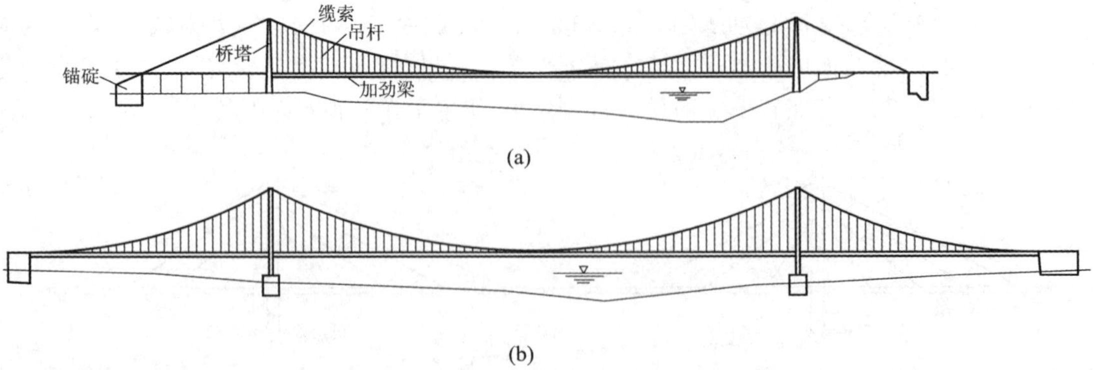

图1.8　悬索桥
(a) 单跨式悬索桥；(b) 三跨式悬索桥

相对于前面所说的其他体系桥梁而言，悬索桥的刚度最小，属柔性结构，在车辆荷载作用下，悬索桥将产生较大的变形。例如跨度为1000m的悬索桥，在车辆荷载作用下，$l/4$ 区域的最大挠度可达3m左右。另外，悬索桥的风致振动及稳定性在设计和施工中也需予以特别的重视。

1.2.2.2　桥梁的其他分类简述

除了上述按受力特点分成不同的结构体系外，人们还习惯性地按桥梁的用途、大小规模和建桥材料等其他方面对桥梁进行分类。

(1) 按用途来划分，有公路桥(highway bridge)、铁路桥(railway bridge)、公铁两用桥(highway and rail transit bridge)、农桥(rural bridge，或机耕道桥)、人行桥(foot bridge)、水运桥(aqueduct bridge，或渡槽)、管线桥(pipeline bridge)等。

(2) 按桥梁全长和跨径的不同，分为特殊大桥(super major bridge)、大桥(major bridge)、中桥(medium bridge)、小桥(small bridge)和涵洞(culvert)。

(3) 按照主要承重结构所用的材料划分，有圬工桥(masonry bridge，包括砖、石、混凝土桥)、钢筋混凝土桥(reinforced concrete bridge)、预应力混凝土桥(prestressed concrete bridge)、钢桥(steel bridge)、钢-混凝土组合桥(steel-concrete composite bridge)和木桥(timber bridge)等。木材易腐，且资源有限，一般不用于永久性桥梁。

(4) 按跨越障碍的性质，可分为跨河桥(river bridge)、跨海桥(sea-crossing bridge)、立交桥(inter-change)、高架桥(viaduct)和栈桥(trestle bridge)。高架桥一般指跨越深沟峡谷以替代高路堤的桥梁，以及在城市中跨越道路的桥梁。

(5) 按桥跨结构的平面布置，可分为正交桥(right bridge)、斜交桥(skew bridge)和弯桥(curved bridge)。

(6) 按上部结构的行车道位置，可分为上承式桥(deck bridge)、中承式桥(half-through bridge)和下承式桥(through bridge)。

(7) 按照桥梁的可移动性，可分为固定桥(fixed bridge)和活动桥(movable bridge)，活动桥包括开启桥(bascule bridge)、升降桥(lift bridge)、旋转桥(swing bridge)和浮桥(floating bridge)等。

1.3　桥梁发展动态

1.3.1　我国桥梁建设成就

中国是一个文明古国，有着悠久的历史和灿烂的文化，我们的祖先在世界桥梁史上也写下了许多不朽的篇章。

天然石料是大自然赋予人类最早的、强度高又经久耐用的建筑材料，几千年来修建的古代桥梁以石桥居多。下面介绍几座我国闻名中外的古代石桥。

福建泉州的万安桥，又称洛阳桥，建于1053—1059年，该桥全长1106m，共47孔，跨径11～17m，桥宽3.7m，是世界上尚存的最长和工程最艰巨的石梁桥。万安桥位于洛阳江的入海口处，桥下江底以磐石铺遍，并且独具匠心地用养殖海生牡蛎的方法胶固桥基形成整体，不仅世界上绝无仅有，而且千年风雨已经证明了此法的奇妙和可靠。

河北赵县的赵州桥(图1.9)，又称安济桥，为隋大业初年(约公元605年)李春所建。赵州桥是一座空腹式圆弧形石拱桥，净跨37.02m，宽9m，矢高7.23m，在拱背上设有4个跨度不等的腹拱，这样做既减轻了桥身自重，又便于排洪，并且增加了美感。赵州桥因其构思和工艺的精巧而举世闻名。

著名的古代石桥还有福建漳州的虎渡桥、北京永定河上的卢沟桥、颐和园内的玉带桥和十七孔桥(图1.10)，以及苏州的枫桥等。

图1.9　河北赵县赵州桥

图 1.10　北京颐和园十七孔桥

但是,封建制度的长期存在,严重束缚了生产力的发展。进入 19 世纪以后,中国在综合国力、科学技术等方面,已经远远落后于西方列强,至新中国成立前,公路桥梁绝大多数为木桥,且年久失修,破烂不堪。

新中国成立以后,特别是改革开放以来,随着我国国力的迅速增强,交通事业的快速发展,尤其是 20 世纪 90 年代以来国家对高等级公路的大力投入,我国的桥梁事业得到了空前的大发展,取得了举世瞩目的成就,目前我国在大跨径桥梁方面,已经跻身世界先进行列。

1.3.1.1　混凝土梁桥

我国跨径最大的简支梁桥,是 1997 年建成的昆明南过境干道高架桥,跨径 63m。

进入 20 世纪 80 年代,对称平衡悬臂法施工的大跨度预应力混凝土箱形截面连续梁得到了迅速的发展,1991 年建成的云南六库怒江大桥,其主桥跨径为 85m + 154m + 85m 预应力混凝土连续梁;2001 年 7 月建成通车的南京长江二桥北汊桥(图 1.11),其主桥跨径为 90m + 3×165m + 90m,是我国目前跨度最大的预应力混凝土连续梁桥。

图 1.11　南京长江二桥北汊桥

连续刚构的特点是梁保持连续,墩梁固结。这样既保持了连续梁无伸缩缝、行车平顺的优点,又保持了 T 型刚构不设支座的优点,同时避免了连续梁和 T 型刚构的缺点,因而连续刚构桥在我国发展很快。

1988 年建成的广东番禺洛溪大桥是我国第一座大跨径连续刚构桥,跨径组合为 65m+125m+180m+110m,采用双肢箱形薄壁墩,箱梁高在墩顶处 10m,在跨中处 3m。1996 年又建成湖北黄石长江大桥,主跨为 245m,主桥连续长达 1060m。特别是 1997 年建成的广东虎门辅航道桥(图 1.12),跨径组合为 150m+270m+150m,主桥位于半径等于 7000m 的平曲线上,建成时跨径居世界同类桥首位。

1.3.1.2　拱桥

拱桥在我国有着悠久的历史,由于拱桥造型优美,跨越能力大,长期以来一直是大跨径桥梁的主要形式之一。20 世纪 60 年代拱桥无支架施工方法的应用与发展,使混凝土拱桥竞争力大大提高。

著名的石拱桥,有 1991 年建成的湖南凤凰县乌巢河桥,跨径 120m,它的拱圈由两条宽 2.5m 的石板拱组成,板间用钢筋混凝土横梁联系。

图 1.12　广东虎门辅航道桥

1999 年建成的山西晋城 - 河南焦作高速公路上的新丹河大桥，保持着石拱桥跨径世界纪录，该桥跨径 146m，拱圈高在拱顶处为 2.5m，拱脚处为 3.5m，桥面宽 24.2m，拱圈用 80 号大料石砌成。

20 世纪 90 年代兴起的钢管混凝土拱桥，使得大跨径拱桥的建造能力得到了进一步的提高。先合拢自重轻、强度高的钢管拱圈，并将其用作施工拱架，再往管内压注强度等级高的混凝土，使之进一步硬化形成主拱圈。用此法分别于 1995 年建成了广东南海三山西大桥，跨径为 200m；1998 年建成了广西三岸邕江大桥，主跨为 270m。2005 年建成的巫山长江大桥(图 1.13)，跨径 460m，是世界上跨径最大的钢管拱桥。

图 1.13　巫山长江大桥

以钢管混凝土作为劲性骨架，再外包混凝土形成箱形拱，是修建大跨径拱桥十分巧妙的构思，除了施工方便外，还避免了钢管的防护问题。另外，这种分期形成的截面由于钢管混凝土最先受力，从而充分利用了钢管混凝土承载潜力大的优势。从理论上说，在荷载作用下，这种结构的后期徐变变形相对也是比较小的。

用此方法我国已建成广西邕宁邕江大桥($l=312$m，1996 年，如图 1.14 所示)和重庆万县长江大桥($l=420$m，1997 年，如图 1.15 所示)，前者为目前世界上跨径最大的钢筋混凝土肋拱桥，后者跨径达到了钢筋混凝土拱桥的世界之最。

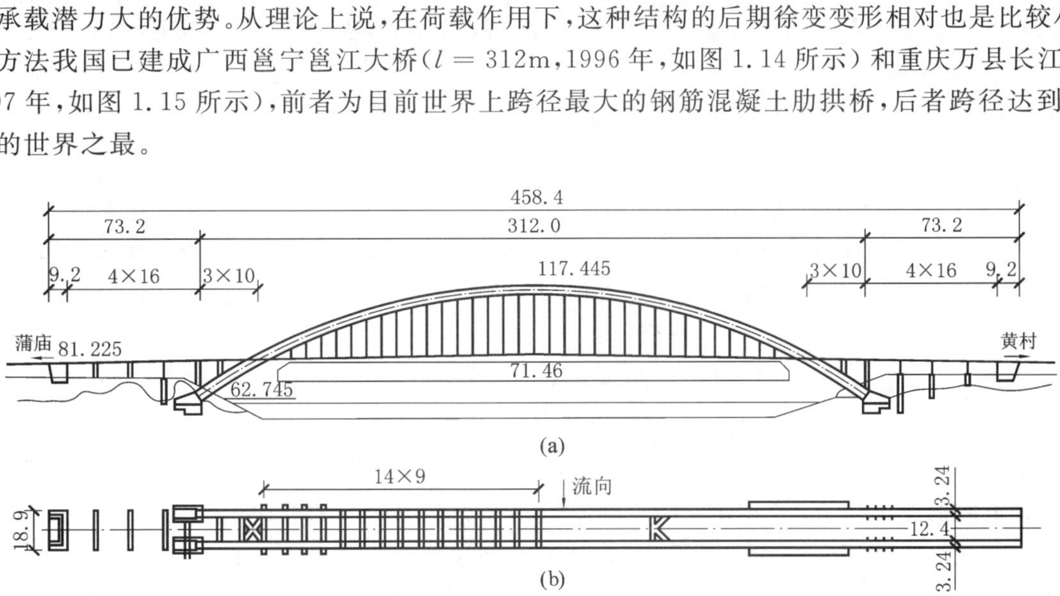

图 1.14　广西邕宁邕江大桥(单位：m)

(a) 立面图；(b) 平面图

图 1.15　重庆万县长江大桥

图 1.16　上海卢浦大桥

2003 年建成的上海卢浦大桥(图 1.16)是世界上跨度最大的系杆拱桥,为中承式拱梁组合体系钢拱桥,主跨跨径达到了 550m,矢跨比为 1/5.5,拱肋为全焊钢结构。2009 年建成通车的重庆朝天门大桥(图 1.17),主跨达 552m,矢跨比为 1/4.31,为"世界第一拱桥"。可以说,我国的拱桥已跃居世界先进行列。

图 1.17　重庆朝天门大桥

1.3.1.3　斜拉桥

自从 1955 年瑞典建成第一座现代化斜拉桥以来,由于造型美观、结构合理、跨越能力大,斜拉桥得到了迅速的发展。我国的斜拉桥起步稍晚,1975 年建成的跨径 76m 的四川云阳桥是国内第一座斜拉桥。20 世纪 90 年代以后,因跨越大江大河的需要,斜拉桥得到了快速的发展,我国修建了一系列特大跨度的斜拉桥。据不完全统计,我国建成的斜拉桥已超过 100 座,其中跨度超过 400m 的斜拉桥已达 39 座,居世界首位。

1991 年建成的上海南浦大桥(跨径 423m),1993 年建成的上海杨浦大桥(跨径 602m),2001 年建成的福建青州闽江桥(跨径 605m),均为钢-混凝土结合梁斜拉桥,其中青州闽江桥保持着结合梁斜拉桥跨径的世界纪录。1993 年建成的郧阳汉江大桥(跨径 414m),1995 年建成的安徽铜陵长江大桥(跨径 432m),1996 年建成的重庆长江二桥(跨径 444m),2001 年建成的重庆大佛寺长江大桥(跨径 450m),均为混凝土主梁斜拉桥。2001 年分别建成的跨径 628m 的南京长江二桥、跨径 460m 的武汉军山长江大桥,均为钢主梁斜拉桥。

我国已建成两座跨度超千米的斜拉桥。2008 年建成的江苏苏通长江公路大桥(图 1.18),主跨为 1088m,是世界上跨径最大的斜拉桥。2009 年建成的香港昂船洲大桥,主跨为 1018m。

2010 年 3 月开工建设的郴州赤石大桥(图 1.19),为四塔预应力混凝土双索面斜拉桥,跨径组合 165m + 3 × 380m + 165m,索塔高 307m,桥面高 189m,建成后将成为世界上桥墩最高的混凝土斜拉桥。

图 1.18　江苏苏通长江公路大桥

图 1.19　郴州赤石大桥

1.3.1.4　悬索桥

我国的悬索桥起步较晚，特别是在特大跨度悬索桥方面。但是在 20 世纪 90 年代中期以后，这一局面得到了彻底的改变。1995 年建成的广东汕头海湾大桥，开创了我国现代公路悬索桥的先河。紧接着又建成西陵长江大桥($l=900$m，1996 年)、虎门大桥($l=888$m，1997 年)、香港青马大桥($l=1377$m，1997 年)、江阴长江大桥($l=1385$m，1999 年)、江苏润扬长江大桥($l=1490$m，2005 年)。2009 年建成的西堠门大桥(图 1.20)，跨径 1650m，居世界第二。2012 年建成通车的湖南吉首矮寨大桥(图 1.21)，为钢桁加劲梁单跨悬索桥，塔梁分离，主跨跨越矮寨大峡谷，跨径 1176m，是世界上跨峡谷跨径最大的钢桁梁悬索桥。

图 1.20　西堠门大桥

图 1.21　矮寨大桥

1.3.2　国外桥梁发展概况

19 世纪中叶钢材的出现，随后高强度钢材的出现，使桥梁工程的发展获得了第一次飞跃，桥梁跨度不断加大。20 世纪初，钢筋混凝土的应用，以及 20 世纪 30 年代兴起的预应力混凝土技术，使桥梁建设获得了廉价、耐久且刚度和承载力均很大的建筑材料，从而使桥梁的发展获得了第二次飞跃。20 世纪 50 年代以后，计算机和有限元技术的迅速发展，使得人们能够方便地完成过去不可能完成的大规模结构计算，这使桥梁工程的发展获得了第三次飞跃。

1883 年建成的纽约布鲁克林悬索桥(图 1.22)，跨径达 483m，开创了现代悬索桥的先河。

图 1.22　纽约布鲁克林悬索桥

1937 年建成的旧金山金门大桥(图 1.23)，主跨达 1280.16m，保持了 27 年的世界纪录，至今金门大桥仍是举世闻名的桥梁经典之作。

(a)

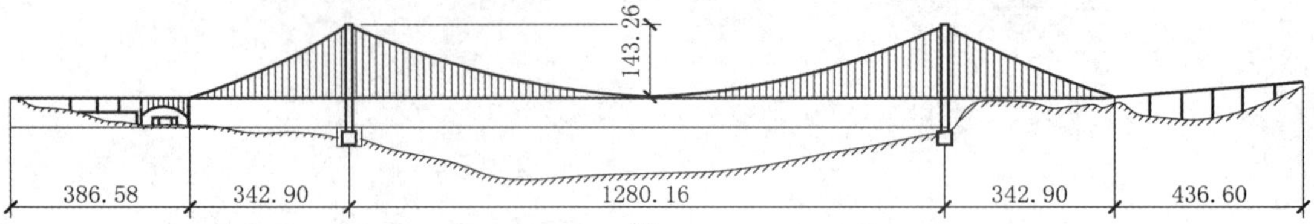

(b)

图 1.23　旧金山金门大桥(单位：m)

目前世界上跨度最大的悬索桥是日本的明石海峡公铁两用桥，跨径 1991m(设计跨径为 1990m，后因阪神地震，地壳移位，才变成目前的跨径，如图 1.24 所示)。

世界上第一座现代化斜拉桥是 1955 年瑞典建成的斯特罗姆海峡桥，其主跨 182.6m，从此，该桥型发展十分迅速。截至目前，跨径最大的斜拉桥要数日本的多多罗大桥(图 1.25)，其主跨 890m，建成于 1999 年。就跨径而言，后者比前者增大了 5 倍，但前后时间相差还不到 50 年。

2004 年建成通车的法国米约高架桥(图 1.26)，全长 2460m，宽度达 32m，桥塔总高达 343m，是连接巴黎和地中海地区的重要纽带。已于 2012 年二季度完工的俄罗斯海参崴俄罗斯岛跨海大桥(Russky Island

(a)

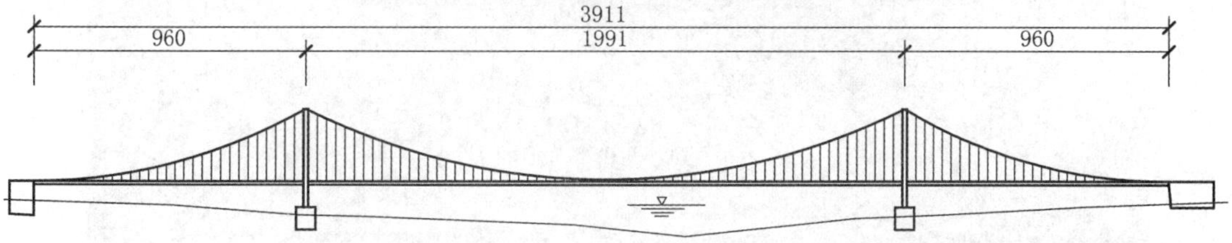

(b)

图 1.24　明石海峡大桥(单位:m)

(a)

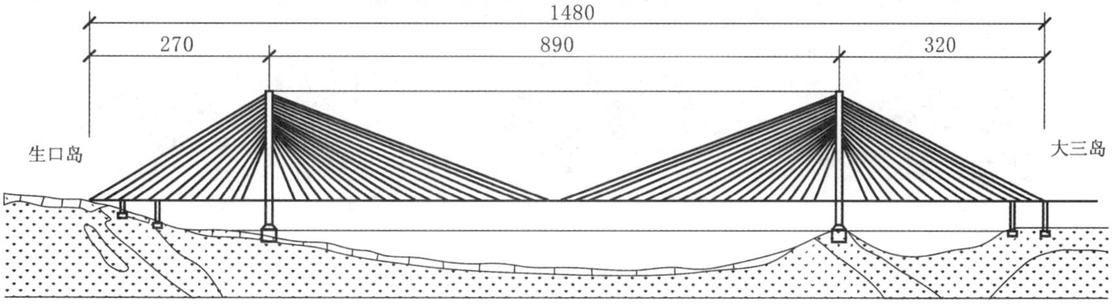

(b)

图 1.25　日本多多罗大桥(单位:m)

Bridge) 全长 3150m,跨径布置为:(60 + 72 + 3 × 84 + 1104 + 3 × 84 + 72 + 60)m,超过主跨1088m 的中国苏通长江公路大桥,成为世界上最大跨径的斜拉桥。

2011 年开工建设的英国福斯新桥(Forth Replacement Crossing,图 1.27),为双索面中央布置的三塔斜拉桥,采用(650 + 650)m 的主跨,跨越两个航道。该桥设计的独特之处在于在主跨跨中将部分斜拉索交错锚固,以此方式约束中塔。该桥有望成为 21 世纪的标志性工程。

图 1.26　法国米约高架桥

图 1.27　英国福斯新桥

圬工拱桥在国外已有一百多年的历史，1946 年在瑞典建成的绥依纳松特桥，是一座混凝土圬工拱桥，跨度达 155m。由于石料开采和加工砌筑费用巨大，国外已很少修建大跨度石拱桥。

钢筋混凝土拱桥从 20 世纪初到 50 年代间，得到了很大的发展，后因支架问题，应用受到一定的限制，直到 1979 年，前南斯拉夫用无支架悬臂施工法建成跨度达 390m 的克尔克大桥(图 1.28)，该桥跨径保持了 18 年的世界纪录。

图 1.28　克尔克大桥

目前世界上最高的钢拱桥是美国弗吉尼亚州的新河峡桥(图 1.29)，主跨 518m，在水面之上 268 m，建于 1977 年。

预应力技术的成熟，促进了预应力混凝土梁式桥的迅速发展。1977 年奥地利建成了跨径达 76m 的阿尔姆桥，该桥通过在梁的下缘张拉和在上缘顶压预应力(称为双预应力)，将梁高降至 2.5m，高跨比仅 1/30。

目前世界上跨度最大的预应力混凝土连续梁桥是挪威的伐罗德桥($l = 260$m，1994 年)，跨度最大的连续刚构桥是挪威的斯脱麦桥($l = 301$m，1998 年，如图 1.30 所示)，跨度最大的斜腿刚架桥是法国的博诺姆桥($l = 186.3$m，1974 年)。

图 1.29　新河峡桥

图 1.30　挪威斯脱麦桥

1.4　桥梁的总体规划与设计步骤

1.4.1　桥梁的总体规划

桥梁设计应遵循安全、耐久、适用、环保、经济和美观的原则。

由于桥梁是道路工程的一个组成部分，因而桥梁设计一般应符合路线布设的规定，桥梁在功能上的各项技术指标也应符合路线的要求。

除了满足上述基本要求之外，因桥梁建设与当地的社会、经济、文化和人民生活密切相关，桥梁设计时应适当考虑当地的需要，如考虑农田排灌的需要；靠近村镇、城市、铁路及水利设施的桥梁，应结合各有关方面的要求，适当考虑综合利用。

1.4.1.1　桥梁设计的基本要求

(1) 结构尺寸和构造上的要求

桥梁作为一个永久性的工程结构物，它的整体及内部的各个构件，在施工和使用过程中应具有足够的强度、刚度、稳定性和耐久性。桥梁的上述各项结构上的技术指标必须满足相应规范的规定。强度要求就是指桥梁的所有构件及连接构造的承载能力具有足够的安全储备；刚度要求就是指桥梁在荷载作用下的变形控制在容许范围之内；稳定性要求就是要求桥梁结构在各种外力作用下，具有能保持原来的形状和位置的能力，例如，桥梁的墩台或挡土墙等的整体不致倾覆或滑移，受压构件不致引起压杆失稳等；耐久性的要求就是确保桥梁结构在100年设计寿命期内，其各项技术指标能长期符合设计的要求，例如钢材的腐蚀，构件材料的疲劳、老化等。公路桥涵主体结构和可更换部件的设计使用年限不应低于《桥规》中表1.0.4的规定。

(2) 使用上的要求

桥上的车行道和人行道宽度应保证车辆和人群的安全畅通，并应满足将来交通量增长的需要。桥上纵坡不宜过大，弯桥应按规范设置超高，桥面排水设施应完善。桥下净空应满足泄洪、通航或通车等的要求，并便于桥梁在建成后的检查和维修，按照可到达、可检查、可维修和可更换的要求进行设计。

(3) 施工上的要求

桥型方案的设计应同时考虑施工的方便和经济，应尽可能采用先进的工艺、技术和施工机械，以利于加快施工速度，保证工程质量和施工安全。

(4) 环境保护和可持续发展

公路建设离不开环境与资源的支撑，桥梁设计应考虑环境保护和可持续发展的要求。从桥位选择、桥跨布置、基础方案、墩身外形、上部结构施工方法、施工组织设计等多方面全面考虑环境要求，采取必要的工程控制措施，并建立环境监测保护体系，将不利影响减至最小。桥梁施工完成后，将两头植被恢复或进一步美化桥梁周边的景观，亦属环境保护的内容。

(5) 经济上的要求

桥梁设计应体现经济上的合理性。在设计阶段必须进行详细周密的技术经济比较，最经济的方案应该是总造价及今后可预期的维护费用之和为最少的方案。

要做到经济上的合理性，桥梁设计须遵循因地制宜、就地取材、施工方便的原则，选用适当的桥型和施工方法。此外，对于通车要求紧迫的情形，采用施工工期短的桥梁方案，提早通车，这在经济上、社会影响上都将带来很大的效益。

(6) 美学和景观上的要求

对美的追求是人类的共性，因此每一座桥梁都应具有优美的外形。为达到这一目的，结构布置必须精练，并在空间上有和谐的比例。桥型应与周围环境相协调，城市桥梁和游览地区的桥梁，可较多地考虑建筑艺术上的要求。对于特别重要的桥梁，还应作景观设计，即仔细推敲桥梁的色彩和灯饰，对重要构造作艺术造型设计，并对桥梁周边环境进行美学创造和景观资源开发。

1.4.1.2　设计资料的调查收集

桥梁设计首先要确定桥位，按照《公路工程技术标准》(JTG B01—2014) 的规定，中小桥和涵洞的位置与线型一般应符合路线的总走向，为满足水文、线路弯道等要求，可设计斜桥和弯桥；对于公路上的特大桥及大桥桥位，原则上应服从路线走向，桥、路综合考虑，尽量选择在河道顺直、水流稳定、地质良好的河段上。

设计资料的调查收集是因地制宜设计桥梁的基础性工作，只有资料收集完整了，才能做出合理的设计方案。现将一般桥梁中需要调查收集的资料内容分述如下：

(1) 交通要求情况调查。即调查桥梁建成后若干年内预期的交通流量大小，调查桥上机动车、非机动车和行人的往来密度，并据此确定桥梁的荷载等级及车行道、人行道的宽度，调查桥上是否需要通过各种管线(如水管、煤气管、电力线路、通信线路等)，为此可能需要在桥上预留专门的位置。

(2) 桥位处地形、地质和水文情况调查。通过测量或从有关部门获取桥位处一定区域范围内的地形图，这对设计中制定桥型方案和相应的施工方法，以及对施工中临时场地的布置等都是十分重要的。桥位处的地质情况必须仔细探明，包括土的分层标高、物理力学性能、地下水位等，并将钻探所得资料绘制成地质剖面图。水文情况的调查主要包括最高洪水位、流速、流量等，还应从航运部门了解河道的通航等级和通航水位。

(3) 气象资料调查。包括气温、雨量和风速等情况。

(4) 桥位上下游已建或拟建桥涵和水工建筑物的状况及其对河床流变的影响。

1.4.1.3　桥梁立面总体设计

桥梁立面总体设计包括确定桥梁的总跨径、分孔、各种标高、桥上和桥两头的纵坡以及基础的埋置深度(这部分在“基础工程”课程中介绍)等。

对于跨河桥梁，立面总体设计首先应考虑抗洪的要求，如果因建桥造成河道泄洪受阻，洪水可能将桥梁冲坏甚至冲毁，使两岸堤坝受到的冲刷加剧，桥位处壅水还会影响到堤坝抗洪的安全可靠性，有时不得不为此加高堤坝以防壅水漫堤。

(1) 桥梁总跨径的确定

如前所述，桥梁的总跨径长度必须保证桥下有足够的排洪输沙面积，这由水文计算确定。对于一般水中设墩的情形，需作壅水和冲刷计算，包括河床冲刷和堤坝冲刷。桥梁基础埋置深度必须充分考虑冲刷的影响，因为对于摩擦桩，冲刷将导致土与桩的摩阻面积减小，对于奠基于弱风化(或微风化) 层上的基础，大的冲刷将导致岩体风化加速。为确保桥梁长期安全可靠，在上述情况下，均应加大基础埋置深度，另外，山区河流流速很大，应尽可能少压缩或不压缩河床。

(2) 桥梁分孔

对于一座较长的桥梁，一般应当分成几个孔，确定分孔的过程也就是确定桥梁跨径的过程，而桥梁的跨径与桥型和施工方法密切相关，每一种桥型都有它的适宜跨径，因而分孔和桥型方案应同时考虑。

桥梁的跨径越大，上部结构的造价就越高，而墩台的造价就减少，反之亦然。经济的方案应使上、下部结构的总造价最低。一般对于水深流急的河床，桥跨宜增大；对于基础埋深较浅、墩身又不是很高的情形，跨径过大将是不经济的。

对于通航的河流，分孔时首先要考虑桥下通航的要求。通航孔应布置在航行最方便的河道处，但是这种最方便的河道往往不是固定的，例如，对于变迁性河流，航道位置可能发生变化。对于平时状况，通航孔一般设置在水深的河床中央，但是，在洪水季节，河中央流速过快，航行危险，因而为了抢险需要，靠近岸侧也需设置临时通航孔。

在平原地区的宽阔河流上修建多孔桥时，通常在主槽部分按需要布置较大的通航孔，而在两旁浅滩部分按经济跨径分孔。

在山区和深谷上，应加大跨径，甚至可考虑一孔跨越。

在布置桥孔时，应尽可能避开不利的地质段(如岩石破碎带、裂隙、溶洞等)。

对于不同的桥梁体系，分孔时中孔和边孔间应有适当的比例关系以利于受力和方便施工，同时，适当的桥跨比例对营造桥梁景观也是十分重要的，如北京颐和园的十七孔桥(图 1.10)，跨径渐变的多孔拱桥营造了独特的韵律美。

从战备的要求考虑，桥跨宜较小，且跨径相同，以便战时快速修复。

总之，桥梁的分孔是一个复杂的多因素综合性问题，必须根据使用要求、桥位处的具体情况，结合桥型方案，通过技术、经济、美观等方面的比较，才能做出比较完善的设计方案。

(3) 桥梁各种标高的确定

标高的确定包括应保证桥下排洪和通航的要求(跨河桥梁)及桥下安全行车(跨线桥)，同时也须保证排洪、通航、行车过程中桥梁自身的安全。

1.2 节所述的桥梁容许建筑高度是确定桥梁各种标高时首先要考虑的因素，对于跨河桥梁，上部结构的底缘标高由通航净空要求或泄洪要求确定，而桥面顶面的标高与桥上纵坡和两端接线长度密切相关，桥面标高的抬高将导致纵坡加大或引线加长，前者影响使用，后者影响造价。容许建筑高度也影响着桥型方案的选择范围。

下面介绍确定各种标高时需要考虑的有关问题。

① 为了保证支座的安全和正常工作，对于设支座的桥梁，支座底面应高出计算水位(即设计水位加壅水和浪高)不小于 0.25m，并高出最高流冰面不小于 0.50m(图 1.31)。

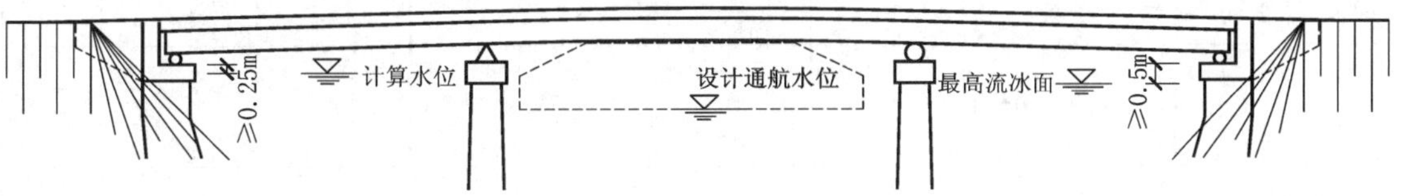

图 1.31　设支座桥梁的标高控制

对于无铰拱桥，拱脚允许被洪水淹没(图 1.32)，但淹没深度不宜超过拱圈矢高 f_0 的 2/3，并且在任何情况下，拱顶底面应高出计算水位 1.0m，拱脚的起拱线应高出最高流冰面不小于 0.25m。

对于变截面连续刚构、T 型刚构等墩梁结合处不设支座的桥梁，标高的确定亦可参照上述无铰拱桥。

当河流中有形成流冰阻塞的危险或有漂浮物通过时，桥下净空应按当地具体情况确定，对于有淤积的河床，桥下净空应适当加高。

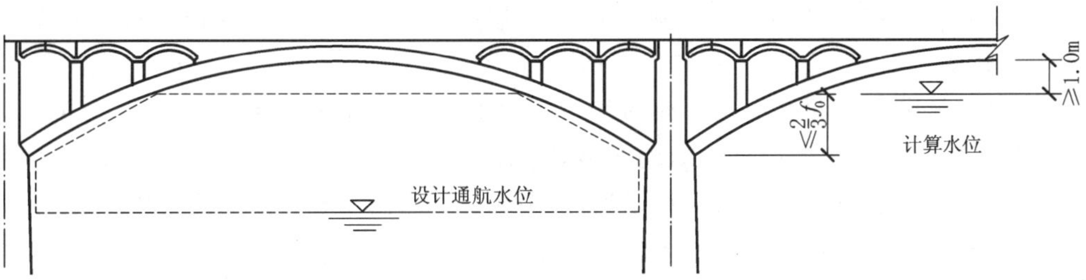

图 1.32　拱桥桥下净空图

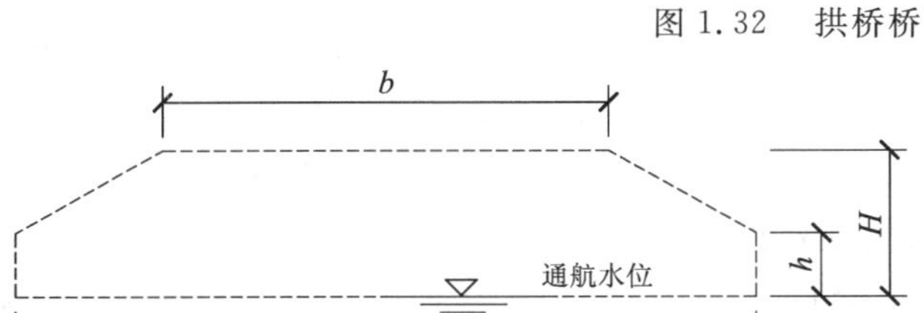

图 1.33　通航净空尺度图

② 在通航及通行木筏的河流上，必须设置保证桥下安全通航的通航孔，并留出符合规范要求的通航净空，如图 1.33 所示。任何桥梁构件或标志物均不得伸入其内，我国《内河通航标准》(GB 50139—2014) 对于通航净空尺寸的规定如表 1.2 所示。

天然和渠化河流上过河建筑物通航净空尺寸(m) 表 1.2

航道等级	代表船舶、船队	净高	单向通航孔			双向通航孔		
			净宽 B	上底宽 b	侧高 h	净宽 B	上底宽 b	侧高 h
Ⅰ	(1)4 排 4 列	24.0	200	150	7.0	400	350	7.0
	(2)3 排 3 列	18.0	160	120	7.0	320	280	7.0
	(3)2 排 2 列		110	82	8.0	220	192	8.0
Ⅱ	(1)3 排 3 列	18.0	145	108	6.0	290	253	6.0
	(2)2 排 2 列		105	78	8.0	210	183	8.0
	(3)2 排 1 列	10.0	75	56	6.0	150	131	6.0
Ⅲ	(1)3 排 2 列	18.0☆	100	75	6.0	200	175	6.0
		10.0						
	(2)2 排 2 列	10.0	75	56	6.0	150	131	6.0
	(3)2 排 1 列		55	41	6.0	110	96	6.0
Ⅳ	(1)3 排 2 列	8.0	75	61	4.0	150	136	4.0
	(2)2 排 2 列		60	49	4.0	120	109	4.0
	(3)2 排 1 列		45	36	5.0	90	81	5.0
	(4) 货船							
Ⅴ	(1)2 排 2 列	8.0	55	44	4.5	110	99	4.5
	(2)2 排 1 列	8.0 或 5.0▲	40	32	5.5 或 3.5▲	80	72	5.5 或 3.5▲
	(3) 货船							
Ⅵ	(1)1 拖 5	4.5	25	18	3.4	40	33	3.4
	(2) 货船	6.0			4.0			4.0
Ⅶ	(1)1 拖 5	3.5	20	15	2.8	32	27	2.8
	(2) 货船	4.5						

注:1. 角注 ☆ 号的尺度仅适用于长江;

2. 角注 ▲ 号的尺度仅适用于通航拖带船队的河流。

③ 对于跨线桥,桥下应按公路(或铁路、城市道路)建筑限界的规定,预留出桥下净空;对于公路所需的净空尺寸,在下面的“桥梁横断面设计”中将叙述;对于铁路或城市道路净空尺寸可查阅相应的设计规范。

桥面标高确定后,就可根据两端桥头的地形和线路要求来设计桥梁的纵断面线型,为了利于桥面排水和降低引道高度,往往设置中间高、两端低的双向纵坡,桥上纵坡不宜大于 4%,桥头引道纵坡不宜大于 5%。位于市镇混合交通繁忙处,桥上纵坡和桥头引道纵坡均不得大于 3%;对易结冰、积雪的桥梁,桥上纵坡不宜大于 3%。桥上或引道纵坡变更处均应按规定设置竖曲线。

1.4.1.4 桥梁横断面设计

桥梁的横断面设计,就是确定桥梁为满足使用功能所需的桥面宽度以及桥梁的截面形式,其中桥面净空由《桥规》第 3.4 条确定,铁路桥梁、城市桥梁也有相应的规定。在桥面净空限界内,不得有任何物体侵入。横截面形式主要与上部结构的桥型方案及跨径有关。对于桥面上有结构物的桥梁,如中、下承式拱桥,斜拉桥,悬索桥等,结构物将占去部分桥面宽度,因而桥面总宽为桥面净宽加结构物所需宽度之和。

设计行车速度大于或等于 80km/h 时,单个行车道宽度应为 3.75m;大于或等于 40km/h 时,单个行车道宽度为 3.5m;高速公路和一级公路行车道两侧一般设防撞栏,宽度为 0.5m,防撞栏与行车道之间应设 0.5m 左右宽的路缘带,以保证安全;对于高速公路和一级公路,还需在行车方向的右侧设应急停车带。

高速公路、一级公路上一般宜设计为上、下行的两座独立桥。

桥上人行道的宽度宜为1.0m，大于1.0m时，按0.5m的倍数增加。不设人行道的桥梁应设置栏杆和安全带。小桥、涵洞可仅设缘石或栏杆。

1.4.2　桥梁的设计步骤

设计工作是桥梁建设的灵魂，对于小桥的设计，除了应满足线路走向外，同时应充分考虑桥下泄洪、通航或通车的要求，小桥应尽可能采用标准设计，以提高效率和规避风险。

对于大、中桥，特别是跨度大或技术复杂的桥梁设计，为了能在错综复杂的客观条件基础上，遴选出经济适用又美观的设计方案，就需按照国家基本建设程序的要求，循序渐进，逐步深入地开展工作。一座大型桥梁的完整设计工作，分为前期工作阶段和设计工作阶段。前者又分为：预工程可行性研究（简称"预可"）阶段和工程可行性研究（简称"工可"）阶段。后者则分为：初步设计、技术设计和施工图设计三个阶段，各个阶段所包含的内容、深度、目的、解决的问题是不同的。由于桥梁全寿命周期内将面临诸多风险源，公路桥梁在设计阶段还应按照相关规定进行风险评估。

各设计阶段与建设程序的关系如图1.34所示。

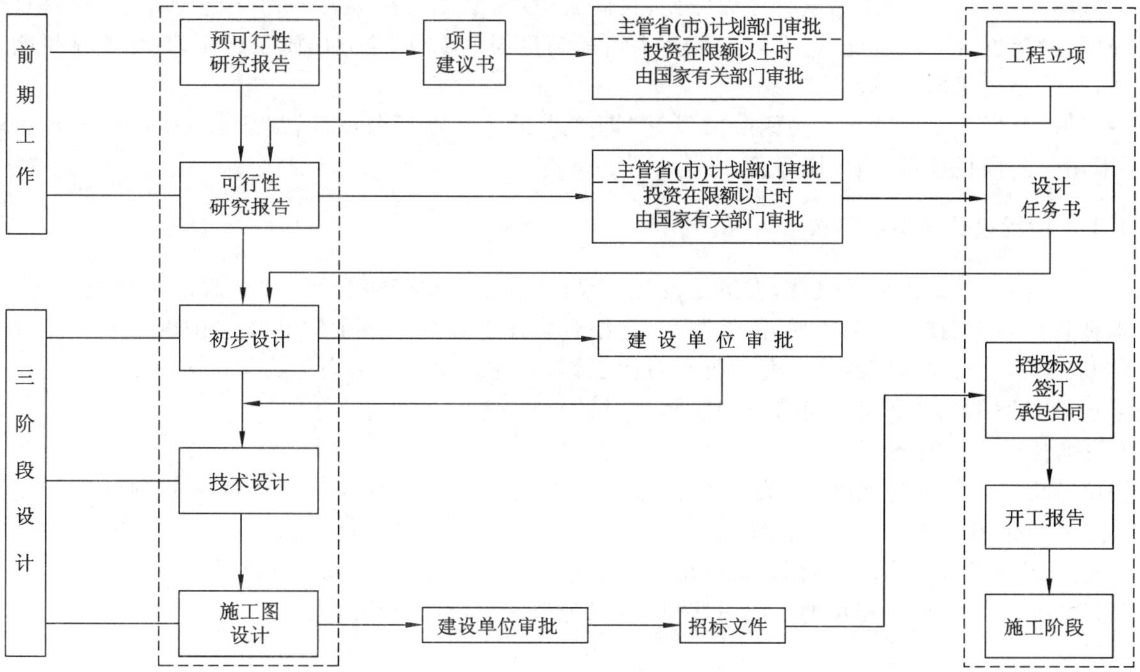

图1.34　设计阶段与建设程序关系图

1.4.2.1　"预可"阶段

"预可"阶段着重研究建桥的必要性以及宏观经济上的合理性。

在"预可"研究形成的"预工程可行性研究报告书"（简称"预可报告"）中，应从经济、政治、国防等方面，详细阐明建桥理由和工程建设的必要性和重要性，同时初步探讨技术上的可行性。对于区域性线路上的桥梁，应以建桥地点（渡口等）的车流量调查报告（计及国民经济逐年增长）为立论依据。

"预可"阶段的主要工作目标是解决建设项目的上报、立项问题，因而，在"预可报告"中，应编制几个可能的桥型方案，对工程造价、资金来源、投资回报等问题也应有初步估算和设想。

设计方将"预可报告"交给业主后，由业主据此编制"项目建议书"报主管上级审批。

1.4.2.2　"工可"阶段

在"项目建议书"被审批确认后，着手"工可"阶段的工作，在这一阶段，着重研究和制定桥梁的技术标准，包括设计荷载标准，桥面宽度，通航标准，设计车速，桥面纵坡及桥面平、纵曲线半径等，在这一阶段，应与河道、航运、规划等部门共同研究，以共同协商确定相关的技术标准，并作环境和地震评价。

在"工可"阶段，应提出多个桥型方案，并按交通部《公路基本建设工程投资估算编制办法》估算造价，对资金来源和投资回报等问题应基本落实。

1.4.2.3 初步设计

初步设计应根据批复的可行性研究报告、测设合同和初测、初勘或定测、详勘资料编制。

初步设计的目的是确定设计方案，应通过多个桥型方案的比选，推荐最优方案，报上级审批。在编制各个桥型方案时，应提供平、纵、横布置图，标明主要尺寸，计算结果（内力、应力）并估算工程数量和主要材料数量，提出施工方案的意见，编制设计概算，提供文字说明和图表资料，初步设计经批复后，则成为施工准备、编制施工图设计文件和控制建设项目投资等的依据。

1.4.2.4 技术设计

对于技术上复杂的特大桥、互通式立交或新型桥梁结构，必要时需进行技术设计。

技术设计应根据初步设计批复意见、测设合同的要求，对重大、复杂的技术问题通过科学试验、专题研究、加深勘探调查及分析比较，进一步完善批复的桥型方案的总体和细部各种技术方案以及施工方案，并修正工程概算。

1.4.2.5 施工图设计

两阶段（或三阶段）施工图设计应根据初步设计（或技术设计）批复意见、测设合同，进一步对所审定的修建原则、设计方案、技术决定加以具体和深化。在此阶段中，必须对桥梁各种构件进行详细的结构计算，并且确保强度、稳定性、刚度、裂缝、构造等各种技术指标满足规范要求，绘制出施工详图，列出文字说明及施工组织计划，并编制施工图预算。

国内一般的（常规的）桥梁采用两阶段设计，即初步设计和施工图设计，对于技术简单、方案明确的小桥，也可采用一阶段设计，即施工图设计。

1.4.3 桥梁设计方案的筛选

俗话说得好：设计是工程的灵魂，方案是设计的灵魂。为了获得经济、适用和美观的桥梁设计方案，设计者必须根据各种自然、技术上的条件，因地制宜，在综合应用专业知识及了解并掌握国内外新技术、新材料、新工艺的基础上，进行深入细致的研究分析和对比工作，才能科学地得出完美的设计方案。

桥梁设计方案的比选和确定可按下列步骤进行：

(1) 明确各种标高的要求

在桥位纵断面图上，先按比例绘出设计水位、通航水位、堤顶标高、桥面标高、通航净空、堤顶行车净空位置图。

(2) 桥梁分孔和初拟桥型方案草图

在上述确定了各种标高的纵断面图上，根据泄洪总跨径的要求，作桥梁分孔和桥型方案草图，作草图时思路要宽广，只要基本可行，尽可能多绘一些草图，以免遗漏可能的桥型方案。

(3) 方案初筛

对草图方案作技术和经济上的初步分析和判断，筛去弱势方案，从中选出 2 ～ 4 个构思好、各具特点的方案，作进一步详细研究和比较。

(4) 详绘桥型方案

根据不同桥型、跨度、宽度和施工方法，拟订主要尺寸并尽可能细致地绘制各个桥型方案的尺寸详图。对于新结构，应作初步的力学分析，以准确拟订各方案的主要尺寸。

(5) 编制估算或概算

依据编制方案的详图，可以计算出上、下部结构的主要工程数量，然后依据各省、市或行业的“估算定额”或“概算定额”，编制出各方案的主要材料（钢、木、混凝土等）用量、劳动力数量、全桥总造价。

(6) 方案选定和文件汇总

全面考虑建设造价、养护费用、建设工期、营运适用性、美观等因素，综合分析，阐述每个方案的优缺点，最后选定一个最佳的推荐方案。在深入比较过程中，应当及时发现并调整方案中的不尽合理之处，确保最后选定的方案是强中选强的方案。

上述工作全部完成之后，着手编写方案说明。说明书中应阐明方案编制的依据和标准，各方案的主要特色、施工方法、设计概算以及方案比较的综合性评述。对于推荐方案应作较详细的说明。各种测量资料、地质勘查和地震烈度复核资料、水文调查与计算资料等应按附件载入。

1.5 桥梁上的作用

“作用”是引起桥涵结构反应的各种原因的统称，它可以归纳为性质不同的两大类。一类是直接施加于结构上的外力，例如车辆、结构自重等，也称为“荷载”；另一类是以间接的形式作用于结构上，例如地震、墩台变位、混凝土收缩徐变等，它们产生的效应与结构本身的特征有关。作用种类、形式和大小的选择是否恰当，不但关系到桥梁结构在使用年限内是否安全可靠，而且还关系到桥梁建设费用是否经济合理。施加在桥涵上的各种作用按照随时间的变化情况可以归纳为永久作用、可变作用、偶然作用和地震作用四类。公路桥涵设计中采用的各类作用如表 1.3 所示。

作用分类 **表 1.3**

序号	分类	名称
1	永久作用	结构重力(包括结构附加重力)
2		预加力
3		土的重力
4		土侧压力
5		混凝土收缩、徐变作用
6		水浮力
7		基础变位作用
8	可变作用	汽车荷载
9		汽车冲击力
10		汽车离心力
11		汽车引起的土侧压力
12		汽车制动力
13		人群荷载
14		疲劳荷载
15		风荷载
16		流水压力
17		冰压力
18		波浪力
19		温度(均匀温度和梯度温度)作用
20		支座摩阻力
21	偶然作用	船舶的撞击作用
22		漂流物的撞击作用
23		汽车撞击作用
24	地震作用	地震作用

值得注意的是，已往一直习惯地用“荷载”这一术语来概括引起桥涵结构反应的所有原因。以往的规范，包括原《城市桥梁设计荷载标准》(CJJ 77—98) 中都是使用“荷载”来表达“作用”范畴。

还有必要提及的是，原规范体系将永久作用称为恒载，将可变作用中对桥涵结构影响程度较大的几种称为基本可变荷载，也叫活载，例如汽车荷载、汽车冲击力、离心力、人群荷载等。

1.5.1 永久作用

永久作用是指在结构使用期间，其量值不随时间而变化，或其变化值与平均值相比可以忽略不计的作用。

结构物自身重力及桥面铺装、附属设施等外加重力均属于结构重力，它们可按照结构物的实际体积或设计拟定的体积乘以材料的重力密度计算。桥梁结构的自重往往占全部设计荷载的大部分，因此采用轻质高强材料对减轻桥梁自重、增大桥梁跨越能力具有重要意义。

预加应力在结构正常使用极限状态设计和使用阶段构件应力计算时，应作为永久作用来计算其主、次效应，并计入相应阶段的预应力损失；在结构承载能力极限状态设计时，预加应力不作为荷载，而将钢筋预应力作为结构抗力的一部分。但在连续梁等超静定结构中，仍需考虑预加应力引起的次效应。

对于超静定的混凝土结构、钢－混凝土组合结构等均应考虑混凝土的收缩和徐变作用的影响，预应力构件还涉及其预应力损失问题。

其他永久作用均可按《桥规》条文计算。

1.5.2 可变作用

可变作用是指在结构使用期间，其量值随时间变化，且其变化值与平均值相比不可忽略的作用。

1.5.2.1 汽车荷载

汽车荷载是公路桥涵上最主要的一种可变荷载。设计中采用的汽车荷载分为公路—Ⅰ级和公路—Ⅱ级两个等级，各级公路桥涵设计的汽车荷载等级按表 1.4 取用。

各级公路桥涵的汽车荷载等级 **表 1.4**

公路等级	高速公路	一级公路	二级公路	三级公路	四级公路
汽车荷载等级	公路—Ⅰ级	公路—Ⅰ级	公路—Ⅰ级	公路—Ⅱ级	公路—Ⅱ级

注：① 二级公路作为集散公路且交通量小、重型车辆少时，其桥涵的设计可采用公路—Ⅱ级汽车荷载。

② 四级公路上重型车辆少时，其桥涵设计所采用的公路—Ⅱ级车道荷载的效应可乘以 0.8 的折减系数，车辆荷载的效应可乘以 0.7 的折减系数。

(1) 荷载标准值

汽车荷载由车道荷载和车辆荷载组成。车道荷载由均布荷载和集中荷载组成，如图 1.35 所示。公路—Ⅰ级车道荷载的均布荷载标准值 q_k 为 10.5kN/m。集中荷载标准值 P_k 随计算跨径而变，当计算跨径小于或等于 5m 时，P_k 为 270kN；计算跨径等于或大于 50m 时，P_k 为 360kN；计算跨径在 5～50m 之间时，P_k 值采用直线内插法求得。对于多跨连续结构，P_k 以最大跨径为基准取值。当计算剪力效应时，集中荷载标准值 P_k 应乘以1.2 的系数，这主要用于验算下部结构或上部结构的腹板。

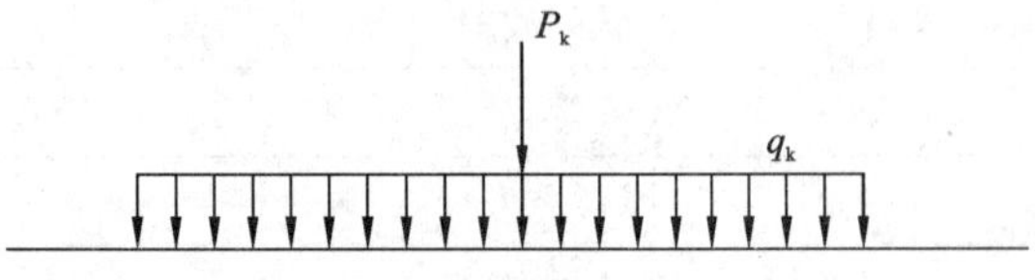

图 1.35 车道荷载

公路—Ⅱ级车道荷载的均布荷载标准值 q_k 和集中荷载标准值 P_k 按公路—Ⅰ级车道荷载的 0.75 倍采用。

车辆荷载为一辆总重 550kN 的标准车，其立面、平面尺寸见图 1.36，主要技术指标列于表 1.5 中。公路—Ⅰ级和公路—Ⅱ级汽车荷载采用相同的车辆荷载标准值。

车辆荷载主要技术指标 **表 1.5**

项目	单位	技术指标
车辆重力标准值	kN	550
前轴重力标准值	kN	30
中轴重力标准值	kN	2×120
后轴重力标准值	kN	2×140
轴　距	m	3＋1.4＋7＋1.4
轮　距	m	1.8
前轮着地宽度及长度	m	0.3×0.2
中、后轮着地宽度及长度	m	0.6×0.2
车辆外形尺寸（长×宽）	m	15×2.5

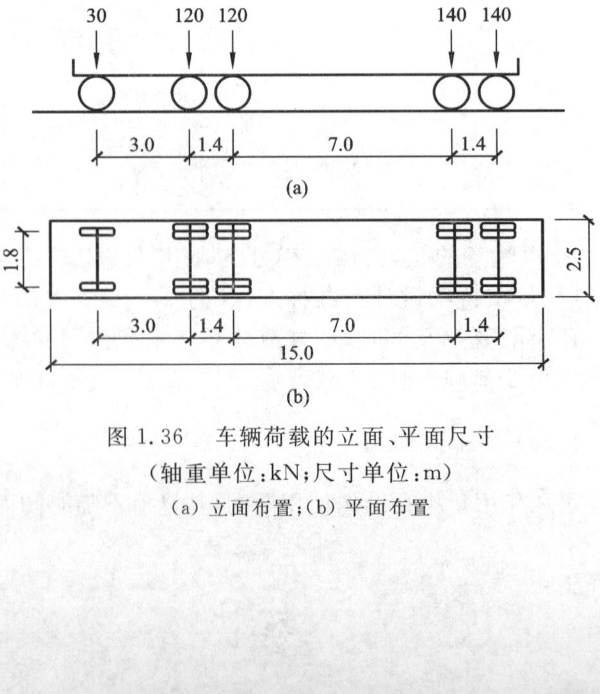

图 1.36 车辆荷载的立面、平面尺寸

（轴重单位：kN；尺寸单位：m）

(a) 立面布置；(b) 平面布置

(2) 加载方式

车道荷载用于桥梁结构的整体计算，车辆荷载用于桥梁结构的局部加载(比如桥面板计算)，涵洞、桥台和挡土墙土压力等的计算。在各计算项目中车辆荷载和车道荷载的作用效应不得叠加。车道荷载的均布荷载标准值应满布于使结构产生最不利效应的同号影响线上；集中荷载标准值只作用于相应影响线中一个最大影响线峰值处。

横向分布计算中，车道荷载或车辆荷载需偏心加载时均按照设计车道数和图 1.37 所示的布置方式来进行计算，横向布置的最大车辆数目不应超过设计车道数。表 1.6 列出了行车道宽度与设计车道数的关系。

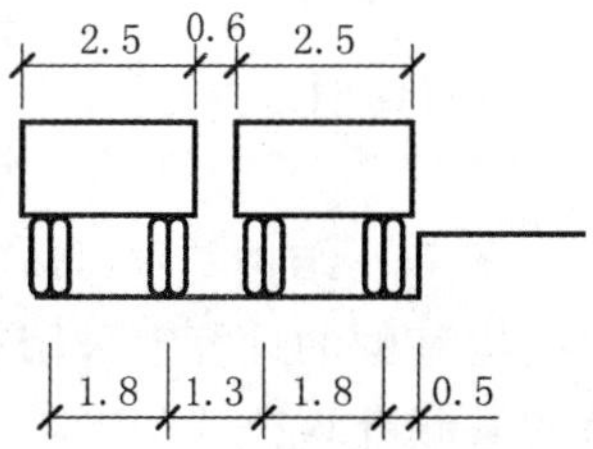

图 1.37 车辆荷载的横向布置(单位：m)

桥涵设计车道数 **表 1.6**

行车道宽度 W(m)		桥涵设计车道数 N
车辆单向行驶	车辆双向行驶	
$W < 7.0$	—	1
$7.0 \leqslant W < 10.5$	$7.0 \leqslant W < 14.0$	2
$10.5 \leqslant W < 14.0$	—	3
$14.0 \leqslant W < 17.5$	$14.0 \leqslant W < 21.0$	4
$17.5 \leqslant W < 21.0$	—	5
$21.0 \leqslant W < 24.5$	$21.0 \leqslant W < 28.0$	6
$24.5 \leqslant W < 28.0$	—	7
$28.0 \leqslant W < 31.5$	$28.0 \leqslant W < 35.0$	8

当桥涵设计车道数大于 2 时，汽车荷载应考虑多车道折减，表 1.7 列出了横向折减系数。但是折减后的效应不得小于用两车道设计的荷载效应。

横向折减系数 **表 1.7**

横向布置车道数(条)	1	2	3	4	5	6	7	8
横向折减系数	1.20	1.00	0.78	0.67	0.60	0.55	0.52	0.50

当桥梁计算跨径大于 150m 时，应考虑计算荷载效应的纵向折减。当为多跨连续结构时，整个结构均应按最大的计算跨径考虑计算荷载效应的纵向折减。纵向折减系数规定见表 1.8。

纵向折减系数 **表 1.8**

计算跨径 l(m)	$150 \leqslant l < 400$	$400 \leqslant l < 600$	$600 \leqslant l < 800$	$800 \leqslant l < 1000$	$l \geqslant 1000$
纵向折减系数	0.97	0.96	0.95	0.94	0.93

1.5.2.2 汽车冲击力

汽车以较高速度驶过桥梁时，由于桥面不平整、发动机振动等原因，会引起桥梁结构的振动，从而造成内力增大，这种动力效应称为冲击作用。在计算中采用静力学的方法来考虑，即引入一个竖向动力效应的增大系数 —— 冲击系数 μ，来计算汽车荷载的冲击作用，汽车荷载的冲击力即为汽车荷载标准值乘以冲击系数 μ。

冲击系数的计算采用以结构基频为指标的方法，其计算方法为：

当 $f < 1.5$Hz 时

$$\mu = 0.05 \tag{1.1a}$$

当 $1.5\text{Hz} \leqslant f \leqslant 14\text{Hz}$ 时

$$\mu = 0.1767\ln f - 0.0157 \tag{1.1b}$$

当 $f > 14\text{Hz}$ 时

$$\mu = 0.45 \tag{1.1c}$$

式中　f—— 结构基频(Hz)。

结构基频的计算宜采用有限元法，对于常规结构，可采用《桥规》条文说明中给出的公式估算。例如简支梁桥的基频计算公式如下：

$$f = \frac{\pi}{2l^2}\sqrt{\frac{EI_c}{m_c}} \tag{1.2}$$

其中

$$m_c = G/g$$

式中　l—— 结构的计算跨径(m)；

E—— 结构材料的弹性模量(N/m^2)；

I_c—— 结构跨中截面的截面惯性矩(m^4)；

m_c—— 结构跨中处的单位长度质量(kg/m)；

G—— 结构跨中处每延米结构重力(N/m)；

g—— 重力加速度，$g = 9.81(\text{m/s}^2)$。

钢桥、钢筋混凝土及预应力混凝土桥、圬工拱桥等的上部结构和钢支座、板式橡胶支座、盆式橡胶支座及钢筋混凝土柱式墩台，应计入汽车的冲击作用。填料厚度(包括路面厚度) 等于或大于 0.5m 的拱桥、涵洞以及重力式墩台不计冲击力。支座的冲击力，按相应的桥梁取用。

当汽车荷载的局部加载在 T 梁、箱梁悬臂板上时，$\mu = 0.3$。

1.5.2.3　人群荷载

当桥梁计算跨径 l 小于或等于 50m 时，人群荷载标准值为 3.0kN/m^2；当 l 等于或大于 150m 时，人群荷载标准值为 2.5kN/m^2；当 l 在 50 ～ 150m 之间时，可由线性内插法得到人群荷载标准值。对跨径不等的连续结构，以最大计算跨径为准。城镇郊区行人密集地区的公路桥梁，人群荷载标准值取上述规定值的 1.15 倍。专用人行桥梁，人群荷载标准值为 3.5kN/m^2。

人群荷载在横向应布置在人行道的净宽度内，在纵向施加于使结构产生最不利荷载效应的区段内。人行道板(局部构件) 可以一块板为单元，按标准值 4.0kN/m^2 的均布荷载来计算。计算人行道栏杆时，作用在栏杆立柱顶上的水平推力标准值取 0.75kN/m；作用在栏杆扶手上的竖向力标准值取 1.0kN/m。

1.5.2.4　其他

(1) 汽车离心力

曲线桥需考虑汽车荷载的离心力作用。离心力标准值为汽车荷载(不计冲击力) 标准值乘以离心力系数 C。离心力系数按下式计算：

$$C = \frac{V^2}{127R} \tag{1.3}$$

式中　V—— 设计速度(km/h)，应按桥梁所在公路等级的规定采用；

R—— 曲线半径(m)。

计算多车道桥梁的汽车荷载离心力时，应考虑横向折减系数；计算曲线长度大于 150m 的桥梁的离心力时，应计入纵向折减系数。离心力的着力点在桥面以上 1.2m 处，为计算简便，也可移至桥面上，不计由此引起的竖向力和力矩。

(2) 汽车引起的土侧压力

汽车引起的土侧压力采用车辆荷载加载。车辆荷载作用在桥台台背或路堤挡土墙上，将引起台背填土或挡土墙后填土的破坏棱体对桥台或挡土墙的土侧压力，此类土侧压力可按下式换算成等代均布土层厚度 h 计算：

$$h = \frac{\sum G}{Bl_0\gamma} \tag{1.4}$$

式中　γ—— 土的重力密度(kN/m^3)；

B—— 桥台的计算宽度或挡土墙的计算长度(m)；

l_0—— 桥台或挡土墙后填土的破坏棱体长度(m)；

$\sum G$—— 布置在 $B \times l_0$ 面积内的车辆车轮重力(kN)，当涉及多车道加载时，车轮总重力应按表1.7进行折减。

(3) 汽车制动力

汽车制动力是指车辆在减速或制动时，为克服车辆的惯性而在路面与车辆之间产生的滑动摩擦力。车辆与路面间的摩擦因数可以达0.5以上，但是刹车常常只限于车队的一部分车辆，所以制动力并不等于摩擦因数乘以全部车辆荷载。

一个设计车道上的汽车制动力标准值，为布置在加载长度上计算的总重力的10%，但公路—Ⅰ级汽车制动力标准值不得小于165kN，公路—Ⅱ级不得小于90kN。多车道时要考虑横向折减，同向行驶双车道的汽车制动力标准值为一个设计车道制动力标准值的2倍；同向行驶三车道为一个设计车道的2.34倍；同向行驶四车道为一个设计车道的2.68倍。

制动力的作用点在设计车道桥面以上1.2m处，在计算墩台时，可移至支座中心(铰或滚轴中心)，或滑动支座、橡胶支座、摆动支座的底座面上；计算刚构桥、拱桥时，可移至桥面上，但不计因此而产生的竖向力和力矩。

(4) 风荷载

当风以一定的速度向前运动遇到结构物阻碍时，结构就会承受风压。对于大跨径桥梁，特别是斜拉桥和悬索桥，风荷载是极为重要的设计荷载，有时甚至起着决定性的作用，即对结构的强度、刚度和稳定性起控制作用。在顺风向，风压常分成平均风压和脉动风压；在横风向，风流经过结构而产生旋涡，因旋涡的特性，横风向还会产生周期风压。一般来说，风对结构作用的计算有三个不同的方面，对于顺风向的平均风压，采用静力计算方法；对于顺风向的脉动风或横风向的脉动风，则应按随机振动理论计算；对于横风向的周期性风力，产生了横风向振动，偏心时还产生扭转振动，通常作为确定荷载对结构进行动力计算。后两种计算理论属于研究结构风压和风振理论的一门新学科。

《桥规》规定的风荷载计算仅是静止风压。对于对风敏感和风荷载效应突出的桥梁，还应该专门进行气动性能设计。

(5) 温度作用

对于超静定结构，必须考虑温度变化产生的变形和影响力，它的大小应根据当地的具体情况、结构物所使用的材料和施工条件等因素确定。温度变化范围，应自结构物合龙时的温度算起。

(6) 支座摩阻力

支座摩阻力标准值可按下式计算：

$$F = \mu W \tag{1.5}$$

式中　W—— 作用于活动支座上由上部结构重力产生的效应；

μ—— 支座摩擦因数。

(7) 波浪力

位于外海、海湾、海峡的桥梁结构，下部结构设计必要时应考虑波浪力的作用影响。宜开展专题研究确定波浪力的大小。

1.5.2.5　*原公路桥涵设计可变作用*

我国已建的大量公路桥涵，是依据《公路桥涵设计通用规范》(JTJ 021—89)设计出来的，考虑到今后在对它们进行维护、保养或加固改造时，还需要先按原规范进行分析研究，故本节仍将原规范中汽车荷载、汽车冲击力和人群荷载等部分内容简单地予以介绍。

(1) 车辆荷载

原《公路桥涵设计通用规范》(JTJ 021—89)采用的车辆荷载标准为汽车荷载、平板挂车或履带车荷载。汽车荷载采用车队的形式，分为汽车—10级、汽车—15级、汽车—20级和汽车—超20级四个等级，平板挂车和履带车荷载分为挂车—80级、挂车—100级、挂车—120级和履带—50级四种。在计算时汽车荷载作为计算荷载，挂车或履带车荷载作为验算荷载。车辆荷载的等级根据桥梁所在公路的等级确定。

汽车车队的纵向排列见图 1.38。每级车队中重车只有一辆，主车数目不限，各车辆之间的距离可变化，但不得小于图示距离。汽车荷载横向布置如图 1.37 所示，计算其效应时亦需考虑其横向和纵向折减。

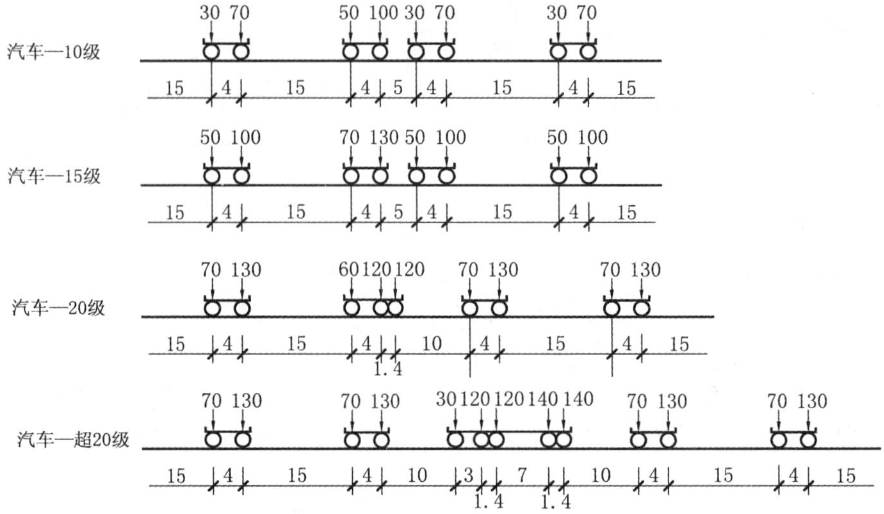

图 1.38　各级汽车车队的纵向排列（轴重单位：kN；尺寸单位：m）

平板挂车、履带车荷载的纵向排列和横向布置见图 1.39。履带车沿桥纵向可考虑多辆行驶，但两车间净距不得小于 50m；平板挂车全桥均以通过一辆计算。履带车或平板挂车通过桥涵时，应靠中以慢速行驶，因此计算时不考虑冲击力。

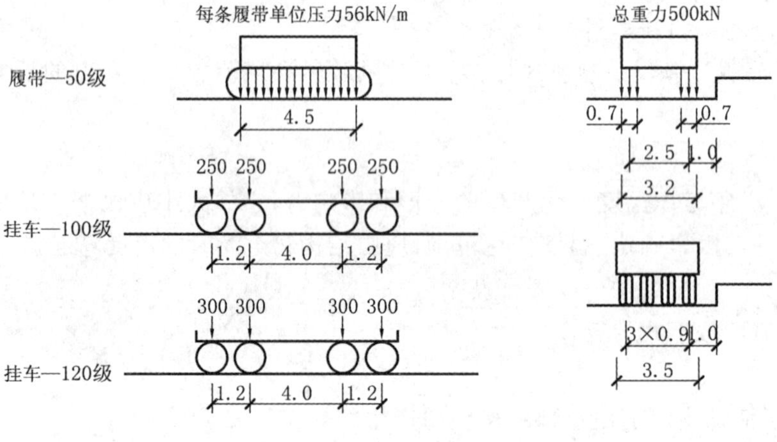

图 1.39　平板挂车、履带车荷载的纵向排列和横向布置（轴重单位：kN；尺寸单位：m）

(2) 汽车冲击力

《公路桥涵设计通用规范》(JTG D60—2015) 规定的冲击系数的计算方法是以跨径为基准。钢筋混凝土及预应力混凝土、砖石及混凝土桥涵的冲击系数见表 1.9a，钢桥的冲击系数见表 1.9b。对于重力式墩台，或结构物上的填料（包括路面厚度）等于或大于 50cm 时，也可以不计冲击作用。

钢筋混凝土、圬工桥涵的冲击系数　　**表 1.9a**

结构种类	跨径或荷载长度(m)	冲击系数 μ
梁、刚构、拱上构造、柱式桥台、涵洞盖板	$L \leqslant 5$	0.30
	$L \geqslant 45$	0.00
拱桥的主拱圈或拱肋	$L \leqslant 20$	0.20
	$L \geqslant 70$	0.00

钢桥的冲击系数 表 1.9b

结构种类	冲击系数 μ
主桁(梁、拱)、联合梁、桥面系、钢墩台等	$\frac{15}{37.5+L}$
悬索桥的主桁、主索或主链、塔架	$\frac{50}{70+L}$

注:① 对于简支的主梁、主桁、拱桥的拱圈等主要构件,L 为计算跨径长度。

② 对于悬臂梁、连续梁、刚构、桥面系构件、仅受局部荷载的构件以及墩台等,L 为其相应内力影响线的荷载长度(即为各荷载区段加载长度之和)。

③ 当 L 值在表 1.9a 中所列数值之间时,冲击系数可用直线内插法求得。

(3) 人群荷载

人群荷载一般取 3kN/m^2,城市郊区行人密集地区可为 3.5kN/m^2,城市桥梁应根据具体情况另行规定。在计算有人行道的桥梁时人群荷载与汽车荷载同时考虑,而在计算验算荷载时则不计入人群荷载。

当人行道板为钢筋混凝土板时,还应以 1.2kN 集中竖向力作用在一块板上进行验算。计算栏杆时,人群作用于栏杆上的水平推力规定为 0.75kN/m,施力点在栏杆柱顶;人群作用于扶手的竖向力规定为 1kN/m,施力点在上部扶手。

1.5.3 偶然作用

在结构使用期间出现的概率很小,一旦出现,其值很大且持续时间很短的作用分为偶然作用和地震作用,其中偶然作用具体包括船舶、漂流物和汽车的撞击作用。偶然荷载和地震荷载会对结构安全产生非常巨大的影响,甚至使桥梁毁坏和交通中断,因此,有可能受到船只、漂流物撞击或建造在地震区域的桥梁应进行谨慎的防撞和抗震设计。

(1) 船只和漂浮物的撞击力

船只和漂浮物撞击力在有可能的条件下,应采用实测资料或模拟撞击试验进行计算,并借此进行防撞设施的设计。当无实测资料时,撞击作用设计值可参照现行《桥规》第 4.4 条采用。

(2) 汽车撞击作用

汽车撞击问题在我国逐渐突出,已影响到公路桥梁结构和道路行车的安全。为防止或减少因撞击产生的破坏,对易受到汽车撞击的构件的部位应采取相应的构造措施,并增设钢筋或钢筋网。对于跨线桥,不应在没有中间带的公路中央设立桥墩。

汽车撞击力标准值在行驶方向取 1000kN,在与之垂直方向取 500kN,两个方向不同时考虑;其作用于行车道上 1.2m 处,直接分布于撞击涉及的构件上。

1.5.4 地震作用

地震作用主要是指地震时强烈的地面运动所引起的结构惯性力,它是随机变化的动力荷载,其值的大小决定于地震强烈程度和结构的动力特性(频率与阻尼等)以及结构或杆件的质量。地震作用分竖直方向与水平方向,但经验表明,水平地震作用是导致结构破坏的主要因素,结构抗震验算时,一般主要考虑水平地震作用。因此,在工程设计中,凡计算作用在结构上的地震作用都是指水平地震作用(简称地震作用)。

抗震设防要求以地震时地面最大水平加速度的统计值即地震动峰值加速度确定。地震动峰值加速度为 $0.10g$ 以上地区的公路桥涵,应进行抗震设计;大于或等于 $0.40g$ 地区的公路桥涵,应进行专门的抗震研究和设计;小于或等于 $0.05g$ 地区的公路桥涵,除有特殊要求外,可采用简易设防。地震作用的计算及结构的设计应符合现行《公路桥梁抗震设计细则》(JTG/T B02—01—2008) 的规定。

1.5.5 作用组合

公路桥涵结构采用以可靠度理论为基础的概率极限状态设计法设计。该设计体系规定了桥涵结构的两种极限状态：承载能力极限状态和正常使用极限状态。同时，根据在施工和使用过程中面临的不同情况，桥涵结构设计分为持久状况、短暂状况、偶然状况和地震作用状况四种：

(1) 持久状况是指桥涵建成后承受自重、汽车荷载等持续时间很长的状况，必须进行承载能力和正常使用两种极限状态设计；

(2) 短暂状况为桥涵施工过程中承受临时性作用的状况，一般只作承载能力极限状态设计，必要时才作正常使用极限状态设计；

(3) 偶然状况是在桥涵使用过程中可能偶然出现的状况，只作承载能力极限状态设计，不考虑正常使用极限状态设计。

(4) 地震作用是一种特殊的偶然作用，只作承载能力极限状态设计，采用作用的地震组合。

承载能力极限状态着重体现桥涵结构的安全性，是以塑性理论为基础，有三种作用效应组合，即基本组合、偶然组合和地震组合。基本组合为永久作用设计值与可变作用设计值相组合，用于结构的常规设计，所有桥涵结构都需考虑。偶然组合为永久作用标准值与可变作用某种代表值、一种偶然作用设计值相组合；与偶然作用同时出现的可变作用，可根据观测资料和工程经验取用频遇值或准永久值。地震组合的效应设计值应按现行《公路工程抗震规范》(JTG B02—2013) 的有关规定计算。偶然组合和地震组合用于结构在特殊情况下的设计，所以不是全部桥涵都要采用，一些结构也可以采取构造或其他预防措施来解决。

正常使用极限状态设计是以弹性理论或弹塑性理论为基础的，涉及构件的应力、抗裂、裂缝宽度和挠度四个方面的验算，体现了适用性和耐久性。其作用效应组合分为频遇组合和准永久组合。频遇组合为永久作用标准值与汽车荷载频遇值、其他可变作用准永久值相组合。准永久组合为永久作用标准值与可变作用准永久值相组合。

五类组合涵盖了桥涵结构可能的极限状态，通过运用概率论和数理统计的数学工具取得各类组合下的分项系数和组合系数，使所设计的结构具有明确的可靠度。

公路桥梁钢结构部分应根据需要进行抗疲劳设计，具体按照《公路钢结构桥梁设计规范》(JTG D64—2015) 等规范执行。

本章小结

1. 桥梁由上部结构、下部结构、支座和附属设施四部分组成。

2. 桥梁按基本体系分类，有梁、拱、吊三大基本体系，梁受弯、拱受压，而吊受拉。由上述三大基本体系相互组合，可派生出显示组合受力特征的桥型，如斜拉桥和刚构桥等。

3. 普通钢筋混凝土简支梁桥跨径一般不超过 25m，预应力混凝土简支梁桥跨径一般不超过 50m，跨径再增加应考虑采用连续体系梁桥。

4. 拱桥分有推力和无推力(系杆) 拱，根据不同的行车道位置，又分为上承式、中承式和下承式拱。

5. 刚构桥包括门式、斜腿、连续刚构以及 T 型刚构。

6. 斜拉桥的主要组成部分是梁、塔和索，斜拉桥属高次超静定结构，索的初张力对斜拉桥受力状态的优劣至关重要。

7. 悬索桥属柔性结构，一般为钢结构，悬索桥的风振问题在设计施工中应特别予以重视。

8. 桥梁设计应遵循安全、耐久、适用、环保、经济和美观的原则。

9. 桥梁设计一般应符合路线布设的规定，并结合当地需要，考虑综合利用。

10. 桥梁设计前，应尽可能多做调查和收集资料，包括交通调查和桥位处自然条件调查等。

11. 桥梁立面总体设计应综合考虑通航、泄洪、冲刷等问题，并考虑两头接线的要求。

12. 桥梁横断面形式主要依据桥型而定，桥面宽度应符合不同公路等级的要求。

13. 桥梁设计分为工程可行性研究、初步设计、技术设计和施工图设计四个阶段，对于规模小或技术简单的桥梁，设计阶段可予以简化。公路桥梁在设计阶段还应按照相关规定进行风险评估。

14. 桥梁方案比选是一个循序渐进、由浅入深的过程。首先应调查掌握各种规划和自然条件，然后充分运用专业知识和国内外信息，按照一定的步骤进行后，才能获得最佳的设计方案。

15. 桥梁上的作用包括永久作用、可变作用、偶然作用和地震作用四大类。永久作用主要指结构重力，可变作用包括汽车荷载、人群荷载、温度作用等，偶然作用主要指车、船的撞击作用。

16. 根据结构上可能同时出现的作用，《桥规》规定了基本组合、偶然组合、地震组合、频遇组合和准永久组合五种。

17. 桥梁按极限状态法设计，包括承载能力极限状态和正常使用极限状态，前者验算强度和稳定性，后者验算应力、变形和裂缝。

思考题及习题

1.1 什么叫桥梁的上部结构和下部结构？它们的作用分别是什么？

1.2 对于不同的桥型，计算跨径是如何确定的？

1.3 什么叫桥梁的容许建筑高度？当容许建筑高度严格受限时，桥梁设计如何去满足它的要求？

1.4 请阐述梁桥、拱桥、刚架桥、斜拉桥和吊桥的主要受力特点。

1.5 试说明历史上桥梁发展获得三次飞跃的年代和原因。

1.6 桥梁设计应满足哪 6 项基本要求？并简要叙述各项要求的基本内容。

1.7 对于跨河桥梁，如何确定桥梁的总跨径和分孔？

1.8 桥梁各种标高的确定应考虑哪些因素？

1.9 确定桥面总宽时应考虑哪些因素？

1.10 请简要阐述桥梁设计前期工作阶段和设计工作阶段各自的主要内容。

1.11 请阐述桥梁设计方案比选的过程、成果应包含的主要内容。

1.12 试分别列出永久作用、可变作用和偶然作用的主要内容。

1.13 为什么车道很多或桥梁很长时，汽车荷载效应可予以折减？

1.14 什么叫汽车冲击力，它是如何计算的？

1.15 桥梁设计应考虑哪两个极限状态？所含内容分别是什么？

2　混凝土梁桥构造设计

本章提要

本章主要介绍混凝土简支板桥(包括斜板桥)和简支梁桥的截面设计、钢筋构造以及装配式结构的横向联结构造等内容,简要介绍了桥面构造各组成部分的功能、常用类型和构造细节,并附有施工图实例。

2.1　概　　述

目前我国的中小跨径公路桥梁或者城市桥梁,大部分是钢筋混凝土或预应力混凝土梁式桥。这两种桥梁具有能就地取材、工业化施工、耐久性好、适应性强、整体性好以及美观等许多优点。预应力混凝土梁桥更兼有节省钢材和跨越能力大的长处。

从承重结构横截面形式上分类,混凝土梁式桥可分为板桥、肋梁桥和箱形梁桥。

从受力特点上看,混凝土梁式桥分为简支梁(板)桥、连续梁(板)桥和悬臂梁(板)桥。

按施工方法分类,又可分为整体浇筑式梁桥和预制装配式梁桥两类。

本章重点介绍钢筋混凝土简支板桥和简支梁桥的设计与构造。混凝土悬臂梁桥和连续梁桥的有关内容将在第5章中单独介绍。

2.2　混凝土简支板桥的构造与设计

板桥因它在建成后外形上像一块薄板,故习惯称之为板桥。从结构静力体系来看,板桥可以分为简支板桥、悬臂板桥和连续板桥。

本节重点介绍简支板桥的构造与设计。

2.2.1　整体式简支板桥的构造

整体式板桥一般做成实体式等厚度的矩形截面[图2.1(a)],为了减轻自重也可做成肋板式截面[图2.1(b)]。图2.1(c)、图2.1(d)是常见的城市高架桥的板桥截面形式。

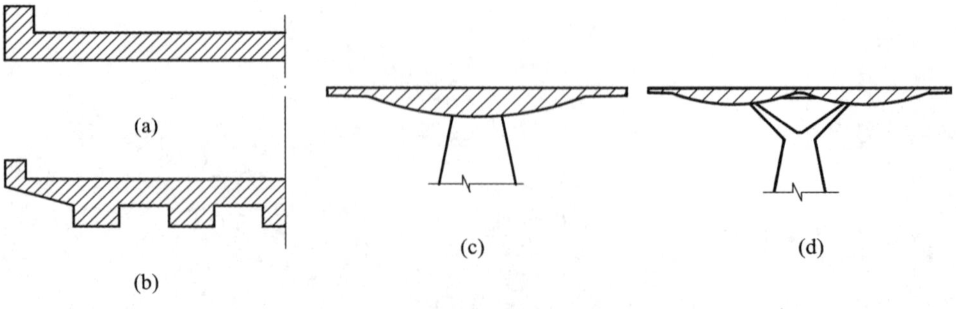

图2.1　整体式板桥横截面

整体式简支板桥一般跨径在 8m 以下，其桥面宽度往往大于跨径。因此，在荷载作用下，桥面板实际上是处于双向受力状态，即除板的纵向中部产生正弯矩外，横向也产生较大的弯矩。因此当桥面板宽较大时，除配置纵向的受力钢筋外，尚应计算配置板的横向受力钢筋。

整体式板桥行车道的主钢筋直径应不小于 10mm，间距应不大于 200mm，一般也不宜小于 70mm；分布钢筋直径不小于 8mm，间距不应大于 200mm，并且在单位板长的截面面积一般不宜少于板的截面面积的 0.1%。

为保证混凝土结构在设计年限内具有足够的耐久性，决定性的因素是混凝土内的钢筋不被腐蚀。理论和实践均表明，钢筋腐蚀与混凝土保护层厚度和密实性有很大的关系。《桥规》规定，板的主钢筋与板缘间的净距（即保护层厚度）应不小于 20mm；设置钢筋网时，上、下层钢筋的混凝土保护层厚度不得小于 150mm。

图 2.2 所示为一标准跨径为 6m 的钢筋混凝土整体式简支板桥构造图，桥面净宽－7m＋2×0.25m，按汽车—20 级、挂车—100 级设计（相当于现行桥规的公路—Ⅱ级）。该桥计算跨径为 5.69m，板厚 360mm，纵向主筋采用Ⅱ级钢筋，直径为 200mm，分布钢筋采用Ⅰ级钢筋，直径为 10mm，间距为 200mm，主筋两端呈 45° 弯起。

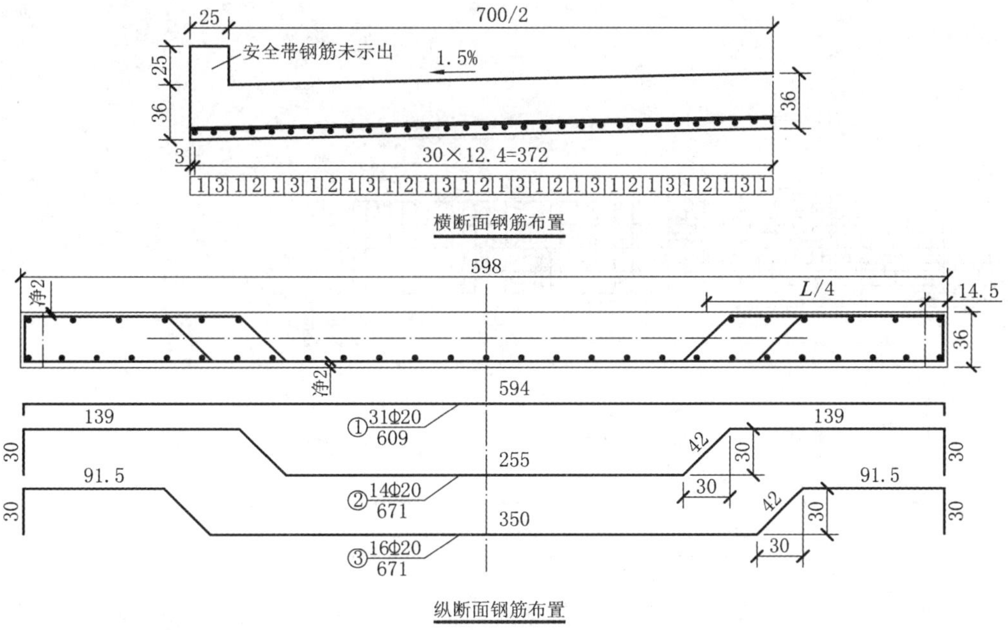

图 2.2　钢筋混凝土整体式简支板桥构造（尺寸单位：cm；钢筋直径：mm）

2.2.2　装配式简支板桥的构造

装配式简支板桥的横截面形式主要有实心板和空心板两种。

2.2.2.1　矩形实心板桥

矩形实心板桥具有形状简单、施工方便、建筑高度小等优点，一般使用跨径为 1.5～8m，板高为 0.16～0.36m，常用的桥面净空有净－7m、净－9m 两种。

图 2.3 所示为一标准跨径 6m，设计荷载为公路—Ⅰ级的装配式钢筋混凝土简支板桥（1m 宽中板）构造图。该桥桥面宽为 2×净－10.25m，设计行车速度为 60km/h，预制板全长 5.96m，计算跨径 5.70m，混凝土标号为 C30。纵向主筋用直径 18mm 的 HRB335 钢筋，箍筋和架立钢筋均用直径 10mm 的 HPB235 钢筋，预制板安装就位后，在企口缝内填筑 C40 混凝土，并浇筑厚 10cm 的 C40 防水混凝土整体化层使之连成整体。

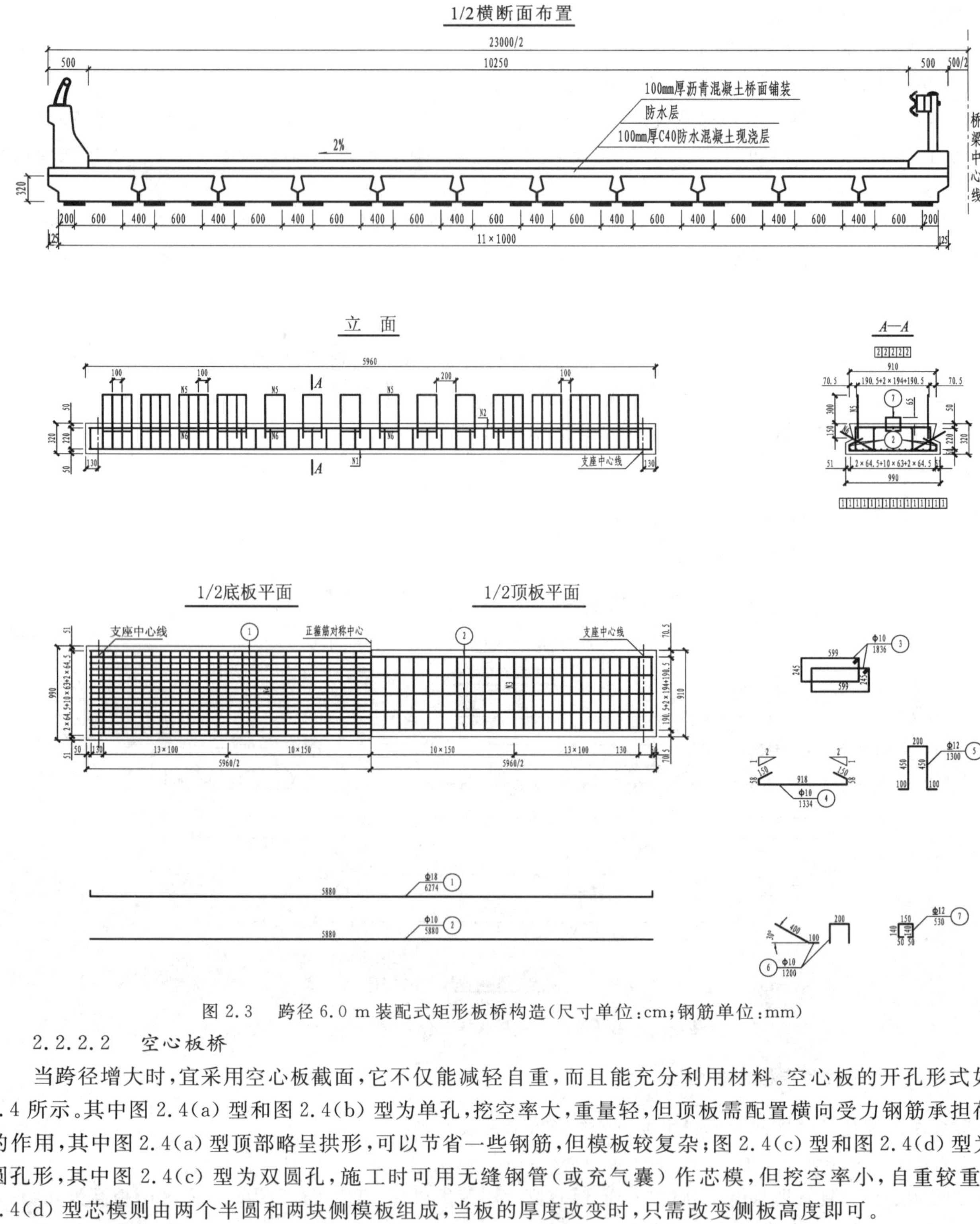

图 2.3　跨径 6.0 m 装配式矩形板桥构造(尺寸单位:cm;钢筋单位:mm)

2.2.2.2　空心板桥

当跨径增大时,宜采用空心板截面,它不仅能减轻自重,而且能充分利用材料。空心板的开孔形式如图 2.4 所示。其中图 2.4(a) 型和图 2.4(b) 型为单孔,挖空率大,重量轻,但顶板需配置横向受力钢筋承担荷载的作用,其中图 2.4(a) 型顶部略呈拱形,可以节省一些钢筋,但模板较复杂;图 2.4(c) 型和图 2.4(d) 型为双圆孔形,其中图 2.4(c) 型为双圆孔,施工时可用无缝钢管(或充气囊) 作芯模,但挖空率小,自重较重,图 2.4(d) 型芯模则由两个半圆和两块侧模板组成,当板的厚度改变时,只需改变侧板高度即可。

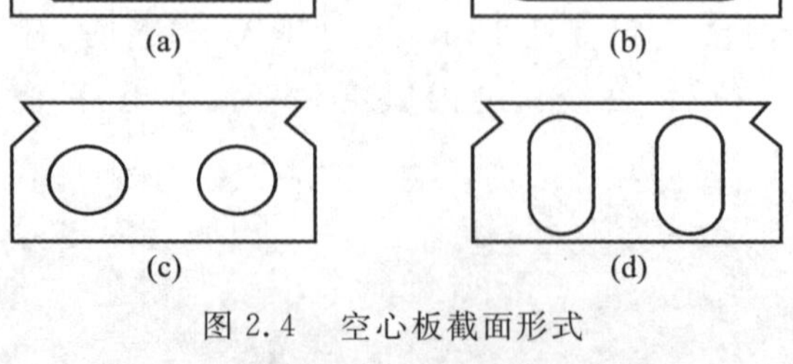

图 2.4　空心板截面形式

我国交通行业标准《公路桥涵标准图》(JT/GQB 003—2003) 中,对钢筋混凝土空心板桥采用的标准跨径为 8 ~ 13m,板厚为 0.4 ~ 0.8m;对预应力混凝土空心板采用的标准跨径为 8 ~ 16m,板厚为 0.4 ~ 0.7m。空心板横截面的最薄处不得小于 7cm,以保证施工质量和承载的需要。

图 2.5 所示为标准跨径 8m 的装配式钢筋混凝土空心板(1m 宽中板) 的钢筋布置图。该桥桥面宽为 2 × 净 — 10.25m,荷载等级为公路 —Ⅰ级,行车速度为 60km/h,采用 C40 混凝土预制。预制板全长 7.96m,计算跨径 7.60m,板厚 42cm,横截面采用双圆孔,圆孔直径为 22cm。N4、N5 与 N1 ~ N3 钢筋焊接形成骨架,每板块配两片钢筋骨架;N9 钢筋与 N2、N7 钢筋绑扎连接,N10 钢筋与 N1、N7 钢筋绑扎连接,在块件预制时紧贴侧模,脱模后立即拔出;N11 应与顶板内钢筋绑扎,顺桥向间距为 400mm;N12 和 N13 为内模定位钢筋,顺桥向间距为 1000mm。

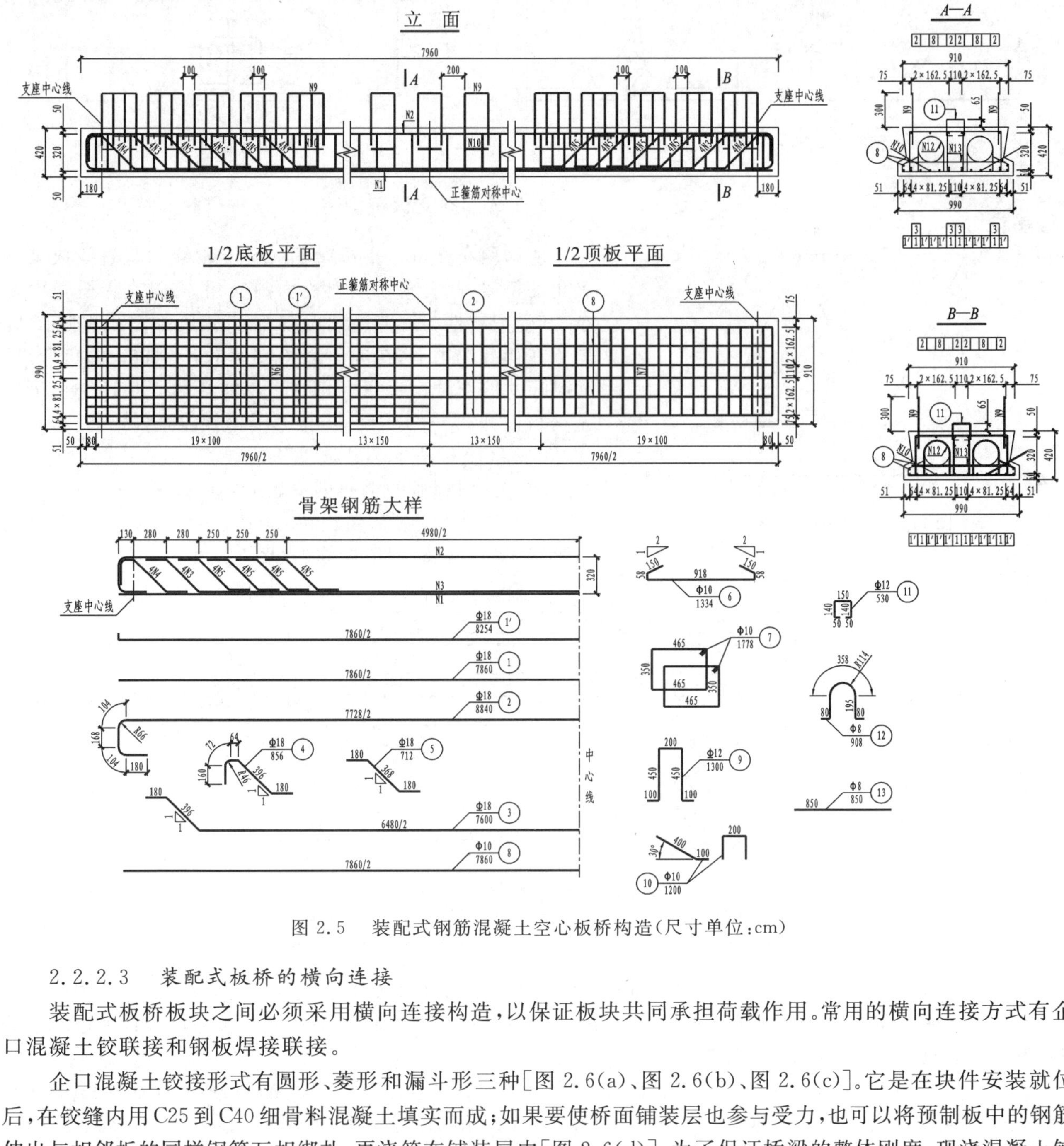

图 2.5　装配式钢筋混凝土空心板桥构造(尺寸单位:cm)

2.2.2.3　装配式板桥的横向连接

装配式板桥板块之间必须采用横向连接构造,以保证板块共同承担荷载作用。常用的横向连接方式有企口混凝土铰联接和钢板焊接联接。

企口混凝土铰接形式有圆形、菱形和漏斗形三种[图 2.6(a)、图 2.6(b)、图 2.6(c)]。它是在块件安装就位后,在铰缝内用 C25 到 C40 细骨料混凝土填实而成;如果要使桥面铺装层也参与受力,也可以将预制板中的钢筋伸出与相邻板的同样钢筋互相绑扎,再浇筑在铺装层内[图 2.6(d)]。为了保证桥梁的整体刚度,现浇混凝土铺装层厚度不宜小于 8cm。铰的上口宽度应满足施工时用插入式振捣器的需要,铰槽的深度宜为预制板高的 2/3。

实践证明:企口式混凝土铰能保证传递横向剪力,使各块板共同受力。

由于企口缝内的混凝土需要养护一段时间才能通车,当需要加快工程进度、提前通车时也可部分采用钢板连接，如图 2.7 所示。具体做法是将钢板 N1 焊在相邻两块件的预埋钢板 N2 上。连接构造的纵向中距通常为 80 ～ 150cm，跨中部分布置较密，向两端支点处逐渐减疏。

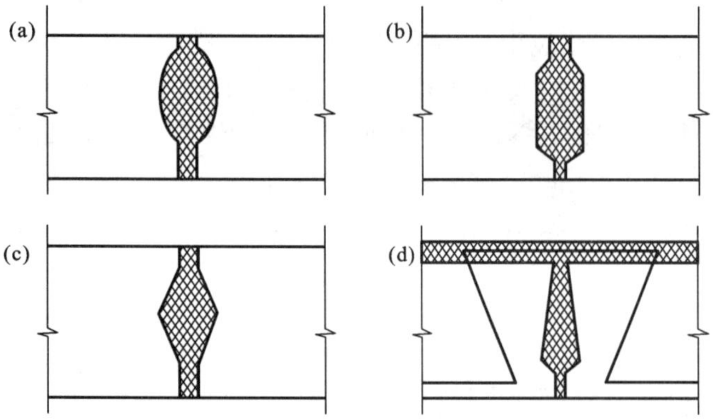

图 2.6　企口式混凝土铰

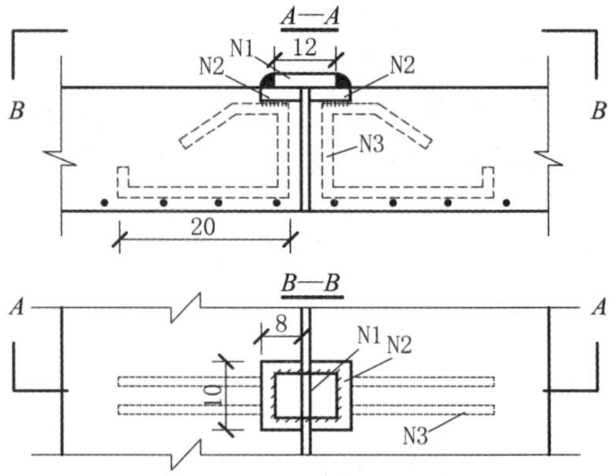

图 2.7　钢板连接构造(单位:cm)

2.2.3　斜交板桥构造

所谓斜交板桥是指桥梁轴线与支承线的垂直线成某一夹角的桥梁，其夹角习惯上称为斜交角 φ。斜交板桥受力复杂，其受力特性与三跨连续梁有相似之处，如图 2.8 所示，即斜板在荷载作用下，在钝角 B、C 处不仅产生较大的负弯矩，而且还对该部分产生扭矩。据此，当斜交角小于 15° 时，可按正交板设计；大于 15° 时，应按其受力性能布置钢筋。

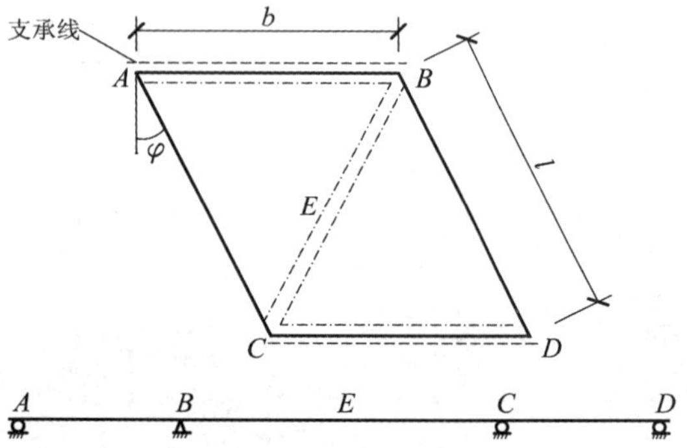

图 2.8　斜交桥比拟连续梁

2.2.3.1　整体式斜板桥

整体式斜板桥的钢筋可按如下要点布置：

(1) 当整体斜板的斜交角 $\varphi \leqslant 15°$ 时，斜板底层主钢筋可平行于桥的纵轴线方向布置(图 2.9 中的钢筋 1)

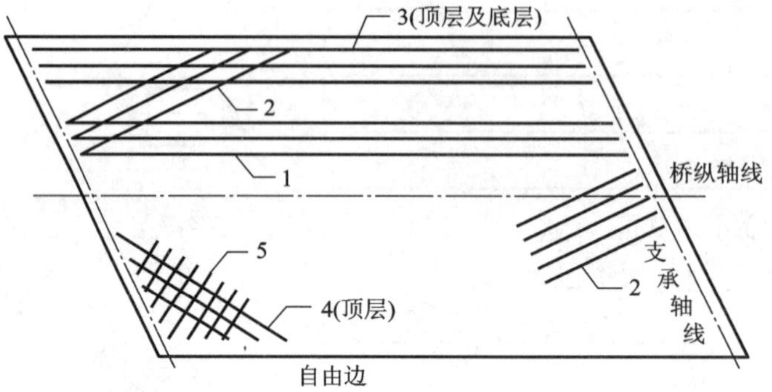

图 2.9　整体式斜交板钢筋布置

1— 顺桥纵轴线钢筋；2— 与支承轴线正交钢筋；3— 自由边钢筋；4— 垂直于钝角平分线的加强钢筋；5— 平行于钝角平分线的加强钢筋

(2) 当整体式斜板斜交角 $\varphi > 15°$ 时，斜板底层主钢筋宜按垂直于支承线的方向布置(图 2.9 中的钢筋 4)，此时，在板的自由边顶层和底层各应设置一条截面面积不少于三根主钢筋，但方向平行于自由边的钢筋带(图 2.9 中的钢筋 3)，并用箍筋焊牢。

(3) 在钝角部位处板的顶层，应布置垂直于钝角平分线的加强钢筋(图 2.9 中的钢筋 4)，而在其底层，应布置平行于钝角平分线的加强钢筋(图 2.9 中的钢筋 5)，即是钝角处顶层与底层的加强钢筋，在方向上正好正交。加强钢筋的直径不宜小于 12mm，间距 100 ～ 150mm，布置于以钝角两侧 1.0 ～ 1.5m 为边长的扇形面积内。

(4) 斜板的分布钢筋宜垂直于主钢筋方向设置，其直径不应小于 8mm，间距不应大于 200mm，截面面积不宜小于板的截面面积的 0.1%。

(5) 在主钢筋的弯折处，亦应布置分布钢筋；在斜板支座附近，宜增设平行于支承线的分布钢筋。

2.2.3.2　装配式斜板桥

装配式斜板桥的主钢筋平行于自由边布置，分布钢筋视斜度不同而不同：

(1) 当 $\varphi = 25° \sim 35°$ 时，分布钢筋平行于支承边方向布置[图 2.10(a)]。

(2) 当 $\varphi = 40° \sim 60°$ 时，分布钢筋布置与整体式板方案(2)相同，即钝角间垂直于自由边，靠近支承边处分布筋与支承边平行[图 2.10(b)]。

(3) 加强钢筋布置：当 $\varphi = 40° \sim 50°$ 时，加强钢筋布置在底部，其方向与支承边相垂直[图 2.10(c)]。

(4) 当 $\varphi = 55° \sim 60°$ 时，除底部布置加强钢筋外，顶部尚应布置与钝角平分线相垂直的加强钢筋[图 2.10(d)]；另外为防止锐角处翘起，尚应在板端部中心处预留锚栓孔，安装完成后与墩(台)上的地脚螺栓固定。

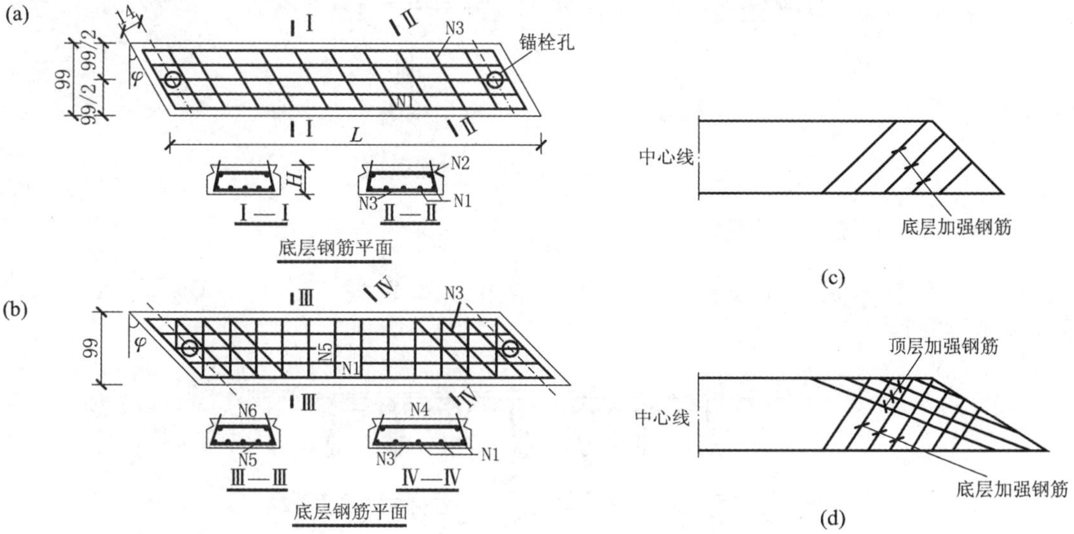

图 2.10　装配式斜交板桥钢筋布置原则(单位：cm)

(a) $\varphi = 25° \sim 35°$；(b) $\varphi = 40° \sim 60°$；(c) $\varphi = 40° \sim 50°$；(d) $\varphi = 55° \sim 60°$

当装配式斜板桥结构的斜度为 30° 时，其中板顶层、底层钢筋布置如图 2.11 所示，其余钢筋布置与图2.5所示的直桥相同。

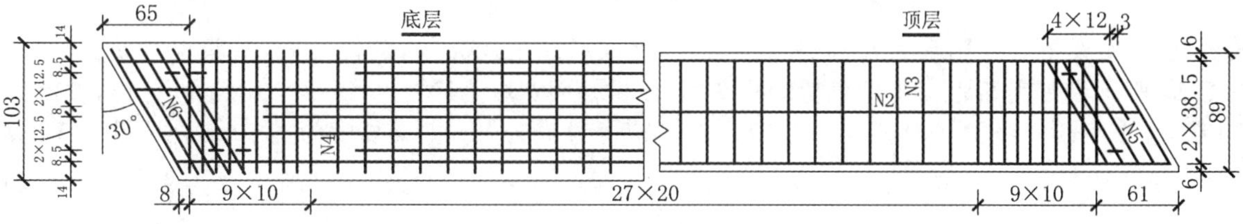

图 2.11　装配式斜交空心板桥中板钢筋布置($\varphi = 30°$)(单位：cm)

2.3　混凝土简支梁桥的构造与设计

混凝土肋梁桥因它在横截面上具有明显的肋形结构而得名。它具有受力明确、构造简单、施工方便等优点，是中小跨径桥梁中应用最广的桥型。

简支梁桥的上部构造由主梁、横隔梁、桥面板、桥面部分等组成。主梁是桥梁的主要承重结构；横隔梁保证各根主梁相互联成整体，以提高桥梁的整体刚度；主梁的上翼缘构成桥面板，组成行车(人)平面，承受车辆(人群)荷载的作用。这类桥梁可采用整体现浇和预制装配两种不同的方式进行施工。

2.3.1　整体式简支 T 型梁桥

整体式梁桥在城市立交桥中应用较广泛，具有整体性好、刚度大、易于做成复杂形状等优点，多数在桥孔支架模板上现场浇筑，个别也有整体预制、整孔架设的情况。

常用的整体式简支 T 型梁桥，如图 2.12 所示。在保证抗剪、稳定的条件下，主梁的肋宽为梁高的 1/6 ～ 1/7，但不宜小于 14cm，以利于浇筑混凝土；当肋宽有变化时，其过渡段长度不小于 12 倍肋宽差。主梁高度通常为跨径的 1/8 ～ 1/16。为了减小桥面板的跨径(一般限制在 2 ～ 3m 之内)，还可以在两根主梁之间设置次纵梁，如图 2.12(b) 所示。为了合理布置主钢筋，梁肋底部可做成马蹄形。

整体式简支梁桥桥面板的跨中板厚不应小于 10cm。桥面板与梁肋衔接处一般都设置承托结构，承托长高比一般不大于 3。

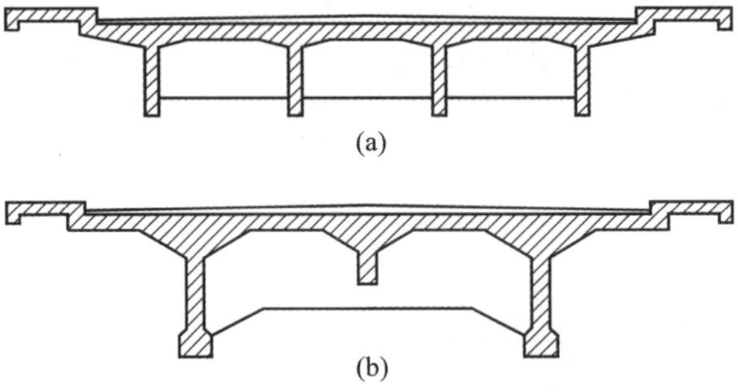

图 2.12 整体式梁桥横截面

2.3.2 预制装配式简支 T 型梁桥

图 2.13 所示的装配式简支梁主梁的横截面形式可分为 Π 形[图 2.13(a)]、T 形[图 2.13(b) ～ 图 2.13(d)] 和箱形[图 2.13(e)] 三种。

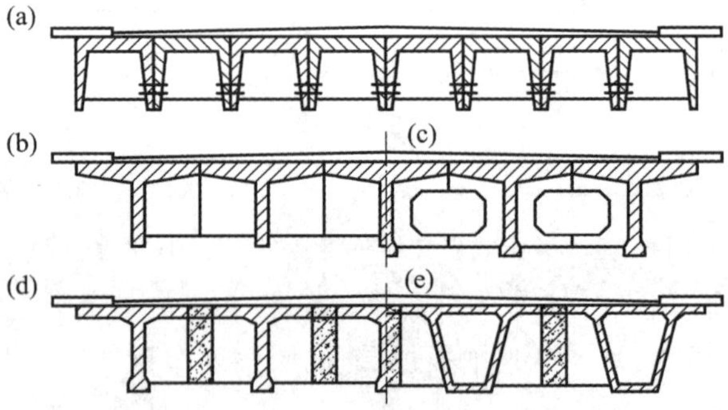

图 2.13 装配式简支梁桥的横截面

装配式 T 型梁桥是使用最为普遍的结构形式，其优点是制造简单，整体性好，接头也方便。

图 2.14 所示为一座五片式 T 型梁桥的构造图，该桥桥面宽度为净－9m＋2×1.0m 人行道，设计荷载为汽车—20 级，挂车—100 级。梁的全长为 19.96m，计算跨径为 19.50m，主梁高度为 1.50m，全桥设置 5 道横隔梁。

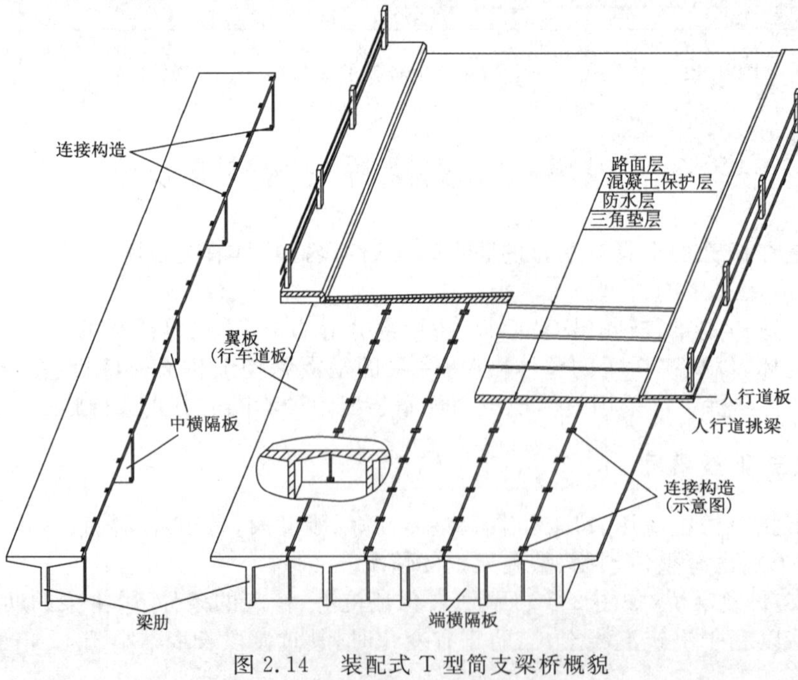

图 2.14 装配式 T 型简支梁桥概貌

2.3.2.1 主梁

表 2.1 为常用的简支梁桥主梁尺寸的经验数据，其变化范围较大，跨径较大时应取较小的比值；反之，则应取较大的比值。

简支梁桥主梁尺寸 **表 2.1**

桥梁类型	适用跨径(m)	主梁间距(m)	主梁高度	主梁肋宽度(m)
钢筋混凝土简支梁	$< 120 \sim 25$	$1.5 \sim 2.2$	$h = \left(\frac{1}{11} \sim \frac{1}{18}\right)l$	$b = 0.16 \sim 0.20$
预应力混凝土简支梁	< 50	$1.8 \sim 2.5$	$h = \left(\frac{1}{14} \sim \frac{1}{25}\right)l$	$b = 0.18 \sim 0.20$

主梁梁肋厚度在满足抗剪要求下可适当减薄，但梁肋太薄，混凝土不易振捣密实。当主梁间距小于 2m 时，梁肋一般做成全长等厚度；主梁间距大于 2m 时，梁肋端部在 2.0 ～ 5.0m 范围内可逐渐加宽，以满足抗剪和安放支座要求。对于预应力混凝土主梁梁肋，端部宽度尚应满足预应力锚具布置的要求。

当吊装重量允许时，主梁间距采用 1.8 ～ 2.2m 为宜。过去，我国较多采用的主梁间距为 1.6m。现已编制了主梁间距为 2.2m 的标准图(JT/GQS 025—84)，其预制宽度为 1.6m，吊装后铰缝宽为 60cm。

图 2.15 是一根标准跨径为 20m 的 T 型主梁钢筋骨架构造图，每根梁内主筋为 12 根⌀32 的 Ⅱ 级钢筋。

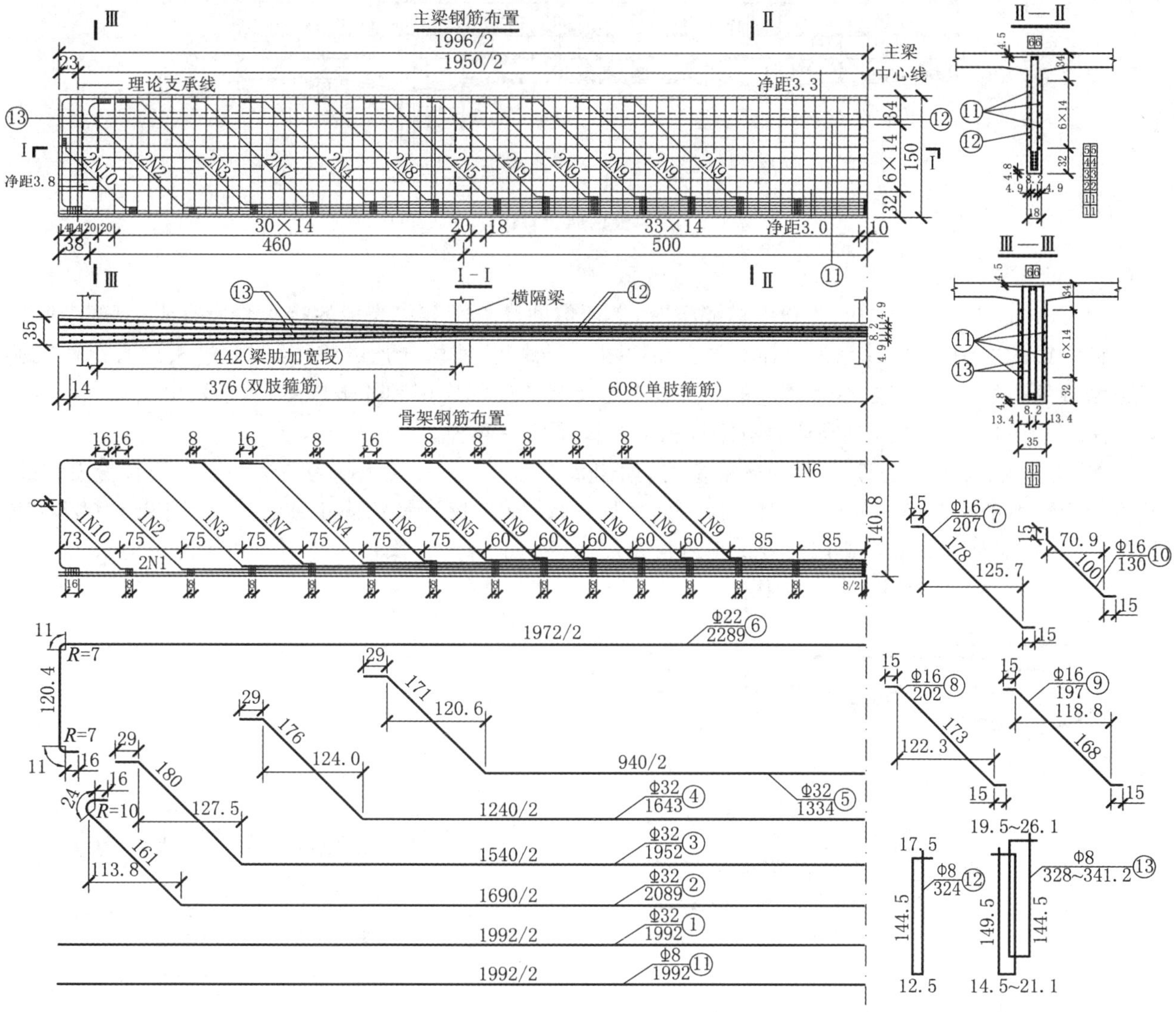

图 2.15 主梁钢筋布置(尺寸单位：cm；钢筋直径：mm)

其中最下层的4根N1将通过梁端支承中心，其余8根则按梁的抗剪要求从不同位置弯起。设在梁顶部的Φ22架立钢筋在梁端向下弯起并与主筋N1相焊接。箍筋采用Φ8@140，但在支座附近加倍。附加斜筋采用Φ16的Ⅱ级钢筋，其具体位置要通过计算确定。防收缩钢筋采用Φ8的Ⅰ级钢筋，按下密上疏的要求布置。所有钢筋的焊缝均为双面焊。

2.3.2.2　*桥面板及横向联接构造*

(1) 桥面板构造

装配式简支梁桥桥面板(翼缘板)一般采用变厚式，其厚度随主梁间距而定，翼缘根部(与梁肋衔接处)的厚度应不小于梁高的1/10，边缘厚度不应小于10cm；当板间采用横向整体现浇联接时，悬臂端厚度不应小于14cm。主梁间距小于2.0m的铰接梁桥，板边缘厚度可采用12cm(桥面铺装不参与受力)或10cm(桥面铺装通过预埋的联接钢筋与翼缘板共同受力)；主梁间距大于2.0m的刚接梁桥，桥面板的跨中厚度一般不小于15cm，边缘板边厚度不小于14cm。

图2.16所示为T型梁桥的桥面板钢筋布置图。板上缘承受负弯矩，按《桥规》要求，受力钢筋直径不小于10mm，间距不大于20cm；在垂直于主筋方向布置分布钢筋，其直径不小于6mm，间距不大于20cm。且在单位板宽内分布钢筋的截面面积应不小于主筋截面面积的15%，在有横隔板的部位，分布筋的截面面积应增至主筋截面面积的30%，以承受集中轮载作用下的局部负弯矩，所有增加的分布钢筋应从横隔板轴线伸出$L/4$(L为横隔板的跨径)的长度。

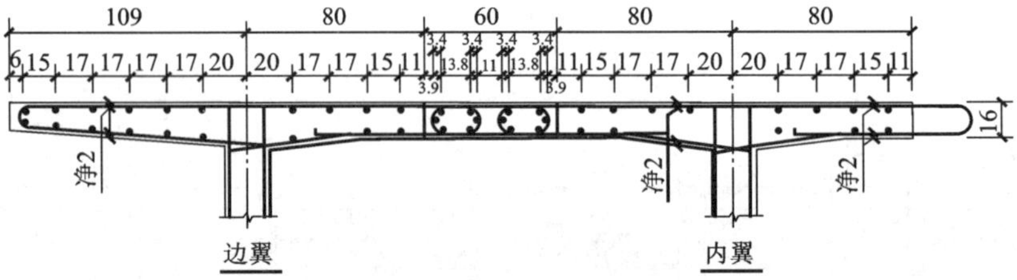

图2.16　桥面板钢筋布置图(单位：cm)

(2) 桥面板横向联接构造

预制T型主梁吊装就位后，当设有横隔梁时，必须借助横隔梁和翼缘板的接头将所有主梁联接成整体。对于少横隔梁的主梁，应在翼缘板上加设接头和加强桥面铺装，使横向连成整体。因此接头应有足够的强度以保证结构的整体性，并使之在营运过程中安全承受荷载的反复作用和冲击作用，而不发生松动。

常用的桥面板(翼缘板)横向联接有刚性接头和铰接接头两种。

① 刚性接头：既可承受弯矩，也可承受剪力，如图2.17所示。图2.17(a)为在铺装层内配置受力钢筋，并将翼缘板内预留的横向钢筋伸出，同时，将在梁肋顶上增设的Π形钢筋锚固于铺装层中；图2.17(b)为翼板用钢板联接，接缝处铺装混凝土内放置上下两层钢筋网。图2.18为翼缘板内伸出的扣环接头钢筋构造，也是图2.16所示装配式T梁相应的接头构造。

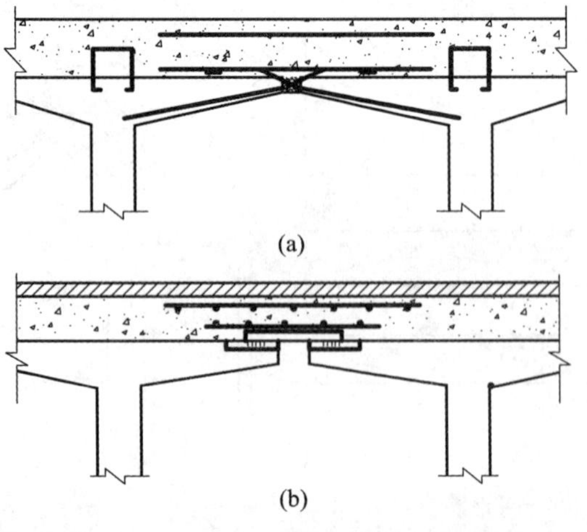

图2.17　装配式桥面板刚性接头钢筋布置

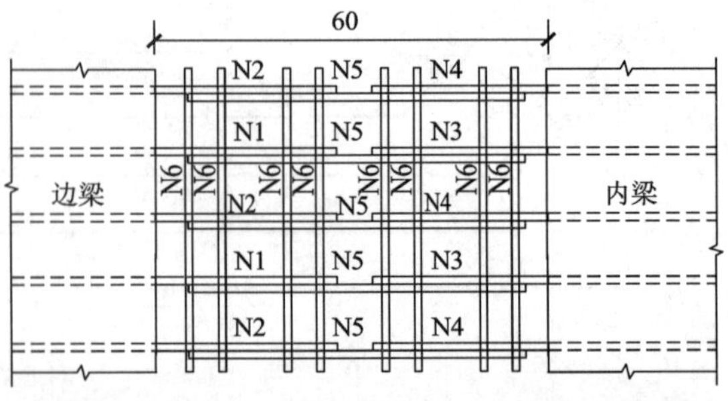

图2.18　桥面板湿接缝平面大样

② 铰接接头：只能承受剪力，如图 2.19 所示。图 2.19(a) 为钢板铰接接头；图 2.19(b) 为企口式铰接接头；图 2.19(c) 为企口式焊接接头。

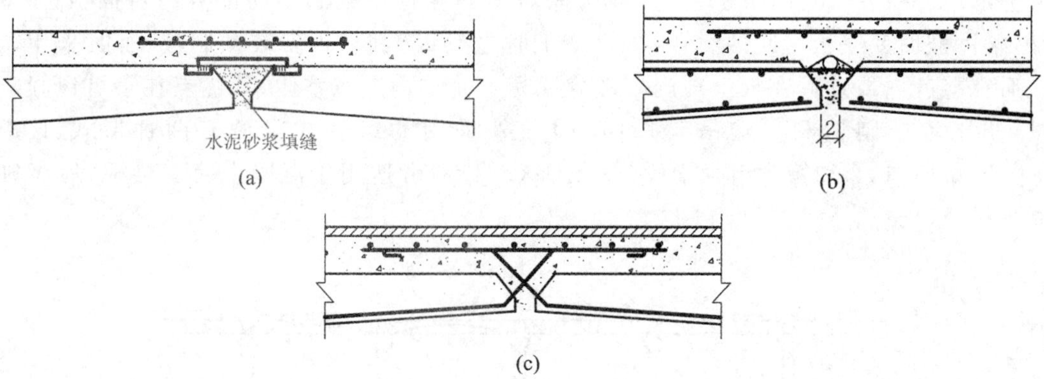

图 2.19　装配式桥面板铰接接头(单位：cm)

2.3.2.3　横隔梁及横向联接构造

(1) 横隔梁构造

横隔梁刚度越大，梁的整体性越好，在荷载作用下各主梁越能更好地共同受力。端横隔梁是必须设置的，跨内的横隔梁随跨径的增大宜每隔 5.0 ～ 10.0m 设置一道。

从运输和安装的稳定性考虑，通常将端横隔梁做成与梁同高，而内横隔梁的高度一般为主梁梁肋高度的 0.7 ～ 0.9 倍，通常为 0.75 倍。预应力梁的内横隔梁常与主梁马蹄的斜坡下端齐平，其中部还可挖空，以减轻重量和利于施工，参见图 2.13(c)。横隔梁的宽度一般为 15 ～ 18cm，为便于施工脱模，一般做成上宽下窄和内宽外窄的楔形。

(2) 横隔梁横向联接构造

图 2.20 为主梁间横隔板钢筋布置图，在每一块横隔板的上缘布置两根受力钢筋(N1)，下缘配置 4 根受力钢筋(N1)，采用钢板联接成骨架。接头钢板设在横隔梁的两侧，同时在上下钢筋骨架中加焊锚固钢板的短钢筋(N2、N3)。钢板厚一般不小于 10mm。

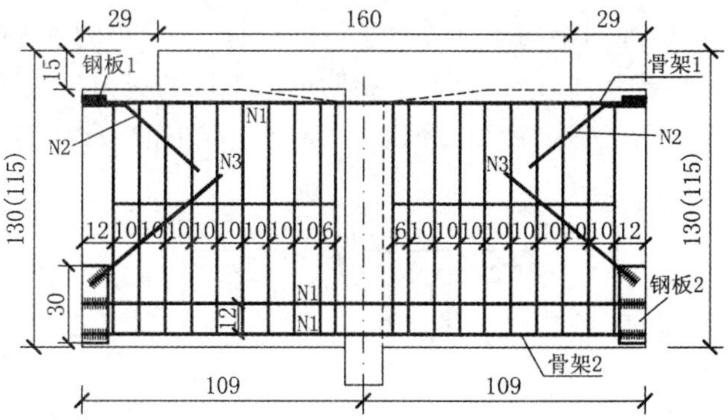

图 2.20　装配式 T 型梁桥内梁横隔板钢筋布置(单位：cm)
(注：括号内为端横隔梁数据)

横隔梁常用横向联接有：

① 钢板焊接联接：如图 2.21(a) 所示，它也是图 2.20 所示结构相应的横隔梁接头布置。

② 扣环联接：如图 2.21(b) 所示，先在横隔梁预制中预留钢筋扣环 *A*，安装时在相邻构件的扣环两侧再安上接头环扣 *B*，在形成的圆环中插入短分布筋后，现浇混凝土封闭接缝。

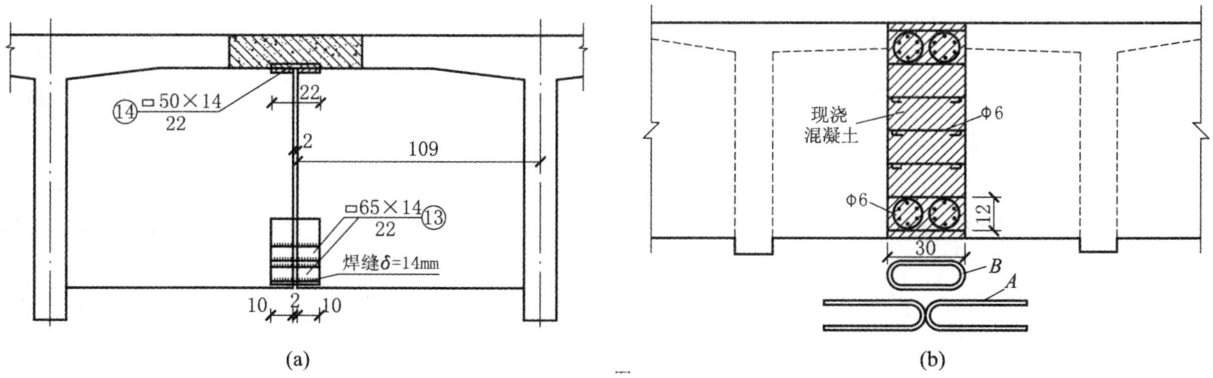

图 2.21　装配式横隔板接头(单位：cm)
(a) 钢板接头；(b) 扣环接头

2.3.3 组合梁桥

组合梁桥也是一种装配式的桥跨结构，即用纵向水平缝将桥梁的梁肋部分与桥面板（翼板）分隔开来，使单梁的整体截面变成板与肋的组合截面。施工时先架设梁肋，再安装预制板（有时采用微弯板以节省钢筋），最后在接缝内或连同在板上现浇一部分混凝土使结构连成整体，其优点在于可以显著减轻预制构件的重量，便于集中制造和运输吊装。目前国内外采用的组合式梁桥有两种形式：I 型组合梁桥[图 2.22(a)、图 2.22(b)] 和箱形组合梁桥[图 2.22(c)]。前者适用于混凝土简支梁桥，后者则只适用于预应力混凝土梁桥。

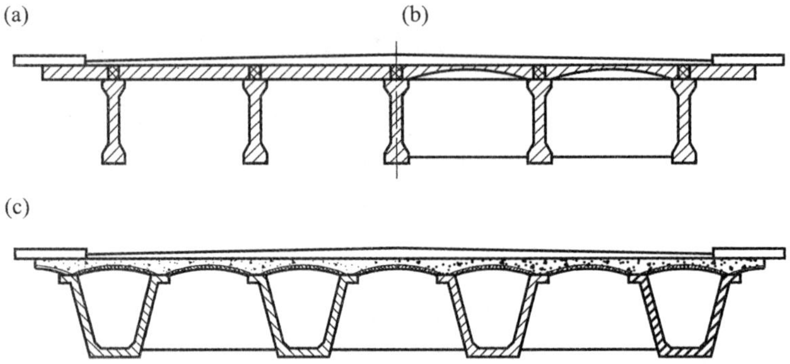

图 2.22　组合式梁桥横截面

在组合梁中，梁与现浇板的结合面处，应做成凹凸不小于 6mm 的粗糙面，板的厚度不应小于 15cm；当梁顶伸入板中时，梁顶以上板的厚度不应小于 10cm。

组合梁是分阶段受力的，在梁肋架设后，所有嗣后安装的预制板和现浇桥面混凝土（甚至现浇横隔梁）的重量，连同梁肋本身的自重，都要由尺寸较小的预制梁肋来承受。这与装配式 T 型梁由主梁全截面来承受全部恒载不同，因而组合梁梁肋的上下缘的应力远大于 T 梁上下缘的应力。图 2.23 显示出了装配式 T 型梁与组合梁的跨中截面在恒载＋活载工况下的截面应力图比较。

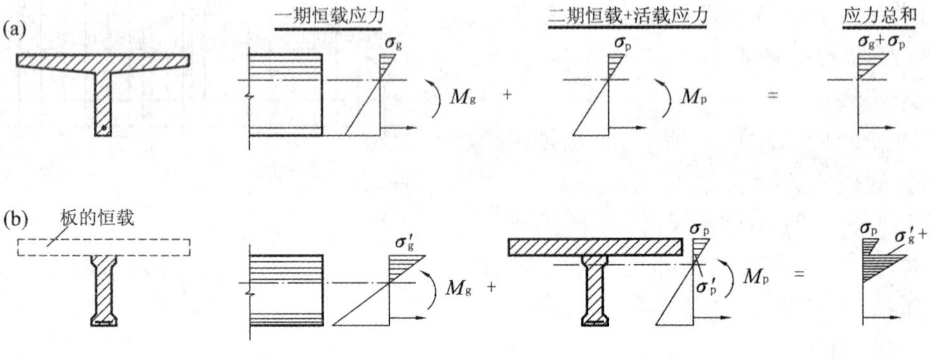

图 2.23　装配式 T 型梁与组合梁的应力图比较

现行的预应力混凝土 I 型组合梁（斜）桥标准图，跨径有 20m、30m、40m，设计荷载有汽车 —20 级、挂车 —100 级（相当于现行桥规的公路 —Ⅱ 级）和汽车 — 超 20 级、挂车 —120 级（相当于现行桥规的公路 —Ⅰ级）两种，斜交角有 0°、15°、30°、45° 等。

图 2.24 所示为一五片式预应力混凝土 I 型组合梁桥的实例。该桥标准跨径 20m，荷载等级为汽车 —20 级，挂车 —100 级，桥面宽为净－9m＋2×1.0m。先预制 C50 I 型梁和桥面底板，吊装就位后，再现浇 C30 横隔板和桥面板。

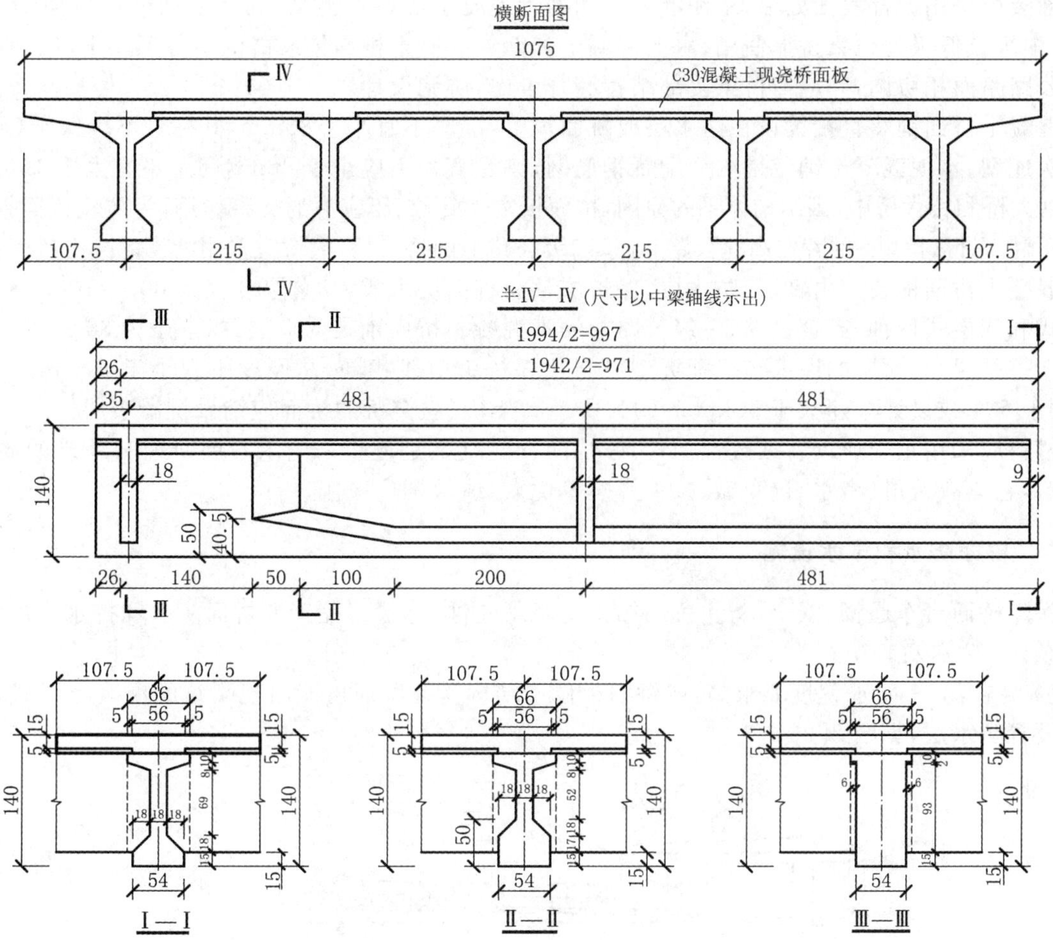

图 2.24　I 型组合梁构造图(单位:cm)

2.4　混凝土梁桥桥面构造

混凝土梁桥的桥面部分通常包括桥面铺装、防水和排水设施、伸缩装置、人行道(或安全带)、缘石、栏杆和灯柱等构造(图 2.25)。桥面部分虽不是主要承重结构,但它对梁桥功能的正常发挥,对主要承重构件的保护,对车辆行人的安全以及梁桥的美观而言都十分重要。因此,应对桥面构造的设计和施工给予足够的重视。

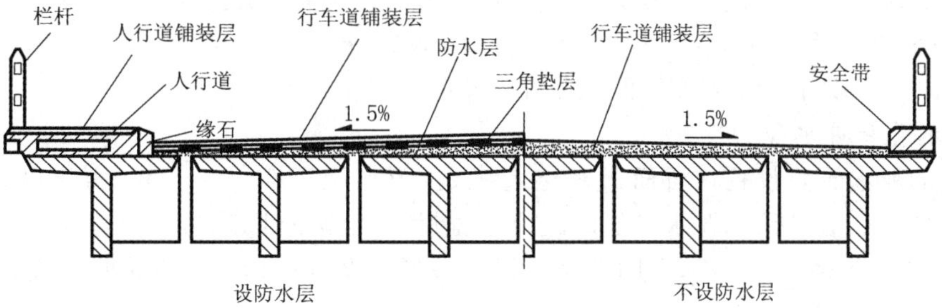

图 2.25　桥面一般构造

2.4.1　桥面铺装

桥面铺装的作用是保护桥面板不受车辆轮胎(或履带)的直接磨耗,防止主梁遭受雨水的侵蚀,并能对车辆轮重的集中荷载起一定的分布作用。因此,要求桥面铺装具有抗车辙、行车舒适、抗滑、不透水和刚度好(与桥面板一起作用时)等特点。

桥面铺装可采用沥青表面处治、水泥混凝土和沥青混凝土等各种类型。沥青表面处治桥面铺装，耐久性较差，仅在中级或低级公路梁桥上使用。水泥混凝土和沥青混凝土桥面铺装能满足各项要求，应用较广。桥面铺装宜与公路路面相协调，并应与桥梁上部结构综合考虑，协调设计。

水泥混凝土桥面铺装直接铺设在防水层或桥面板上，层厚不宜小于80mm，其标号不应低于C40，铺设时应避免二次成型。水泥混凝土铺装层内应配置钢筋网，钢筋直径不应小于8mm，间距不宜大于100mm。

考虑到大桥和特大桥中，因结构体系的原因，桥面板常受到拉、压应力的交替作用，为防止桥面铺装参与受力而导致开裂，现行《桥规》推荐在高速公路和一、二级公路上的特大桥、大桥宜采用沥青混凝土桥面铺装。

沥青混凝土桥面铺装宜由粘层、防水层、保护层及沥青面层组成，其总厚度宜为60～100mm，铺设方式分为单层式和双层式两种。高速公路、一级公路的沥青混凝土桥面铺装为双层式，下层为30～40mm中粒式沥青混凝土整平层，表面层的厚度与级配类型可与相邻桥头引线相同，总厚度不宜小于70mm。多雨潮湿地区、纵坡大于5%或设计车速大于50km/h的大中型高架桥、立交桥的桥面应铺设抗滑表层。

沥青材料应采用重交通沥青或改性沥青。改性沥青混凝土是近年来国内开展研究和铺筑的高性能沥青混凝土材料，它具有抗滑、密水、抗车辙、减少开裂等优点，值得推广应用。

2.4.2 桥面防水和排水设施

为了保障桥面行车通畅、安全，防止桥面结构受降水侵蚀，应设置完善的桥面防水和排水设施。

2.4.2.1 防水层的设置

《桥规》要求：对于防水程度要求高，或桥面板位于结构受拉区而可能出现裂纹的混凝土梁式桥上，应在铺装层内设置防水层，见图2.26。

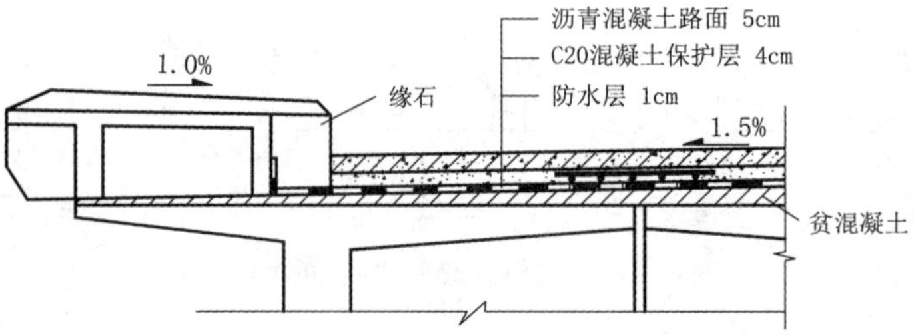

图2.26 防水层的设置

防水层有三种类型：① 沥青涂胶下封层，即洒布薄层沥青或改性沥青，其上布一层砂，经碾压形成；② 高分子聚合物涂胶，例如聚氨酯胶泥、环氧树脂、阳离子乳化沥青、氯丁胶乳等；③ 沥青或改性沥青防水卷材，以及浸透沥青的无纺土工布等。设计时应选用便于施工、坚固耐久、质量稳定的防水材料。为避免防水层在施工过程中被损坏，其上宜铺设厚度1cm的AC-10或AC-5沥青混凝土或单层表面处治。

当采用柔性防水层(使用卷材)时，为了增强桥面铺装的抗裂性，应在其上的混凝土铺装层或垫层中铺设$\phi3$～$\phi6$的钢筋网，网格尺寸为15cm×15cm至20cm×20cm。

无专门防水层时，应采用防水混凝土铺装或加强排水和养护。

2.4.2.2 泄水管和排水管的设置

梁式桥上常用的泄水管宜设置在桥面行车道边缘处，距离缘石10～50cm，可以沿行车道两侧对称排列，也可交错排列，如图2.27所示。泄水口的间距应依据设计径流量计算确定，但最大间距不宜超过20m。在桥梁伸缩缝的上游方向应增设泄水管，在凹形竖曲线的最低点及其前后3～5m处也应各设置一个泄水管。桥面上泄水管的过水面积按每平方米桥面不少于2～3cm^2布置。

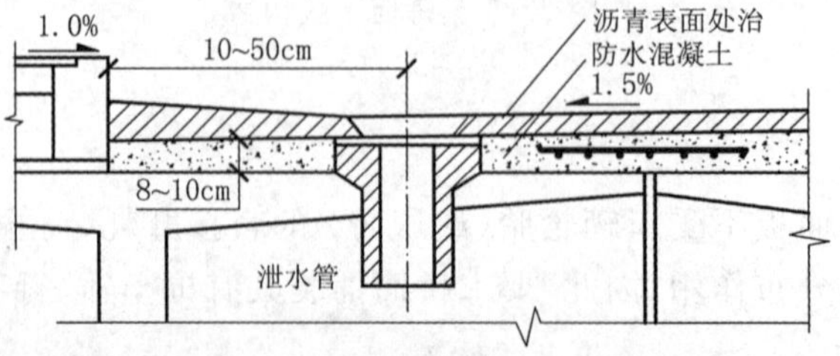

图2.27 竖向泄水管的设置

泄水管口可采用圆形或矩形。圆形泄水管口的直径宜为 15 ～ 20cm；矩形泄水管口的宽度宜为 20 ～ 30cm，长度为 30 ～ 40cm。泄水管口顶部采用铸铁格栅盖板，其顶面应比周围路面低 5 ～ 10mm。

泄水管常采用铸铁管，最小内径为 15cm。泄水管周围的桥面板应配置补强钢筋网。

跨越公路、铁路、通航河流的桥梁以及城市桥梁，流入泄水管中的雨水，应汇集在纵向排水管（或排水槽）内，并通过设在墩台处的竖向排水管（落水管）流入地面排水设施或河流中。对于跨越一般河流、水沟的桥梁，桥面水流入泄水管后可以直接向下排放。

排水管道材料有铸铁管、塑料管（聚氯乙烯 PVC 或聚乙烯 PE）或钢管，其内径应等于或大于泄水管的内径。排水槽宜采用铝质或钢质材料，也可采用水泥混凝土预制件，其横截面为矩形或 U 形，宽度和深度均宜为 20cm 左右。纵向排水管或排水槽的坡度不得小于 0.5%。桥梁伸缩缝处的纵向排水管或排水槽应设置可供伸缩的柔性套筒。寒冷地区的竖向排水管，其末端宜距地面 50cm 以上。

2.4.2.3　桥面横坡的设置

桥梁除了设有纵向坡度以外，尚应将桥面铺装沿横向设置足够的桥面横坡。桥面横坡坡度可按路面横坡取用或比后者大 0.5%。对于沥青混凝土或水泥混凝土铺装，行车道路面通常采用抛物线形横坡，人行道则用直线形。

桥面横坡的形成通常有三种方法：① 对于板桥或就地浇筑的肋板式梁桥，可将墩台顶部做成倾斜的[图 2.28(a)]；② 采用不等厚的铺装层（包括混凝土的三角垫层和等厚的路面铺装层）[图 2.28(b)]；③ 桥宽较大时，可直接将行车道板做成双向倾斜[图 2.28(c)]。桥面不很宽时，第二种方式较常用。

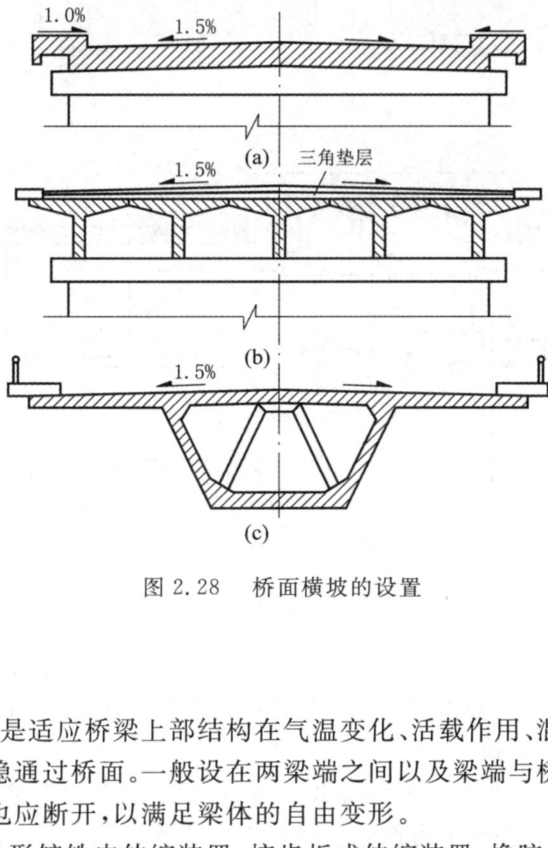

图 2.28　桥面横坡的设置

2.4.3　桥梁伸缩装置

桥梁伸缩装置的主要作用是适应桥梁上部结构在气温变化、活载作用、混凝土收缩与徐变等因素的影响下变形的需要，并保证车辆平稳通过桥面。一般设在两梁端之间以及梁端与桥台背墙之间。特别要注意，在伸缩缝附近的栏杆、人行道结构也应断开，以满足梁体的自由变形。

桥梁伸缩装置的类型有 U 形锌铁皮伸缩装置、梳齿板式伸缩装置、橡胶伸缩装置等，目前多用橡胶伸缩装置。按照伸缩体结构不同，伸缩量为 20 ～ 2000mm 的公路桥梁伸缩装置可分为异型钢单缝式、梳齿板式、橡胶式和模数式四种，其选型主要视桥梁变形量的大小和活载轮重而定。

图 2.29 是几种常用的桥梁伸缩装置构造。图 2.29(a) 为 U 形镀锌铁皮伸缩装置，一般多用于中小跨径桥梁；图 2.29(b) 为钢梳齿板形伸缩装置，以钢板作为跨缝材料，其变形量可达 40mm 以上，一般用于伸缩量不大于 300mm 的公路桥梁；图 2.29(c) 为矩形橡胶条形伸缩装置，当梁架好后，在端部焊好角钢，涂上胶后，再将橡胶嵌条强行嵌入，伸缩量为 20 ～ 50mm；图 2.29(d) 为德国毛勒伸缩装置的一种（模数式橡胶伸缩装置），密封橡胶条为鸟形构造，伸缩量为 80 ～ 1040mm。

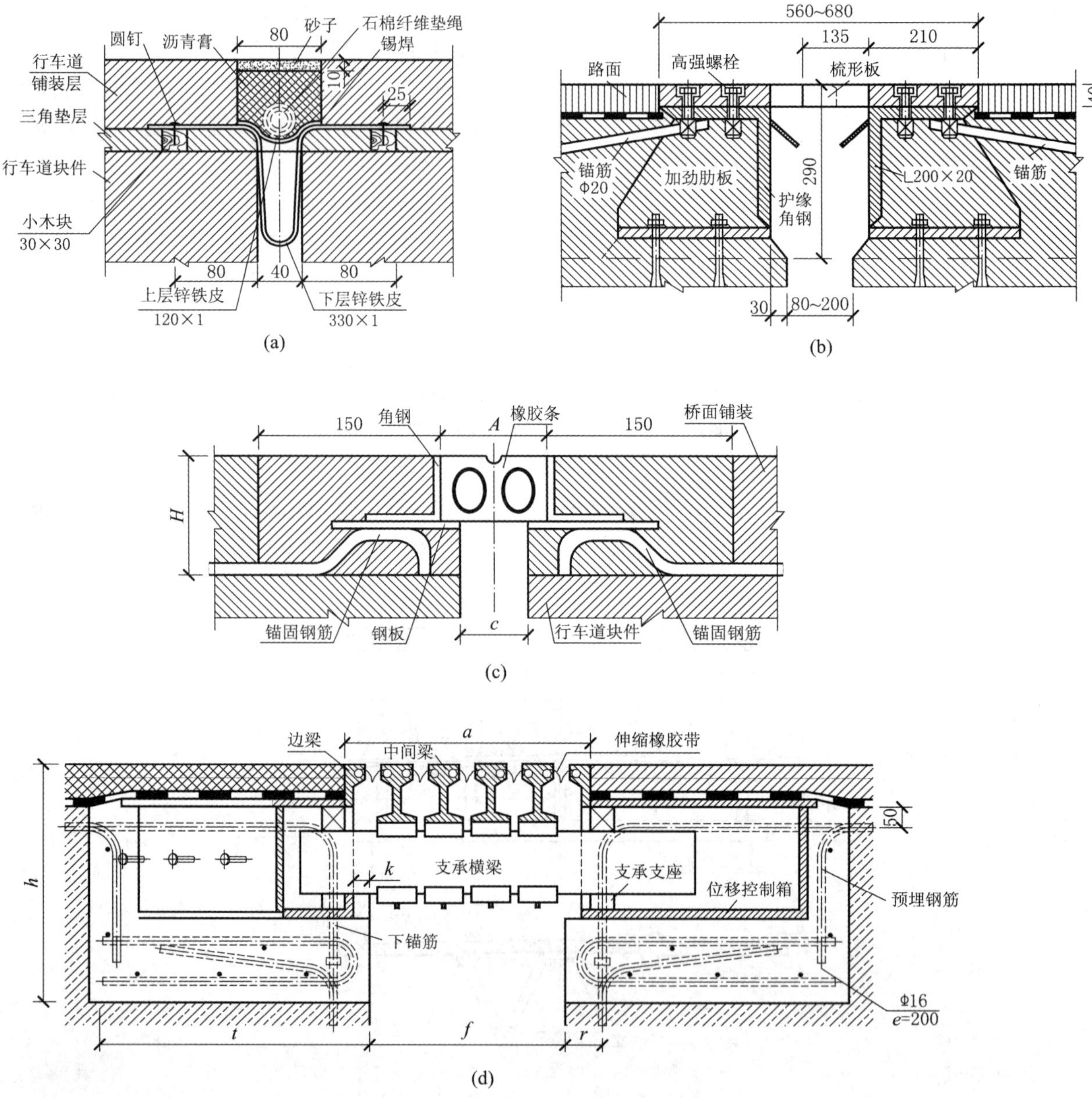

图 2.29　常用伸缩装置构造

桥梁伸缩装置暴露在大气中，直接经受车辆、人群荷载的反复摩擦、冲击作用，稍有缺陷或不足，就会引起跳车等不良现象，严重时还会影响到桥梁结构本身和通行者的生命安全，是桥梁中最易损坏而又较难修缮的部位，需经常进行养护，并及时更换。

《桥规》规定，对于多跨简支梁桥，桥面应尽量做到连续，使得多孔简支梁桥在竖直荷载作用下的变形状态为简支或部分连续体系，而在纵向水平力作用下则属于连续体系。图 2.30 为简支梁桥四跨一联时的桥面连续示意图。钢筋 N2 和钢板 N6 需预先焊好，埋设在主梁内。预制梁时，梁端接缝处从翼板根部向上在全梁宽度按 10：1 做成斜面，在进行桥面连续前先涂黄油再填 C30 混凝土。

但有经验表明，采用桥面板连续构造，连续部分桥面易开裂，因此近年来出现了简支-连续结构，使多跨简支梁桥在一期恒载作用下处于简支体系受力，在二期恒载和活载作用下处于连续体系的受力。这种简支-连续结构具有施工方便、减少桥面伸缩缝、行车平顺等优点，因此得到了越来越广泛的使用。图 2.31 为一简支-连续结构示意图。

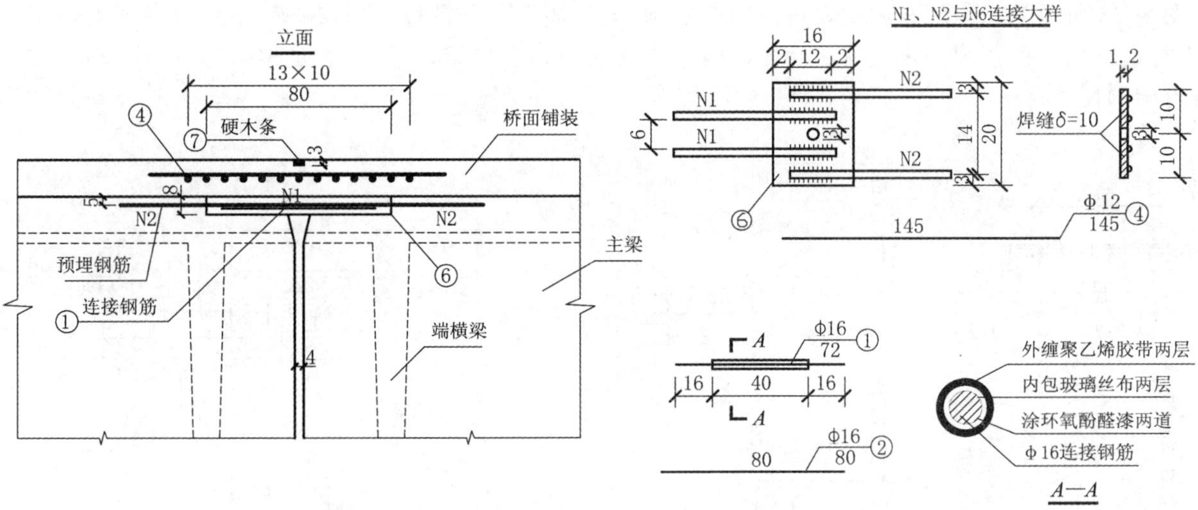

图 2.30　桥面连续构造(尺寸单位:cm;钢筋直径:mm)

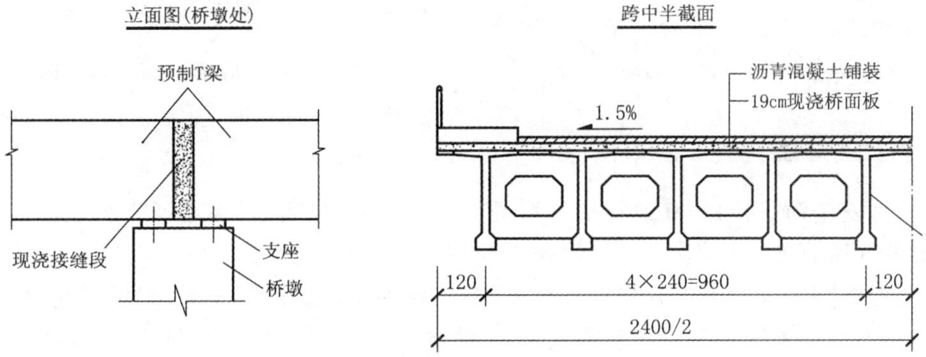

图 2.31　简支-连续构造(单位:cm)

2.4.4　人行道

位于城镇和近郊的桥梁均应设置人行道,其宽度和高度应根据行人的交通流量和周围环境来确定。人行道的宽度宜为 1m,当宽度要求大于 1m 时,按 0.5m 的倍数增加,表 2.2 为城市桥梁人行道参考宽度。当设置缘石时,路缘石高度可取用 0.25 ~ 0.35m。在快速路、主干路、次干路桥或行人稀少地区,若两侧无人行道,则两侧应设安全带,宽度为 0.50 ~ 0.75m,高度不小于 0.25m。近年来,不少桥梁设计中,为了保证行车的安全,安全带的高度已经用到大于或等于 0.4m。

人行道顶面应做成倾向桥面 1% ~ 1.5% 的排水横坡,城市桥梁人行道顶面可铺彩砖,以增加美观。此外,人行道在桥面断缝处必须做伸缩缝。

城市桥梁桥面人行道宽度　　**表 2.2**

桥梁等级及地段	人行道宽度(单侧)
火车站、码头、长途汽车站附近和其他行人聚集地段	3 ~ 5m
大型商店和大型公共文化机关附近,商业闹市区	2.5 ~ 4.5m
一般街道地段	1.5 ~ 3m
大桥、特大桥	2 ~ 3m

图 2.32 所示为一般人行道构造。其中图 2.32(a) 为肋板式或者称为"Π"形的人行道,它搁置在主梁上,采用整体式预制装配施工,人行道下可以放置过桥的管线;图 2.32(b) 所示为人行道附设在板上,人行道部分用填料填高,上面敷设 2 ~ 3cm 厚砂浆面层或沥青砂,人行道内缘设置缘石;图 2.32(c) 所示小跨型宽桥上可将人行道部分墩台加高,在其上搁置人行道承重板;图 2.32(d) 所示适用于整体浇筑的钢筋混凝土梁桥,而将人行道设在挑出的悬臂上,这样可以缩短墩台宽度,但施工不太方便。

图 2.33 所示为悬出的装配式人行道构造实例。人行道由人行道板、人行道梁、支撑梁及缘石组成。安装时，人行道梁根部的预埋钢板应与从桥面板内伸出的锚固钢筋焊接，应保证有足够的强度。支撑梁用来固定人行道梁的位置。

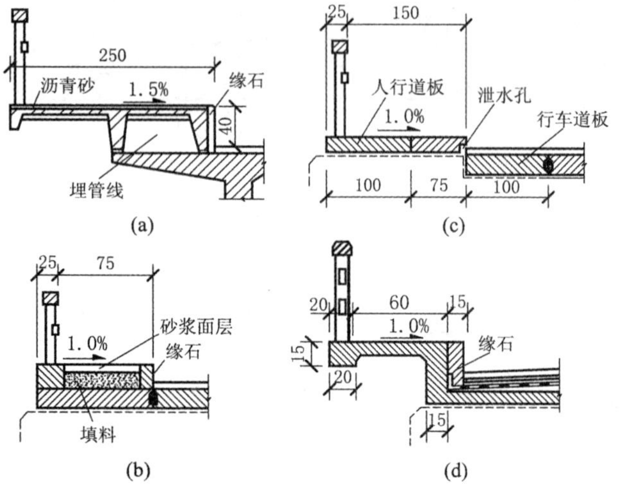

图 2.32　一般人行道构造(单位:cm)

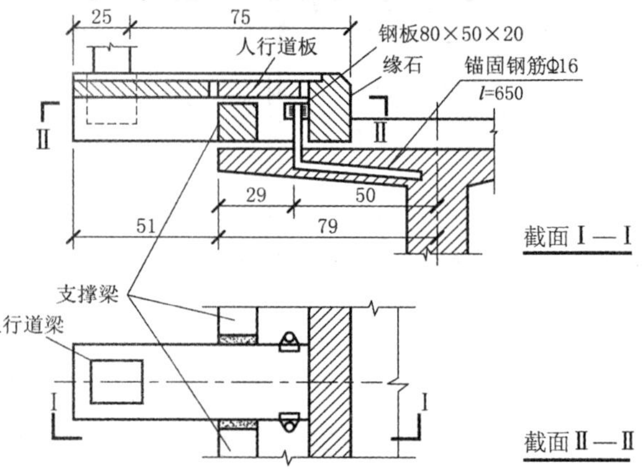

图 2.33　悬出的装配式人行道构造(单位:cm)

2.4.5　栏杆、护栏和灯柱

桥梁栏杆作为一种安全防护设备，其设计应符合受力要求，并兼顾美观，高度通常为 0.8 ～ 1.20m。应注意，在靠近桥面伸缩缝处所有的栏杆均应断开，使扶手与柱之间能自由变形。

高速公路桥梁的外侧和中央分隔带必须设置桥梁护栏。作为干线公路的一级、二级公路桥梁必须设置路侧护栏，作为干线公路的一级公路桥梁必须设置中央分隔带护栏。桥梁护栏的材料有金属制护栏（钢、铝合金）和钢筋混凝土护栏。图 2.34 所示为美国新泽西防撞栏杆形式，它的优越性在于：当汽车车轮与之相撞击，碰

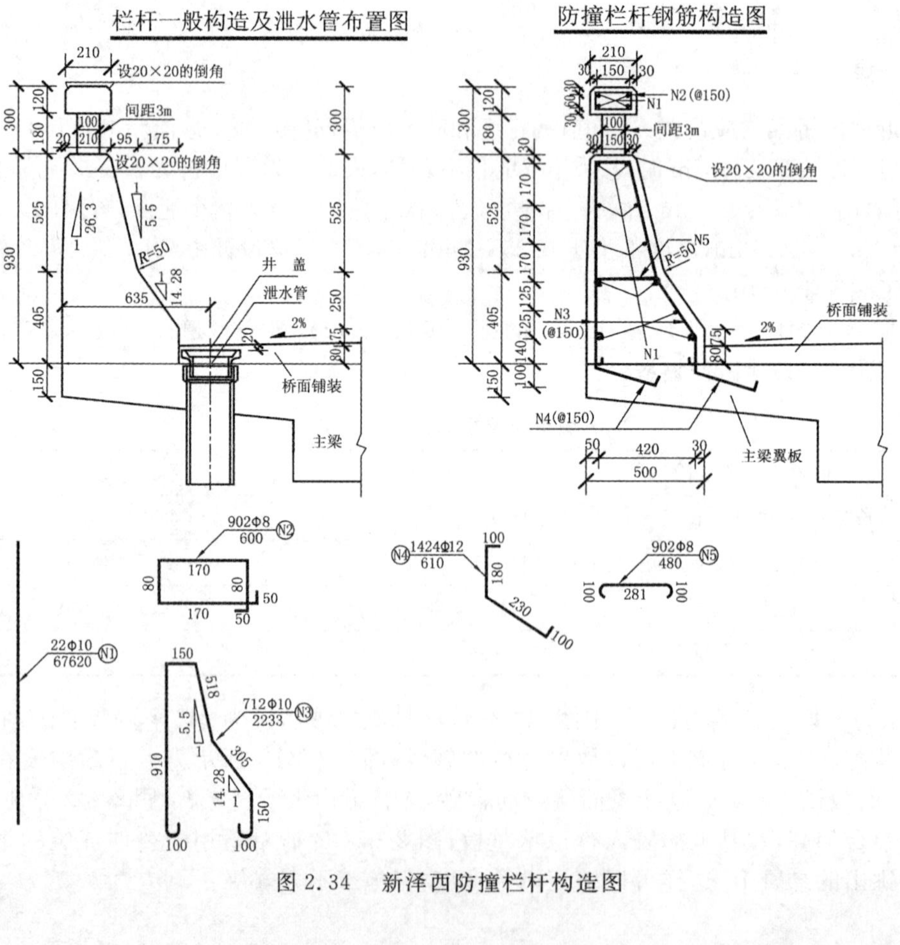

图 2.34　新泽西防撞栏杆构造图

撞角小于10°时，能保证汽车运行轨道的校正，而不会出现较大的损伤。桥上防撞栏杆与行车道梁板的锚固宽度，一般不应小于35cm；当锚固宽度小于40cm、大于或等于35cm时应适当加强锚固钢筋，锚固钢筋应与梁板钢筋绑扎连接固定。

在城市桥上，以及在城郊行人和车辆较多的公路桥上，都要设置照明设备。桥梁照明应防止眩光，必要时应采用严格控光灯具，而不宜采用栏杆照明方式。照明用灯一般高出车道8～12m。对于大型桥梁和具有艺术、历史价值的中小型桥梁的照明应进行专门设计，既满足功能要求，又顾及艺术效果，并与桥梁的风格相协调。

照明灯柱可以设在栏杆扶手的位置上，在较宽的人行道上也可设在靠近缘石处。钢筋混凝土灯柱的柱脚可以就地浇筑并将钢筋锚固于桥面中。铸铁灯柱的柱脚可固定在预埋的锚固螺栓上。照明以及其他用途所需的电信线路等通常都从人行道下的预留孔道内通过。

本章小结

1.简支体系的混凝土梁式桥的主体结构截面形式主要有板桥和肋梁桥，按其施工方法可分为整体现浇式梁桥和预制装配式梁桥。

2.整体式简支板桥一般做成实心截面形式，其外廓形有矩形、矮肋形和鱼腹形等几种。

3.装配式简支板桥单块板件一般做成空心截面，以达到节约材料和减轻起吊重量的目的。

4.为了使装配式板桥的各块板件达到共同受力的目的，必须在板与板之间做好联接构造。常用的联接方式有企口混凝土铰联接和钢板焊接联接两种。

5.斜交角小于15°的斜板桥可近似按正交板桥设计；大于15°的斜板桥，则按斜板受力性能设计。

6.整体式斜板桥钝角处的底面加强钢筋与钝角平分线平行，顶面加强钢筋方向则与钝角平分线垂直。

7.简支梁桥的上部构造由主梁、横隔梁、桥面板和桥面构造等部分组成。

8.装配式简支梁桥的桥面横向联接有刚性接头和铰接接头两种；横隔梁的横向联接有钢板焊接联接和扣环联接两种。

9.为了减轻预制构件的起吊重量，可以把梁肋与桥面板分开来预制，然后在桥孔处进行吊装和联接成整体，这就是所谓的组合梁桥，组合梁桥的截面形式常用的有T形和箱形截面两种。

10.组合截面梁的截面配筋应按各受力阶段的截面应力叠加结果而不能按截面内力叠加结果进行设计。

11.混凝土桥梁的桥面构造由桥面铺装、防水和排水设备、伸缩装置、人行道(或安全带)、缘石、栏杆和灯柱等部分组成。

12.为了克服桥面伸缩缝装置易于损坏和行车不稳的现象，常采用简支-连续的构造。

思考题及习题

2.1　混凝土梁式桥如何分类？

2.2　整体式简支板桥的受力、配筋特点是什么？

2.3　装配式板桥横向联接方式有哪些？

2.4　什么叫斜交桥？简支斜板桥的主要受力特点及配筋特点是什么？

2.5　简支梁桥的上部构造由哪些部件构成？各有什么作用？

2.6　装配式梁式桥横向联接有哪些方式？

2.7　组合式梁桥与装配式T梁桥的受力特点有什么不同？

2.8　桥面构造包括哪些部分？

2.9　桥梁铺装的功能是什么?分成哪些类型?

2.10　桥面防水层的设置原则是什么?

2.11　提高桥面铺装抗裂性的措施有哪些?

2.12　桥面泄水管和排水管设置的原则各是什么?

2.13　桥面横坡的设置方式有哪些?

2.14　为什么要设置桥面伸缩装置?

2.15　人行道宽度的确定受哪些因素的影响?

2.16　桥梁栏杆布置中应注意哪些问题?

2.17　桥梁照明设置应考虑哪些因素的影响?

3 混凝土梁桥的计算

本 章 提 要

本章主要介绍混凝土梁桥桥面板、主梁、横隔梁的受力特点和最不利内力(包括内力组合)的计算方法(手算法),并简要介绍了挠度及预拱度计算。

3.1 概　　述

一座桥梁在拟定出初步尺寸后,应对其各主要部件进行计算,得出其最不利内力,以便进行应力、强度、刚度和稳定性的验算。

混凝土梁桥上部结构设计计算的项目一般有主梁、横隔梁和桥面板。本章主要以常用的钢筋混凝土简支T型梁桥为例,着重阐述桥面板、主梁和横隔梁的受力特点、最不利内力及其内力组合的计算方法。

3.2 桥面板计算

混凝土肋梁桥的桥面板是直接承受车辆轮压的混凝土板,它与主梁梁肋和横隔梁联接在一起,既保证了梁的整体作用,又将荷载传递于主梁。

对于整体现浇的T型梁桥,位于梁肋和横(隔)梁之间的矩形桥面板,属于周边支承板,如图3.1(a)所示。通常对于这种矩形的四边支承板,当其边长比或长宽比(l_a/l_b)等于或大于2时,便可近似地按仅由短跨(l_b)承受荷载的单向受力板来设计,而长跨(l_a)方向只要配置适当的构造钢筋即可。

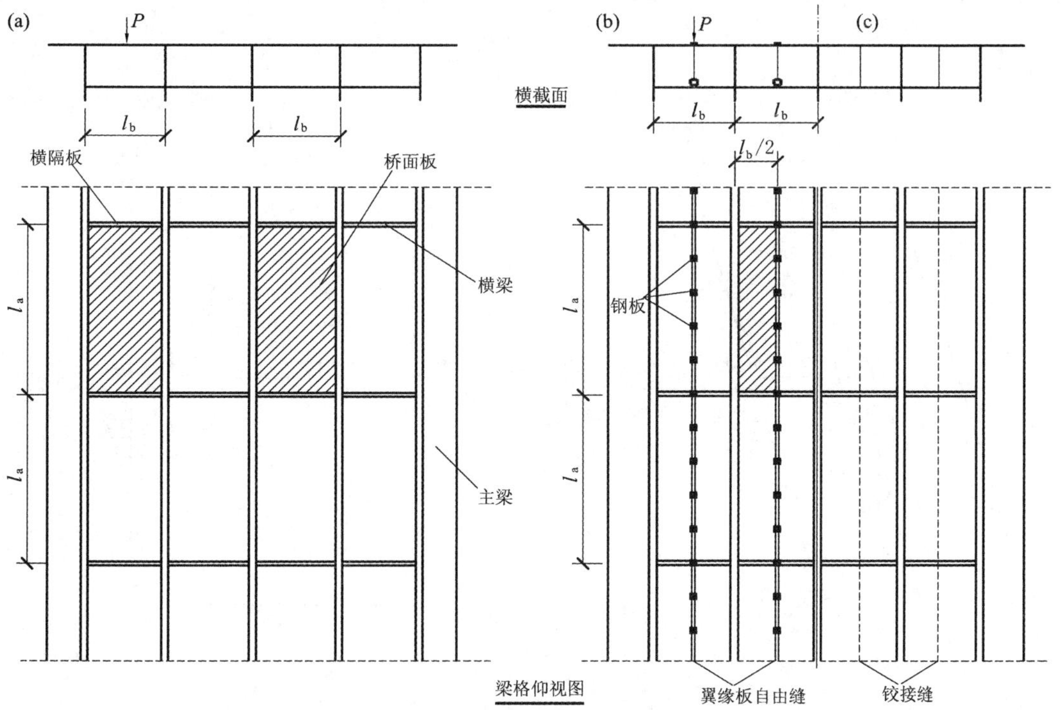

图3.1　梁格构造和桥面板支承方式

对于 $l_a/l_b \geqslant 2$ 的装配式 T 型梁桥，如果在两主梁的翼板之间：(1) 采用钢板联接[图 3.1(b)]时，则桥面板可简化为悬臂板；(2) 采用不承担弯矩的铰接缝联接[图 3.1(c)]时，则可简化为铰接悬臂板。下面分别介绍它们的计算方法。

3.2.1 车轮荷载在板上的分布

根据试验研究，作用在混凝土或沥青铺装面层上的车轮荷载，可以偏安全地假定成 45° 角扩散分布于混凝土板面上。

假定车轮与桥面的接触面是 $a_2 \times b_2$ 的矩形面，此处 a_2 是车轮沿行车方向的着地长度，b_2 为车轮的宽度，如图 3.2 所示，则最后作用于混凝土桥面板顶面的矩形荷载压力面的边长为：

$$\left.\begin{aligned} &\text{沿行车方向} \quad a_1 = a_2 + 2H \\ &\text{沿横向} \quad b_1 = b_2 + 2H \end{aligned}\right\} \tag{3.1}$$

式中 H—— 铺装层的厚度。

车辆荷载的 a_2 和 b_2 值可从《桥规》中查得。

据此，当有一个车轮作用于桥面板上时，作用于板面上的局部分布荷载为：

$$p = \frac{P}{2a_1 b_1}\text{（汽车）}$$

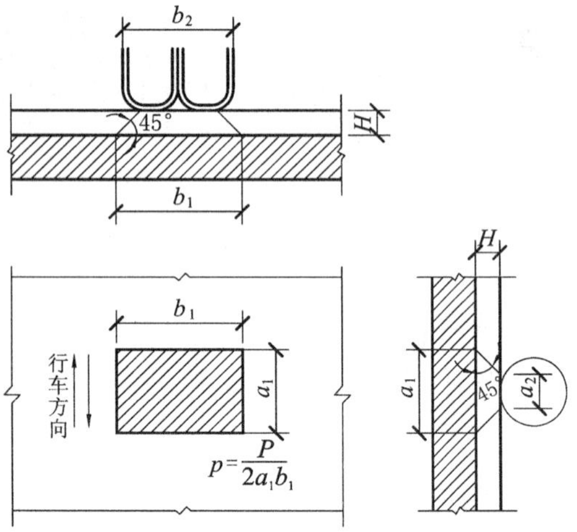

图 3.2 车辆荷载在板面上的分布

式中 P—— 汽车的轴重。

3.2.2 板的有效工作宽度

当荷载以 $a_1 \times b_1$ 的分布面积作用在板上时，板除了沿计算跨径 x 方向产生挠曲变形 w_x 外，沿垂直于计算跨径的 y 方向也必然发生挠曲变形 w_y[图 3.3(a)]。这说明荷载作用下不仅使直接承压的宽度为 a_1 的板条受力，其邻近的板也参与工作，共同承受车轮荷载所产生的弯矩。

为了计算方便，设想以 a 宽板均匀承受车轮荷载产生的总弯矩[图 3.3(b)]，即：

$$a m_{\text{xmax}} = \int m_x \mathrm{d}y = M$$

弯矩图形的换算宽度为：

$$a = \frac{M}{m_{\text{xmax}}} \tag{3.2}$$

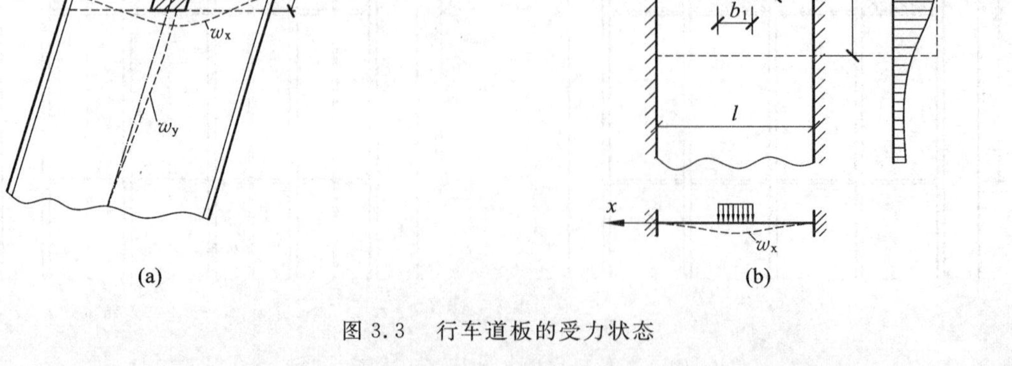

图 3.3 行车道板的受力状态

式中　M——车轮荷载产生的跨中总弯矩，可直接由结构力学方法计算得到；

m_{xmax}——荷载中心处的最大单宽弯矩值，精确解需由板的空间计算才能得到。

式(3.2)的 a 就定义为板的有效工作宽度，或荷载有效分布宽度。

《桥规》基于大量的理论研究，对板的有效工作宽度有如下规定：

(1) 单向板的荷载有效分布宽度

① 荷载在跨径中间

对于单独一个荷载[图 3.4(a)]：

$a = a_1 + \frac{l}{3} = a_2 + 2H + \frac{l}{3}$，但不小于 $\frac{2}{3}l$。这里，l 为两梁肋之间板的计算跨径。

《桥规》规定，计算弯矩时，$l = l_0 + t$，但不大于 $l_0 + b$；计算剪力时，$l = l_0$，其中 l_0 为板的净跨径，t 为板的厚度，b 为梁肋宽度。

对于几个靠近的相同荷载，如按式(3.2)计算所得各相邻荷载的有效分布宽度发生重叠时[图 3.4(b)]，则：

$$a = a_1 + d + \frac{l}{3} = a_2 + 2H + d + \frac{l}{3}$$

式中　d——最外两个荷载的中心距离。

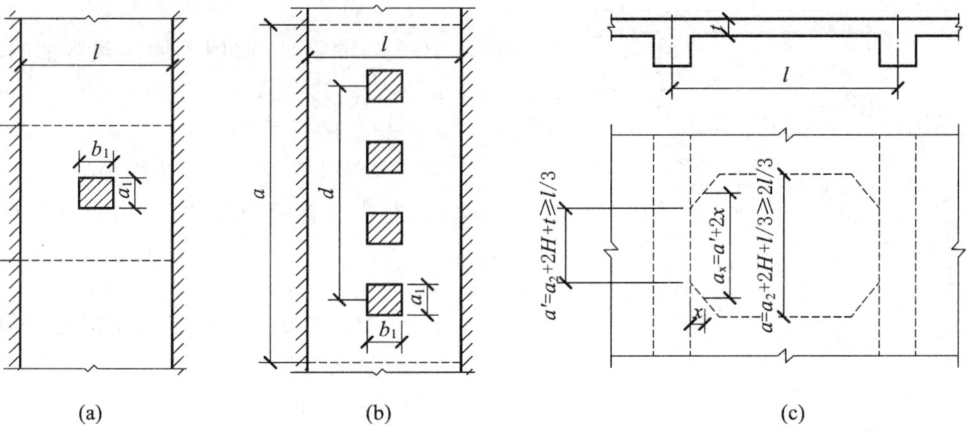

图 3.4　荷载有效分布宽度

② 荷载在板的支承处

$$a' = a_1 + t = a_2 + 2H + t$$

式中　t——板的厚度。

③ 荷载靠近板的支承处

$$a_x = a' + 2x$$

式中　x——荷载离支承边缘的距离。

根据以上所述，对于不同荷载位置时单向板的有效分布宽度图形如图 3.4(c) 所示。注意，按上式算得的所有分布宽度，均不得大于板的全宽度。

(2) 悬臂板的荷载有效分布宽度 a(图 3.5)

$$a = a_2 + 2H + 2b' = a_1 + 2b'$$

式中　b'——承重板上荷载压力面外侧边缘至悬臂根部的距离。

对于分布荷载靠近板边的最不利情况，b' 就等于悬臂板的净跨径 l_0，于是：

$$a = a_1 + 2l_0$$

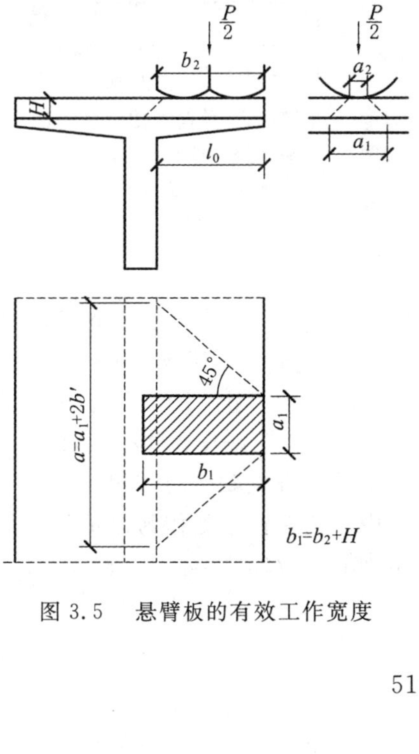

图 3.5　悬臂板的有效工作宽度

3.2.3 行车道板的内力计算

3.2.3.1 多跨连续单向板的内力

对于一次浇筑的多跨连续单向板的内力计算,《桥规》作了如下规定：

(1) 跨中最大弯矩计算

当 $t/h < 1/4$ 时(即主梁抗扭能力大者)：

$$\left.\begin{aligned}&\text{跨中弯矩}\quad M_{\text{中}} = +0.5M_o\\&\text{支点弯矩}\quad M_{\text{支}} = -0.7M_o\end{aligned}\right\} \tag{3.3}$$

当 $t/h \geqslant 1/4$ 时(即主梁抗扭能力小者)：

$$\left.\begin{aligned}&\text{跨中弯矩}\quad M_{\text{中}} = +0.7M_o\\&\text{支点弯矩}\quad M_{\text{支}} = -0.7M_o\end{aligned}\right\} \tag{3.4}$$

式中 t—— 板厚；

h—— 梁肋高度；

M_o—— 把板当作简支板时,由使用荷载引起的 1m 宽板的跨中最大设计弯矩,它是 M_{op} 和 M_{og} 两部分的内力组合,见表 3.1。

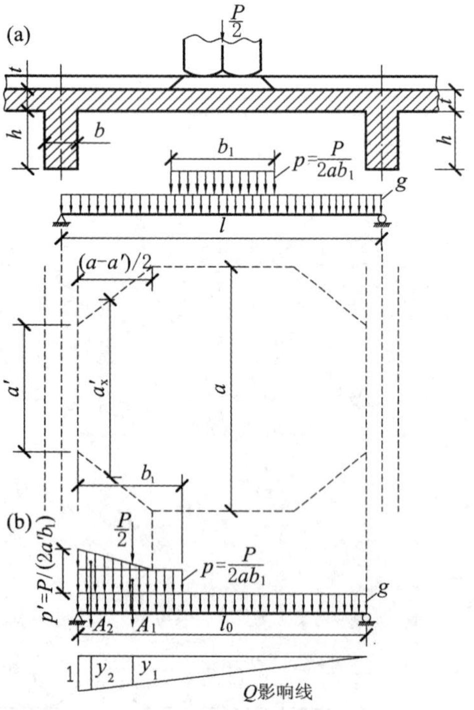

图 3.6 单向板内力计算图式

(a) 求跨中弯矩；(b) 求支点剪力

M_{op} 为1m宽简支板条的跨中汽车荷载弯矩[图 3.6(a)]：

$$M_{op} = (1+\mu)\cdot\frac{P}{8a}\left(l-\frac{b_1}{2}\right) \tag{3.5}$$

式中 P—— 轴重,应取用车辆荷载后轴的轴重计算；

a—— 板的有效工作宽度；

l—— 板的计算跨径；

μ—— 冲击系数,对于桥面板通常为 0.3。

M_{og} 为跨中结构自重弯矩,可由下式计算：

$$M_{og} = \frac{1}{8}gl^2 \tag{3.6}$$

式中 g——1m 宽板条每延米的结构自重集度。

(2) 支点剪力计算

对于跨径内只有一个汽车车轮荷载的情况,考虑了相应的有效工作宽度后,每米板宽承受的分布荷载如图 3.6(b) 所示。则汽车引起的支点剪力为：

$$Q_{\text{支p}} = (1+\mu)(A_1y_1 + A_2y_2) \tag{3.7}$$

其中,矩形部分荷载的合力为(以 $p = \dfrac{P}{2ab_1}$ 代入)：

$$A_1 = pb_1 = \frac{P}{2a}$$

三角形部分荷载的合力为(以 $p' = \dfrac{P}{2a'b_1}$ 代入)：

$$A_2 = \frac{1}{2}(p'-p)\cdot\frac{1}{2}(a-a') = \frac{P}{8aa'b_1}(a-a')^2$$

式中 p, p'—— 有效工作宽度 a 和 a' 处的荷载强度；

y_1, y_2—— 荷载合力 A_1 和 A_2 的支点剪力影响线竖标值。

如跨径内不止一个车轮进入时,则应计及其他车轮的影响。

3.2.3.2 铰接悬臂板的内力

用铰接方式联接的 T 型梁翼缘板其最大弯矩在悬臂根部。计算汽车荷载弯矩 $M_{\min,p}$ 时,近似地把车轮荷载对中布置在铰接处作为最不利的荷载位置,这时铰内的剪力为零,两相邻悬臂板各承受半个车轮荷载,即 $P/4$,如图 3.7(a) 所示。因此每米宽悬臂板的汽车荷载弯矩 $M_{\min,p}$ 为：

$$M_{\min,p} = -(1+\mu)\frac{P}{4a}\left(l_0-\frac{b_1}{4}\right) \tag{3.8}$$

每米板宽的结构自重弯矩为：

$$M_{\min,g}=-\frac{1}{2}gl_0{}^2 \tag{3.9}$$

注意，此处 l_0 为铰接双悬臂板的净跨径。

悬臂根部 1m 板宽的总弯矩是 $M_{\min,p}$ 和 $M_{\min,g}$ 两部分的内力组合，见表 3.1。

悬臂根部的剪力可以偏安全地按一般悬臂板的图式来计算，这里从略。

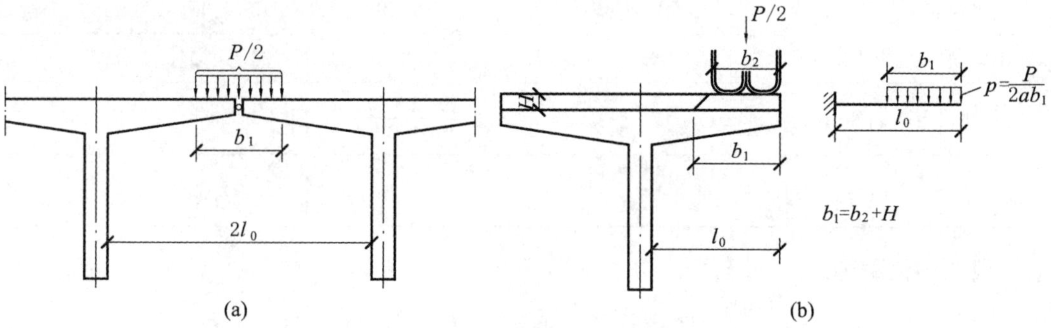

图 3.7　铰接悬臂板和悬臂板计算图式

3.2.3.3　悬臂板的内力

计算根部最大弯矩时，应将车轮荷载靠板的边缘布置，此时 $b_1=b_2+H$，如图 3.7(b) 所示。则结构自重和汽车荷载弯矩值可由一般公式求得。

汽车荷载弯矩：

$$M_{\min,p}=-(1+\mu)\cdot\frac{1}{2}pl_0^2=-(1+\mu)\cdot\frac{P}{4ab_1}\cdot l_0^2 \quad (b_1\geqslant l_0\text{ 时}) \tag{3.10}$$

或

$$M_{\min,p}=-(1+\mu)\cdot pb_1\left(l_0-\frac{b_1}{2}\right)=-(1+\mu)\cdot\frac{P}{2a}\left(l_0-\frac{b_1}{2}\right) \quad (b_1<l_0\text{ 时}) \tag{3.11}$$

式中　p—— 汽车荷载作用在每米宽板条上的每延米荷载强度，$p=\dfrac{P}{2ab_1}$；

l_0—— 悬臂板的长度。

结构自重弯矩：

$$M_{\min,g}=-\frac{1}{2}gl_0^2 \tag{3.12}$$

必须注意，以上所有汽车荷载内力的计算公式都是对于轮重为 $P/2$ 的汽车车辆荷载推导得来的。

3.2.3.4　内力组合

计算出结构自重和汽车荷载内力后，根据《桥规》的规定，1m 宽板条的最大组合内力为表 3.1 中所列。

1m 宽板内力组合　　**表 3.1**

承载能力极限状态的基本组合	结构重力对结构承载能力不利时	$S_{ud}=1.2G_{自重}+1.8Q_{汽}+0.75\times1.4Q_{人}$
	结构重力对结构承载能力有利时	$S_{ud}=G_{自重}+1.8Q_{汽}+0.75\times1.4Q_{人}$
正常使用极限状态	频遇组合	$S_{fd}=G_{自重}+0.7Q_{汽(不计冲击力)}+1.0Q_{人}$
	偶然组合	$S_{qd}=G_{自重}+0.4Q_{汽(不计冲击力)}+0.4Q_{人}$

注：S_{ud}—— 承载能力极限状态下作用基本组合的效应组合设计值(弯矩或剪力)；

$G_{自重}$—— 永久作用中结构重力效应的标准值(弯矩或剪力)；

$Q_{汽}$—— 可变作用中汽车荷载效应(含汽车冲击力、离心力)标准值(弯矩或剪力)；

$Q_{人}$—— 可变作用中人群荷载效应标准值(弯矩或剪力)；

S_{fd}—— 正常使用极限状态下作用频遇组合设计值(弯矩或剪力)；

S_{qd}—— 正常使用极限状态下作用偶然组合设计值(弯矩或剪力)。

【例 3.1】 计算图3.8所示T型梁翼板所构成铰接悬臂板的设计内力。桥面铺装为2cm的沥青表面处治（容重为$23kN/m^3$）和平均9cm厚C25混凝土垫层（容重为$24kN/m^3$），C30 T型梁翼板的容重为$25kN/m^3$。

【解】 (1) 结构自重及其内力，见表3.2（按纵向1m宽的板条计算）

① 每延米板上的结构自重 g

每延米板上的恒载 g **表 3.2**

沥青表面处治 g_1	$0.02\times1.0\times23=0.46kN/m$
C25 混凝土垫层 g_2	$0.09\times1.0\times24=2.16kN/m$
T 型梁翼板自重 g_3	$\frac{0.08+0.14}{2}\times1.0\times25=2.75kN/m$
合　　计	$g=\sum g_i=5.37kN/m$

② 每米宽板条的恒载内力

$$M_{\min,g}=-\frac{1}{2}gl_0^2=-\frac{1}{2}\times5.37\times0.71^2=-1.35kN\cdot m$$

$$Q_{Ag}=gl_0=5.37\times0.71=3.81kN$$

(2) 车辆荷载产生的内力

将车辆荷载后轮作用于铰缝轴线上（图3.8），后轴作用力为$P=140kN$，轮压分布宽度如图3.9所示。由《桥规》查得，其后轮着地长度为$a_2=0.20m$，宽度为$b_2=0.60m$，则：

$$a_1=a_2+2H=0.20+2\times0.11=0.42m$$

$$b_1=b_2+2H=0.60+2\times0.11=0.82m$$

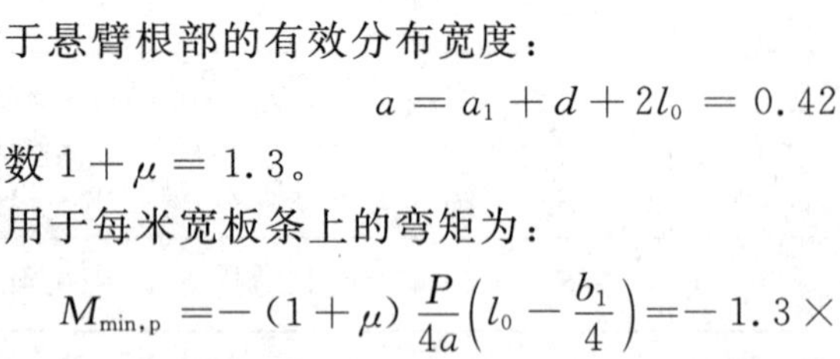

图 3.8　T型梁横断面图（单位：cm）

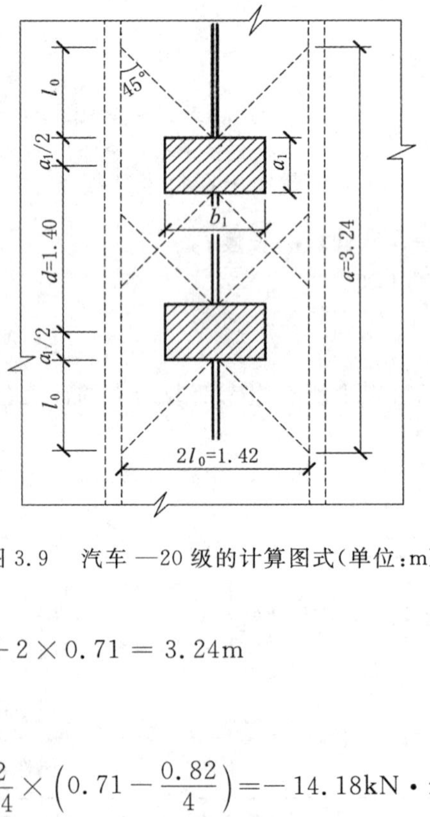

图 3.9　汽车—20级的计算图式（单位：m）

荷载对于悬臂根部的有效分布宽度：

$$a=a_1+d+2l_0=0.42+1.4+2\times0.71=3.24m$$

冲击系数$1+\mu=1.3$。

作用于每米宽板条上的弯矩为：

$$M_{\min,p}=-(1+\mu)\frac{P}{4a}\left(l_0-\frac{b_1}{4}\right)=-1.3\times\frac{140\times2}{4\times3.24}\times\left(0.71-\frac{0.82}{4}\right)=-14.18kN\cdot m$$

作用于每米宽板条上的剪力为：

$$Q_{Ap}=(1+\mu)\frac{P}{4a}=1.3\times\frac{140\times2}{4\times3.24}=28.09kN$$

(3) 内力组合

① 承载能力极限状态内力组合计算（表3.3）：

承载能力极限状态内力组合计算　　表 3.3

基本组合	$M_{ud}=1.2M_{Ag}+1.8M_{min,p}=1.2\times(-1.35)+1.8\times(-14.18)=-27.14\text{kN}\cdot\text{m}$ $Q_{ud}=1.2Q_{Ag}+1.8Q_{Ap}=1.2\times3.81+1.8\times28.09=55.13\text{kN}$

所以，行车道板的设计内力为：

$$M_{ud}=-27.14\text{kN}\cdot\text{m};Q_{ud}=55.13\text{kN}$$

② 正常使用极限状态内力组合计算(表 3.4)：

正常使用极限状态内力组合计算　　表 3.4

频遇组合	$M_{fd}=M_{Ag}+0.7M_{Ac}=(-1.35)+0.7\times(-14.18)\div1.3=-8.99\text{kN}\cdot\text{m}$ $Q_{fd}=Q_{Ag}+0.7Q_{Ac}=3.81+0.7\times28.09\div1.3=18.94\text{kN}$

3.3　主梁内力计算

对于跨径在 10m 以内的简支梁，通常只需计算跨中截面的最大弯矩和支点截面及跨中截面的剪力；跨中与支点之间各截面的剪力可以近似地按直线规律变化，弯矩可假设按二次抛物线规律变化。对于较大跨径的简支梁，一般还应计算 $l/4$ 截面的弯矩和剪力。如果主梁沿桥轴方向截面有变化，例如梁肋宽或梁高变化，则还应计算变化处截面的内力。有了截面内力，就可按钢筋混凝土和预应力混凝土结构的计算原理进行主梁各截面的配筋设计和验算。本节重点介绍如何计算主梁的最不利内力。

3.3.1　结构自重内力计算

混凝土公路桥梁的结构自重，往往占全部设计荷载很大的比重(通常占 60% ～ 90%)，梁的跨径愈大，结构自重所占的比重也愈大。

在计算结构自重内力时，为了简化起见，往往将横梁、铺装层、人行道和栏杆等重量均匀分摊给各主梁承受。因此，对于等截面梁桥的主梁，其计算结构自重是简单的均布荷载。为了更精确起见，也可根据施工安装的情况，分阶段按 3.3.2 节所述的荷载横向分布的规律进行分配计算。

如图 3.10 所示，计算出结构自重集度 g 之后，则梁内各截面的弯矩 M 和剪力 Q 计算公式为：

$$\left.\begin{aligned}M_x&=\frac{gl}{2}\cdot x-gx\cdot\frac{x}{2}=\frac{gx}{2}(l-x)\\Q_x&=\frac{gl}{2}-gx=\frac{g}{2}(l-2x)\end{aligned}\right\}\tag{3.13}$$

式中　l—— 简支梁的计算跨径；

x—— 计算截面到支点的距离。

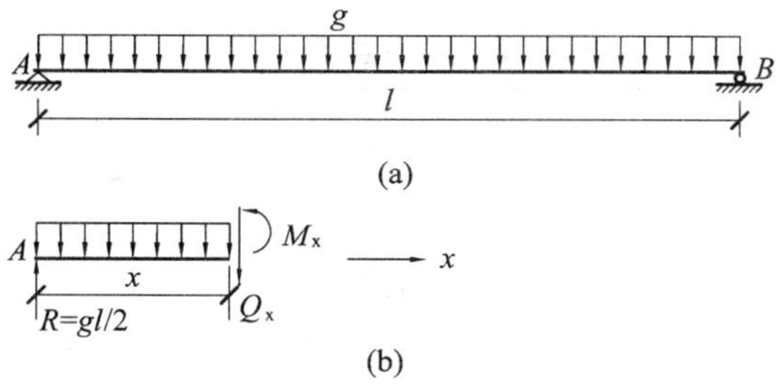

图 3.10　结构自重内力计算图式

【例 3.2】　一座五梁式装配式钢筋混凝土简支梁桥的主梁和横隔梁截面如图 3.11 所示，计算跨径 $l=19.50\text{m}$，结构重要性系数 1.0。求边主梁的结构自重产生的内力。已知每侧的栏杆及人行道构件重量的作用力为 5kN/m。

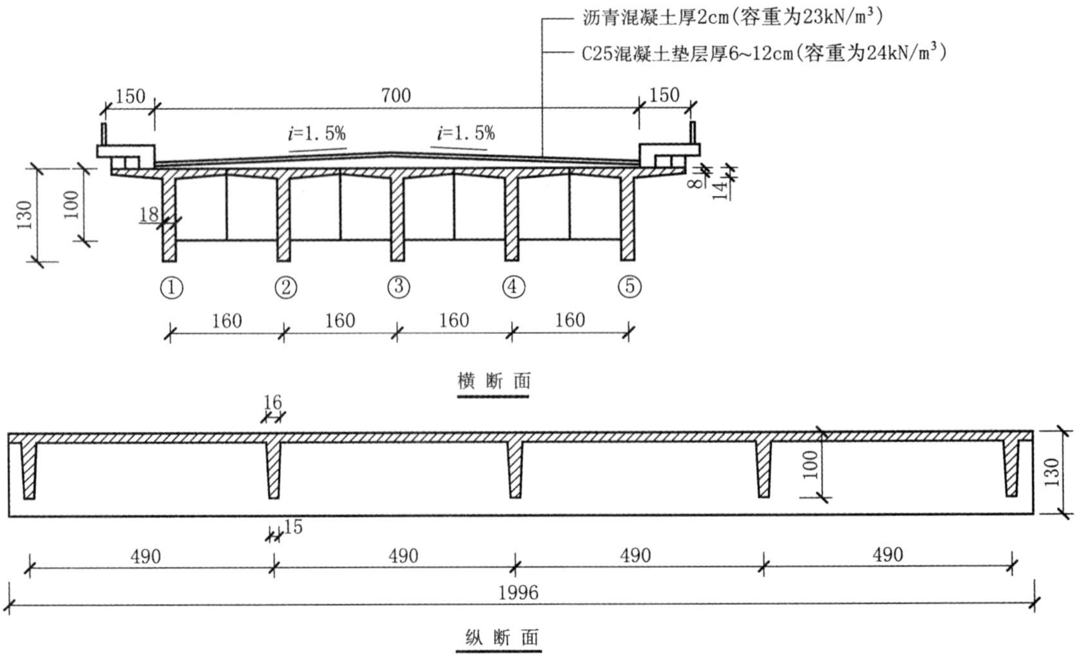

图 3.11　简支 T 型梁的主梁和横隔梁简图(单位:cm)

【解】（1）计算结构自重集度(表 3.5)

结构自重集度　　　　**表 3.5**

主梁		$g_1=\left[0.18\times1.30+\left(\frac{0.08+0.14}{2}\right)\times(1.60-0.18)\right]\times25=9.76\text{kN/m}$
横隔梁	对于边主梁	$g_2=\left\{\left[1.00-\left(\frac{0.08+0.14}{2}\right)\right]\times\left(\frac{1.60-0.18}{2}\right)\right\}\times\frac{0.15+0.16}{2}\times5\times25/19.50=0.63\text{kN/m}$
	对于中主梁	$g_2^1=2\times0.63=1.26\text{kN/m}$
桥面铺装层		$g_3=\left[0.02\times7.00\times23+\frac{1}{2}\times(0.06+0.12)\times7.00\times24\right]/5=3.67\text{kN/m}$
栏杆和人行道		$g_4=5\times2/5=2.00\text{kN/m}$
合计	对于边主梁	$g=\sum g_i=9.76+0.63+3.67+2.00=16.06\text{kN/m}$
	对于中主梁	$g^1=9.76+1.26+3.67+2.00=16.69\text{kN/m}$

（2）结构自重内力计算:利用式(3.13)(表 3.6)

边主梁结构自重产生内力　　　　**表 3.6**

内力 / 截面位置 x	剪力 Q(kN)	弯矩 M(kN·m)
$x=0$	$Q=\frac{16.06}{2}\times19.5=156.6$　(162.7)	$M=0$　(0)
$x=\frac{l}{4}$	$Q=\frac{16.06}{2}\times\left(19.5-2\times\frac{19.5}{4}\right)=78.3$　(81.4)	$M=\frac{16.06}{2}\times\frac{19.5}{4}\times\left(19.5-\frac{19.5}{4}\right)=572.5$　(595.0)
$x=\frac{l}{2}$	$Q=0$　(0)	$M=\frac{1}{8}\times16.06\times19.5^2=763.4$　(793.3)

注:括号内值为中主梁内力。

3.3.2　汽车、人群荷载产生内力计算

3.3.2.1　荷载横向分布计算

对于一座由多片主梁和横隔梁组成的梁桥[图 3.12(a)]来说，当桥上有荷载 P 作用时，由于结构的横向刚性必然会使所有主梁不同程度地参与工作。因此，设计者必须首先从桥横向确定出某根主梁所承担的最不利荷载，然后再沿桥纵向确定该梁某一截面的最不利内力，即：

$$S = P\eta_2(y)\eta_1(x) \qquad (3.14)$$

式中　S——某根主梁某一截面的内力值；

$\eta_1(x)$——单梁在 x 轴方向某一截面的内力影响线；

$\eta_2(y)$——单位荷载沿桥面横向(y 轴方向)作用在不同位置时，某梁所分配的荷载比值变化曲线，也称作某梁的荷载横向分布影响线；

$P\eta_2(y)$——当 P 作用于 $a(x,y)$ 点时沿横向分布给某梁的荷载[图 3.12(a)]，暂以 P' 表示，即 $P' = P\eta_2(y)$。

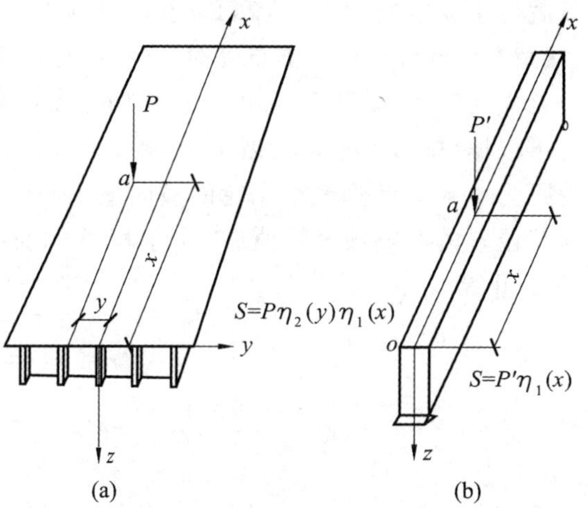

图 3.12　荷载作用下的内力计算

(a) 在梁式桥上；(b) 在单梁上

定义 $P'_{max} = mP$，P 为轮轴重，则 m 就称为荷载横向分布系数，它表示某根主梁所承担的最大荷载是各个轴重的倍数(通常小于 1)。

根据各种梁式桥不同的横向联接构造建立计算模型，有以下几种荷载横向分布计算方法：

(1) 杠杆原理法——把横向结构(桥面板和横隔梁)视作在主梁上断开而简支在其上的简支梁；

(2) 偏心压力法——把横隔梁视作刚性极大的梁；

(3) 横向铰接板(梁)法——把相邻板(梁)之间视为铰接，只传递剪力；

(4) 横向刚接梁法——把相邻主梁之间视为刚性联接，即传递剪力和弯矩；

(5) 比拟正交异性板法——将主梁和横隔梁的刚度换算成正交两个方向刚度不同的比拟弹性平板来求解。

本小节重点介绍较常用的杠杆原理法和偏心受压法，其他方法可参阅有关书籍。

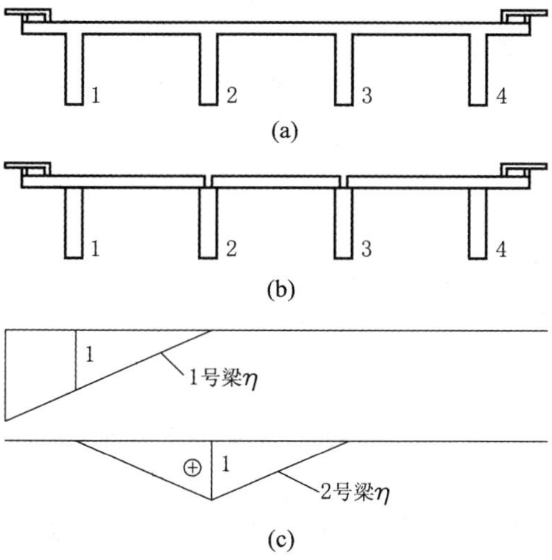

图 3.13　按杠杆原理法计算横向分布系数

(1) 杠杆原理法

按杠杆原理法进行荷载横向分布计算的基本假定是忽略主梁之间横向结构的联系作用，即假设桥面板在主梁梁肋处断开，而当作沿横向支承在主梁上的简支梁或悬臂梁来考虑，如图 3.13(a)、图 3.13(b) 所示。

利用上述假定作出主梁的荷载横向分布影响线，即当移动的单位荷载 $P = 1$ 作用于计算梁上时，该梁承担的荷载为 1；当 P 作用于相邻或其他梁上时，该梁承担的荷载为零，该梁与相邻梁之间的荷载按线性变化，如图 3.13(c) 所示。

有了各根主梁的荷载横向分布影响线，就可根据各种荷载最不利荷载位置求得相应的横向分布系数 m_o，这里 m_o 表示按杠杆原理法计算的荷载横向分布系数。

对于汽车、人群的荷载横向分布系数的计算公式如下：

汽车

$$m_{oq} = \frac{\sum \eta_q}{2}$$

人群

$$m_{or} = \eta_r$$

式中　η_q, η_r—— 汽车车轮和人群荷载集度的影响线竖标值。

杠杆原理法适用于计算荷载位于靠近主梁支点时的荷载横向分布系数 m_o。此时主梁的支承刚度远大于主梁间横向联系的刚度，受力特性与杠杆原理法接近。另外该法也可用于双主梁桥的荷载横向分布计算。

【例 3.3】　如图 3.14(a) 所示，桥面净空为净 $-7\text{m}+2\times0.75\text{m}$ 人行道的五梁式钢筋混凝土 T 梁桥。试求荷载位于支点处时 1# 梁和 2# 梁相应于公路 —Ⅱ级和人群荷载的横向分布系数。

【解】　当荷载位于支点处时，应按杠杆原理法计算荷载横向分布系数。

首先绘制 1# 梁和 2# 梁的荷载横向分布影响线，如图3.14(b)、图 3.14(c) 所示。

再根据《桥规》规定，在横向影响线上确定荷载沿横向最不利的布置位置。对于汽车荷载，规定的汽车横向轮距为 1.8m，两列汽车车轮的横向最小间距为 1.3m，车轮距离人行道缘石最少为 0.5m。由此，求出相应于荷载位置的影响线竖标值后，可得 1# 梁的荷载横向分布系数为：

公路 —Ⅱ级

$$m_{oq} = \frac{\sum \eta_q}{2} = \frac{0.875}{2} = 0.438$$

人群荷载

$$m_{or} = \eta_r = 1.422$$

同理，按图 3.14(c) 的计算，可得 2# 梁的荷载横向分布系数 $m_{oq}=0.5$ 和 $m_{or}=0$。这里，在人行道上没有布载，这是因为人行道荷载引起的负反力，在考虑荷载组合时反而会减小 2# 梁的受力。

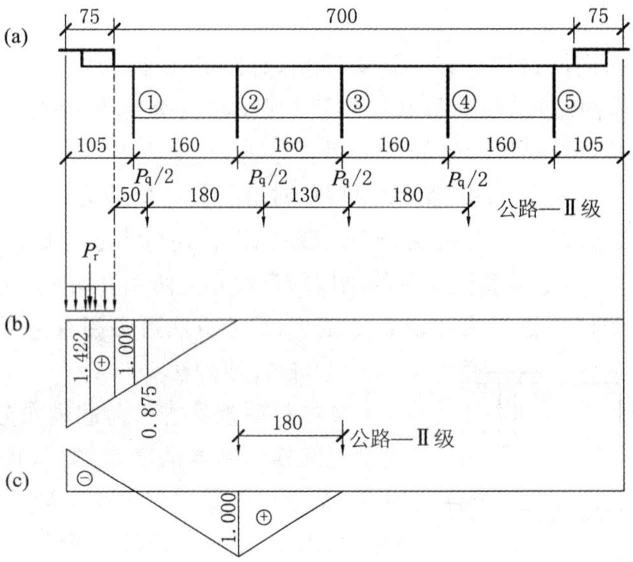

图 3.14　按杠杆原理法计算横向分布系数(单位：cm)

(a) 桥梁横截面；(b)1# 梁荷载横向分布影响线；(c)2# 梁荷载横向分布影响线

(2) 偏心压力法

偏心压力法计算荷载横向分布适用于桥上具有可靠的横向联接，且桥的宽跨比 B/l 小于或接近 0.5 的情况(一般称为窄桥)，用于计算跨中截面荷载横向分布系数 m_c。

偏心压力法的基本前提是：① 车辆荷载作用下，中间横隔梁可近似地看作一根刚度为无穷大的刚性梁，保持直线的形状；② 忽略主梁的抗扭刚度，即不计入主梁对横隔梁的抵抗扭矩。如图 3.15(a) 所示，图中 w_i 表示桥跨中央各主梁的竖向挠度。基于横隔梁无限刚性的假定，此法也称“刚性横梁法”。

根据在弹性范围内，某根主梁所承受到的荷载 R_i 与该荷载所产生的跨中弹性挠度 w_i 成正比例的原则，可以得出：在中间横隔梁刚度相当大的窄桥上，在沿横向偏心布置的荷载作用下，总是靠近荷载一侧的边主梁受载最大。下面将介绍单位荷载 $P=1$ 作用在跨中任意位置(偏心距为 e) 时，1# 主梁所承担的力 R_1。

取跨中 $x = l/2$ 截面，如图 3.15(b) 所示。通常情况下，各主梁的惯性矩 I_i 相等。显然，对于具有近似刚性中间横隔梁的结构，偏心荷载 $P=1$ 可以用作用于桥轴线的中心荷载 $P=1$ 和偏心力矩 $M=1\cdot e$ 来替代，分别求出这两种情况下 1# 主梁所承担的力，然后进行叠加即可。

① 中心荷载 $P=1$ 的作用[图 3.15(b iii)]

由于中心荷载作用下，刚性中横梁整体向下平移，则各主梁的跨中挠度相等，即：

$$w'_1 = w'_2 = \cdots = w'_n = \overline{w} \tag{3.15}$$

根据材料力学，作用于简支梁跨中的荷载(即主梁所分担的荷载)与挠度的关系为：

$$w'_i = \frac{R'_i l^3}{48EI_i} \tag{3.16}$$

式中 I_i—— 桥梁横截面内各主梁的抗弯惯性矩。

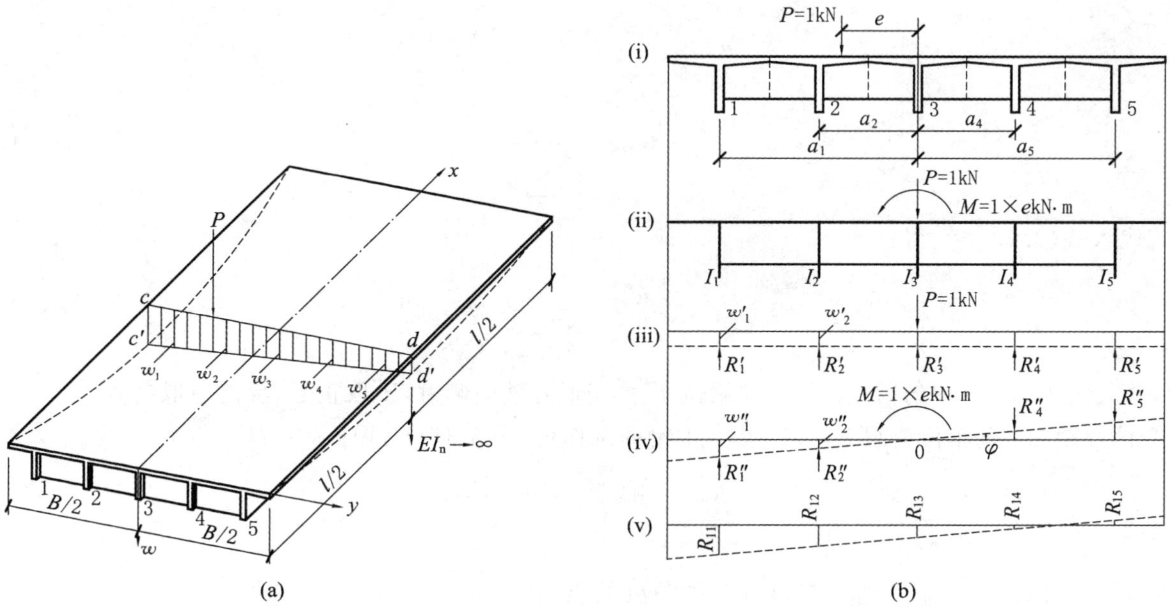

图 3.15 偏心压力法计算图式

(a) 梁桥挠曲变形；(b) $x = \frac{l}{2}$ 截面

当各主梁截面相等时，即 $I_1 = I_2 = \cdots = I_n = I$，则由上两式得反力与挠度成正比的关系如下：

$$\frac{R'_1}{w'_1} = \frac{R'_2}{w'_2} = \cdots = \frac{R'_i}{w'_i} = \cdots = \frac{R'_n}{w'_n} = \frac{48EI}{l^3} = C(\text{常数})$$

由此得：

$$R'_i = Cw'_i = C\overline{w} \tag{3.17}$$

根据静力平衡条件，有：

$$R'_1 + R'_2 + \cdots + R'_n = 1$$

将式(3.17)代入上式，便有：

$$C(w'_1 + w'_2 + \cdots + w'_n) = Cn\overline{w} = 1$$

所以

$$C\overline{w} = \frac{1}{n} \tag{3.18}$$

再将上式代入式(3.17)后得：

$$R'_i = \frac{1}{n} \tag{3.19}$$

② 偏心力矩 $M = 1\cdot e$ 的作用[图 3.15(b iv)]

在偏心力矩 $M = 1\cdot e$ 作用下，桥的横截面产生绕中心点 O 的转角 φ，因此各主梁的跨中挠度为：

$$w''_i = a_i \tan\varphi \tag{3.20}$$

式中 a_i—— 各片主梁梁轴到截面形心的距离。

根据力矩平衡条件，有：

$$\sum_{i=1}^{n} R''_i a_i = 1 \cdot e \tag{3.21}$$

再根据反力与挠度成正比的关系，有：

$$R''_i = C w''_i \tag{3.22}$$

或

$$R''_i = C a_i \tan\varphi \tag{3.23}$$

将式(3.23)代入式(3.21)得：

$$C\tan\varphi \sum_{i=1}^{n} a_i^2 = 1 \cdot e$$

或

$$C\tan\varphi = \frac{e}{\sum_{i=1}^{n} a_i^2} \tag{3.24}$$

将上式代入式(3.23)后，得：

$$R''_i = \frac{a_i e}{\sum_{i=1}^{n} a_i^2} \tag{3.25}$$

注意，当式(3.25)中的荷载位置 e 和梁位 a_i 位于形心轴同侧时，R''_i取正号，反之应取负号。

③ 偏心距为 e 的单位荷载 $P=1$ 对 1# 主梁的总作用[图 3.15(bv)]

$$R_{1e} = \eta_{1e} = \frac{1}{n} \pm \frac{a_1 e}{\sum_{i=1}^{n} a_i^2} \tag{3.26}$$

这就是 1# 主梁的荷载横向分布影响线在各梁位处的竖标值。

当 $P=1$ 位于第 k 号梁轴上($e=a_k$)时，对 1# 主梁的总作用可写成：

$$\eta_{1k} = \frac{1}{n} \pm \frac{a_1 a_k}{\sum_{i=1}^{n} a_i^2} \tag{3.27}$$

④ 同理，当 $P=1$ 位于第 k 号梁轴上($e=a_k$)时，对 i 号主梁的总作用为：

$$\eta_{ik} = \frac{1}{n} \pm \frac{a_i a_k}{\sum_{i=1}^{n} a_i^2} \tag{3.28}$$

由此也不难得到关系式：

$$\eta_{ik} = R_{ik} = \eta_{ki} \tag{3.29}$$

⑤ 同理可得，当各主梁的惯性矩 I_i 不相等时，偏心荷载 $P=1$ 对各主梁的总作用为：

$$\eta_{ie} = \frac{I_i}{\sum_{i=1}^{n} I_i} \pm \frac{e a_i I_i}{\sum_{i=1}^{n} a_i^2 I_i} \tag{3.30}$$

当 $P=1$ 位于第 k 号梁轴上($e=a_k$)时，上式可写成：

$$\eta_{ik} = \frac{I_i}{\sum_{i=1}^{n} I_i} \pm \frac{a_i a_k I_i}{\sum_{i=1}^{n} a_i^2 I_i} \tag{3.31}$$

有了荷载横向分布影响线，就可以根据荷载沿横向的最不利位置来计算相应的横向分布系数，从而求得其所受的最大荷载。

对于汽车、人群的荷载横向分布系数的计算公式如下：

汽车

$$m_{cq} = \frac{\sum \eta_q}{2}$$

人群

$$m_{cr} = \sum \eta_r$$

式中　η_q, η_r—— 汽车车轮和人群荷载集度的影响线竖标值。

【例 3.4】　一座计算跨径 $l = 19.50$m 的简支梁，其横截面如图 3.16(a) 所示，纵断面布置见图 3.11。试求荷载位于跨中时 1# 边梁的荷载横向分布系数 m_{cq}（汽车荷载）和 m_{cr}（人群荷载）。

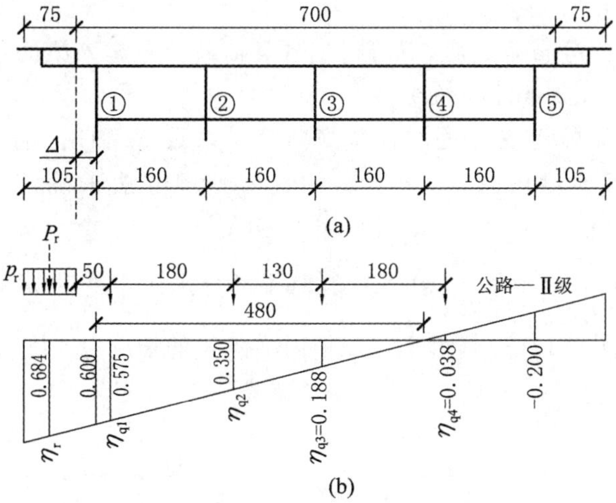

图 3.16　偏压法计算横向分布系数图式(单位:cm)

(a) 桥梁横截面;(b)1# 梁荷载横向分布影响线

【解】　从图 3.11 中可知，此桥设有刚度强大的横隔梁，且承重结构的长宽比为：

$$\frac{l}{B} = \frac{19.50}{5 \times 1.60} = 2.4 > 2$$

故可按偏心压力法来计算横向分布系数 m_c，其步骤如下：

① 求荷载横向分布影响线竖标值

本桥各根主梁的横截面均相等，梁数 $n = 5$，梁间距为 1.60m，则：

$$\begin{aligned}\sum_{i=1}^{5} a_i^2 &= a_1^2 + a_2^2 + a_3^2 + a_4^2 + a_5^2 \\ &= (2 \times 1.60)^2 + 1.60^2 + 0 + (-1.60)^2 + (-2 \times 1.60)^2 \\ &= 25.60\text{m}^2\end{aligned}$$

由式(3.27) 得，1# 梁在两个边主梁处的横向分布影响线的竖标值为：

$$\eta_{11} = \frac{1}{n} + \frac{a_1^2}{\sum_{i=1}^{n} a_i^2} = \frac{1}{5} + \frac{(2 \times 1.60)^2}{25.60} = 0.20 + 0.40 = 0.60$$

$$\eta_{15} = \frac{1}{n} + \frac{a_1 a_5}{\sum_{i=1}^{n} a_i^2} = 0.20 - 0.40 = -0.20$$

② 绘出荷载横向分布影响线，并按最不利位置布载，如图 3.16(b) 所示，其中：

人行道缘石至 1# 梁轴线的距离 Δ 为：

$$\Delta = 1.05 - 0.75 = 0.3\ \text{m}$$

荷载横向分布影响线的零点至 1# 梁位的距离为 x，可按比例关系求得：

$$\frac{x}{0.60} = \frac{4 \times 1.60 - x}{0.2}$$

解得 $x = 4.80\text{m}$。

并据此计算出对应各荷载点的影响线竖标值 η_{qi} 和 η_r。

③ 计算荷载横向分布系数 m_c

$1^{\#}$ 梁的荷载横向分布系数分别计算如下：

汽车荷载

$$m_{cq} = \frac{1}{2}\sum \eta_q = \frac{1}{2}(\eta_{q1} + \eta_{q2} + \eta_{q3} + \eta_{q4}) = \frac{1}{2} \times \frac{0.60}{4.80} \times (4.60 + 2.80 + 1.50 - 0.30) = 0.538$$

人群荷载

$$m_{cr} = \eta_r = \frac{\eta_{11}}{x} x_r = \frac{0.60}{4.80} \times \left(4.80 + 0.30 + \frac{0.75}{2}\right) = 0.684$$

求得 $1^{\#}$ 梁的各种荷载横向分布系数后，就可得到各类荷载分布至该梁的最大荷载值。

3.3.2.2　荷载横向分布系数沿桥跨的变化

当用“杠杆原理法”确定出位于支点处的荷载横向分布系数 m_o 和用“偏心压力法”确定出位于跨中的荷载横向分布系数 m_c 以后，便可用图 3.17 所示的近似处理方法来确定其他位置的荷载横向分布系数 m_x。

对于无中间横隔梁或仅有一根中横隔梁的情况，跨中部分须用不变的 m_c，从离支点 $\frac{l}{4}$ 处起至支点的区段内 m_x 呈直线形过渡至 m_o［图 3.17(a)］；对于有多根内横隔梁的情况，m_c 从第一根内横隔梁起向支点 m_o 直线形过渡［图 3.17(b)］。

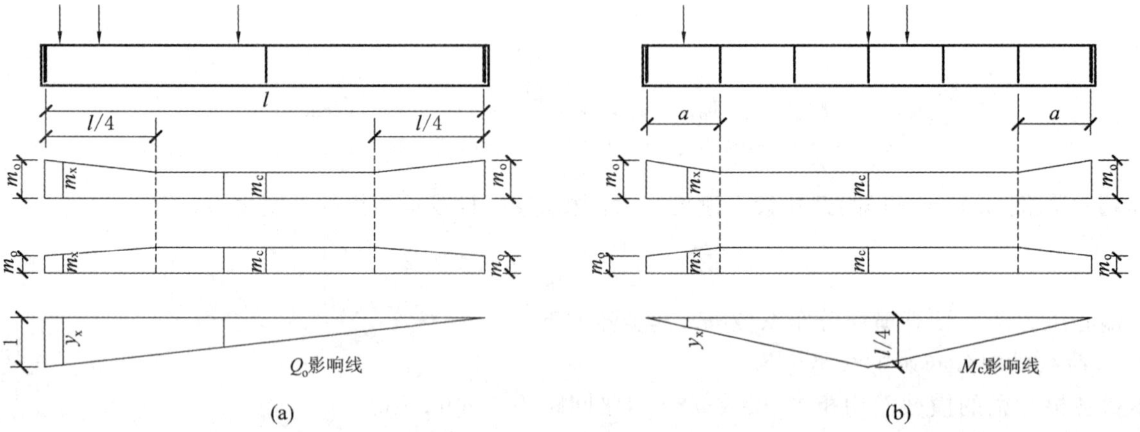

图 3.17　m 沿跨长变化图

这样，主梁上的荷载因其纵向位置不同，就应有不同的横向分布系数。

在实际应用中，当求简支梁跨内各截面中的最大弯矩时，为了简化起见，通常均可按不变化的 m_c 来计算。只有在计算主梁梁端截面的最大剪力时，才考虑荷载横向分布系数变化的影响［图 3.18(a)］。对于跨内其他截面的主梁剪力，也可视具体情况计及 m 沿桥跨变化的影响。

3.3.2.3　汽车、人群作用效应计算

对于汽车荷载，应将集中荷载直接布置在内力影响线数值最大的位置，其计算公式为：

$$S_{汽} = (1 + \mu)\xi(m_c q_k \Omega + m_i P_k y_i) \tag{3.32}$$

式中　$S_{汽}$ —— 所示截面由汽车荷载产生的弯矩或剪力标准值；

$(1 + \mu)$ —— 汽车荷载的冲击系数；

ξ —— 汽车荷载横向折减系数，参见表 1.7；

m_c —— 跨中横向分布系数；

P_k —— 汽车车道荷载中的集中荷载标准值；

q_k —— 汽车车道荷载中，每延米均布荷载标准值；

Ω —— 弯矩、剪力影响线的面积；

m_i—— 沿桥跨纵向与集中荷载位置对应的横向分布系数，参见图 3.17；

y_i—— 沿桥跨纵向与荷载位置对应的内力影响线坐标值。

同理，对于人群荷载：

$$S_{人} = m_c q_r \Omega \tag{3.33}$$

式中 $S_{人}$ —— 所示截面由人群荷载产生的弯矩或剪力标准值；

q_r—— 纵向每延米人群荷载标准值。

注意，利用式(3.32) 和式(3.33) 计算支点截面剪力或靠近支点截面的剪力时，应另外计及支点附近因荷载横向分布系数变化而引起的内力增(或减) 值。

【例 3.5】 仍以例 3.2 所述五梁式装配式钢筋混凝土简支梁桥为例，计算边主梁在公路 —Ⅱ级和人群荷载 $q_r = 3.0\text{kN/m}^2$ 作用下的跨中最大弯矩、最大剪力以及支点截面的最大剪力。对于已经计算过的数据，均汇总于表 3.7。

【解】 ① 荷载横向分布系数汇总(表 3.7)

荷载横向分布系数汇总 **表 3.7**

梁号	荷载位置	公路 —Ⅱ级	人群荷载	备注
边主梁	跨中 m_c	0.538	0.684	按"偏压法" 计算，见例 3.4
	支点 m_o	0.438	1.422	按"杠杆法" 计算，见例 3.3

② 均布荷载和内力影响线面积计算(表 3.8)

均布荷载和内力影响线面积计算 **表 3.8**

类型 / 截面	公路 —Ⅱ级 q_k(kN/m)	人群 q_r(kN/m)	影响线面积(m^2 或 m)	影响线图式
$M_{l/2}$	$10.5 \times 0.75 = 7.875$	$3.0 \times 0.75 = 2.25$	$\Omega = \frac{1}{8}l^2 = \frac{1}{8} \times 19.5^2 = 47.53\text{m}^2$	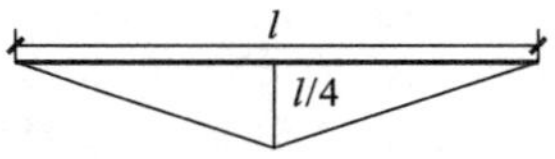
$Q_{l/2}$	7.875	2.25	$\Omega = \frac{1}{2} \times \frac{1}{2} \times 19.5 \times 0.5 = 2.44\text{m}$	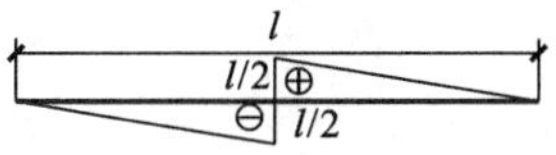
Q_o	7.875	2.25	$\Omega = \frac{1}{2} \times 19.5 \times 1 = 9.75\text{m}$	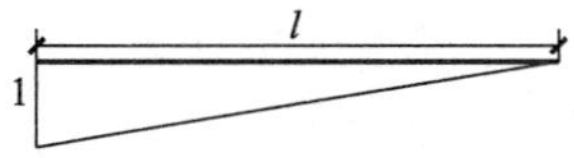

③ 公路 —Ⅱ级中集中荷载计算

计算弯矩效应时：

$$P_k = 0.75 \times [2 \times (19.5 + 130)] = 0.75 \times 299 = 224.25\text{kN}$$

计算剪力效应时：

$$P_k = 1.2 \times 224.25 = 269.10\text{kN}$$

④ 计算冲击系数 μ

简支梁桥基频计算公式见式(1.2)，则单根主梁：

$$A = 0.3902\text{m}^2$$

$$I_c = 6614602\text{cm}^4 = 0.066146\text{m}^4$$

$$G = 0.3902 \times 25 = 9.76\text{N/m}$$

$$m_c = G/g = 9.76/9.81 = 0.995 \times 10^3 \text{Ns}^2/\text{m}^2$$

C30 混凝土 E 取 $3 \times 10^{10}\text{N/m}^2$，则有：

$$f = \frac{3.14}{2 \times 19.5^2} \times \sqrt{\frac{3 \times 10^{10} \times 0.066146}{0.995 \times 10^3}} = 5.831\text{Hz}$$

$$\mu = 0.1767\ln f - 0.0157 = 0.296$$

则 $1+\mu=1.296$。

⑤ 跨中弯矩 $M_{l/2}$、跨中剪力 $Q_{l/2}$ 计算见表 3.9：

因双车道不折减，故 $\xi=1$。

跨中弯矩及剪力计算 表 3.9

截面	荷载类型	q_k 或 q_r (kN/m)	P_k(kN)	$1+\mu$	m_c	Ω 或 y	S(kN·m 或 kN)	
							S_i	S
$M_{l/2}$	公路—Ⅱ级	7.875	224.25	1.296	0.538	47.53	260.98	1023.22
						$y=\frac{l}{4}=4.875$	762.24	
	人群	2.25	—	—	0.684	47.53	73.1	
$Q_{l/2}$	公路—Ⅱ级	7.875	269.10	1.296	0.538	2.438	13.39	107.20
						0.5	93.81	
	人群	2.25	—	—	0.684	2.438	3.75	

⑥ 计算支点截面汽车荷载最大剪力

绘制荷载横向分布系数沿桥纵向的变化图形和支点剪力影响线如图 3.18 所示。

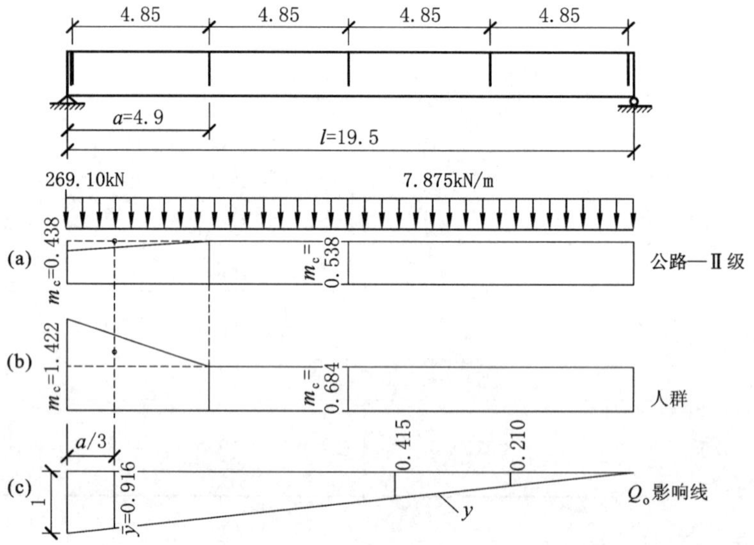

图 3.18 支点剪力计算图示(单位:m)

横向分布系数变化区段的长度：

$$a=\frac{1}{2}\times 19.5-4.85=4.9\text{m}$$

m 变化区荷载重心处的内力影响线坐标为：

$$\bar{y}=1\times\left(19.5-\frac{1}{3}\times 4.9\right)/19.5=0.916$$

利用式(3.32) 计算，则得：

$$Q_{o均}=(1+\mu)\cdot\xi q_k\left[m_c\Omega+\frac{a}{2}(m_o-m_c)\bar{y}\right]$$

$$=1.296\times 1\times 7.875\times\left[0.538\times 9.75+\frac{4.9}{2}\times(0.438-0.538)\times 0.916\right]$$

$$=51.25\text{kN}$$

$$Q_{o集}=(1+\mu)\cdot\xi\cdot m_i P_k y_i=1.296\times 1\times 0.438\times 269.10\times 1.0=152.75\text{kN}$$

则公路—Ⅱ级作用下，1# 梁支点的最大剪力为：

$$Q_o = Q_{o均} + Q_{o集} = 51.25 + 152.75 = 204.00\text{kN}$$

⑦ 计算支点截面人群荷载最大剪力

人群荷载引起的支点剪力按式(3.33)计算：

$$Q_{or} = m_c \cdot q_r \cdot \Omega + \frac{a}{2}(m_o - m_c)q_r \cdot \bar{y}$$

$$= 0.684 \times 2.25 \times 9.75 + \frac{1}{2} \times 4.9 \times (1.422 - 0.684) \times 2.25 \times 0.916$$

$$= 15.00 + 3.73 = 18.73\text{kN}$$

3.3.3 主梁内力组合

钢筋混凝土及预应力混凝土梁式桥，当按承载能力极限状态设计时，作用效应组合按表3.1规定采用。

【例3.6】 已知例3.2所示装配式钢筋混凝土简支梁中1# 边梁的内力值最大，利用例3.5的计算结果，列表确定控制设计的计算内力(表3.10)。

【解】

控制设计的计算内力确定 **表3.10**

序号	荷载类别	弯矩 M(kN·m)			剪力 Q(kN)	
		梁端	四分点	跨中	梁端	跨中
(1)	结构自重	0	572.5	763.4	156.6	0
(2)	汽车荷载	0	767.42	1023.22	204.00	107.20
(3)	人群荷载	0	54.9	73.1	18.7	3.8
(4)	1.2×(1)	0	687.0	916.1	187.9	0
(5)	1.4×(2)	0	1074.39	1432.51	285.6	150.08
(6)	0.75×1.4×(3)	0	57.65	76.76	19.64	3.99
(7)	S_{ud} = (4)+(5)+(6)	0	1819.04	2425.37	493.14	154.07

3.4 横隔梁内力计算

为了保证各主梁共同受力和加强结构的整体性，横隔梁本身或其装配式接头应具有足够的强度。对于具有多根内横隔梁的桥梁，通常就只要计算受力最大的跨中横隔梁的内力，其他横隔梁可偏安全地仿此设计。

下面将介绍按偏心压力法原理来计算横隔梁内力的实用方法。

3.4.1 作用在横梁上的计算荷载

对于跨中横隔梁来说，除了直接作用在其上的轮重外，前后的轮重对它也有影响。在计算中可假设荷载在相邻横隔梁之间按杠杆原理法分布，如图3.19所示。因此，纵向一列汽车车道荷载轮重分布给该横隔梁的计算荷载为：

$$P_{oq} = P_k y_1 + q_k \Omega = P_k y_1 + q_k l_a \tag{3.34}$$

同理，人群荷载为：

$$P_{or} = q_r \cdot \Omega = q_r l_a \text{(影响线上布满荷载)}$$

式中 Ω—— 按杠杆原理法计算的纵向荷载影响线面积；

l_a—— 横隔梁的间距；

y_1——P_k 布置在中横隔梁上时，所对应的按杠杆原理法计算的纵向荷载影响线竖坐标值，为1。

其余符号意义同前。

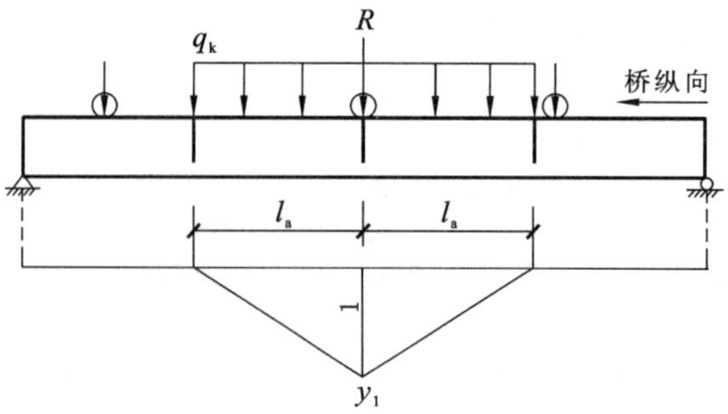

图 3.19　中横隔梁计算荷载的计算图式

3.4.2　横隔梁的内力影响线

将桥梁的中横隔梁近似地视作竖向支承在多根弹性主梁上的多跨弹性支承连续梁，如图 3.20 所示。当桥梁在跨中有单位荷载 $P=1$ 作用时，各主梁所受的荷载将为 $R_1,R_2,R_3,\cdots,R_n$，这也就是横隔梁的弹性支承反力。因此，取 r 截面左侧为隔离体，如图 3.20(c) 所示，由力的平衡条件就可写出横隔梁任意截面 r 的内力计算公式。

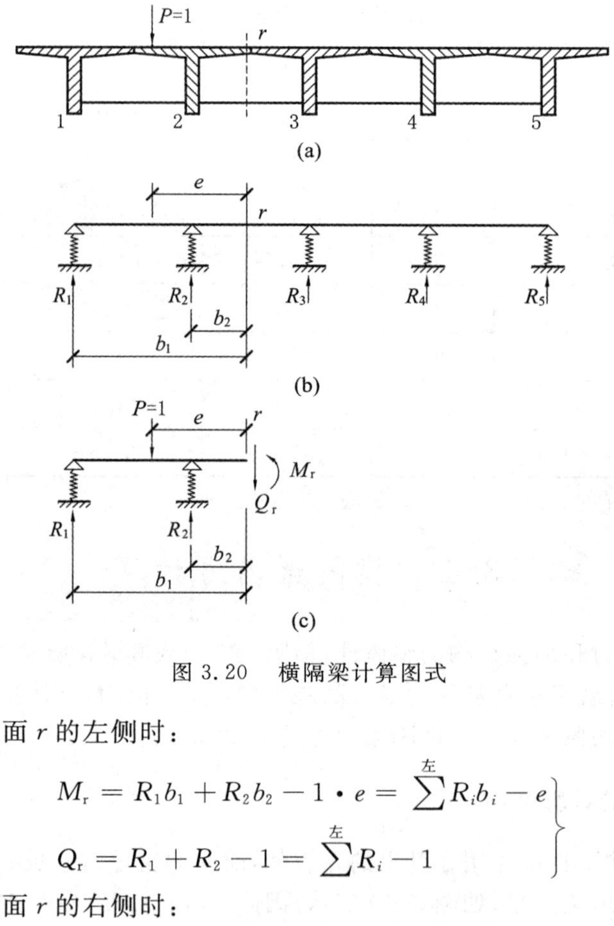

图 3.20　横隔梁计算图式

(1) 荷载 $P=1$ 位于截面 r 的左侧时：

$$\left.\begin{aligned} M_r &= R_1b_1+R_2b_2-1\cdot e=\sum^{左}R_ib_i-e \\ Q_r &= R_1+R_2-1=\sum^{左}R_i-1 \end{aligned}\right\} \tag{3.35}$$

(2) 荷载 $P=1$ 位于截面 r 的右侧时：

$$\left.\begin{aligned} M_r &= R_1b_1+R_2b_2=\sum^{左}R_ib_i \\ Q_r &= R_1+R_2=\sum^{左}R_i \end{aligned}\right\} \tag{3.36}$$

式中　M_r，Q_r—— 横隔梁任意截面 r 的弯矩和剪力；

e—— 荷载 $P=1$ 至所求截面 r 的距离；

b_i—— 支承反力 R_i 至所求截面的距离；

$\sum^{左}R_i$—— 所求截面 r 以左的全部支承反力的总和。

由此可以直接利用已经求得的 R_i 的横向分布影响线来绘制横隔梁上某个截面的内力影响线。

3.4.3 横隔梁内力计算

用上述的计算荷载在横隔梁某截面的内力影响线上按最不利位置加载，就可求得横隔梁在该截面上的最大(或最小)内力值：

$$S = \frac{1}{2}(1+\mu)\zeta P_{oq}\sum\eta \tag{3.37}$$

式中　η—— 横隔梁内力影响线竖标值；

$(1+\mu)$，ζ—— 通常可近似地取用主梁的冲击系数 $(1+\mu)$ 和 ζ 值。

【例 3.7】 计算例 3.2 中所示装配式钢筋混凝土简支梁桥跨中横梁在 2# 和 3# 主梁之间 r—r 截面上的弯矩 M_r 和靠近 1# 主梁处截面的剪力 $Q_1^{右}$，荷载等级为公路—Ⅱ级。

【解】 (1) 确定作用在中横隔梁上的计算荷载

对于跨中横隔梁的最不利荷载布置如图 3.21 所示。纵向一列车轮对于中横隔梁的计算荷载为：

计算弯矩时

$$P_{oq} = q_k\Omega + P_k y = 7.875\times\frac{1}{2}\times 4.85\times 2\times 1.0 + 224.25\times 1.0 = 262.44\text{kN}$$

计算剪力时

$$P_{oq} = 7.875\times\frac{1}{2}\times 4.85\times 2\times 1.0 + 1.2\times 224.25\times 1.0 = 307.30\text{kN}$$

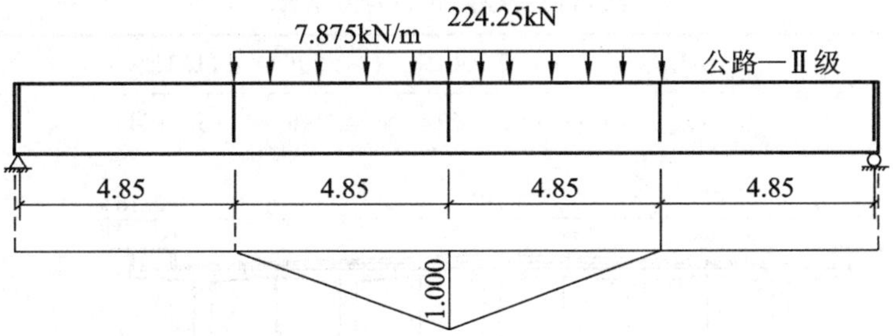

图 3.21　跨中横隔梁的受载图示(尺寸单位：m)

(2) 绘制中横隔梁的内力影响线

按例 3.4 可算得 1#、2#、3# 梁的荷载横向分布影响线竖坐标值，如图 3.22(a) 所示，则 M_r 的影响线竖坐标值可计算如下：

$P=1$ 作用在 1# 梁轴上时($\eta_{11}=0.60$，$\eta_{15}=-0.20$)：

$$\begin{aligned}\eta_{r1}^{M} &= \eta_{11}\times 1.5d + \eta_{21}\times 0.5d - 1\times 1.5d \\ &= 0.6\times 1.5\times 1.6 + 0.4\times 0.5\times 1.6 - 1\times 1.5\times 1.6 = -0.64\end{aligned}$$

$P=1$ 作用在 5# 梁轴上时：

$$\begin{aligned}\eta_{r5}^{M} &= \eta_{15}\times 1.5d + \eta_{25}\times 0.5d \\ &= (-0.20)\times 1.5\times 1.6 + 0\times 0.5\times 1.6 = -0.48\end{aligned}$$

$P=1$ 作用在 3# 梁轴上时($\eta_{13}=\eta_{23}=\eta_{33}=0.20$)：

$$\begin{aligned}\eta_{r3}^{M} &= \eta_{13}\times 1.5d + \eta_{23}\times 0.5d \\ &= 0.20\times 1.5\times 1.6 + 0.20\times 0.5\times 1.6 = 0.64\end{aligned}$$

由影响线的知识可知，M_r 影响线必在 r—r 截面处有突变，根据 η_{r5}^{M} 和 η_{r3}^{M} 连线延伸至 r—r 截面，即为 η_{rr}^{M} 值(0.92)，由此即可绘出 M_r 影响线如图 3.22(b) 所示。

(3) 绘制剪力影响线

对于 1# 主梁处截面的 $Q_1^{右}$ 影响线可计算如下：

$P=1$ 作用在计算截面以右时

$$Q_1^{右} = R_1，即\ \eta_{1i}^{右} = \eta_{1i}$$

$P=1$ 作用在计算截面以左时

$$Q_1^{左} = R_1 - 1,即\ \eta_{1i}^{左} = \eta_{1i} - 1$$

同理,绘成 $Q_1^{右}$ 影响线如图 3.22(c) 所示。

(4) 截面内力计算

将求得的计算荷载 P_{oq} 在相应的影响线上按最不利荷载位置加载,对于汽车荷载并计入冲击影响系数 $(1+\mu)$,则得(表 3.11):

截面内力计算 **表 3.11**

公路—Ⅱ级	弯矩 M_{2-3}	$M_{2-3} = \frac{1}{2}(1+\mu)\zeta P_{oq}\sum\eta = 1.296 \times 1 \times 131.22 \times (0.92+0.29) = 205.77\text{kN}\cdot\text{m}$
	剪力 $Q_1^{右}$	$Q_1^{右} = \frac{1}{2}(1+\mu)\zeta P_{oq}\sum\eta = 1.296 \times 1 \times 153.65 \times (0.575+0.350+0.188-0.038) = 214.06\text{kN}$

(5) 内力组合(鉴于横隔梁的结构自重内力甚小,计算中可略去不计)

① 承载能力极限状态内力组合见表 3.12。

承载能力极限状态内力组合 **表 3.12**

基本组合	$M_{max,r} = 0 + 1.4 \times 205.77 = 288.1\text{kN}\cdot\text{m}$ $Q_{max,1}^{右} = 0 + 1.4 \times 214.06 = 299.7\text{kN}$

② 正常使用极限状态内力组合见表 3.13。

正常使用极限状态内力组合 **表 3.13**

频遇组合	$M_{max,r} = 0 + 0.7 \times 205.77/1.296 = 111.1\text{kN}\cdot\text{m}$
	$Q_{max,1}^{右} = 0 + 0.7 \times 214.06/1.296 = 115.6\text{kN}$

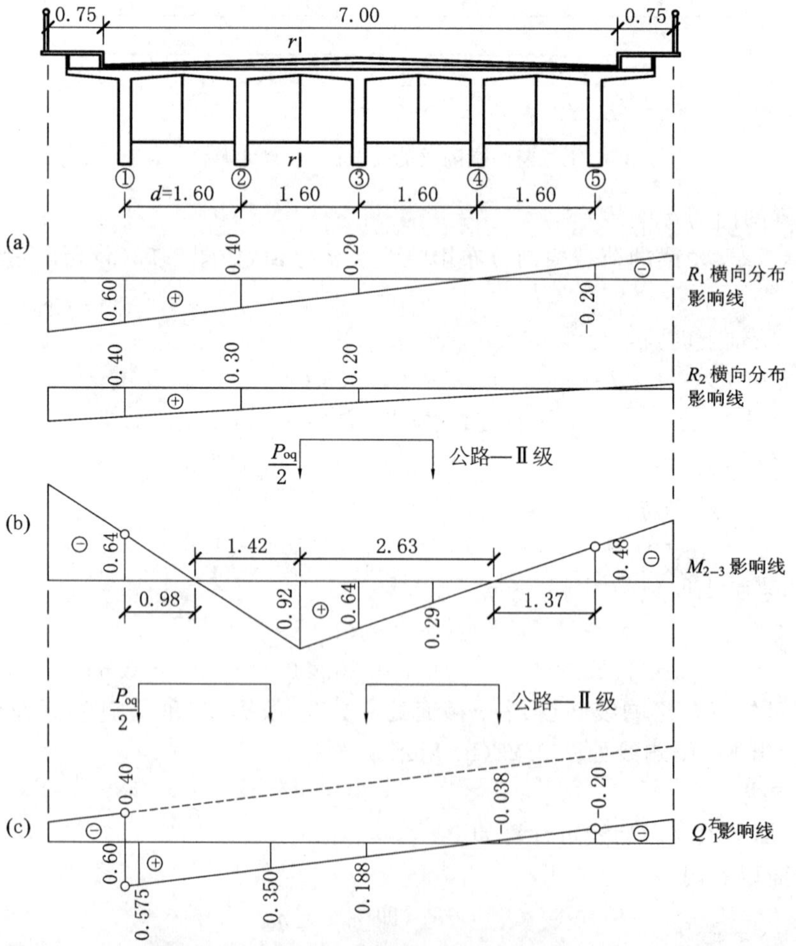

图 3.22 中横隔梁内力影响线(单位:m)

3.5 挠度、预拱度的计算

一座桥梁如果发生过大的变形，首先会给人一种不安全感，它不但会导致行车困难，而且容易使桥面铺装层和结构的辅助设备遭到损坏，严重者甚至危及桥梁的安全。因此，必须计算梁的变形（通常指竖向挠度），以确保结构具有足够的刚度。

桥梁挠度产生的原因有永久作用挠度和可变荷载挠度。永久作用（包括长期预应力、混凝土徐变和收缩作用）是恒久存在的，其产生的挠度与持续时间相关，可分为短期挠度和长期挠度。永久作用挠度可以通过施工时预设的反向挠度（又称预拱度）来加以抵消，使竣工后的桥梁达到理想的线形。

桥梁的预拱度通常按结构自重和1/2可变荷载频遇值计算的长期挠度值二者之和采用，这就意味着在使用阶段常遇荷载情况下桥面基本上接近设计标高。对于一般小跨径的钢筋混凝土梁桥，当由结构自重和汽车荷载所计算的长期挠度不超过 $l/1600$ 时，可以不设预拱度。对于位于竖曲线上的桥梁，应视竖曲线的凸起（或凹下）情况，适当增加（或减少）预拱度值，使竣工后的线形与竖曲线接近一致。

可变荷载挠度虽然是临时出现的，但是随着可变荷载的移动，挠度大小逐渐变化，在最不利的荷载位置下，挠度达到最大值，一旦汽车驶离桥梁，挠度就消失。因此在桥梁设计中需要验算可变荷载挠度来体现结构的刚度特性。

现行《桥规》(JTG D60)规定，对于钢筋混凝土及预应力混凝土梁式桥，用可变荷载频遇值计算的上部结构长期的跨中最大竖向挠度，不应超过 $l/600$，l 为计算跨径；对于悬臂体系，悬臂端点的挠度不应超过 $l'/300$，l' 为悬臂长度。

钢筋混凝土和预应力混凝土简支梁长期挠度值 f_c 可按下式计算：

$$f_c = \eta_\theta f \tag{3.38}$$

式中 f_c—— 长期挠度值；

η_θ—— 挠度长期增长系数，当采用C40以下混凝土时，取为1.60；当采用C40～C80混凝土时，取为1.45～1.35，中间强度等级可按直线内插取用；计算预应力混凝土简支梁预加力反拱值时，取为2.0；

f—— 按荷载频遇组合计算的短期挠度值。

对于钢筋混凝土简支梁，荷载短期效应作用下的跨中截面挠度 f 按下式近似计算为：

$$f = \frac{5}{48} \cdot \frac{M_s l^2}{B} \tag{3.39}$$

其中

$$B = \frac{B_0}{\left(\frac{M_{cr}}{M_s}\right)^2 + \left[1 - \left(\frac{M_{cr}}{M_s}\right)^2\right]\frac{B_0}{B_{cr}}} \tag{3.40}$$

式中 M_s—— 由荷载的频遇组合计算的弯矩值；

l—— 计算跨径；

B—— 开裂构件等效截面的抗弯刚度；

B_0—— 全截面的抗弯刚度，$B_0 = 0.95E_c I_0$；

B_{cr}—— 开裂截面的抗弯刚度，$B_{cr} = E_c I_{cr}$；

M_{cr}—— 开裂弯矩；

I_0—— 全截面换算截面惯性矩；

I_{cr}—— 开裂截面换算截面惯性矩。

对于预应力混凝土受弯构件，当计算短期弹性挠度时，对于不开裂的全预应力和A类部分预应力构件，截面刚度采用 B_0，即 $0.95E_c I_0$。对于开裂的B类预应力构件，M_{cr} 作用时，截面刚度采用 B_0；$(M_s - M_{cr})$ 作用时，截面刚度采用 B_{cr}，即 $E_c I_{cr}$，且 $M_{cr} = (\sigma_{pc} + \gamma f_{tk})W_0$。$\sigma_{pc}$ 表示扣除全部预应力损失，预应力钢筋和普通钢筋合力在构件抗裂边缘产生的混凝土预压应力，其他符号含义同前。

【例3.8】 验算例3.2所示C30混凝土装配式钢筋混凝土简支梁桥的主梁变形，已知该主梁开裂构件等效截面的抗弯刚度 $B = 1.750 \times 10^9 \text{N} \cdot \text{m}^2$。

【解】 根据例3.5可知跨中截面主梁结构自重产生的最大弯矩M_{GK}为763.4kN·m，汽车产生的最大弯矩(不计冲击力)为789.50kN·m，人群产生的最大弯矩为73.1kN·m。

(1) 验算主梁的变形

按《桥规》规定，验算主梁的变形时，不计入结构自重产生的长期挠度，汽车荷载不计入冲击力。则可变荷载频遇值产生的跨中长期挠度：

$$f_c = 1.6 \times \frac{5(M_s - M_{GK})l^2}{48 \times B} = 1.6 \times \frac{5 \times (0.7 \times 789.50 + 73.1) \times 10^3 \times 19.5^2}{48 \times 1.750 \times 10^9}$$

$$= 0.0227\text{m} = 2.27\text{cm} < \frac{l}{600} = \frac{1950}{600} = 3.25\text{cm}$$

符合规定。

(2) 判断是否设置预拱度

根据《桥规》要求，当由荷载短期效应组合并考虑荷载长期效应影响产生的长期挠度超过计算跨径的$l/1600$时，应设置预拱度，即：

$$f_c = 1.6 \times \frac{5M_s l^2}{48 \times B} = 1.6 \times \frac{5 \times (763.4 + 0.7 \times 789.50 + 73.1) \times 10^3 \times 19.5^2}{48 \times 1.750 \times 10^9}$$

$$= 0.0503\text{m} = 5.03\text{cm} > \frac{l}{1600} = \frac{1950}{1600} = 1.22\text{cm}$$

(3) 计算预拱度最大值

根据《桥规》要求，预拱度值等于结构自重和1/2可变荷载频遇值所产生的长期挠度，即：

$$f_c = 1.6 \times \frac{5\left(M_{GK} + \frac{1}{2}M_{\text{可变频遇}}\right)l^2}{48 \times B}$$

$$= 1.6 \times \frac{5 \times [763.4 + (0.7 \times 789.50 + 73.1)/2] \times 10^3 \times 19.5^2}{48 \times 1.750 \times 10^9}$$

$$= 0.0390\text{m} = 3.90\text{cm}$$

应做成平顺曲线。

本章小结

1. 混凝土梁桥上部结构设计计算的项目一般有主梁、横隔板和桥面板三部分计算。

2. 根据结构构造的不同，桥面板计算的力学模式有单向板、铰接悬臂板、悬臂板三种。

3. 桥面板计算中，为了计算的方便，引入了板的有效分布宽度a的概念，即总弯矩除以a便可得到每米板宽的计算弯矩。

4. 在主梁内力计算中，应先根据荷载横向分布系数m确定欲求主梁所承担的最大荷载值，再从桥梁的纵向按结构力学的方法计算最不利内力值。

5. 杠杆原理法主要适用于计算支点处的荷载横向分布系数m_o。

6. 偏心压力法主要适用于具有可靠横向联系的窄桥，计算其跨中的荷载横向分布系数m_c。

7. 中横隔梁所受的内力最大。计算时，先从桥梁纵向按杠杆原理法计算中横隔梁所承担的最大荷载，再从桥梁的横向计算中横隔梁某截面的最不利内力值。

8. 桥梁挠度产生的原因有永久作用挠度和可变荷载挠度。永久作用挠度可以通过设置预拱度加以抵消；但可变荷载挠度体现出结构的刚度特性，其最大挠度值应限制在《桥规》的规定范围以内。

思考题及习题

3.1 名词解释

单向板；板的有效分布宽度；荷载横向分布影响线；荷载横向分布系数；预拱度。

3.2 简答题

(1)T 型梁行车道板结构形式有哪几种?各按什么力学模式计算?

(2) 如何确定行车道板中板的有效分布宽度?

(3) 主梁内力计算的步骤是什么?

(4) 简支 T 型梁计算荷载横向分布系数的方法有哪些?

(5) 按杠杆原理法计算荷载横向分布系数的基本假定是什么?

(6) 按偏心压力法计算荷载横向分布系数的基本假定是什么?

(7) 杠杆原理法和偏心压力法的适用范围各是什么?

(8) 荷载横向分布系数沿梁跨是如何分布的?

(9) 横隔梁内力计算的步骤是什么?

3.3 计算题 3.3 图所示行车道板的最不利内力。

材料:混凝土 C25;钢筋 Ⅰ 级。

结构计算按题 3.3 图所拟尺寸进行。

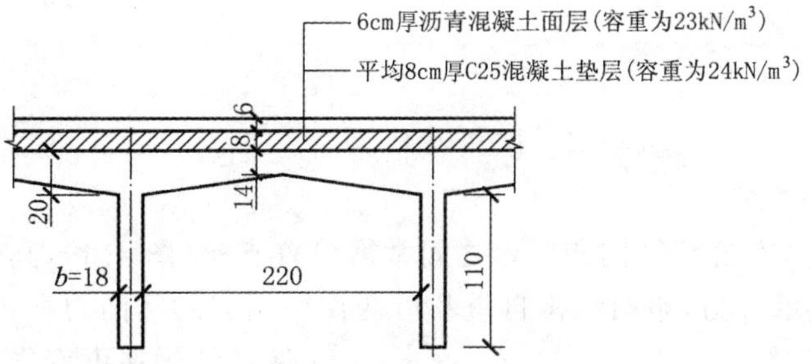

题 3.3 图 T 型梁横断面图(单位:cm)

3.4 装配式钢筋混凝土简支 T 型梁计算。

设计荷载:公路—Ⅱ级,人群荷载 $3kN/m^2$

桥面净宽:净 $-7m+2\times1.50m$

标准跨径:$L_b=20m$

计算跨径:$l=19.7m$

材料:混凝土 C30;钢筋 主钢筋、弯起钢筋和架立钢筋为 Ⅱ 级,其他为 Ⅰ 级。

梁的纵、横断面建议按题 3.4 图所拟尺寸进行。

要求:计算汽车和人群荷载影响下的 1#、2#、3# 梁的最不利内力及其内力组合;计算截面配筋;验算主梁跨中挠度。

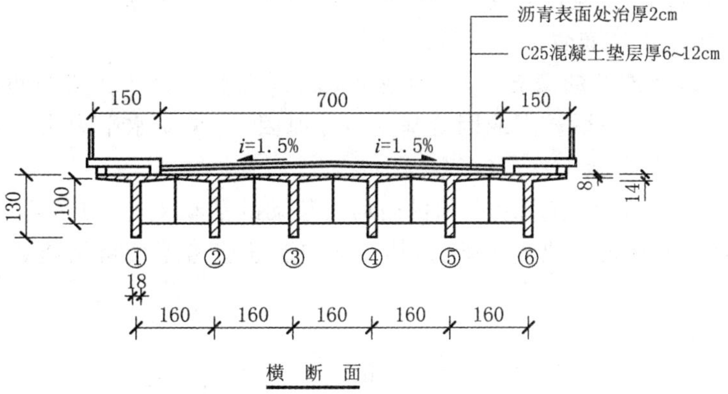

题 3.4 图 简支 T 型梁结构图(单位:cm)

4　梁式桥的支座

本 章 提 要

本章首先阐述了支座的功能和基本布置原则，并着重介绍了几种常用支座的结构形式，最后介绍了板式橡胶支座的计算。

4.1　概　　述

按照梁式桥受力的要求，在桥跨结构和墩台之间常需设置支座（图 4.1），其作用为：

（1）传递上部结构的支承反力，包括结构自重和可变作用引起的竖向力和水平力；

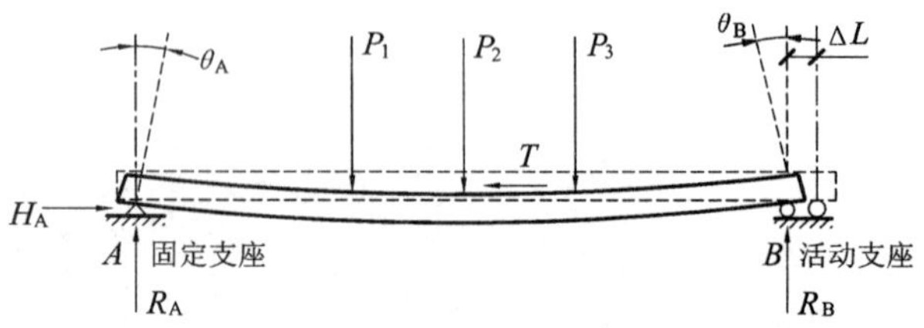

图 4.1　简支梁的静力图式

（2）保证结构在可变作用、温度变化、混凝土收缩和徐变等因素作用下能自由变形，以使上、下部结构的实际受力情况符合结构的静力图式。

梁式桥的支座一般分成固定支座和活动支座两种。固定支座既要固定主梁在墩台上的位置并传递竖向压力，又要保证主梁发生挠曲时在支承处能自由转动，如图 4.1 左端所示。活动支座只传递竖向压力，但要保证主梁在支承处既能自由转动又能水平移动，如图 4.1 右端所示。

固定支座和活动支座的布置，应以有利于墩台传递纵向水平力为原则：

（1）对于坡桥，宜将固定支座布置在标高低的墩台上。

（2）对于连续梁桥及桥面连续的简支梁桥，为使全梁的纵向变形分散在梁的两端，宜将固定支座设置在靠近温度中心；但若中间支点的桥墩较高或因地基受力等原因，对承受水平力十分不利时，可根据具体情况将固定支座布置在靠边的其他墩台上。

（3）对于特别宽的梁桥，尚应设置沿纵向和横向均能移动的活动支座。对于弯桥则应考虑活动支座沿弧线方向移动的可能性。对于处在地震地区的梁桥，其支座构造还应考虑使桥梁防震和减震的设施，通常应确保由多个桥墩分担水平地震力。

4.2　支座的类型和构造

梁式桥的支座结构类型较多，应根据桥梁跨径的长短、支点反力的大小、梁体变形的程度以及对支座结构高度的要求等，视具体情况加以选用，下面介绍几种常用的支座类型和构造。

4.2.1　简易垫层支座

跨径小于 10m 的板桥或梁桥，可不设专门的支座结构，而采用由几层油毛毡或石棉做成的简易支座。为了防止墩、台顶部前缘与上部结构相抵，通常应将墩、台顶部的前缘削成斜角（图 4.2），并且最好在板或梁端底部以及墩、台顶部内增设 1～2 层钢筋网予以加强。实践表明，这种简易垫层的抗变形性能较差。

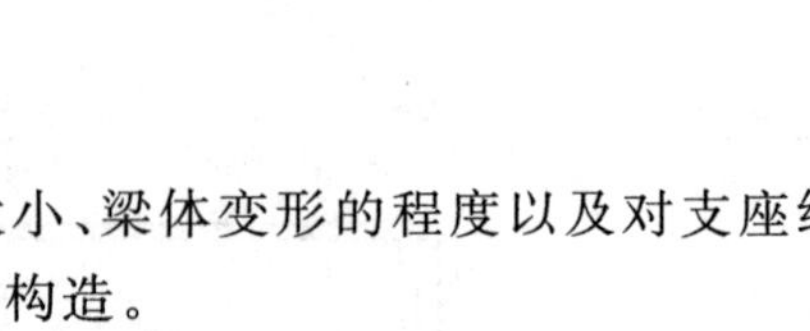

图 4.2　简易垫层支座

4.2.2 橡胶支座

橡胶支座具有构造简单、加工方便、造价低、结构高度小、安装方便和使用性能良好的优点。此外，它能方便地适应任意方向的变形，故特别适用于宽桥、曲线桥和斜交桥。橡胶的弹性还能削减上下部结构所受的动力作用，对抗震十分有利。在当前，橡胶支座已经得到越来越广泛的使用。

橡胶支座一般可分为板式橡胶支座、聚四氟乙烯滑板式橡胶支座、球冠圆板式橡胶支座和盆式橡胶支座四类。

4.2.2.1 板式橡胶支座

板式橡胶支座由几层橡胶和薄钢片叠合而成，如图 4.3 所示，它的活动机理是：利用橡胶的不均匀弹性压缩实现转角 θ；利用其剪切变形实现微量水平位移 Δ。

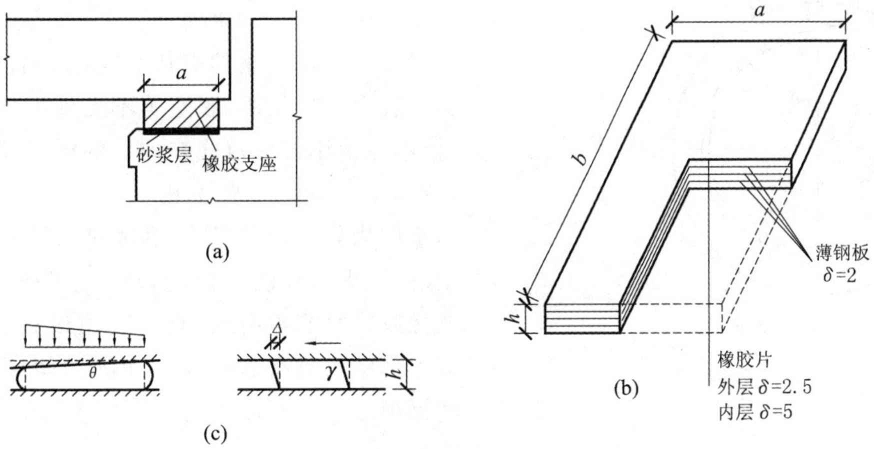

图 4.3 板式橡胶支座

我国现行《桥规》规定支座成品的物理力学性能应满足表 4.1 的要求。

支座成品的物理力学性能应满足的要求 表 4.1

项 目	指标	项 目	指标
极限抗压强度(MPa)	$\geqslant 70$	橡胶片容许剪切正切值	不计制动力 $\leqslant 0.5$ 计制动力 $\leqslant 0.7$
抗压弹性模量 E_e(MPa)	$5.4G_eS^2$	支座与混凝土表面摩擦因数 μ	$\geqslant 0.3$
常温下剪变模量 G_e(MPa)	1.0	支座与钢板摩擦因数 μ	$\geqslant 0.2$

注：表中形状系数 $S=\dfrac{ab}{2(a+b)\delta_1}$，其中 δ_1 为中间层橡胶片厚度，a 为支座短边尺寸(顺桥向)，b 为支座长边尺寸(横桥向)。

板式橡胶支座一般不分固定支座和活动支座，这样能将水平力均匀地传递给各个支座且便于施工，如有必要，设置固定支座可采用不同厚度的橡胶支座来实现。

目前我国生产的板式橡胶支座的竖向支承反力为 100 ～ 10000kN，可选择氯丁胶、天然胶、三元乙丙胶三种胶种，最高适宜温度为＋60℃，最低达－45℃(三元乙丙胶种)。

矩形板式橡胶支座的平面尺寸，目前常用的有 0.12m × 0.14m、0.14m × 0.18m、0.15m × 0.20m 等。橡胶片的厚度为 5mm，薄钢板的厚度为 2mm，支座厚度可根据橡胶支座的剪切位移而采用不同层数组合而成，一般从 14mm(两层钢板) 开始，以 7mm 为一个台阶递增。

对于斜桥或圆形柱墩的桥梁可采用圆形板式橡胶支座。

安装橡胶支座时，支座中心应尽可能对准上部构造的计算支点。为防止支座受力不均匀，应使上部结构底面及墩台顶面不仅保持表面清洁和粗糙，而且都能与支座接触面保持水平和紧密贴合，以增加接触面的摩阻力而避免相对滑动，必要时可先铺一薄层水灰比不大于 0.5 的 1∶3 水泥砂浆垫层。

4.2.2.2　聚四氟乙烯滑板式橡胶支座

聚四氟乙烯滑板式橡胶支座是按照支座平面尺寸大小，在普通板式橡胶支座上粘附一层聚四氟乙烯板(厚 2 ～ 4mm) 而成。它除具有普通板式橡胶支座的优点外，还能利用聚四氟乙烯板与梁底不锈钢板之间的低摩擦因数(通常 $\mu = 0.06$)，使得桥梁上部构造的水平位移不受限制。

聚四氟乙烯滑板式橡胶支座适用于较大跨度的简支梁桥、桥面连续的桥梁和连续桥梁；此外，还可用作连续梁顶推施工的滑块。

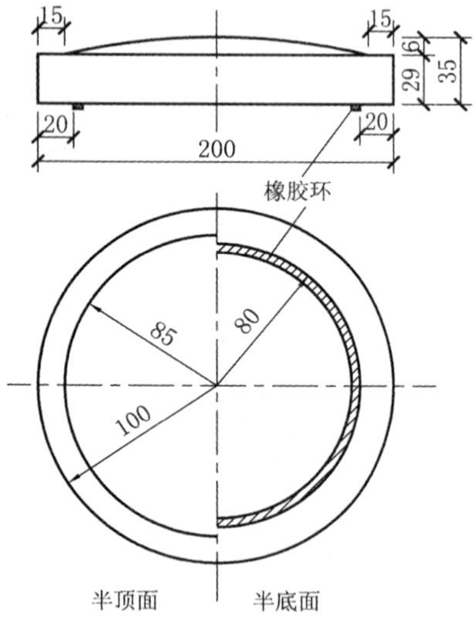

图 4.4　球冠圆板式橡胶支座

4.2.2.3　球冠圆板式橡胶支座

球冠圆板式橡胶支座是一种改进后的圆形板式支座，其中间层橡胶和钢板布置与圆形板式橡胶支座完全相同，而在支座顶面用纯橡胶制成球形表面，球面中心橡胶的最大厚度为 4 ～ 10mm，如图 4.4 所示。

球冠圆板橡胶支座具有传力均匀的优点，可明显改善或避免支座底面产生偏压、脱空等不良现象，但公路桥涵在纵坡较大时，不宜使用带球冠或带坡形的板式橡胶支座。

4.2.2.4　盆式橡胶支座

当竖向力较大时则应使用盆式橡胶支座(图 4.5)。它由不锈钢滑板、聚四氟乙烯板、盆环、氯丁橡胶块、钢密封圈、钢盆塞及橡胶防水圈等组成。它是利用设置在钢盆中的橡胶板实现对上部结构具有承压和转动的功能，利用聚四氟乙烯板和不锈钢板之间的平面滑动来适应桥梁的水平位移要求。

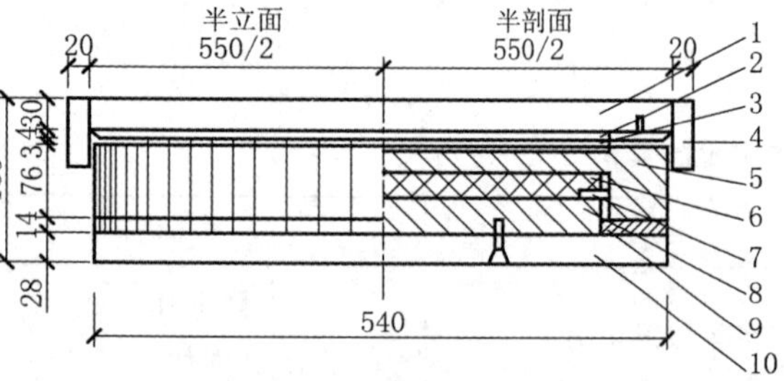

图 4.5　盆式橡胶支座构造图

1— 上支座板；2— 不锈钢板；3— 聚四氟乙烯板；4— 横向止移片；5— 盆环；6— 氯丁橡胶板；7— 密封圈；8— 盆塞；9— 氯丁橡胶防水圈；10— 下支座板

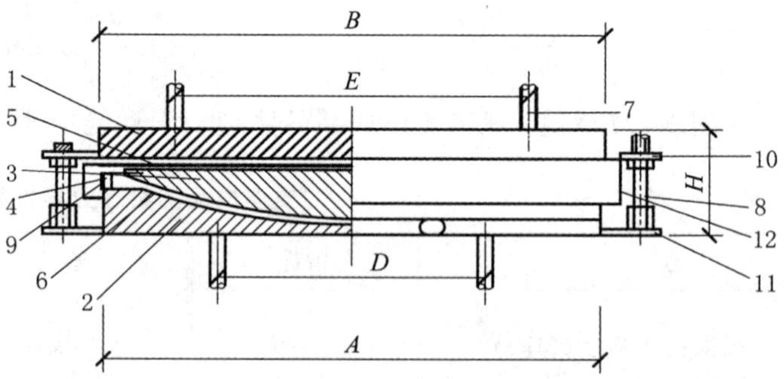

图 4.6　球形支座构造示意

1— 上支座板；2— 下支座板；3— 钢衬板；4— 钢挡圈；5— 平面聚四氟乙烯板；6— 球面聚四氟乙烯板；7— 锚固螺栓；8— 连接螺栓；9— 橡胶防尘条；10— 上支座连接板；11— 下支座连接板；12— 防尘板

盆式橡胶支座按其使用性能可以分为固定支座(GD)、双向活动支座(SX)、单向活动支座(DX)、减震型固定支座(JZGD) 和减震型单向活动支座(JZDX) 五种。与板式橡胶支座相比，盆式橡胶支座具有承载能力大、水平位移量大、转动灵活等优点，因此特别适宜在大跨度桥梁上使用。

我国目前生产的盆式橡胶支座竖向承载力为 400 ～ 60000kN，有效水平位移量从 ±50mm 至 ±250mm，支座的容许转角为 40′，设计摩阻系数为 0.05。可依据不同情况选购使用。

为了适应多向转动且转动量较大的情况，还可选择使用盆式球形支座，如图 4.6 所示。它由下支座凹板、球冠衬板、上支座滑板、聚四氟乙烯滑板(平面和球面各一块，简称四氟板) 及橡胶密封圈和防尘罩等部件组成。

球形支座具有受力均匀、转动量大(设计转角可达 0.05rad 以上) 等优点，特别适用于曲线桥和宽桥。由于球形支座不再使用橡胶承压，不存在橡胶变硬或老化等不良影响，因此特别适用于低温地区。

目前球形支座已在国内独柱支承的连续弯板结构、独柱支承的连续弯箱梁结构、双柱支承的连续 T 型刚构及大跨度斜拉桥中获得广泛应用。

4.3 支座的计算

板式橡胶支座的设计与计算包括确定支座尺寸、验算支座受压偏转情况以及验算支座的抗滑稳定性。

(1) 确定支座的平面尺寸

橡胶支座的平面尺寸 $a \times b$ 要由橡胶板本身的抗压强度、梁部或墩台顶混凝土的局部承压强度三方面因素全面考虑后来确定。在一般情况下，尺寸 $a \times b$ 多由橡胶支座的强度来控制，即式(4.1) 所控制。

对于橡胶板

$$\sigma = \frac{R_{ck}}{A} = \frac{R_{ck}}{ab} \leqslant [\sigma_c] \tag{4.1}$$

式中 R_{ck}—— 支座压力标准值，汽车荷载应计入冲击系数；

$[\sigma_c]$—— 橡胶支座使用阶段的平均压应力限值，$[\sigma_c] = 10000\text{kPa}$。

(2) 确定支座的厚度

板式橡胶支座的重要特点是：梁的水平位移要通过全部橡胶片的剪切变形来实现，见图 4.7。显然，橡胶片的总厚度 t_e 与梁体水平位移 Δ 之间应满足下列关系：

$$\tan\gamma = \frac{\Delta}{t_e} \leqslant [\tan\gamma] \tag{4.2}$$

式中 t_e—— 橡胶片的总厚度；

$[\tan\gamma]$—— 橡胶片的容许剪切角正切值，对于角度为 55° ～ 60° 的氯丁橡胶，《桥规》规定，当不计汽车荷载制动力作用时采用 0.5，计及汽车荷载制动力时可采用 0.7。

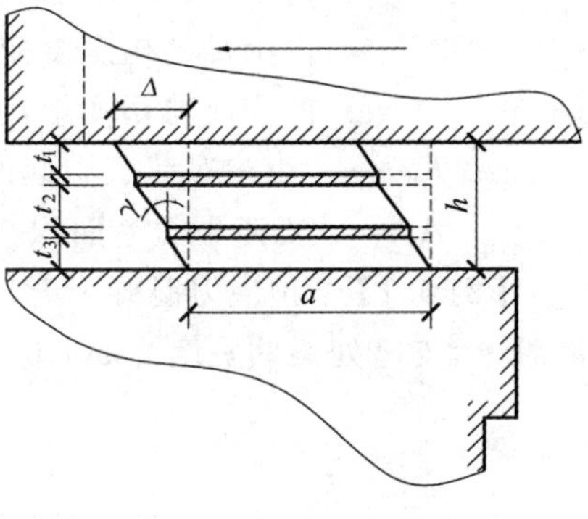

图 4.7 支座厚度的计算图式

由此，式(4.2) 可写成：

$$t_e \geqslant 2\Delta_g \tag{4.3}$$

以及

$$t_e \geqslant 1.43(\Delta_g + \Delta_p) \tag{4.4}$$

式中 Δ_g—— 上部结构在恒载作用下由温度变化等因素引起的作用于一个支座上的水平位移；

Δ_p—— 由汽车荷载制动力引起的作用于一个支座上的水平位移，按下式计算：

$$\Delta_p = \frac{H_T t_e}{2G_e ab} \tag{4.5}$$

式中 H_T—— 作用于一个支座上的汽车荷载制动力；

G_e—— 橡胶的剪变模量，见表 4.1。

同时，考虑到橡胶支座工作的稳定性，《桥规》还规定 t_e 不应大于支座顺桥向边长的 0.2 倍。确定了橡胶片总厚度 $\sum t$，再加上金属加劲薄板的总厚度，就可得到所需支座的总厚度 h。

(3) 验算支座的偏转情况

主梁受荷后发生挠曲变形时，梁端将引起转角 θ，如图 4.8 所示。此时支座伴随出现线性的压缩变形，梁端一侧的压缩变形量为 δ_1，梁体一侧的为 δ_2。为了确保支座偏转时橡胶与梁底不发生脱空而出现局部承压的现象，则必须满足条件：

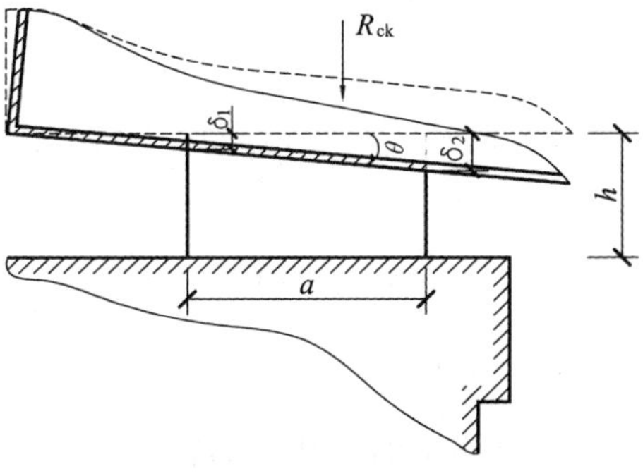

图 4.8 支座偏转图式

$$\delta_1 \geqslant 0 \tag{4.6}$$

即

$$\delta_{c,m} = \frac{R_{ck} t_e}{abE_e} + \frac{R_{ck} t_e}{abE_b} \geqslant \frac{a\theta}{2} \tag{4.7}$$

式中 $\delta_{c,m}$—— 平均压缩变形（忽略薄钢板的变形）；

E_e—— 支座抗压弹性模量，见表 4.1；

E_b—— 橡胶弹性体体积模量，$E_b = 2000\text{MPa}$；

θ—— 梁端转角。

此外，《桥规》还规定橡胶支座的竖向平均压缩变形 δ 应不超过 $0.07\sum t$。

(4) 验算支座的抗滑稳定性

为了保证橡胶支座与梁底或墩台顶面之间不发生相对滑动，则应满足以下条件：

不计入汽车制动力时

$$\mu R_{GK} \geqslant 1.4 G_e A_g \frac{\Delta_l}{t_e} \tag{4.8}$$

计入汽车制动力时

$$\mu R_{ck} \geqslant 1.4 G_e A_g \frac{\Delta_l}{t_e} + F_{bk} \tag{4.9}$$

式中 R_{GK}—— 由结构自重引起的支座反力标准值；

R_{ck}—— 由结构自重标准值和 0.5 倍汽车荷载标准值(计入冲击系数) 引起的支座反力；

μ—— 橡胶与混凝土间的摩擦因数采用 $\mu = 0.3$，与钢板间的摩擦因数采用 $\mu = 0.2$；

Δ_l—— 由上部结构温度变化、混凝土收缩徐变等作用标准值引起的剪切变形和纵向力标准值产生的支座剪切变形，但不包括汽车制动力引起的剪切变形；

F_{bk}—— 由汽车荷载引起的制动力标准值；

A_g—— 支座平面毛面积。

【例 4.1】 预应力混凝土五片式 T 型梁桥全长为 19.8m，计算跨径 $l = 19.5$m，见图 4.9。主梁采用 C40 混凝土，支座处梁肋宽度为 30cm。梁的两端采用等厚度的橡胶支座。

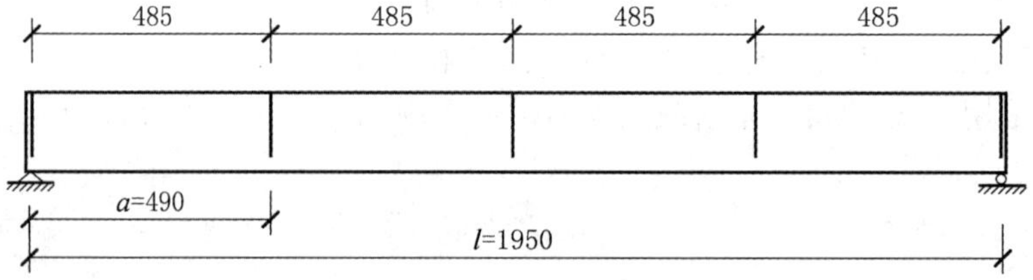

图 4.9 五片式 T 型梁桥(单位：cm)

已知支座压力标准值 $R_{ck} = 391.93$kN，其中结构自重引起的反力标准值 $R_{GK} = 162.7$kN，公路—Ⅱ级和人群荷载引起的支座反力标准值分别为 221.76kN 和 7.47kN；公路—Ⅱ级和人群荷载 $p_r = 3.0\text{kN/m}^2$ 作用下产生的跨中挠度 $f = 2.27$cm，根据当地的气象资料，主梁的计算温差 $\Delta t = 36$℃。试设计板式橡胶支座。

【解】 (1) 确定支座平面尺寸

选定支座的平面尺寸为 $a \times b = 20 \times 20 = 400\text{cm}^2$，采用中间层橡胶片厚度 $t = 0.5$cm。

① 计算支座的平面形状系数 S：

$$S = \frac{ab}{2t(a+b)} = \frac{20 \times 20}{2 \times 0.5 \times (20+20)} = 10 > 5，且 < 12$$

故得橡胶支座的平均容许压应力 $[\sigma_c] = 10000$kPa。

② 计算橡胶支座的弹性模量：

$$E_j = 5.4 G_e S^2 = 5.4 \times 1.0 \times 10^2 = 540\text{MPa}（公式见表 4.1）$$

③ 验算橡胶支座的承压强度：

$$\sigma_c = \frac{R_{ck}}{ab} = \frac{391.93}{0.20 \times 0.20} = 9798\text{kPa} < [\sigma_c] = 10000\text{kPa} \quad （合格）$$

(2) 确定支座的厚度

① 主梁的计算温差为 $\Delta t = 36$℃，温度变形由两端的支座均摊，则每一支座承受的水平位移 Δ_g 为：

$$\Delta_g = \frac{1}{2}\alpha \Delta t l' = \frac{1}{2} \times 10^{-5} \times 36 \times (1950 + 20) = 0.355\text{cm}$$

② 为了计算汽车荷载制动力引起的水平位移 Δ_p，首先要确定作用在每一支座上的制动力 H_T：

按《桥规》，对于 19.5m 桥跨，一个设计车道上公路—Ⅱ级车道荷载总重为：$7.875 \times 19.5 + 224.25 =$

377.8kN，则其制动力标准值为 $377.8\times10\% = 37.8$kN；但按《桥规》，不得小于 90kN。

经比较，取总制动力为 90kN 参与计算，五根梁共 10 个支座，每一支座承受水平力 $F_{bk} = 90/10 = 9$kN。

③ 确定需要的橡胶片总厚度 t_e（表 4.2）：

橡胶片总厚度计算 表 4.2

不计汽车制动力	$t_e \geqslant 2\Delta_g = 2\times0.355 = 0.710\text{cm}$
计入汽车制动力	$t_e \geqslant \dfrac{\Delta_g}{0.7-\dfrac{F_{bk}}{2G_e ab}} = \dfrac{0.355}{0.7-\dfrac{900}{2\times10\times20\times20}} = 0.604\text{cm}$
《桥规》的其他规定	$t_e \leqslant 0.2a = 0.2\times20 = 4.0\text{cm}$

选用 4 层钢板和 5 层橡胶片组成的支座，上下层橡胶片厚 0.25cm，中间层厚 0.5cm，薄钢板厚 0.2cm，则橡胶片总厚度：

$$\sum t = 3\times0.5+2\times0.25 = 2.0\text{cm} > 0.708\text{cm},\text{并} < 4.0\text{cm} \quad \text{（合格）}$$

④ 支座总厚：

$$h = \sum t + 4\times0.2 = 2.0+0.8 = 2.8\text{cm}$$

（3）验算支座的偏转情况

① 由式（4.7）计算支座的平均压缩变形为：

$$\delta_{c,m} = \frac{R_{ck}t_e}{abE_e}+\frac{R_{ck}t_e}{abE_b} = \frac{391.93\times0.02}{0.20\times0.20\times540}+\frac{391.93\times0.02}{0.20\times0.20\times2000} = 0.0461\text{cm}$$

按《桥规》规定，尚应满足 $\delta_{c,m} \leqslant 0.07t_e$，即：

$$0.0461\text{cm} \leqslant 0.07\times2.0 = 0.14\text{cm} \quad \text{（合格）}$$

② 计算梁端转角 θ：

由关系式 $f = \dfrac{5gl^4}{384EI}$ 和 $\theta = \dfrac{gl^3}{24EI}$ 可得：

$$\theta = \left(\frac{5l}{16}\cdot\frac{gl^3}{24EI}\right)\frac{16}{5l} = \frac{16f}{5l}$$

设结构自重作用下主梁处于水平状态。已知公路—Ⅱ级荷载下的跨中挠度 $f = 2.27$cm，代入上式得：

$$\theta = \frac{16\times2.27}{5\times1950} = 0.00373\text{rad}$$

③ 验算偏转情况：

$$\delta_{c,m} \geqslant \frac{a\theta}{2}$$

即

$$0.0461\text{cm} > \frac{20\times0.00373}{2} = 0.0373\text{cm} \quad \text{（合格）}$$

（4）验算支座的抗滑稳定性

① 计算温度变化引起的水平力：

$$H_t = abG\frac{\Delta_g}{t_e} = 20\times20\times10\times\frac{0.355}{2.0} = 7.1\text{kN}$$

② 由式（4.8）和式（4.9）验算滑动稳定性：

$$\mu(R_{GK}+N_{P,min}) = 0.3\times(162.7+\frac{1}{2}\times221.76) = 82.07\text{kN}$$

$$1.4H_t+F_{bk} = 1.4\times7.1+9.0 = 18.94\text{kN}$$

则

$$82.07\text{kN} > 18.94\text{kN} \quad \text{（合格）}$$

以及

$$\mu N_G = 0.3 \times 162.7 = 48.81\text{kN} > 1.4H_t = 9.94\text{kN} \quad (合格)$$

结果表明支座不会发生相对滑动。

本章小结

1. 梁式桥设置支座的目的是为了将上部结构的支承反力(包括竖向力和水平力)安全地传递至桥墩、桥台，并能保证上部结构的自由变形。

2. 梁式桥的支座一般分成固定支座和活动支座两种，两者的区别在于能否限制梁体的水平位移。

3. 支座的布置应以有利于墩台传递纵向水平力为原则：对于坡桥，宜将固定支座布置在标高较低的墩台上；对于连续梁桥及桥面连续的简支梁桥，宜将固定支座设置在靠近温度中心；对于特别宽的梁桥，应设置多向活动支座；对于处在地震地区的梁桥，宜选用可防震和减震的支座，通常应确保由多个桥墩分担水平地震力。

4. 我国目前使用最广泛的是橡胶支座，它一般可分为板式橡胶支座、聚四氟乙烯滑板式橡胶支座、球冠圆板式橡胶支座和盆式橡胶支座四类。

5. 板式橡胶支座的活动机理是：利用橡胶的不均匀弹性压缩实现转角 θ；利用其剪切变形实现水平位移 Δ。

6. 聚四氟乙烯滑板式橡胶支座适用于较大跨度的简支梁桥、桥面连续的桥梁和连续桥梁；此外，还可用作连续梁顶推施工的滑块。

7. 盆式橡胶支座以其承载能力大、水平位移量大、转动灵活等优点，特别适宜在大跨度桥梁上使用。

8. 球形支座具有受力均匀、转动量大(设计转角可达 0.05rad 以上)等优点，特别适用于曲线桥和宽桥。

9. 板式橡胶支座的设计与计算包括确定支座尺寸、验算支座受压偏转情况以及验算支座的抗滑稳定性等内容，以保证支座的安全使用以及梁体的自由变形，避免发生局部承压混凝土破坏、橡胶与梁底之间相对滑移等不良现象。

思考题及习题

4.1 桥梁支座的功能是什么?

4.2 桥梁支座基本的布置原则是什么?

4.3 按支座变形可能性分类，桥梁支座一般可分成哪两种?如何区别?

4.4 从立面图上看，简支梁桥和连续梁桥支座的布置有什么异同?

4.5 橡胶支座一般分为哪四类?各适用于哪些情况?

4.6 板式橡胶支座的活动机理是什么?

4.7 预应力混凝土五片式T型梁桥全长为19.4m，计算跨径 $l = 19.3$m，如题4.7图所示。主梁采用C40混凝土，支座处梁肋宽度为25cm。梁的两端采用等厚度的橡胶支座。已知支点处最大支承反力 $R_{ck} = 307$kN，其中结构自重反力 $R_{GK} = 165$kN，公路—Ⅱ级产生的支座反力为135kN；公路—Ⅱ级和人群荷载作用下产生的跨中挠度 $f = 1.38$cm。试设计板式橡胶支座($\Delta t = 30$℃，$m_c = 0.456$)。

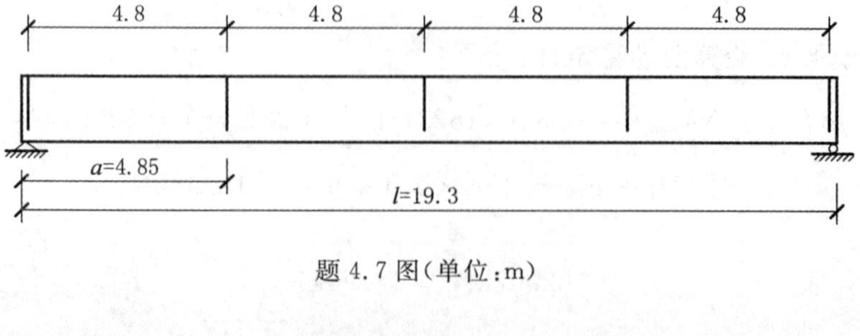

题4.7图(单位：m)

5　其他体系梁桥、斜拉桥和悬索桥

本 章 提 要

本章对悬臂体系桥梁仅作了简单介绍。对连续梁桥、连续刚构桥、斜拉桥和悬索桥这四种桥型的构造及力学的特点作了较详细的叙述。

5.1　悬臂体系梁桥简介

普通钢筋混凝土和预应力混凝土简支梁桥的经济跨径分别为20m和40m左右。当跨径超出此范围时，其跨中恒载产生的弯矩和活载产生的弯矩将会迅速增大，从而导致梁的截面尺寸和自重显著增加，这样不但因材料耗用量大而不经济，而且也由于很大的安装重量给装配式施工造成很大的困难。因此，为了降低材料用量指标，对于较大跨径的桥梁，宜采用能减小跨中弯矩值的其他体系桥梁，例如悬臂体系、连续体系的梁桥等。

5.1.1　悬臂梁桥

5.1.1.1　结构类型

悬臂体系梁桥的各种桥型图式如图 5.1 所示。其中图 5.1(a) 为简支梁桥。

悬臂梁桥分为双悬臂梁桥和单悬臂梁桥，图 5.1(b) 为由双悬臂锚跨带挂梁的三孔悬臂梁桥，图5.1(c) 为由单悬臂锚跨和挂梁组成的三跨悬臂梁桥，图 5.1(d) 为带挂梁的三跨 T 型刚构桥。

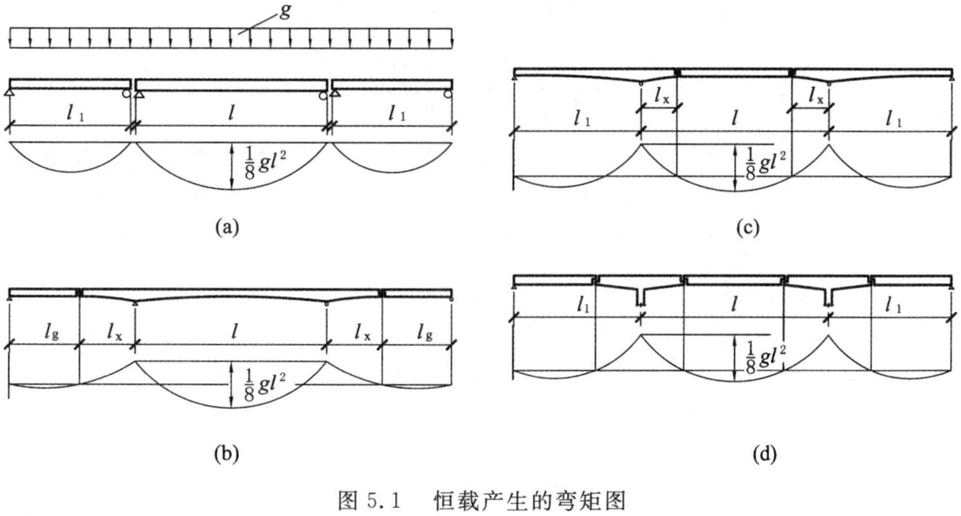

图 5.1　恒载产生的弯矩图

(a) 简支梁桥；(b)、(c) 悬臂梁桥；(d) T 型刚构桥

5.1.1.2　力学特点

为了深入理解悬臂梁桥的力学特征，可从荷载作用下梁体截面产生的内力来与简支梁桥作一比较，如图 5.1 所示。当跨径 l 和恒载集度 g 均相同的情况下，简支梁桥的跨中弯矩值最大[图 5.1(a)]，悬臂梁桥则由于支点负弯矩的存在，使跨中正弯矩值显著减小[图 5.1 中(b) ～ (d)]。就表征材料用量的弯矩图面积大小(绝对值) 而言，悬臂梁桥也比简支梁桥小得多。若以图 5.1(c) 的中跨弯矩图形为例，当 $l_x = \dfrac{l}{4}$ 时，正、负弯矩图

面积的总和仅为同跨径简支梁桥的 1/3.2。

再从活载方面来看，如果只在图 5.1(b) 的中孔跨布载，则其跨中最大正弯矩仍然与简支梁一样。但对于带有挂梁的多孔悬臂梁桥[图 5.1(c)]，活载作用于中间孔上时，只有较小跨径(通常只有桥孔跨径的 0.4 ～ 0.6 倍) 的简支挂梁才产生正弯矩，因此它也比简支梁桥的小得多。

由此可见，与简支梁桥相比较，悬臂梁桥由于支点负弯矩的存在，使跨中正弯矩显著减小，故可以减小跨度内主梁的高度，从而可降低钢筋混凝土用量和结构自重，而这本身又减小了恒载内力。

5.1.1.3　构造特点

(1) 跨径布置和梁高尺寸

各种悬臂体系 T 形截面梁桥的跨径布置和梁高尺寸如图 5.2 所示。

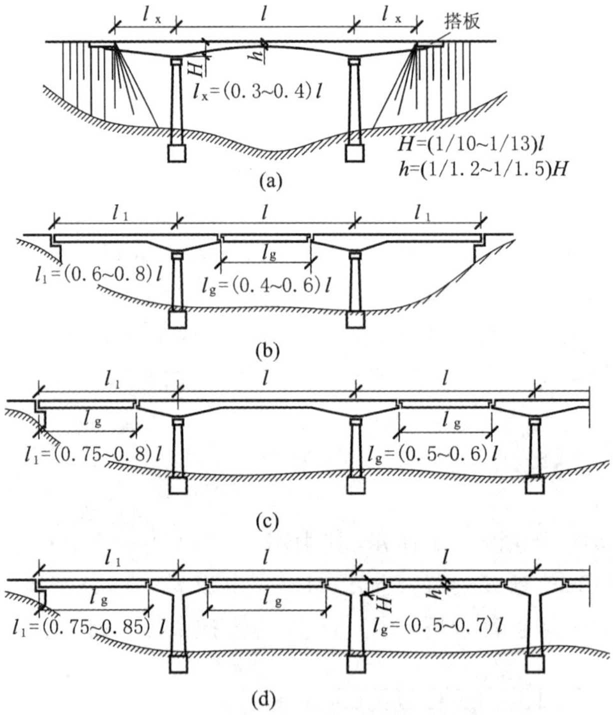

图 5.2　钢筋混凝土悬臂梁桥的主要尺寸图

单孔双悬臂梁桥[图 5.2(a)] 利用悬臂端伸入路堤可省去两个体积庞大的桥台，但需在悬臂与路堤衔接处设置搭板以利于行车。主梁采用 T 形截面(较少应用) 时，悬臂长度一般为中跨长度的 0.3 ～ 0.4 倍。当采用箱形截面时，最好使跨中最大正弯矩和支点最大负弯矩的绝对值大致相等，以便充分发挥材料作用，因此悬臂长度甚至可达中跨长度的 0.5 倍。但悬臂过长，活载挠度就大，过车时跳动厉害，这将使桥与路堤的连接构造容易损坏，T形悬臂梁的中支点梁高为(1/10 ～ 1/13)l，跨中梁高通常减至中支点梁高的1/1.2 ～ 1/1.5。当为大跨径箱形截面悬臂梁时，中支点梁高为(1/12 ～ 1/18)l，在此情况下跨中梁高一般为中支点梁高的 1/2 ～ 1/2.5。表 5.1 列出了单孔双悬臂梁桥梁高拟定的常用尺寸。

单孔双悬臂梁桥[图 5.2(a)] 梁高拟定尺寸　　**表 5.1**

桥　型	跨　径	高跨比(h、H 分别为跨中和支点梁高)		
普通钢筋混凝土	$l_x=(0.3\sim0.4)l$	T 形截面	$H=(1/10\sim1/13)l$	$h=(1/1.2\sim1/1.5)H$
		箱形截面	$H=(1/12\sim1/15)l$	$h=(1/2\sim1/2.5)H$
预应力钢筋混凝土	$l_x=(0.3\sim0.5)l$	T 形截面	$H=(1/12\sim1/15)l$	$h=(1/1.2\sim1/1.5)H$
		箱形截面	$H=(1/15\sim1/18)l$	$h=(1/2\sim1/2.5)H$

多跨悬臂梁桥的主孔跨径 l 通常由通航净空确定，或与边孔一起由河床地形和地质等条件综合考虑来选定。当不受上述条件限制时，就可按照梁的弯矩包络图面积为最小的原理来确定边孔与中孔的跨径划分，以达到节省材料的目的。图 5.2(b) 所示带挂梁的三孔悬臂梁桥采用得较多，通常挂梁的跨度取 $l_g = (0.4 \sim 0.6)l$，锚孔（或称为边孔）跨径取 $l_1 = (0.6 \sim 0.8)l$（中孔跨径较小时取稍大值，跨径达 50 ～ 60m 时取前值），在特殊情况下必须进一步减小锚孔的跨径时，应考虑活载作用在中孔时锚孔边支点可能出现负反力的情况，为此应采取加设平衡重或设置拉力支座等特殊措施。图 5.2(c) 所示多跨双悬臂梁的两个悬臂一般都做成相同的尺寸，其挂梁长度为 $l_g = (0.5 \sim 0.6)l$，挂梁高度为 $h_g = (1/12 \sim 1/20)l_g$。带挂梁的悬臂梁桥其余尺寸拟定可参考表 5.1。

(2) 截面形式

由于悬臂梁桥的主梁除了在锚跨跨中部分承受正弯矩外，在支点附近还要承受较大的负弯矩，因此在进行截面设计时，支点截面的底部受压区往往需要加强。常用的截面形式如图 5.3 和图 5.4 所示。图 5.3(a) 为带马蹄形的 T 形截面，适用于跨径在 30m 以内的钢筋混凝土桥梁。图 5.3(b) 为底部加宽的 T 形截面，适用于跨径在 30 ～ 50m 以内的预应力混凝土桥梁。当跨径在 50m 以上时，一般使用箱形截面，如图 5.4 所示。箱形封闭截面的整体性强，抗扭刚度大，对于承受偏载和悬臂施工都很有利，再加上顶底板既能提供足够的混凝土受压面积，又能满足用于抵抗正负弯矩预应力钢束布置，所以箱形截面是常用的截面形式。箱形截面又分单箱单室[图 5.4(a)]、分离式双箱单室[图 5.4(b)]和单箱多室[图 5.4(c)]等几种形式。采用宽翼缘的单箱单室截面，可以达到用较窄的桥墩满足较宽的桥面宽度，从而达到减少下部工程量的效果。加上宽翼板，桥面总宽可达 22m 左右，故单箱单室截面应用最为广泛。分离式双箱单室截面多在宽桥中采用。

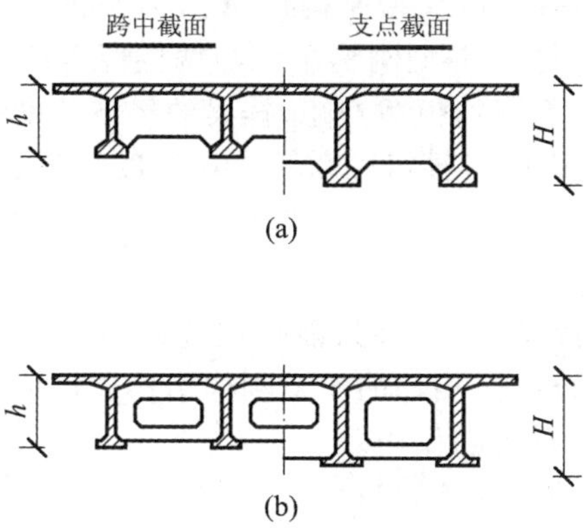

图 5.3　底部加强的截面形式

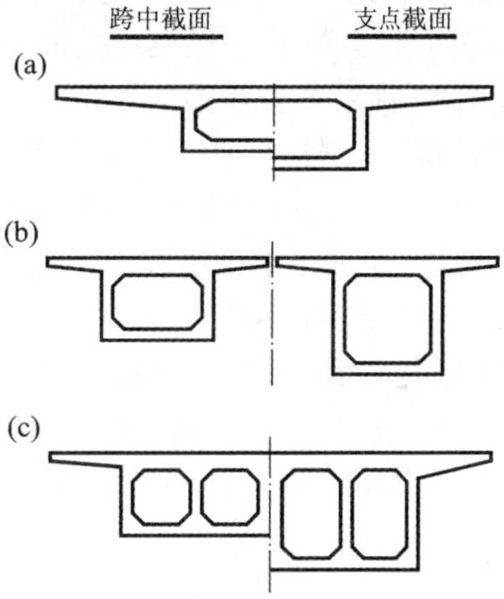

图 5.4　箱形截面形式

5.1.1.4　优缺点及适用情况

悬臂梁桥和简支梁桥一样，都属于静定体系，它们的内力不受基础不均匀沉降的影响。

与多孔简支梁桥相比较，悬臂梁桥的另一个重要特点是：从桥的立面上看，在桥墩上只需设置一排沿墩中心布置的支座，从而可相应地减小桥墩的尺寸。

从运营条件来看：悬臂梁桥和简支梁桥均不甚理想，简支梁桥在梁与梁衔接处以及悬臂梁桥在悬臂端与挂梁衔接处的挠曲线都会产生不利于行车的折点，并且伸缩缝装置需经常更换。

钢筋混凝土的悬臂梁桥在支点附近负弯矩区段内，梁的上翼缘受拉，不可避免要出现裂缝，雨水易于浸入梁体，而且其构造也较简支梁复杂。

鉴于上述的缺点，这种桥型目前在我国已很少采用。

5.1.2　T 型刚构桥

5.1.2.1　分类及力学特点

将悬臂梁桥的墩柱与梁体固结后便形成了带挂梁或带铰的结构，称为 T 型刚构桥，如图 5.5 所示。同样，与简支梁桥相比较，T 型刚构桥由于支点负弯矩的存在，使跨中正弯矩显著减小，从而使结构具有较大的跨越能力。若采用预应力混凝土结构，则结构的跨越能力可进一步得到提高。

同悬臂梁桥一样，T型刚构桥在施工阶段和成桥运营阶段两者受力状态是一致的，非常适宜于悬臂施工方法。当在墩柱一侧的桥跨上布载时，墩柱将承受较大的不平衡力矩，因此墩柱尺寸一般较大。T型刚构桥又可分为两种类型：即两T型刚构之间带挂梁和两T型刚构之间带铰，如图5.5所示。

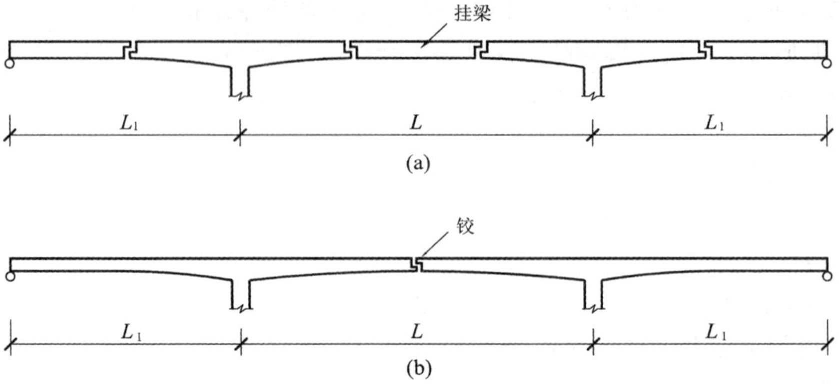

图5.5　T型刚构桥的分类

(a) 带挂梁的T型刚构桥；(b) 带铰的T型刚构桥

(1) 带挂梁的T型刚构桥型

它属静定结构，其基础的不均匀沉降、混凝土收缩徐变及温度变化等因素都不会对结构产生次内力。与带铰的T型刚构桥相比，它的受力和变形性能均略差一些，但其受力明确，当挂梁与两岸引桥的简支跨尺寸和构造相同时，能加快全桥施工进度，从而获得经济效益。带挂梁的T型刚构桥，除了需要悬臂法施工用的机具设备外，还需要预制和安装挂梁的设备。另外，结构布置以每个T型刚构单元与两侧配等跨长的挂梁最为简单合理，在此情况下，刚构两侧恒载是对称的，墩柱中无不平衡的恒载弯矩。挂梁的经济长度一般在跨径的0.22～0.50范围内，主孔跨径大时，取较小值，并应使挂梁跨径不致超过35～40m，以利于安装。悬臂受力的T构承受的全是负弯矩，上缘受拉，因而配筋比较简单。

(2) 带铰的T型刚构桥型

它属超静定结构，两个大悬臂在端部借"剪力铰"相连接，它是一种只能传递竖向剪力而不传递水平力和弯矩的连接构造。当在一个T型刚构桥面上作用有竖向荷载时，相邻的T型刚构结构通过剪力铰而共同受力，因而，从结构受力和牵制悬臂端变形来看，剪力铰起到了有利的作用。

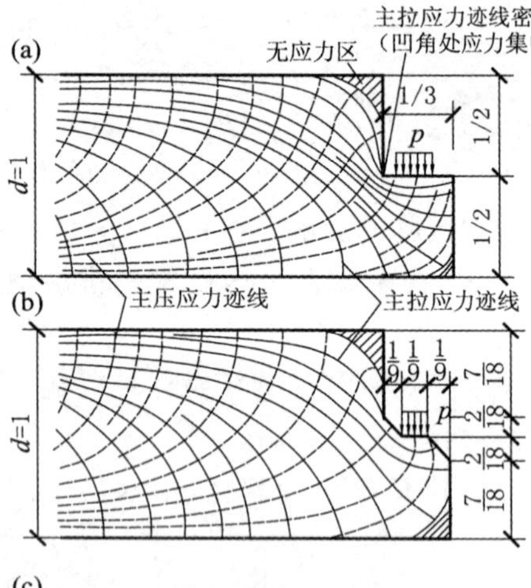

图5.6　牛腿的构造及受力

5.1.2.2　优缺点及适用情况

此种桥型结合了刚架桥和多孔静定悬臂梁桥的特点，是我国20世纪70—80年代修建较多的一种桥型。预应力技术的发展和悬臂施工工艺相结合以及受力简单明确是其发展的一个主要原因。然而，几十年来的实践证明：T构带挂梁的桥型在混凝土的长期收缩徐变作用下和汽车荷载的冲击力作用下，T型刚构悬臂梁端会发生下挠，从而导致悬臂端与挂梁之间易形成折角，增大冲击作用，使伸缩缝的处理和养护较困难。而在T型刚构带铰的桥型中，由于铰的存在，使铰的左右两侧主梁变形不一致，难于调整，引起行车不平顺；施工过程中有时还需强迫合拢；当T型刚构的两边温度变化不同时，易产生不均匀变形，引起较大次内力。因此，带挂梁和带铰的T型刚构目前均已较少采用。

5.1.3　牛腿的构造和计算

5.1.3.1　牛腿的受力特点

悬臂梁桥、T型刚构桥的悬臂端和挂梁端结合部的局部构造称为牛腿，如图5.6所示。在这里由于梁端的相互搭接，中间还要设置传力支座来传递较大的竖向力，因此牛腿的高度被削弱至不到悬臂梁高和挂梁梁高的一半，但却又要传递较大的竖向力。这就使其成为上部结构中的薄弱部位。鉴于牛腿处梁高的骤然减小，在凹角处应力集中现象严重[图 5.6(a)]，因此设计时除了应将此处梁肋加宽并设置端横梁(图 5.7) 加强外，还应适当改变牛腿的形状，避免尖的凹角[图 5.6(b)]，同时还需配置密集的钢筋网或张拉预应力[图 5.6(c)]。此外，为改善牛腿的受力状况，还应尽量减小支座的高度，如采用橡胶支座等。

5.1.3.2　牛腿的计算

牛腿的计算，就是对预先设计好的牛腿尺寸进行配筋和应力、强度验算。

牛腿的截面内力的确定。如图 5.8 所示，在外力 R 和 H 作用下，沿任意斜截面 $a—c$ 截取脱离体，考察脱离体的平衡：

$$\left.\begin{aligned} N_\theta &= R\sin\theta + H\cos\theta \\ Q_\theta &= R\cos\theta - H\sin\theta \\ M_\theta &= R\left(e + \frac{h}{2}\tan\theta\right) + H\left(\frac{h}{2} + \varepsilon\right) \end{aligned}\right\} \tag{5.1}$$

式中　R—— 恒载和活载支点反力(对于汽车荷载应计入冲击力)；

H—— 汽车制动力或温度变化引起的支座摩阻力，取其大者；当不计附加荷载时，$H = 0$；

θ—— 斜截面对竖直面的倾斜角，对于竖直面 $a—b$，$\theta = 0$；

ε—— 支座垫板高出牛腿底面的高度。

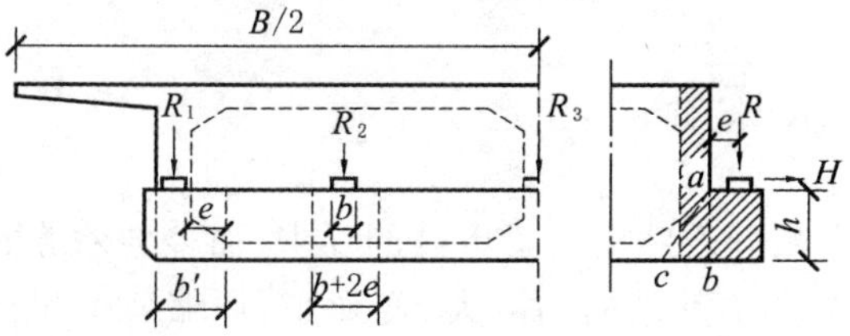

图 5.7　悬臂端横梁

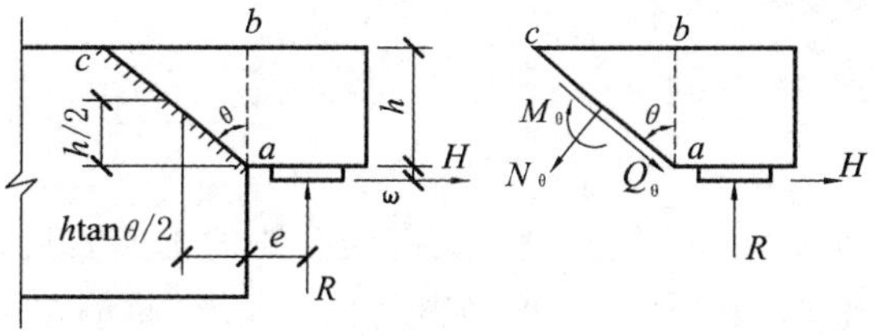

图 5.8　牛腿受力图式

(1) 竖截面 $a—b$ 的验算

作用于竖截面 $a—b$ 上的内力为：

$$N_{\theta=0} = H,\quad Q_{\theta=0} = R,\quad M_{\theta=0} = Re + H\left(\frac{h}{2} + \varepsilon\right) \tag{5.2}$$

据此可按钢筋混凝土偏心受拉构件验算抗弯和抗剪强度。当不计附加荷载时，$N_{\theta=0} = 0$，就按受弯构件验算强度。

对于有预应力筋的牛腿，应按预应力混凝土构件验算其强度。

(2) 最薄弱斜截面验算

最薄弱斜截面是指按纯混凝土截面计算时拉应力 $\sigma_{拉}$ 为最大的一个截面。相应地该斜截面倾斜角 θ 的正切表达式为：

$$\tan 2\theta = \frac{2Rh}{3Re + 3H\varepsilon + 2Hh} \tag{5.3}$$

对于预应力混凝土牛腿最弱斜截面的倾角 θ，其值为：

$$\tan 2\theta = \frac{2Rh - 2N_y h\sin\alpha}{3Re + 3H\varepsilon + 2Hh - N_y(2h - 3m)\cos\alpha} \tag{5.4}$$

式中　N_y—— 牛腿部位预压力的合力；

α—— 牛腿部位预压力合力 N_y 对水平线的倾角；

m—— 牛腿部位预压力合力 N_y 与内角竖直线 $a—b$ 的交点至内角点的距离。

其余符号意义同前。

(3) 45°斜截面的抗拉验算

在牛腿钢筋设计中，为了确保钢筋具有足够的抗拉强度，尚需验算假设混凝土沿 45°斜截面开裂后的受力状态，此时全部斜拉力将由钢筋承受(对于预应力混凝土牛腿包括预应力筋)。此时近似按轴心受拉构件验算，如图 5.9 所示，则：

$$r_{o}Z \leqslant f_{sd}\left(\sum A_{gw}+\sum A_{gH}\sin 45^{\circ}+\sum A_{gv}\cos 45^{\circ}\right) \tag{5.5}$$

式中 r_o—— 桥梁结构的重要性系数；

Z—— 外力作用下斜截面上效应的组合设计值；

f_{sd}—— 钢筋抗拉强度设计值；

$\sum A_{gw}$—— 裂缝截面上所有斜筋的截面，如图 5.9 中 N1、N2 和 N3 钢筋的总截面面积；

$\sum A_{gH}\sin 45^{\circ}$—— 裂缝截面上所有水平钢筋(图 5.9 中 N4) 的有效截面面积；

$\sum A_{gv}\cos 45^{\circ}$—— 裂缝截面上所有竖向钢筋(图 5.9 中 N5) 的有效截面面积。

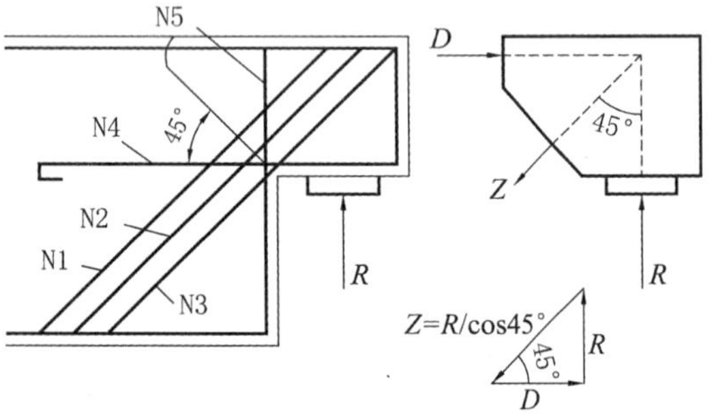

图 5.9 45° 斜截面抗拉验算图式

尚应注意，锚固长度不够的竖向钢筋和离裂缝起点(牛腿内角) 较远的斜钢筋，这些钢筋均受力不大，故在计算时可偏安全地不计它们的抗拉作用。

鉴于牛腿是整根梁的薄弱环节，受力情况复杂，各种验算也带有很大的假设性，故对于斜筋和水平钢筋的设计应适当富余些，并且在牛腿部分还应布置较密的箍筋和纵向水平钢筋。

5.2 连续体系梁桥

随着交通运输特别是高等级公路的迅速发展，对行车平顺舒适性提出了更高的要求。而多伸缩缝的悬臂梁桥和 T 型刚构桥均难以满足这个要求，超静定结构连续梁桥以其结构刚度大、变形小、伸缩缝少和行车平稳舒适等突出优点而得到了迅速发展。普通钢筋混凝土连续梁桥的适用跨径在 15 ～ 30m 之间，当跨径进一步增大时，应采用预应力混凝土连续梁桥。

5.2.1 预应力混凝土连续体系梁桥的主要类型及受力特点

5.2.1.1 等截面连续梁桥

(1) 跨径布置

等截面连续梁桥可选用等跨和不等跨两种布置方式(图 5.10)。

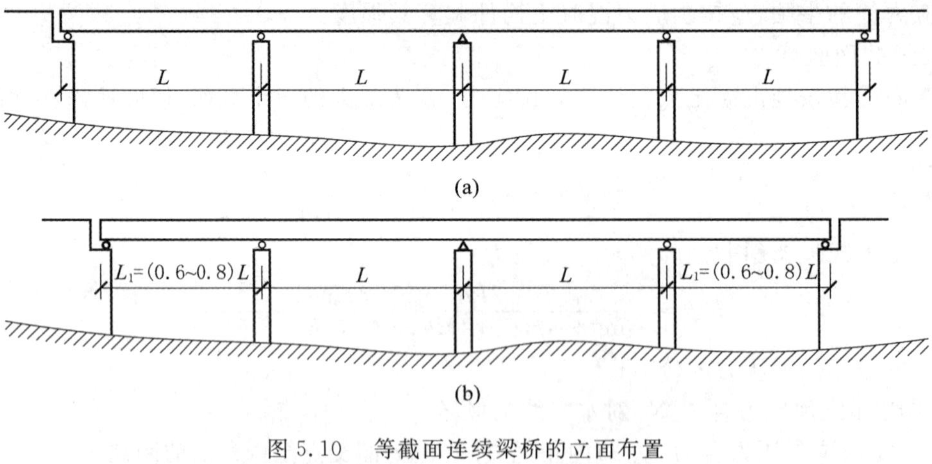

图 5.10 等截面连续梁桥的立面布置

(a) 等跨等截面连续梁；(b) 不等跨等截面连续梁

对于长桥、选用顶推法施工或者简支 - 连续施工的桥梁，多采用等跨布置，这样做结构简单，模式统一。等跨布置的跨径大小主要取决于经济分孔和施工的设备条件。当标准跨径不能满足通航或桥下交通要求而需要加大个别跨的跨径时，常常不需改变高度，而是采用增加钢束和调整截面尺寸的方式予以解决，使桥梁外观仍保持等截面布置。这样做既能使桥梁的立面协调一致，又能减少构件及模板的规格。

当标准跨跨径较大时，为减少边跨正弯矩，可将边跨跨径取小于中跨的结构布置，一般边跨与中跨跨径之比为 0.6 ～ 0.8。

(2) 力学特点及构造特点

力学特点：除了按简支 - 连续法施工的连续梁桥，超静定结构的连续梁在恒载和活载作用下，支点截面设计负弯矩一般比跨中截面设计正弯矩大，但在跨径不大时这个差值不是很大，可以考虑采用等截面形式，并采取一定的构造措施予以调节，从而简化了主梁的构造。

构造特点：边跨与中跨之比应不小于 0.6，高跨比一般为 1/15 ～ 1/25；在顶推施工的等截面连续梁桥中梁高(H) 与顶推跨径 L_0 之比一般为 1/12 ～ 1/17。

(3) 优缺点及适用范围

等截面连续梁一般适用于以下情况：

① 桥梁一般采用中等跨径，以 40 ～ 60m 为宜(国外也有达到 80m 跨径者)。这样可以使主梁构造简单，施工快捷。

② 立面布置以等跨径为宜，也可以采用不等跨布置。

③ 适用于有支架施工、逐孔架设施工、移动模架施工及顶推法施工。

当连续梁的跨径较大时，宜采用悬臂法施工，这样主梁支点截面的负弯矩将比跨中截面的正弯矩大得多，若主梁仍采用等截面布置，从受力上讲就显得不太合理，且不经济，这时，则以采用变截面连续梁桥更为有利。

5.2.1.2　变截面连续梁桥

(1) 跨径布置

主梁采用变截面形式的大跨径预应力混凝土梁桥，立面一般采用不等跨布置。但对于多于三跨的连续梁桥，除边跨外，其中间各跨一般采用等跨布置。当采用多于两跨的连续梁桥，其边跨一般为中跨的 0.6 ～ 0.8 倍。三跨连续梁用得最为广泛，当采用箱形截面的三跨连续梁时，边孔跨径甚至可减少至中孔的 0.5 ～ 0.7 倍[图 5.11(a)]。有时为了满足城市桥梁或跨线桥的交通要求而需增大中跨跨径时，可将边跨跨径设计成仅为中跨的 0.3 倍或更小，在此情况下，端支点上将出现较大的负反力，故必须在该位置设置能抵抗拉力的支座或压重以消除负反力，如图 5.11(b) 所示。

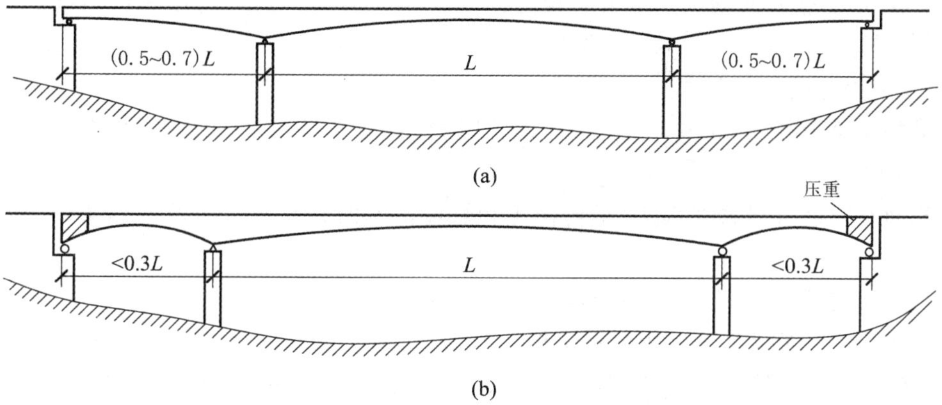

图 5.11　变截面连续梁桥的立面布置

连续梁桥连续超过五跨时的内力情况虽然与五跨的相差不大，但连续梁桥过长会增大温度变化的附加影响，造成梁端伸缩量很大，需设置大位移量的伸缩缝，因此连续孔数一般不超过五跨。当需要在宽阔的河流或旱谷上修建很多孔连续梁时，通常可按 3 ～ 5 孔为一联分联布置，联与联的衔接处，像简支梁桥一样，通过两排支座支承在一个桥墩上。为了使边跨与中跨的梁高和配筋接近协调一致，连续梁桥各孔跨径的划分，通常按照边跨与中跨跨中最大弯矩趋近于相等的原则来确定，因此也要布置成对称于中央孔的不等跨径。

(2) 力学特点及构造特点

主跨跨径接近或大于 70m 的大跨径预应力混凝土梁桥一般采用变截面形式。原因是大跨度桥梁在恒载和活载作用下，支点截面设计负弯矩一般比跨中截面的设计正弯矩大，因此主梁采用变截面形式才符合受力要求，高度变化基本上与内力变化相适应。从图 5.12 中分析可以得知：当加大靠近支点附近的梁高(即加大了截面惯性矩）做成变截面梁时，还能进一步降低跨中的设计弯矩（图 5.12），从图中可见，在满布均布荷载 $g=10\text{kN/m}$ 的作用下，三种不同的支点梁高（1.50m，2.50m 和 3.50m）所对应的跨中弯矩分别为 800kN・m、460kN・m 和 330kN・m，也就是说将支点梁高局部地从 1.50m 加大至 3.50m 时，跨中最大弯矩比等高梁降低一半多。一般地说，加大支点附近梁高是合理的，因为这样做既对恒载引起的截面内力影响不大，也对桥下通航的净空要求无甚妨害，并且还能满足抵抗支点处有很大剪力的要求。这也是连续体系梁桥比简支梁桥，甚至比悬臂梁桥能跨越更大跨度的原因。

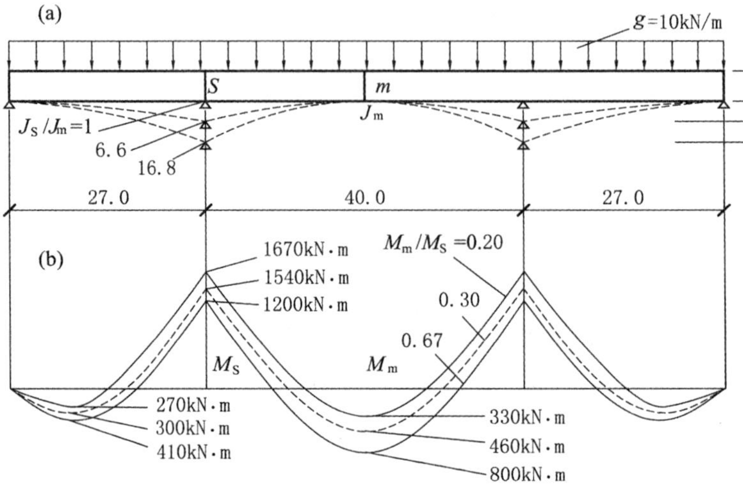

图 5.12　三跨连续梁惯性矩变化影响的举例

梁底立面曲线可采用折线、圆弧线和抛物线等，用得较多的是二次抛物线，因为二次抛物线的变化规律与连续梁的弯矩变化规律基本接近。采用折线形截面变化布置可使桥梁的构造简单，施工方便。在大跨度预应力混凝土连续梁桥中，除截面高度变化外，还可将截面的底板、顶板和腹板做成变厚度，以满足主梁内各截面的不同受力要求。

变截面连续梁中，支点截面梁高与最大跨径之比一般为 1/16 ～ 1/18。跨中截面梁高通常为支点截面梁高的 1/1.5 ～ 1/2.5。

（3）优缺点及适用范围

① 当连续梁的主跨跨径达到 70m 及其以上时，从结构受力和经济的角度出发，主梁采用变截面布置符合梁的内力变化规律。

② 采用变截面布置适合悬臂法施工（悬臂浇筑和悬臂拼装两种），施工阶段的主梁内力与运营阶段的主梁内力基本一致。

③ 采用变截面结构外形美观，可节省材料并增大桥下净空高度。

大跨度预应力混凝土连续梁桥采用悬臂法施工时，存在墩梁临时固结和体系转换的工序，结构稳定性应予以重视，施工较为复杂；此外，主墩需要布置大型支座，存在养护上甚至更换上的麻烦。

5.2.1.3　连续刚构桥

预应力混凝土连续刚构桥是连续梁桥与 T 型刚构桥的组合体系，也称墩梁固结的连续梁桥，如图 5.13 所示。连续刚构桥常用于大跨、高墩的结构中，桥墩纵向刚度较小，在竖向荷载作用下，基本上属于一种无推力的结构，而上部结构具有连续梁的一般特点，具有较好的技术经济性。

（1）跨径布置

连续刚构桥的主梁在纵桥向大都采用不等跨变截面的结构布置形式，以适应主梁内力的变化。主梁底部的线形基本上与变截面连续梁桥相类似，可以是曲线形、折线形、曲线加直线形等，应根据主梁内力的具体分布情况，按照等载强比原则选定。

① 分孔比例问题

国内外已建成的连续刚构桥，边跨和中跨的跨径比值在 0.5 ～ 0.692 之间。大部分比值在 0.55 ～ 0.58 之间。这说明变截面连续刚构桥的边跨比值比变截面连续梁桥的比值范围 0.6 ～ 0.8 要小。

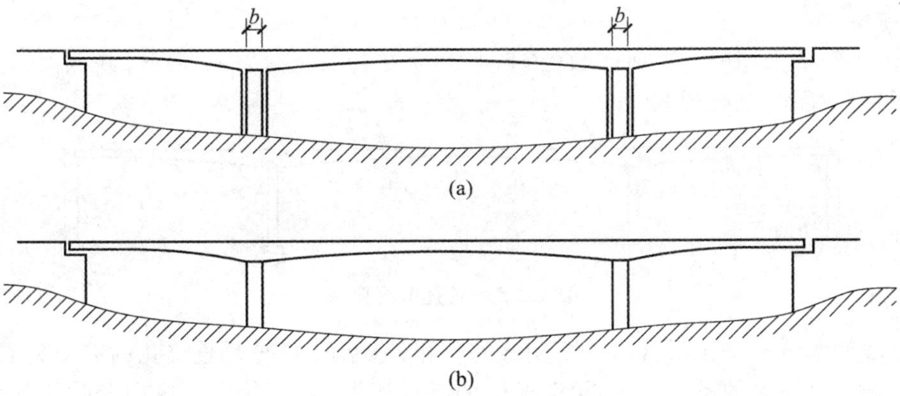

图 5.13　连续刚构桥

理论分析证明，由于墩梁固结，边跨的长短对中跨恒载弯矩调整的影响很小，而边、主跨跨径之比在 0.54 ～0.56 时，不仅可以使中墩内基本没有恒载偏心弯矩，而且由于边跨合拢段长度较小，可以在边跨悬臂端用导梁支承于边墩上，进行边跨合拢，从而取消落地支架，施工也十分方便。

② 主梁截面高度

大跨连续刚构桥主梁一般采用箱形截面，箱梁根部截面的高跨比一般为 1/16 ～ 1/18，其中大部分为 1/18 左右，也有少数桥梁达到或低于 1/20。跨中截面梁高通常为支点截面梁高的 1/2.5 ～ 1/3.5，略小于连续梁的跨中梁高，这是由于连续刚构桥墩梁固结，活载作用于中跨时，与相同跨径的连续梁相比，连续刚构跨中正弯矩较小的缘故。

③ 墩身尺寸

连续刚构桥为墩梁固结，对温度变化、预应力、混凝土的收缩徐变等因素产生的次内力相当敏感。如果墩的相对刚度大，则以上因素引起的次内力相当大，同时使基础墩身纵向两侧受力极不平衡，因此墩身尺寸的拟定主要应考虑墩身与主梁之间的刚度比，以减少次内力。墩身高度主要由桥面标高、桥梁建筑高度、桥下净空高度、主梁端高度等因素决定。而墩柱纵向厚度一般采用墩身高度的 1/8 ～ 1/15。墩柱较高时用较小的比值，墩柱较矮时则用较大的比值。

(2) 力学特点及构造特点

与其他桥梁相比，大跨度连续刚构桥结构的特点主要为：墩、梁、基础三者固结为一体共同受力，其墩身形式、高度等都对结构受力有影响。

① 主梁

连续刚构桥主梁的受弯性能基本上与连续梁相似，但连续刚构桥以墩梁固结、中跨梁体受主墩约束而区别于连续梁桥。当主墩纵向较柔、对主梁的嵌固作用较小时，则两者具有相似的结构作用。当主墩刚度较大时，荷载产生的内力大都限于本跨内，对相邻跨内力影响较小。

② 桥墩

大跨度连续刚构桥的桥墩不仅应满足施工、运营等各阶段支承上部结构重量和稳定性等方面的要求，而且桥墩的柔度应适应由于主梁张拉预应力、温度变化、混凝土收缩徐变以及制动力等因素引起的水平位移，以尽量减小这些因素对结构产生的次内力。

a. 竖直双肢薄壁墩

它是在墩位上用两个相互平行的薄壁与主梁固结的桥墩(图 5.14)。竖直双肢薄壁墩可增加桥墩在竖向荷载作用时的刚度，同时其水平抗推能力小，在桥梁纵向允许的变位大，这不仅可以减小上述主梁附加内力，而且由于主梁的负弯矩峰值出现在两肢墩的墩顶，且较单薄壁墩小一些，故可减小主梁在墩顶截面处的尺寸，但是双肢薄壁墩占据的宽度较大，防撞设施需保护的范围也较大，这部分增加的费用可能较多。

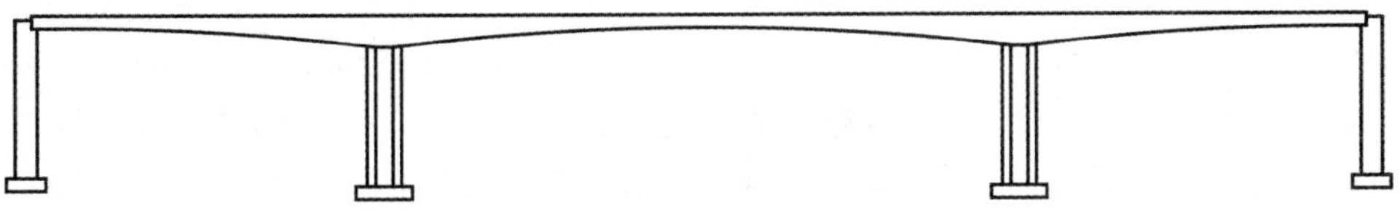

图 5.14　竖直双肢薄壁墩

b. 竖直单薄壁墩

连续刚构桥中也经常采用竖直单薄壁墩(图 5.15)。它在外观上呈"一"字形,其截面形式可以是矩形截面的实心桥墩或箱梁截面的空心桥墩。

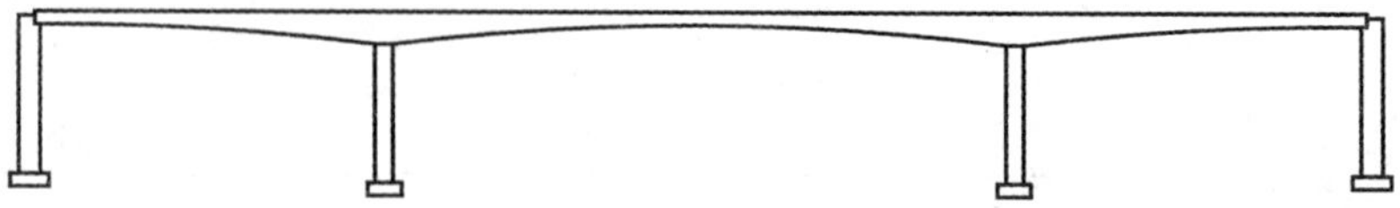

图 5.15　竖直单薄壁墩

一般说来,单薄壁墩特别是箱形截面单薄壁墩的抗扭性能好,能增大通航孔的有效跨径,但其柔性不如双肢薄壁墩大,随着墩身高度的不断增加,单薄壁墩的柔性逐渐增加,允许的纵向变位增大。因此,对于墩身很高的大跨度连续刚构或中等跨径的连续刚构来说,箱形单薄壁墩也是理想的墩身形式之一。

(3) 优缺点及适用范围

综上所述,连续刚构桥的特点是主梁保持连续,梁墩固结,上、下部结构共同承受荷载,减小了墩顶负弯矩。这样既保持了连续梁无伸缩缝、行车平顺的优点,又保持了 T 构不需设大吨位支座的优点,同时避免了连续梁(存在临时固结和体系转换) 和 T 构(伸缩缝) 两者的缺点,养护工作量小。此外,连续刚构施工稳固性好,减少或避免边跨梁端搭架灌注。

由于经济性好、施工简易快捷,连续刚构这种结构近年来得到了较快的发展,可以说连续刚构桥是大跨度桥梁选型中具有竞争能力的桥型之一。我国跨径在 180m 以上的梁桥,均采用连续刚构桥。

但连续刚构桥对地基承载力的要求更高,若地基发生过大的不均匀沉降,连续梁可通过调整墩顶支座的标高,抵消下沉来补救,而连续刚构则做不到。对于大跨度连续刚构,当其主墩抗推刚度过大时,中跨梁体因而产生过大的温降拉力而对结构受力不利。此外,梁墩联接处应力复杂也是连续刚构的一个缺点。

5.2.2　横截面形式和尺寸

预应力混凝土连续梁桥的截面形式很多,一般应根据桥梁的总体布置、跨径、宽度、梁高、支承形式和施工方法等方面综合确定。合理地选择主梁的截面形式对减轻桥梁自重、节约材料、简化施工和改善截面受力性能是十分重要的。

目前预应力连续梁桥横截面形式主要有板式、肋梁式和箱形。其中,板式、肋梁式截面构造简单、施工方便;箱形截面具有良好的抗弯和抗扭性能,是预应力混凝土连续梁桥的主要截面形式。

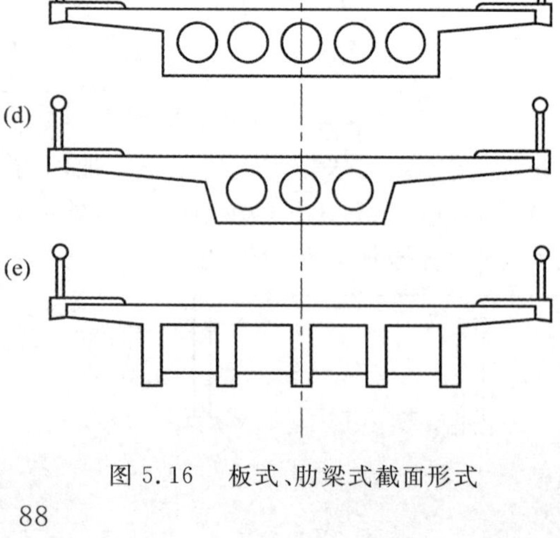

图 5.16　板式、肋梁式截面形式

5.2.2.1　*板式和 T 形截面*

板式截面分实体截面[图 5.16(a)、图 5.16(b)] 和空心截面[图5.16(c)、图 5.16(d)]。

矩形实体截面使用较少,曲线形整体截面近年使用相对较多,实体截面多用于中小跨径桥梁,且多配以有支架现浇施工,此时跨中板厚为(1/22 ~ 1/28)L,支点板厚为跨中的 1.2 ~ 1.5 倍;空心截面常用于跨径为 15 ~ 30m 的连续梁桥,板厚一般为 0.8 ~ 1.5m,亦主要用于有支架现浇。肋梁式截面预制方便[图 5.16(e)],常用于预制架设施工,并在梁段安装后经体系转换为连续梁桥,常用跨径为 25 ~ 50m,梁高取 1.3 ~ 2.6m。

5.2.2.2　*箱形截面*

当连续梁桥的跨径超过 30 ~ 60m 或更大时,主梁多采用箱形截面,它构造布置灵活,适用于有支架现浇施工、逐孔施工、悬臂施工等多种施工方式,常用的箱形截面有单箱单室、单箱双室和分离式双箱单室等几种,以第一种应用较多。单箱单室截面的顶板宽度一般小于 20m[图 5.17(a)];单箱双室的约为 25m[图 5.17(b)];双箱单室的可达 40m 左右[图 5.17(c)]。一般来说,等高度箱梁可采用直腹板或斜腹板,变高度箱梁宜采用直腹板。单箱单室截面 $b:a:b$ 之比为 1:(2.5～3.0):1 时横向受力状态较好。纵向负弯矩区受压底板的厚度对改善全桥受力状态、减小徐变下挠十分重要，因而大跨度连续体系梁桥中，应确保承受负弯矩的内支点区域的箱梁底板有足够的厚度，一般底板厚度与主跨之比宜为 1/140 左右。跨中区域底板厚度则可按构造要求设计，一般为 0.22～0.28m，箱梁其余尺寸的拟定可参考其他文献。

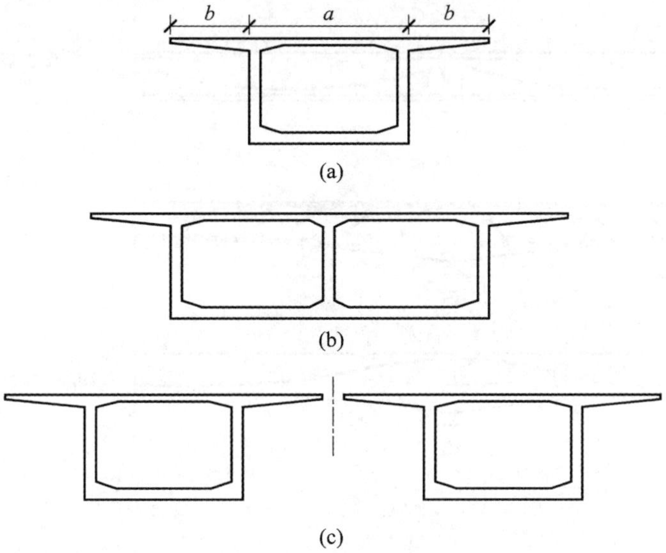

图 5.17　箱形截面形式

(a) 单箱单室；(b) 单箱双室；(c) 双箱单室

5.2.3　预应力筋布置

连续梁主梁的内力主要有三个，即纵向受弯、受剪以及横向受弯。通常所说的三向预应力就是为了抵抗上述三个内力。纵向预应力抵抗纵向受弯和部分受剪，竖向预应力抵抗受剪，横向预应力则抵抗横向受弯。预应力数量和布筋位置都需要根据结构在使用阶段的受力状态予以确定，同时，也要满足施工各阶段的受力需要。施工方法不同，施工阶段的受力状态差别很大，因此，结构配筋必须结合施工方法来考虑。

5.2.3.1　纵向预应力筋

沿桥跨方向的纵向预应力筋又称为主筋，是用以保证桥梁在恒、活载作用下纵向跨越能力的主要受力钢筋，可布置在顶、底板和腹板中。

预应力混凝土连续梁桥中纵向预应力筋的布置方式多种多样，与所采用的施工方法以及预应力筋的种类等有密切的关系。

图 5.18(a) 表示采用顶推法施工的直线形预应力筋布置方式。上、下的通束使截面接近轴心受压，以抵抗顶推过程中各截面承受的正负弯矩的交替变化。待顶推完成后，再在跨中的底部和支点的顶部增加局部预应力筋，用来满足运营荷载下相应的内力要求。有时按设计还在跨中的顶部和支点附近的底部设置局部的施工临时束，待顶推完成后即予卸除。

图 5.18(b) 示出采用先简支后连续施工方法的预应力筋布置方式。待墩上接缝混凝土达到强度后，用设置在接缝顶部的局部预应力筋来建立结构的连续性。

图 5.18(c) 表示采用悬臂施工方法的预应力筋布置方式。梁中除了在负弯矩区和正弯矩区各需布置顶部和底部预应力筋外，在有正、负弯矩交替作用的区段内，顶、底板中均需设置预应力筋。此时，顶板预应力筋在腹板内弯曲并下弯锚固在腹板上，以减小外荷载所产生的剪力，此时腹板应具有足够的厚度以承受集中的锚固力。

图 5.18(d) 表示整根曲线形通束锚固于梁端的布置方式，在此情况下，由于预应力筋既长且弯曲次数又多，这就显著加大了预应力筋的摩阻损失。此种方式目前应用较少。

预应力筋的布置要考虑到张拉操作的方便。当需要在梁内、梁顶或梁底锚固预应力筋时，应根据预应力筋锚固区的受力特点给予局部加强，以防开裂损坏。

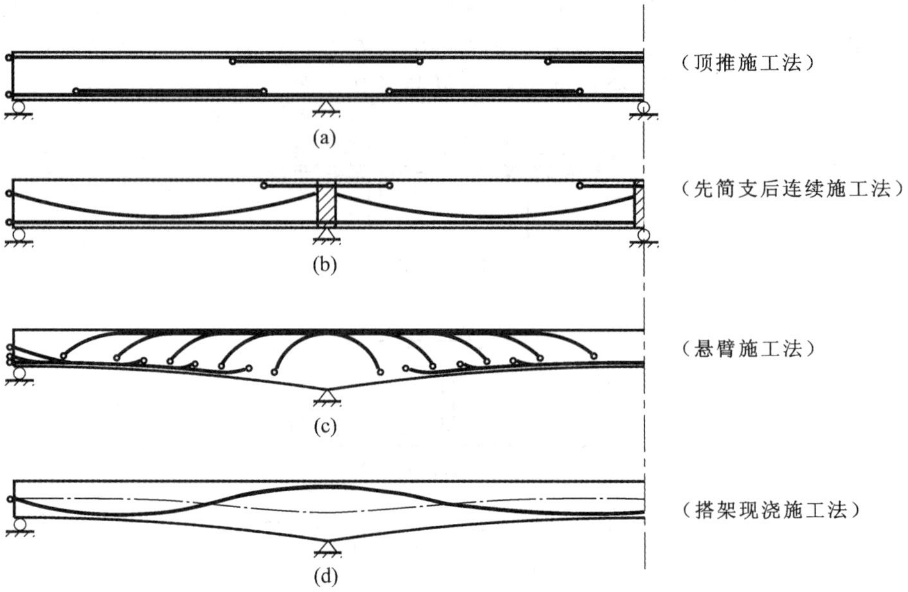

图 5.18　预应力混凝土连续梁配筋方式

5.2.3.2　横向预应力筋

横向预应力筋是用以保证桥梁的横向整体性、桥面板及横隔板横向抗弯能力的主要受力钢筋，一般布置在顶板和横隔板中。图 5.19 示出了对箱梁截面的顶板施加横向预应力的配筋构造。由于目前大跨度梁式桥主梁大都采用箱形截面，顶板厚度一般为 25 ～ 35cm，在保证大量纵向预应力筋穿过的前提下，所剩的空间位置有限，此时横向预应力筋趋向于采用扁锚体系，以减少布筋所需空间。

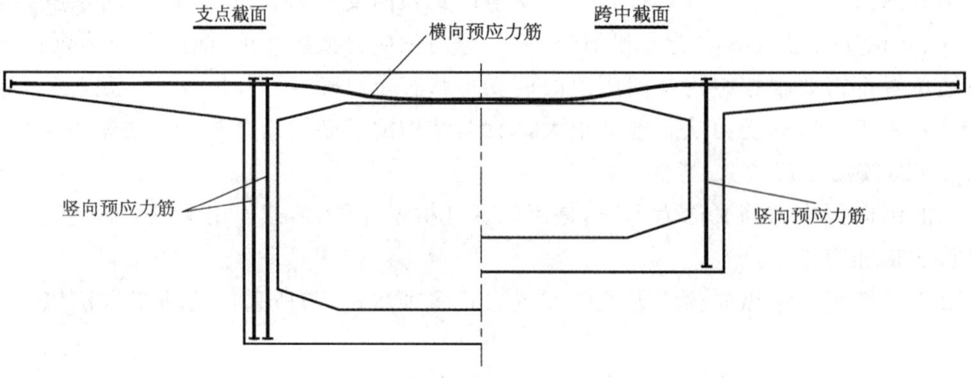

图 5.19　箱梁横向及竖向配筋布置方式

5.2.3.3　竖向预应力筋

竖向预应力筋布置在腹板中，主要作用是提高截面的抗剪能力。图 5.19 示出了对箱梁截面的腹板施加竖向预应力的配筋构造。竖向预应力筋在梁体腹板内沿纵向的布置间距可根据竖向剪力的分布而进行调整，靠支点截面位置较密，靠跨中位置较疏。竖向预应力筋比较短，故应注意减少钢筋张拉锚固时的回缩损失。

预应力张拉后应及时对管道作压浆处理并封锚，压浆应密实饱满，否则预应力筋锈蚀断裂可能造成灾难性的后果。

5.2.4　设计计算要点

5.2.4.1　恒、活载内力计算

本小节将以预应力混凝土连续梁桥为例，介绍关于恒载和活载内力的计算方法。预应力混凝土连续梁桥恒载内力的计算与所采用的施工方法有着直接的联系，例如满堂支架法施工的恒载内力和悬臂法施工的恒载内力完全不同。为了正确计算连续梁桥的恒载内力，应该将预应力混凝土梁恒载内力计算和所采用的施工方法联系在一起进行考虑，也就是作施工模拟计算。主桥结构的设计计算一般采用桥梁结构专用计算程序进行。

(1) 恒载纵向内力计算

对连续梁桥的施工阶段进行分解，建立相应的计算模型，用有限元计算时作结点和单元划分，其计算荷载应包括恒载(含混凝土收缩、徐变和预应力作用等次内力)、活载、支座强迫位移、温变效应(含整体温度变化和局部温度变化)、汽车制动力、支座摩阻力、风力等，并对结构的内力、位移、应力进行计算分析和验算。

下面分别以应用较多的满堂支架法施工和悬臂法施工的连续梁桥为例，介绍其恒载内力计算方法。

① 满堂支架现浇连续梁桥的恒载内力计算

连续梁桥在满堂支架上现场进行整体浇筑建造，在穿束张拉并锚固压浆后，拆除支架，因为连续梁桥在建造过程中并无体系转换，而是一次整体浇注完成，故恒载内力可直接按结构力学中的连续梁进行计算。

② 悬臂施工连续梁桥的恒载内力计算

某 5 跨连续梁桥，跨径为 30m＋3×45m＋30m，采用悬臂拼装施工，如图 5.20 所示，合拢次序为由边孔对称向中孔依次进行。该桥的施工程序及相应的内力计算如下：

a. 悬拼完毕，吊机拆除

首先在所有桥墩内预埋铁件，安装扇形支架，浇筑墩顶节段。永久支座为盆式橡胶支座，临时支座为混凝土块，设在永久支座两侧，用直径 32mm 钢筋将墩顶节段临时锚固在桥墩上，以保证从墩顶向墩两侧对称悬臂拼装的稳定性。悬拼完毕时的恒载内力如图 5.20(a) 所示。

b. 现浇边跨部分

因为边跨长度大于悬臂拼装长度，所以需在边跨内另立支架，现浇节段与边跨的悬臂拼装段相接。达到强度后拆除 2 号墩、5 号墩上的临时支座，并拆除边跨的支架，此时为一单悬臂的梁式结构。在现浇段自重作用下的恒载内力如图 5.20(b) 所示。

c. 次边跨合拢

将边跨的单悬臂梁与 3 号墩(4 号墩) 的 T 构通过现浇合拢段合拢。计算单悬臂梁和 T 构在支架、模板重力及合拢段自重作用下的内力[图 5.20(c)]。

d. 合拢段支架模板拆除后，考虑合拢段的上述施工重力从相反方向加在已合拢的结构体系上产生的内力[图 5.20(d)]。

e. 拆除 3 号墩(4 号墩) 的临时支座，计算因拆除临时支座所产生的内力[图 5.20(e)]。

f. 中跨合拢

把左半跨与右半跨合拢成 5 跨连续梁。计算合拢段两侧悬臂端在支架、模板重力、合拢段自重作用下的内力[图 5.20(f)]。

g. 合拢段支架模板拆除后，考虑上述施工机具重力以相反的方向加在连续梁上所产生的内力[图 5.20(g)]。

h. 连续梁最终的恒载内力[图 5.20(h)]。

(2) 活载纵向内力计算

活载内力为基本可变荷载(包括汽车、履带车、挂车及人群等) 在桥梁使用阶段所产生的结构内力。很显然，不管采用何种施工方法，这时结构已成为最终体系 —— 连续梁桥，因此力学计算图式已十分明确，可直接按平面杆系结构进行活载内力计算。

①T 形或工字形截面主梁

a. 计算各主梁(肋) 的荷载横向分布系数，确定出具有最大荷载横向分布系数的主梁(肋)，然后按平面杆系结构计算和绘制该主梁(肋) 的纵桥向内力影响线；

b. 将标准荷载乘以该梁的最不利横向分布系数以后，再沿桥梁纵向将它按最不利位置分别在影响线正(负) 效应区加载，即可求得绝对值最大的正负活载内力。

② 箱形截面主梁

闭口箱形薄壁截面梁的受力特点与一般 T 形梁不同，其精确计算必须采用薄壁杆件结构理论的方法进

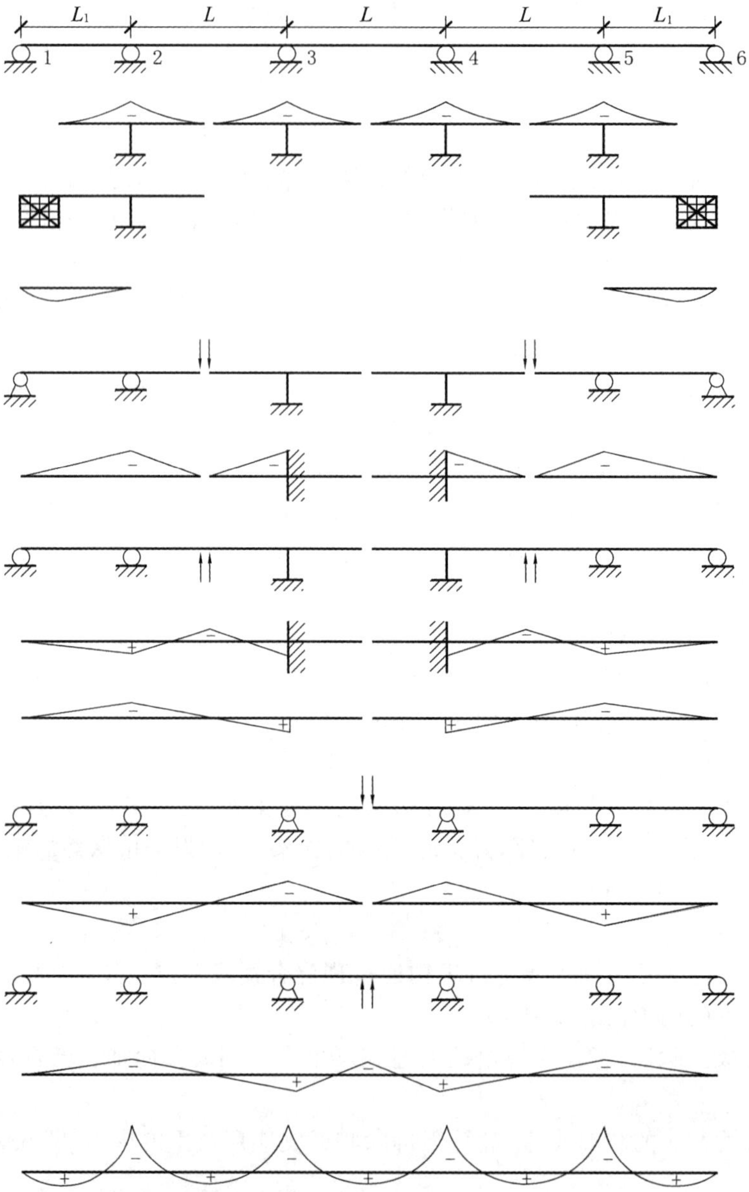

图 5.20　悬臂施工连续梁桥恒载内力计算图式

行求解。当桥面上作用偏心荷载时，整体箱形梁的受力可分为两种情况进行分析：对称荷载作用下的平面弯曲问题和偏载作用下的扭转问题。对于平面弯曲问题，采用一般的材料力学公式就可计算出横截面上的弯曲正应力和弯曲剪应力；对于扭转问题，计算内容较多，计算也较复杂。

但设计经验表明：普通钢筋混凝土和预应力钢筋混凝土箱形截面的抗扭刚度很大，由扭转引起的应力一般比平面弯曲引起的应力小得多。从简化计算的目的出发，可偏保守地采用偏心压力法求解活载内力增大系数来计算结构活载内力值大小。例如图 5.21 所示的单箱三室截面，可以近似地把它视作用刚性横梁联接的四榀工字梁，偏载时边梁受力最大，其荷载横向分布系数为：

$$\eta_{\max} = \frac{1}{n} + \frac{e_{\max} a_1}{\sum_{i=1}^{n} a_i^2} \tag{5.6}$$

考虑到箱形截面梁一般是按全截面来分析其内力，本例截面共由四根主梁组成（$n = 4$），若每根主梁都承受同样大小的荷载，则应将 $\eta_{\max}$ 乘以 n 便得到活载内力增大系数 ζ：

$$\zeta = n\eta_{\max} \tag{5.7}$$

式中　n—— 箱梁腹板个数。

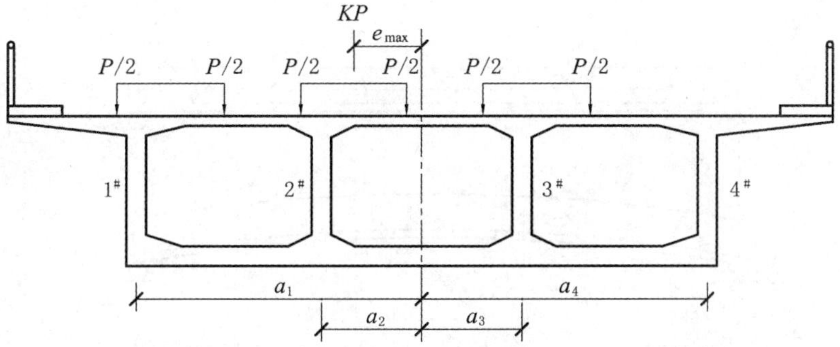

图 5.21　活载内力增大系数图式

③ 连续梁桥活载内力计算的一般公式

连续梁桥为超静定结构，活载内力计算以影响线为基础，直接在内力影响线上加载时，其内力计算的一般公式为：

工字梁(按单根梁计算)

$$S_p = (1+\mu)\xi_{纵}\ \xi_{横}\ m(q_k\Omega + P_k y) \tag{5.8}$$

箱形梁(按全截面计算)

$$S_p = (1+\mu)\xi_{纵}\ \xi_{横}\ K\zeta(q_k\Omega + P_k y) \tag{5.9}$$

式中　S_p—— 主梁最大汽车内力；

$(1+\mu)$—— 汽车荷载冲击系数，与结构的振动基频有关；

$\xi_{纵}$ —— 汽车荷载纵桥向折减系数，按第 1 章表 1.8 取值；

$\xi_{横}$ —— 汽车荷载横桥向折减系数，按第 1 章表 1.7 取值；

ζ—— 箱形梁的活载内力增大系数；

m——T 形或工字形截面主梁的荷载横向分布系数；

K—— 车队数，对于图 5.21 的布载情况，$K=3$；

q_k—— 汽车车道荷载中，每延米均布荷载标准值；

Ω—— 内力影响线的面积；

P_k—— 车道荷载中的集中荷载标准值；

y—— 沿桥跨纵向与集中荷载 P_k 位置对应的主梁内力影响线坐标值。

(3) 横向内力计算

对于 T 形或工字形截面主梁中的横隔梁内力，可以参考第 5 章关于简支梁的横隔梁内力计算方法进行计算。

对于箱形截面梁横向内力计算，一般采用弹性支承平面框架进行计算。首先按规范要求计算沿桥梁纵向的荷载有效分布长度，然后换算成作用于每延米框架上的集中荷载作用。此外计算中还应考虑温度影响力和横向预应力的作用。

5.2.4.2　二次内力计算内容

超静定结构由于存在多余约束，在各种内外部因素的影响下，结构受到强迫变形后将在多余约束处产生约束反力，从而引起结构附加内力，这部分附加内力一般统称为结构次内力(或称为二次力)。外部因素有预应力、墩台基础沉降、温度变化等，内部因素有混凝土材料的徐变与收缩特性、结构构造与配筋形式等。通常需要计算的次内力的内容有预应力、温度变化、徐变与收缩、墩台基础沉降等产生的次内力。这里，仅以第一个因素的影响力为例。

当在超静定结构上施加预应力时，如假想梁在中间赘余支点上无约束，则预应力将促使梁发生翘离中支点的变形，如图 5.22(b) 所示。但实际上梁总是固定在中间支点位置上的，这样在其上必然产生一个方向与梁变形相反的二次力 R[图 5.22(c)]。这个二次力 R 就使梁内产生了附加的二次弯矩。这就是预应力混凝土连续梁与普通钢筋混凝土连续梁不同的重要力学特点，因此在设计中必须加以考虑。

对于其余因素所引起的二次内力，可参考有关专著，这里不一一叙述。

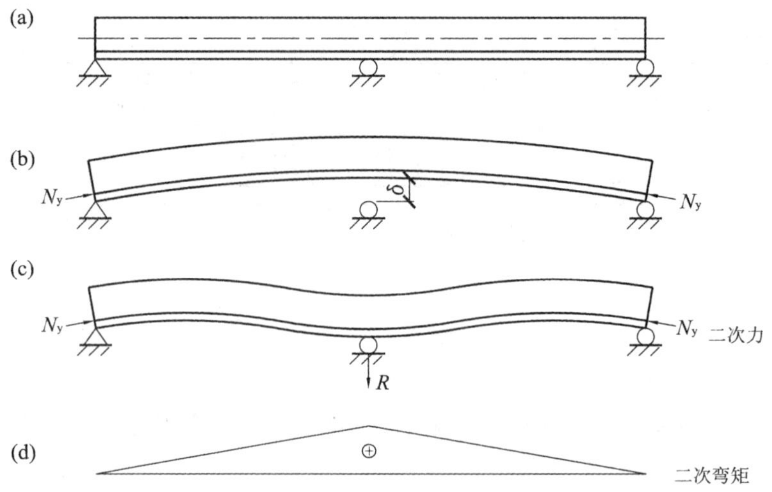

图 5.22　二次内力示意图

5.2.5　连续梁桥结构实例

近二十年来，我国修建了大量的大中跨度的预应力混凝土连续梁桥，表 5.2 中列出了部分已建成的大跨度预应力混凝土连续梁桥实例。

我国部分大跨度预应力混凝土连续梁桥实例　　表 5.2

序号	桥　　名	跨径布置(m)	桥宽(m)	截面	梁高(m)		高跨比	
					根部	跨中	根部	跨中
1	南京长江二桥北汊桥	90 + 3 × 165 + 90	2 × 15.42	两单室箱	8.8	3.0	1/18.7	1/55
2	广湛高速九江大桥	50 + 100 + 2 × 160 + 100 + 50	2 × 11.9	两单室箱	9	3	1/17.8	1/53.3
3	云南六库大桥	85 + 154 + 85	13.5	单室箱	8.53	2.83	1/18.1	1/54.4
4	荆沙三八洲桥	100 + 6 × 150 + 100	2 × 12.5	两单室箱	8	3	1/18.8	1/50
5	湖南白沙大桥	50 + 90 + 150 + 90	13.0	单室箱	8.5	3.5	1/17.65	1/42.86

2002 年施工完成的湖南白沙大桥，桥梁全长 1584.0m，主桥为四跨一联的预应力混凝土连续梁桥(50m + 90m + 150m + 90m)，如图 5.23 所示。大桥桥面布置为 0.5m + 12m + 0.5m。

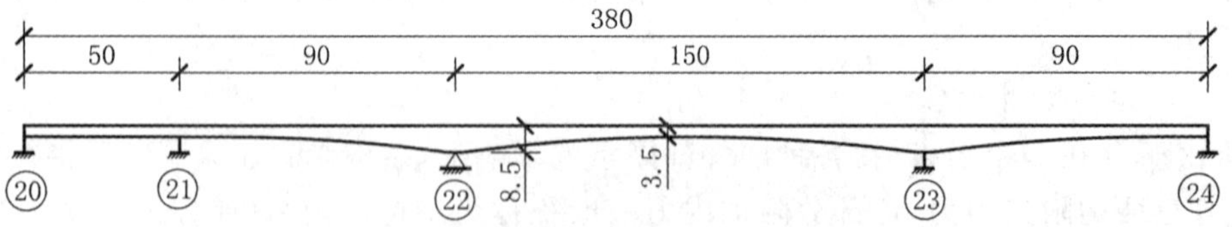

图 5.23　湖南白沙大桥立面布置(单位：m)

湖南白沙大桥横截面布置(图 5.24)采用双悬臂矩形单箱单室的变高度箱形截面，箱梁顶宽 13.0m，底板宽 7.0m，支点处梁高 8.5m，跨中梁高 3.5m，梁底立面按二次抛物线变化。箱梁顶板厚度采用 28cm，腹板厚度则采用 70cm、55cm、40cm 三种。根据施工和运营阶段受力需要，箱梁底板厚度从跨中处的 28cm 逐渐加厚至支点处的 100cm(图 5.24)。中跨箱梁在支点 $L/4$，跨中各设一道横隔板以抵抗畸变变形。

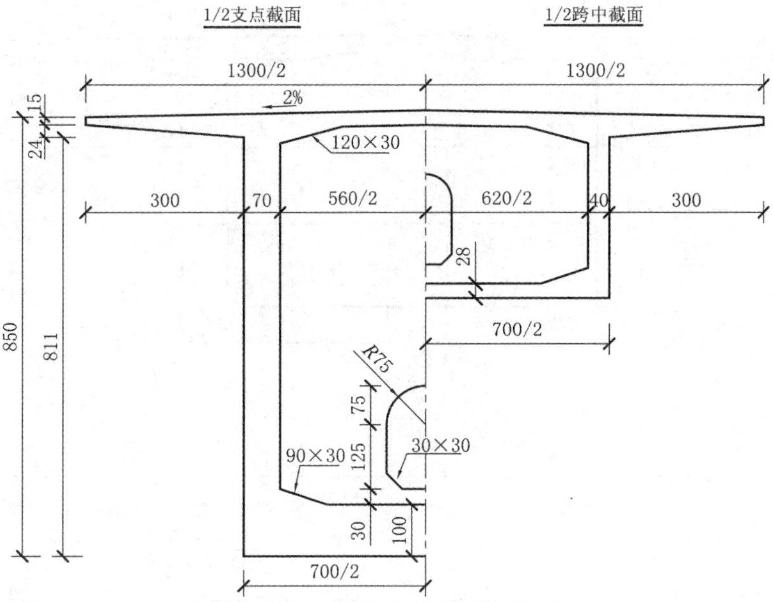

图 5.24　湖南白沙大桥横截面布置(单位:cm)

5.2.6　连续刚构桥实例

表 5.3 列出了近年修建的大跨度连续刚构桥的一些资料。

我国部分大跨度预应力混凝土连续刚构桥($L \geqslant 200$m)　　**表 5.3**

序号	桥　名	跨径布置(m)	边中跨比	截面	梁高(m)		高跨比		梁宽	
					根部	跨中	根部	跨中	顶	底
1	重庆石板坡长江大桥	87.75＋4×138＋330＋133.75	0.405	单室箱	16.0	4.5	1/20.6	1/73.33	19	9
2	虎门辅航道桥	150＋270＋150	0.556	单室箱	14.8	5	1/18.2	1/54	15	7
3	苏通大桥辅航道桥	140＋268＋140	0.52	两单室箱	15	4.5	1/17.9	1/59.6	16.4	7.5
4	云南元江大桥	58＋182＋265＋194＋70		单室箱	14.5	5	1/18.3	1/53	22.5	11.5
5	宁德下白石大桥	145＋2×260＋145	0.558	两单室箱	14	4.2	1/18.6	1/61.9	12	6
6	泸州长江二桥	145＋252＋54.8	0.583	单室箱	14	4	1/18	1/63	25	13
7	重庆黄花园大桥	137＋3×250＋137	0.548	单室箱	13.8	4.3	1/18.1	1/58.1	15	7

5.2.6.1　实例一:重庆石板坡长江大桥

2006 年 9 月建成的重庆石板坡长江大桥复线桥(图 5.25、图 5.26),采用长联大跨径混凝土刚构-连续混合梁桥,是目前世界上跨径最大的连续刚构桥。跨径布置为(87.75＋4×138＋330＋133.75)m。全桥除了在主跨中部有108m长的钢梁外,其他均为预应力混凝土结构,单向四车道,桥面全宽19m。全桥混凝土段的主梁采用竖直腹板箱形截面,支点梁高 16.0m,与钢梁接合处的梁高 5.68m,跨中梁高 4.5m,箱顶板宽 19.0m,底板宽 9.0m。钢箱梁桥面采用正交异性板,板厚 16mm。本桥在主跨中间采用钢箱梁方案,有效解决了混凝土梁自重弯矩过大的问题。它是我国连续刚构桥发展史中一个重要的里程碑。

图 5.25　重庆石板坡长江大桥复线桥总体布置

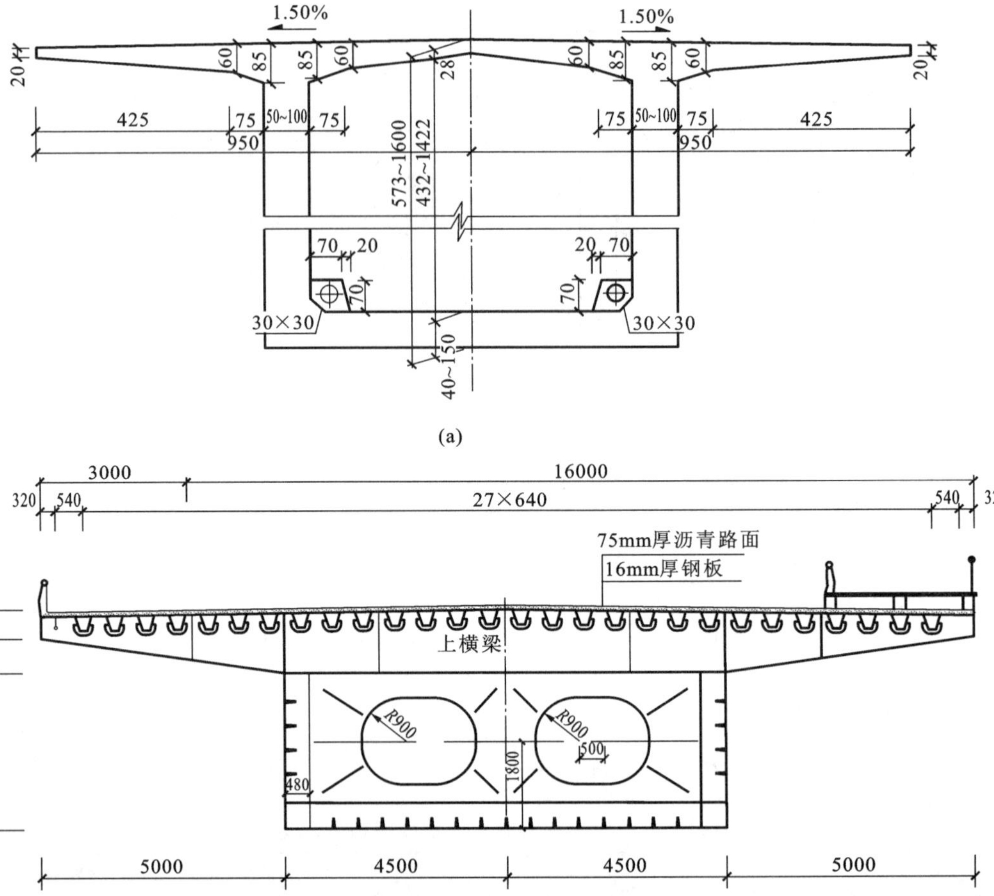

图 5.26　重庆石板坡长江大桥复线桥横截面布置

(a) 混凝土梁横截面(单位:cm);(b) 钢箱梁横截面(单位:mm)

5.2.6.2　实例二:挪威 Stolma(斯脱麦)桥

1998 年 11 月,挪威建成了两座特大跨径混凝土连续刚构桥:跨径布置为 94m＋301m＋72m 的 Stolma 桥(图 5.27)和 86m＋202m＋298m＋125m 的 Raft sundet(拉脱圣德)桥,前者首次将混凝土梁式桥的跨径突破 300m,居世界首位。这两座桥共同的特点是:(1) 主跨中部采用轻质高强混凝土,重度仅为 19.5kN/m^3;(2) 截面为单室箱(图 5.28),底板、腹板厚度较小;(3) 边跨配重。这两座桥的跨径布置都由地质条件所决定,Stolma 桥边跨很小,边、主跨之比仅为 0.239 和 0.312,为解决边主跨重量的不平衡,在 94m 边跨的 37m 范围内和 72m 边跨的 53m 范围内,箱梁填以砾卵石。

Stolma 桥是连接挪威西岸 Stolma 岛和 Selbjφrn 岛的工程上的一座重要桥梁。选用的方案是基于经济、景观、审美、历史和实际地质情况的考虑,最终采用 301m 的大跨径,两边跨径均很小,且跨径不同,立面布置如图 5.27 所示。桥梁纵坡设计经过特殊的考虑,两个岛屿的不同高度导致了不对称的桥梁曲线。

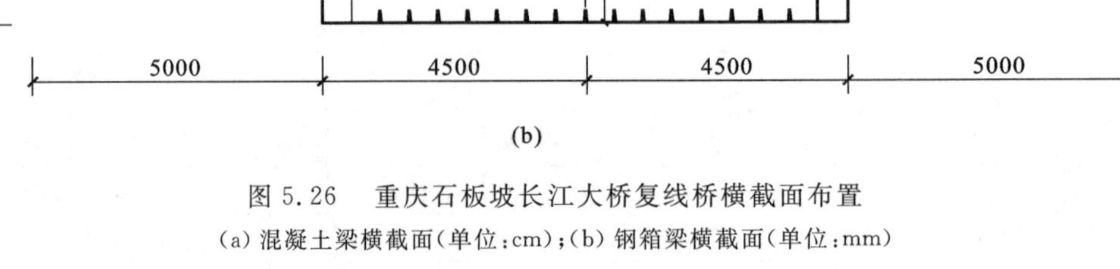

图 5.27　挪威斯脱麦桥立面布置(单位:m)

主梁在墩柱处高 15m,跨中高 3.5m,跨高比在主跨墩柱处为 20,在跨中为 86,按抛物线变化。主梁顶板宽 9m,底板宽 7m。底板厚度从墩柱处的 105cm 变至跨中的 27cm。顶板的厚度则根据预应力索的数量来进行调整，其边跨为 70cm，主跨为 44cm。主跨的腹板厚从墩柱处的 45cm 变至跨中的 25cm，梁所有截面的边角都做成圆形，其半径顶板为 12.5cm，底板为 50cm。这样就营造出了较柔和的视觉效果，并减少了风载效应。在这种情况下，两浇筑节段间的几何不完善也不显著。

墩柱处剪力的 90% 是由悬臂梁的自重产生的。因此优化自重是非常重要的，跨中的 182m 用轻质高强混凝土(LC60)，而桥梁的其他部分采用 C65 混凝土。由于永久荷载很大，以及裂缝限制的需要，墩柱含筋量很高。

Selbjφrn 岸侧的墩柱为空心横截面，外形尺寸为 5m × 8.2m，纵、横向壁厚分别为 70cm 和 105cm，墩柱刚度较大。Stolma 岸侧的墩柱为了提供所需沿桥轴向的柔度，以适应温度、徐变和收缩所引起的主跨轴向变位，同样采用空心截面，纵、横向壁厚分别为 30cm 和 70cm。为了美观，两岸墩柱的外形尺寸相同。

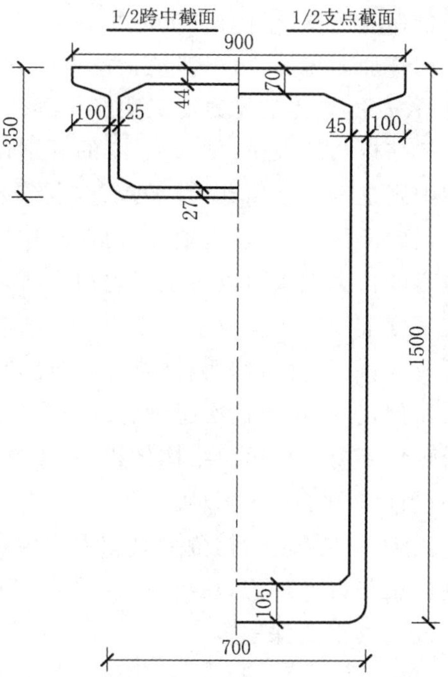

图 5.28　Stolma 桥主梁横截面布置(单位：cm)

Stolma 岸的边跨梁和 Selbjφrn 岸的边跨梁在岸边采用传统的地面支架施工 37m。砾卵石控制桥梁的总体稳定。而其他主梁部位的施工则采用挂篮进行悬臂浇注。完成一个节段的时间从 3 天至两个星期不等。由于徐变、收缩和温度的原因，Stolma 侧的墩柱具有向主跨方向约 150mm 的水平变位。因而 Stolma 岸的墩顶主梁在主跨连接以前，利用墩柱的柔度，对该墩水平顶动 75mm，这减少了 Stolma 岸墩柱朝主跨方向的变位，消除了部分二次力的影响。

5.3　斜　拉　桥

5.3.1　斜拉桥的力学特点

斜拉桥主要由主梁、索塔和斜拉索三大部分组成。主梁一般采用混凝土结构、钢-混凝土组合结构或钢结构，索塔大都采用钢筋混凝土结构，而斜拉索则采用高强材料(高强钢丝或钢绞线)制成。斜拉桥中荷载传递路径是：斜拉索的两端分别锚固在主梁和索塔上，将主梁的恒载和车辆荷载传递至索塔，再通过索塔传至地基。因而主梁在斜拉索的各点支承作用下，像多跨弹性支承的连续梁一样，使弯矩值得以大大地降低，这不但可以使主梁尺寸大大地减小(梁高一般为跨度的 1/50 ～ 1/200，甚至更小)，而且由于结构自重显著减轻，既节省了结构材料，又能大幅度地增大桥梁的跨越能力。值得指出的一点是：斜拉索对主梁的多点弹性支承作用，只有在拉索始终处于拉紧状态时才能得到充分发挥。因此在主梁承受荷载之前对斜拉索要进行预张拉。预张拉可以给主梁一个初始支承力，以调整主梁初始内力，并提高斜拉索的刚度。图 5.29(a) 表示三跨连续梁典型的恒载弯矩图，而图 5.29(b) 为每塔设有四个拉索支点的三跨斜拉桥的恒载弯矩图。从图中可以看出，由于斜拉索的支承作用，主梁恒载弯矩显著减小。

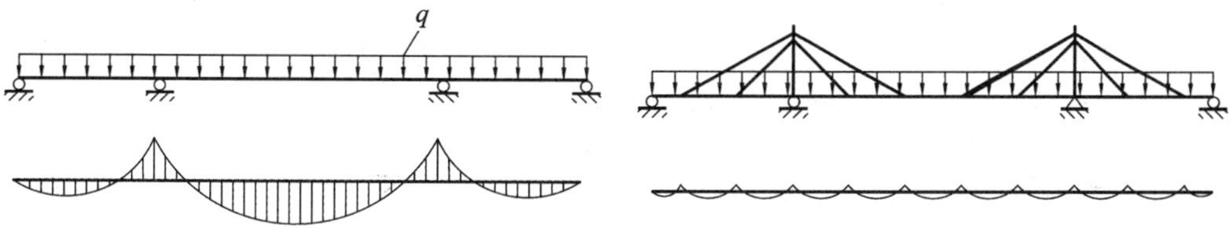

(a)　(b)

图 5.29　三跨连续梁和三跨斜拉桥的恒载弯矩对比
(a) 三跨连续梁的恒载弯矩图；(b) 三跨斜拉桥的恒载弯矩图

此外，斜拉索轴力产生的水平分力可以对主梁产生预压力，从而可以增强混凝土主梁的抗裂性能，节约高强钢材的用量。由图5.29可知，斜拉桥中主梁的弯矩是由斜拉索拉力和荷载q分别对三跨连续梁所产生的弯矩相叠加而得的。由于斜拉索拉力的方向与荷载q的方向相反，所以主梁的弯矩就显著减小，挠度也相应地有所减少，梁体的受力情况明显得到改善。

斜拉桥与悬索桥（见5.4节）的区别在于：斜拉桥主梁上的荷载是通过锚固点直接传至斜拉索的，而在悬索桥中则是经吊杆传到柔性的承重主缆上的，因而两者结构刚度有较大的差别。悬索桥的承重主缆锚固在专设的锚碇上，主梁不承受轴力；而在斜拉桥中，主梁承受巨大的轴向力，形成偏心受压构件。斜拉桥通过调整斜拉索的拉力大小可以对主梁内力进行调整，以获得合理的内力分布；悬索桥则无法办到。斜拉桥的刚度在很大程度上取决于斜拉索的刚度。因此，改变斜拉索的初张力、间距和数量，不仅可以调节主梁的截面内力，也可改变桥梁的刚度，而悬索桥的刚度则不易改变。

诚然，斜拉桥是高次超静定的组合结构，与其他体系桥梁相比，包含着较多的设计变量，全桥总的技术经济合理性不易简单地由结构体积小、重量轻或者满应力等概念准确地表示出来，这就给选定桥型方案和寻求合理设计带来了一定困难。

索力调整是使斜拉桥主梁受力均匀，以达到经济、安全的重要措施，但此工序比较烦琐。在实际施工中，要使施工与设计理想地配合一致并非易事。此外，拉索的防护、锚具的工艺和耐疲劳问题等都是有待进一步研究改进的重要课题。

5.3.2 斜拉桥的结构构造与形式

5.3.2.1 孔跨布置

(1) 双塔三跨式

这是一种最常见的斜拉桥孔跨布置方式，主跨跨径较大，一般适用于跨越较大的河流。如图5.30所示，边跨跨径L_1与中跨跨径L_2之间的比例关系一般为：

钢斜拉桥：$L_1 = (0.4 \sim 0.45)L_2$

其他斜拉桥：$L_1 = (0.33 \sim 0.5)L_2$

一般接近于$L_1 = 0.4L_2$。

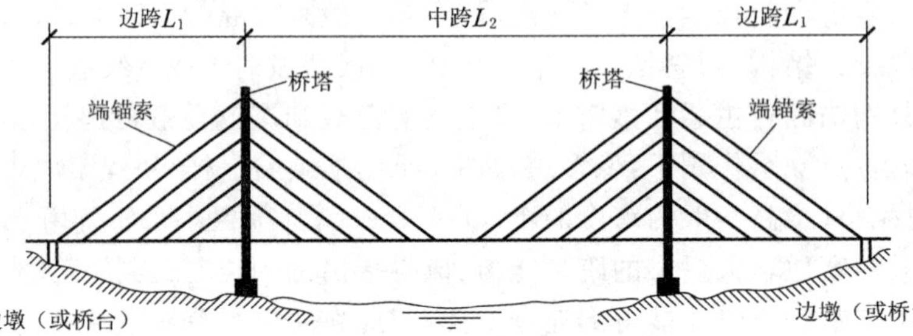

图5.30 双塔三跨式斜拉桥

国内几座大桥资料如下：

苏通长江大桥（钢）：$L_1 = 500\text{m}, L_2 = 1088\text{m}, L_1 = 0.46L_2$

鄂东长江大桥（混合）：$3 \times 67.5\text{m} + 72.5\text{m} + 926\text{m} + 72.5\text{m} + 3 \times 67.5\text{m}$

荆岳长江大桥（混合）：$100\text{m} + 298\text{m} + 816\text{m} + 80\text{m} + 2 \times 75\text{m}$

南京长江二桥（钢）：$L_1 = 246.5\text{m}, L_2 = 628\text{m}, L_1 = 0.393L_2$

荆州长江大桥（混凝土）：$L_1 = 200\text{m}, L_2 = 500\text{m}, L_1 = 0.4L_2$

武汉长江二桥（混凝土）：$L_1 = 180\text{m}, L_2 = 400\text{m}, L_1 = 0.45L_2$

铜陵长江大桥（混凝土）：$L_1 = 190\text{m}, L_2 = 432\text{m}, L_1 = 0.44L_2$

在双塔三跨式斜拉桥中，当活载作用在主跨上时，在拉索拉力的作用下，塔向中跨侧发生水平倾斜，此时若边跨拉索能提供足够的刚度，则塔的倾斜量将显著减小，从而提高了中跨的刚度。为达到这一目的，采取的有效办法是加粗端锚索或增加边跨辅助墩。

(2) 独塔双跨式

这也是一种常见的斜拉桥孔跨布置方式，主跨跨径一般比双塔三跨式主跨跨径要小，适用于跨越中小河流和城市道路，如图 5.31 所示。边跨与主跨的跨径之比 $L_1 : L_2 = 0.5 \sim 0.8$。

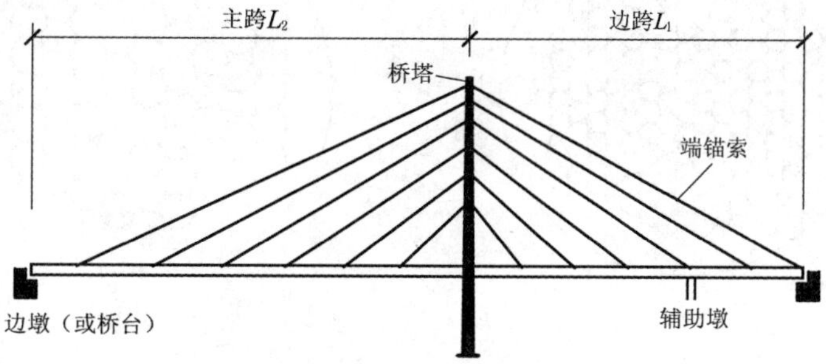

图 5.31　独塔双跨式斜拉桥

例如：重庆石门桥（混凝土）：$L_1 = 200\text{m}$，$L_2 = 230\text{m}$，$L_1 = 0.87L_2$；武汉汉江月湖桥（混凝土）：$L_1 = 138\text{m}$，$L_2 = 232\text{m}$，$L_1 = 0.59L_2$。

当边跨较大时一般还需在边跨范围内布置辅助墩，以提高主跨刚度。

(3) 三塔四跨式和多塔多跨式

这种类型的斜拉桥在 20 世纪应用非常少，原因是：中间塔没有端锚索来有效地限制它的变位，因此，当活载作用于主跨时，中间塔塔顶水平位移较大，造成主梁挠度大，应力幅高，如图 5.32 所示。但进入 21 世纪后，由于跨越大江大湖、深山宽谷、海湾海峡的需要，已修建多座多塔斜拉桥，针对多塔斜拉桥中塔刚度低的弱点，可将中间塔做成刚性塔（例如 A 型塔，法国米约高架桥），或用稳定索对中间塔顶加劲（香港汀九大桥），或在主跨将部分拉索交叉锚固（福斯新桥），甚至可采用矮塔部分斜拉桥体系（塔高降低则刚度迅速增大，可参考有关文献）。

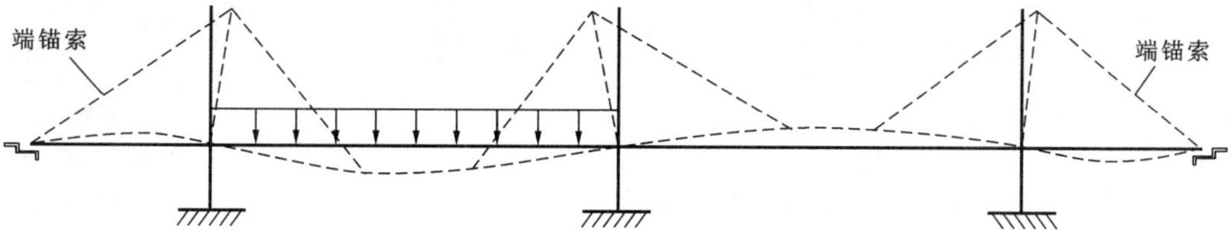

图 5.32　三塔四跨式斜拉桥的变形

(4) 辅助墩和边引跨

活载往往在边跨梁端附近区域产生很大的正弯矩，并导致梁体转动，伸缩缝易受损，在此情况下，通过加长边梁以形成引跨或设置辅助墩的方法予以解决。同时，设置辅助墩可以减小拉索应力变幅，提高主跨刚度，又能缓和端支点负反力，是大跨度斜拉桥中常用的方法，如图 5.33 所示。

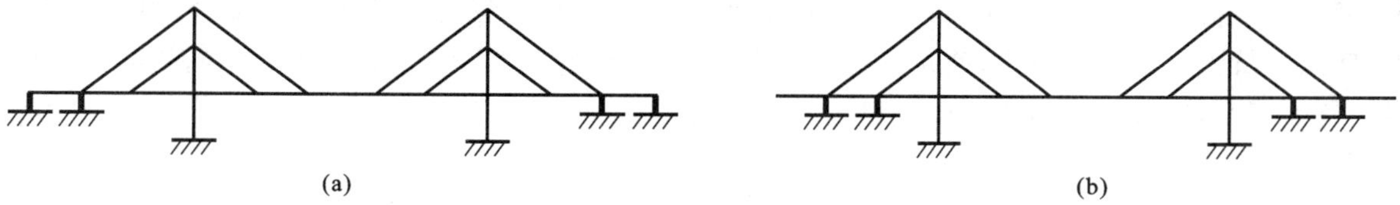

图 5.33　辅助墩及边引跨

(a) 边引跨；(b) 辅助墩

5.3.2.2　斜拉索

(1) 斜拉索的组成

斜拉索是斜拉桥的主要承重部分，承受相当大的拉应力（一般按 0.4 倍索的抗拉强度设计值设计），宜用抗拉强度高、弹性模量大且抗疲劳性能好的钢材来制造。我国常采用平行高强钢丝束或平行钢绞线束（图 5.34）等做成斜拉索。受强大拉力的斜拉索长期处在大气中会受到有害物质侵袭而锈蚀。因此，斜拉索防护的好坏，直接影响到桥梁的使用寿命。目前使用最广泛的措施是用热挤法在镀锌钢丝束上包一层聚乙烯(PE)外套。

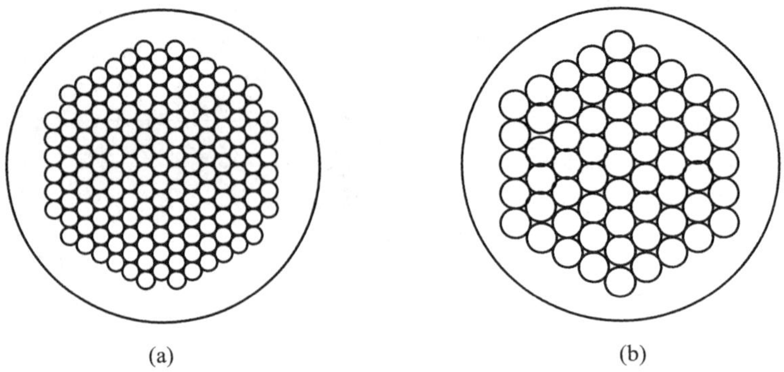

图 5.34　斜拉索的横断面

(a) 平行钢丝;(b) 钢绞线

(2) 斜拉索的纵向布置方式

斜拉索在纵向上的布置方式常用的有辐射形、竖琴形和扇形这三种基本形式,如图 5.35 所示,其中:

① 辐射形布置的斜拉索沿主梁为均匀分布,而在索塔上则集中于塔顶一点。由于其斜拉索与水平面的平均交角较大,故斜拉索的垂直分力对主梁的支承效果也大,与竖琴形布置相比,可节省钢材 15% ～ 20%,但塔顶上的锚固点构造过于复杂。

② 竖琴形布置中的斜拉索成平行排列,美学效果好,在索数少时显得比较简洁,并可简化斜拉索与索塔的连接构造,塔上锚固点分散,对索塔的受力有利;缺点是斜拉索的倾角较小,索的总拉力大,故钢索用量较多。

③ 扇形布置的斜拉索是不相互平行的,它兼有上面两种布置方式的优点,故在设计中获得广泛应用。

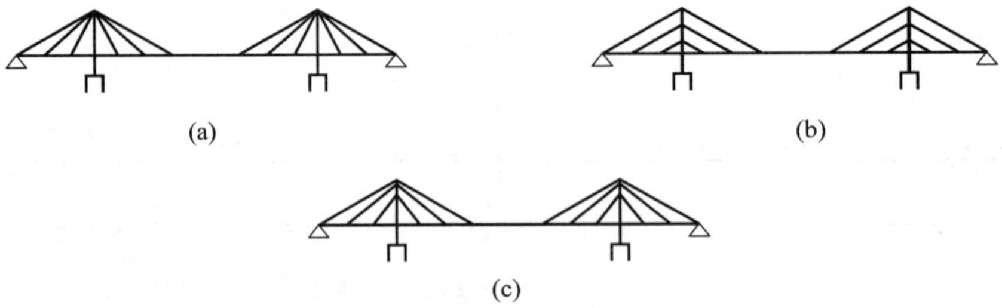

图 5.35　斜拉索纵向布置方式

(a) 辐射形;(b) 竖琴形;(c) 扇形

(3) 斜拉索的横向布置方式

斜拉索的横向布置有两种基本形式,即单面索和双面索,如图 5.36 所示。双面索实际应用最广。两个拉索平面一般位于桥面两侧或者相向倾斜。倾斜的双面索和倒 Y 形索塔或 A 形索塔相配合,具有良好的抗风稳定性,适用于特大跨度斜拉桥。单面索设置在桥梁纵轴线上,这对于设置分车带的桥梁特别合适,基本上不需要增加桥面宽度,具有最小的桥墩尺寸和最佳的视线。

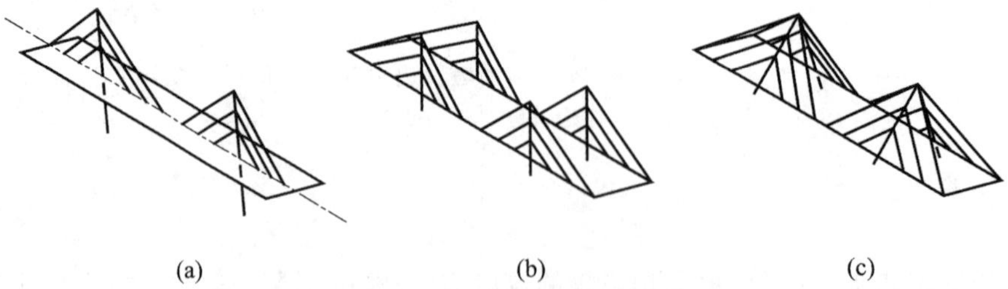

图 5.36　斜拉索横向布置方式

(a) 单索面;(b) 竖向双索面;(c) 斜向双索面

(4) 斜拉索的倾角

斜拉索的倾角应从塔高与梁跨之比值、斜拉索的合理布置以及经济性等方面综合加以考虑。拉索倾角大，竖向分力大，主梁弹性支承作用大，但相应地增加塔高和拉索长度；而拉索倾角小，可降低塔高，减少材料用量，但由于竖向分力相应减小，对主梁弹性支承作用也相应减弱。日本在归纳斜拉桥的主要结构要素时，认为最合理的斜拉索最小倾角为 21°21′ ～ 38°。例如，美国 P-K 桥辐射形密束的最小倾角为 21°31′；而采用竖琴形斜拉索的英国 Foyle 桥则为 38°，平均约 28°。通常可以认为：当采用竖琴形布置时，倾角取 26° ～ 38° 的实例较多；而采用辐射形或扇形布置时，其最小倾角大多为 21° ～ 30°，而以 25° 左右居多。

(5) 斜拉索的间距

斜拉桥采用悬臂法架设时，对于混凝土主梁索距应密些，采用 4 ～ 12m 为宜。较大的索距适用于钢或钢-混凝土组合主梁。钢主梁索距一般采用 8 ～ 24m。

5.3.2.3 主梁

(1) 主梁的高跨比

主梁的高跨比是指梁高与主跨跨长的比值。主梁高跨比的正常范围：

对于双索面情形：1/100 ～ 1/150；

对于单索面情形：1/50 ～ 1/100，且高宽比不宜小于 1/10。

(2) 主梁横截面

常用的主梁从材料上分，有钢主梁、混凝土主梁、钢与混凝土的结合梁、主跨钢梁与边跨混凝土梁的混合式主梁等。

混凝土斜拉桥主梁较常用的截面形式如图 5.37 所示。其中以图 5.37(a) 的板式截面最为简单，适用于双面密索且宽度不大的桥梁。对于较宽的双索面桥，常采用抗风性能良好的半封闭式箱形截面[图 5.37(b)]。这种断面形式首先在美国的 P-K 桥(跨径 299m) 上采用，因而常将它称为 PK 断面。图 5.37(c) 是将两个边主梁对准索面分离设置，其特点是先用悬臂法分段拼装或灌筑边主梁和横隔板后再安装桥面肋板，施工极为方便。图 5.37(d) 为适用于单索面布置且需要抗扭刚度大的单箱多室截面，中间由两道腹板形成窄室，可使斜拉索有效地锚固在它的短肋上。图 5.37(e) 的单室箱形截面是单索面混凝土斜拉桥较典型的实例，箱室内在锚索处和在索间距一半处均设置一对预应力加劲斜杆，借以将索力有效地传至整个截面。与其他截面相比较，这种结构每平方米桥面的混凝土用量最少。图 5.37(f) 为三角形箱梁截面，它的特点是三角形横隔梁简支在两侧斜拉索上，受荷后的横隔梁弯矩分布图又恰与横隔梁梁高的变化相匹配，因此在力学上是比较合理的，而且这种形式对抗风也特别有利。图 5.37(g) 所示的截面形式是在桥面中央有两个靠近的索面，而两侧伸出较长悬臂肋板，中央带用作人行道，其中的斜加劲杆作用与图 5.37(e) 相同。

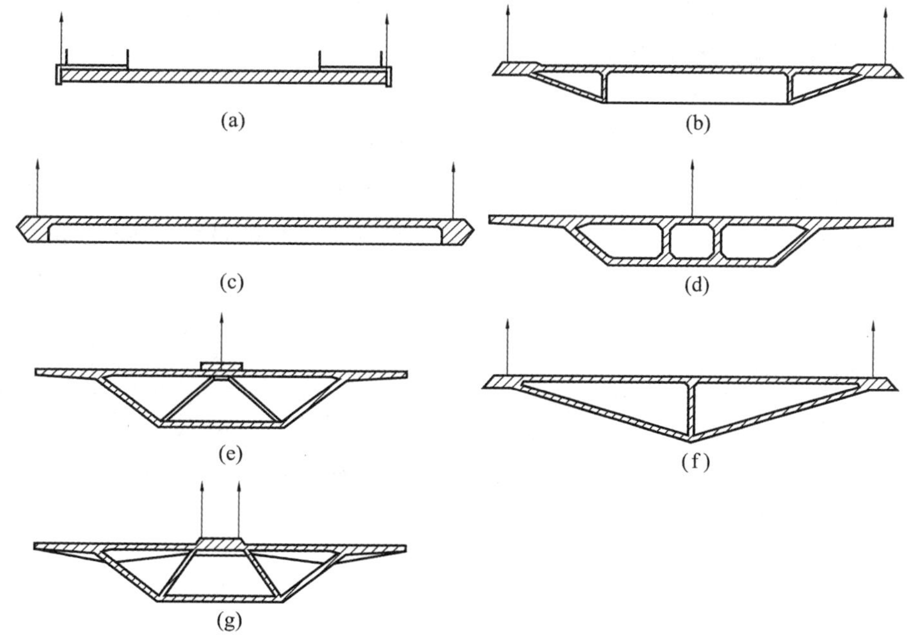

图 5.37 混凝土主梁横截面

5.3.2.4　索塔

索塔主要承受轴力，即斜拉索的竖向分力，同时还要承受相邻两跨因车辆活载、温度变化等因素导致的不平衡弯矩的作用。其结构形式、塔高、截面尺寸及支承方式，必须依据桥位处的地质、水文条件和斜拉桥的主跨、桥宽、斜拉索的布置以及桥梁建筑造型等因素而决定。

(1) 索塔的纵向布置

索塔沿桥纵向的布置有独柱式、A 字形、倒 Y 形等几种，如图 5.38 所示。单柱式主塔构造简单；A 字形和倒 Y 形在顺桥向刚度大，有利于承受索塔两侧斜拉索的不平衡拉力；A 字形还可减小主梁在该点处的负弯矩。

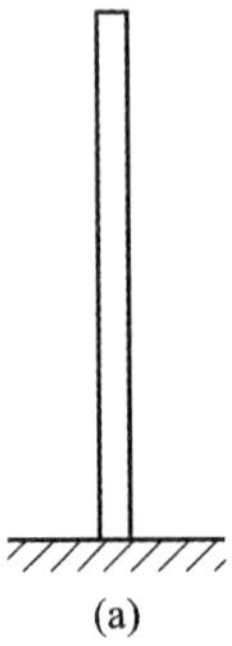

图 5.38　索塔纵向布置

(2) 索塔的横向布置

索塔横桥方向的布置方式，可分为独柱形、双柱形、门形或 H 形、A 形、宝石形或倒 Y 形等，如图 5.39 所示。

索塔纵横向布置均呈独柱形的索塔，适用于单索面或空间双索面斜拉桥。当需要加强横桥向抗风刚度时，则可以配合采用图 5.39(g) 或图 5.39(h) 的型式。图 5.39(b) ～ 图 5.39(d) 一般适用于双平面索的情况；图 5.39(e)、图 5.39(f) 和图 5.39(i) 一般适用于空间双索面的斜拉桥上。

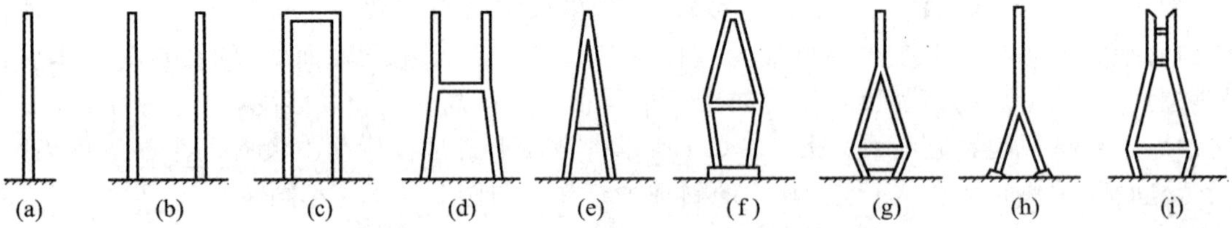

图 5.39　索塔横向布置

(3) 索塔的高跨比

索塔的高跨比范围，一般如图 5.40 所示。当为双塔时，塔高 $H = (1/4 \sim 1/6)L_2$ 中跨；当为单塔时，塔高 $H = (1/3 \sim 1/4)L_2$ 主跨。但索塔的适宜高跨比要由经济性来决定。因为索塔高度 H 越大，斜拉索的倾角越大，其垂直分力对主梁的支承效果也越大，但索塔与斜拉索的材料用量则要增加，反之亦然。

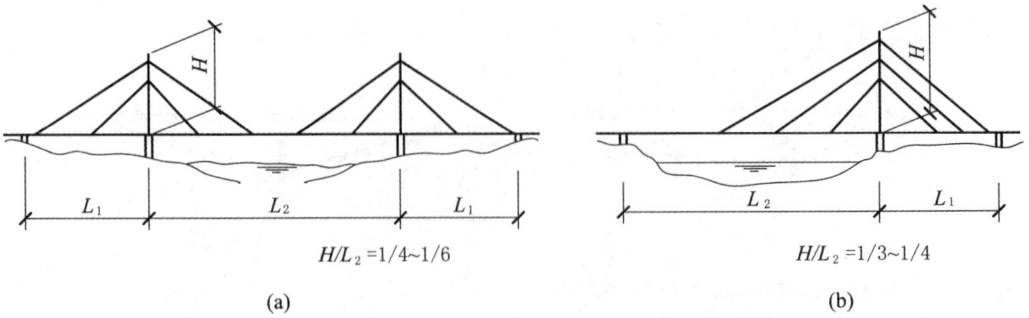

图 5.40　索塔高跨比

(a) 双塔三跨式；(b) 独塔双跨式

5.3.2.5　斜拉桥的结构体系

梁、塔、墩可以有三种结合方式，即塔墩固结、塔梁固结和塔梁墩固结，并由此可组成四种不同的结构体系，即飘浮体系、支承体系、塔梁固结体系和刚构体系。现分述如下(图 5.41)：

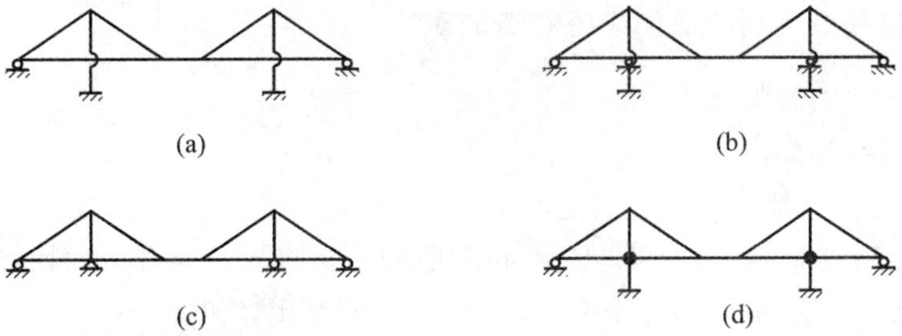

图 5.41　斜拉桥的结构体系

(a) 飘浮体系；(b) 支承体系；(c) 塔梁固结体系；(d) 刚构体系

(1) 飘浮体系

塔墩固结、塔梁分离。主梁除两端有支承外，其余全部用拉索悬吊，属于一种在纵向可稍做浮动的多跨弹性支承连续梁。空间动力分析表明，斜拉索是不能对梁提供有效的横向支承的，为了抵抗由于风力等引起的主梁的横向水平位移，一般应在塔柱和主梁之间设置一种用来限制侧向变位的橡胶支座，简称侧向限位支座。

该体系的主要优点是主跨满载时，塔柱处的主梁截面无负弯矩峰值；由于主梁可以随塔柱的缩短而下降，所以温度、收缩和徐变内力均较小。密索体系中主梁各截面的变形和内力的变化较平缓，受力较均匀；地震时允许全梁纵向摆荡，做长周期运动，从而吸震消能。目前，大跨斜拉桥（主跨 400m 以上）多采用此种体系。

飘浮体系的缺点是：当采用悬臂施工时，塔柱处主梁需临时固结，以抵抗施工过程中的不平衡弯矩和纵向水平剪力，由于施工不可能做到完全对称，成桥后解除临时固结时，主梁会发生纵向摆动，应予以注意。

(2) 支承体系

塔墩固结，主梁在塔墩上设置竖向支承，成为具有多点弹性支承的三跨连续梁。可以是一个固定支座，三个活动支座；也可以是四个活动支座，一般均设为活动支座，以避免由于不对称约束而导致不均衡温度变位，水平位移将由斜拉索制约。

支承体系若采用一般支座来处理则无明显优点，因为当两跨满载时，塔柱处主梁有负弯矩尖峰，温度、收缩、徐变次内力仍较大。若在墩顶设置一种可以用来调节高度的支座或弹簧支承来替代从塔柱中心悬吊下来的拉索(一般称“零号索”)，并在成桥时调整支座反力，以消除大部分收缩、徐变等的不利影响，这样就可以与飘浮体系相媲美，并且在经济和美观方面将会有一定好处。此外支承体系在悬臂施工中不需额外设置临时支点，施工比较方便。

(3) 塔梁固结体系

将塔梁固结并支承在墩上，主梁的内力与挠度直接同主梁与索塔的弯曲刚度比值有关。这种体系的主梁一般只在一个塔柱处设置固定支座，而其余均为纵向可以活动的支座。

这种体系的优点是，显著减小主梁中央段承受的轴向拉力，索塔和主梁的温度内力极小。缺点是中孔满载时，主梁在墩顶处的转角位移导致塔柱倾斜，将使塔顶产生较大的水平位移，从而显著地增大主梁跨中挠度和边跨负弯矩；另外上部结构重量和活载反力都需由支座传给桥墩，这就需要设置很大吨位的支座。在大跨径斜拉桥中，这种支座甚至达到上万吨级，这样给支座的设计制造及日后养护、更换均带来较大的困难。

(4) 刚构体系

塔梁墩相互固结，形成跨度内具有多点弹性支承的刚构。

这种体系的优点是既免除了大型支座又能满足悬臂施工的稳定要求；结构的整体刚度比较好，主梁挠度也小。缺点是主梁固结处负弯矩大，使固结处附近截面需要加大；再则，为消除温度应力不得不在主梁跨中设置可以容许水平移动的剪力铰或挂梁，从而导致行车的不通畅，因此，这种体系比较适合于独塔斜拉桥。

另一个改善的方案，那就是当设计的桥墩很高时，则采用由两片薄壁组成的柔性墩，来适应由于温度、收缩、徐变和活载等对结构产生的水平变形，这样便形成了连续刚构体系，既保持了刚构体系的优点，又达到了使行车平顺舒适的目的。

5.3.3　斜拉桥的非线性问题和最佳成桥状态的确定

5.3.3.1　斜拉桥的非线性问题

(1) 主梁与索塔的非线性影响

斜拉桥的主梁与索塔一般都是以受压为主的构件。前者以承受斜索的水平分力为主，后者以承受斜索的垂直分力为主。在考虑非线性影响后，主梁的挠度和索塔的位移将使弯矩有增大趋势。从图 5.42 的简单图式可以理解，直杆 AB 中的 m 点产生挠曲位移 δ 后，在轴力 P 和弯矩 M 的作用下，m 点的弯矩变为 $M+\delta P$。对通常跨度的斜拉桥来说，非线性影响并不太大，一般只有百分之几的增幅，可以不考虑。但是对于跨度较大或刚度较小的斜拉桥来说，就有必要考虑其影响了。例如德国的 Speyer 桥（跨度 181m＋275m 的钢斜拉桥，1975 年），在考虑非线性影响后弯矩增大达 18％ 之多，这是必须注意的。

(2) 斜拉索的垂度影响

斜拉索的垂度影响是非线性问题之一。由于斜拉索存在一定的自重垂度，故其弹性模量 E 也存在一定的下降或损失，如图 5.43 所示。考虑斜拉索垂度影响而对 E 值进行修正的非线性分析，一般采用 Ernst 公式来进行计算：

$$E_{eq}=\frac{E}{1+\frac{\gamma^2 l^2}{12\sigma^3}} \tag{5.10}$$

式中　E_{eq}——Ernst 修正弹性模量；

E——斜拉索钢材的弹性模量；

γ——斜拉索钢材单位体积重量；

σ——斜拉索的应力；

l——斜拉索的水平投影长度。

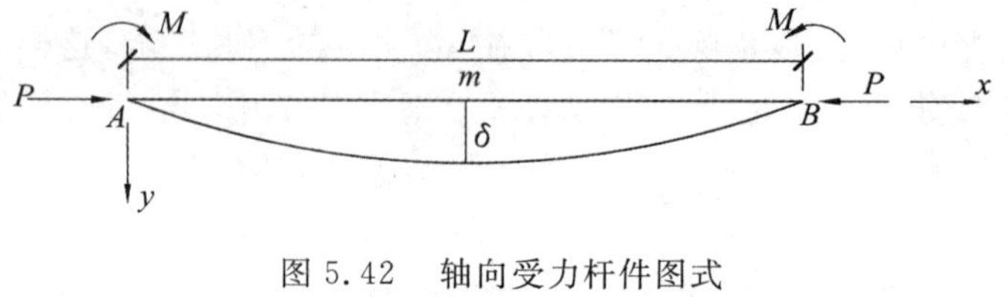

图 5.42　轴向受力杆件图式

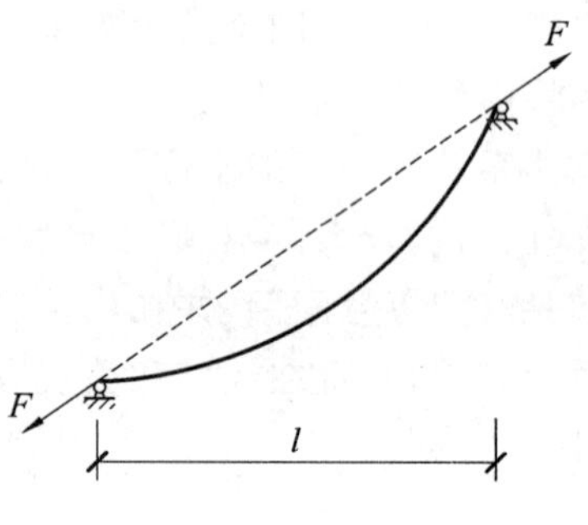

图 5.43　斜拉索的力学图式

由公式知，当 $l=200$m，斜拉索高强钢丝抗拉强度 $\sigma_b=1700$MPa，而斜拉索应力取 $\sigma=0.18\sigma_b=300$MPa 时，$E_{eq}=0.87E$。

斜拉索的垂度影响，主要表现在斜拉索安装过程中的施工张拉伸长量增大，但到了成桥以后，由于其索力甚大，故影响甚微。

5.3.3.2　斜拉桥最佳成桥状态的确定（调索计算）

斜拉桥属高次超静定结构，设计和施工均较一般梁式桥复杂。主梁施工方法通常为分段悬臂现浇或悬臂拼装。在斜拉桥的设计中，通常先要确定一个合理的成桥状态，然后根据拟定的施工工序确定各合理施工状态。所谓合理成桥状态是指斜拉桥在施工完成后，在所有恒载作用下，各构件受力满足某种理想状态，如梁、塔中弯曲应变能最小。斜拉桥合理成桥状态确定的过程实际上就是按施工过程确定各索初张力的过程。合理成桥状态的确定通常可以先不考虑施工过程，只根据成桥状态的受力图式来计算，然后按施工过程将索的张拉程序逐个细化。分析方法有简支梁法、刚性支承连续梁法、最小弯曲应变能法、可行域法等。

(1) 简支梁法

选择一个合适的斜拉索初始张拉力，使主梁结构的恒载内力与主梁以拉索的锚固点为简支支承的简支梁内力一致。

(2) 刚性支承连续梁法

将斜拉索和主梁锚固点处作为刚性支承点(零挠度) 进行分析，计算出各支点反力。根据斜拉索索力的竖向分力与刚性支点反力相等的条件确定斜拉索的成桥状态索力，主梁的恒载内力图即为刚性支承连续梁的弯矩及支承反力产生的轴力图。计算方法可按一般的结构力学方法进行。这种方法的优点是力学概念明确，计算简单，且成桥索力接近“稳定张拉力”，有利于减小徐变对成桥内力的影响。但是，通过施工来实现这种内力状态是困难的。因为跨中段的弯矩与一次张拉力无关(不计徐变时)。成桥后必须设法消除由中间合拢段及二期恒载引起的正弯矩效应。这就要通过反复调索来实现，对密索体系较难控制。

(3) 可行域法

可行域法则是从控制主梁应力的角度着手，索力过大或过小都有可能造成主梁上、下缘拉应力或压应力超限，因而期间必定存在一个索的可行域，使主梁在各种工况下的应力均在容许范围之内。

实际操作中，往往先以上述状态为目标，初拟索力分布，随后根据主梁应力包络图对索力进一步优化，最终得到的最佳成桥状态应该是索力分布较均匀，并且在任何情况下主梁各断面不出现过大的应力峰值。

5.3.4 存在的问题

迄今为止，已建成的斜拉桥跨度已发展到千米级，如果斜拉桥的跨度继续向前推进，若在结构形式上仍维持传统的做法，将会带来以下问题：

(1) 索塔过高

斜拉桥索塔的有效高度受斜索最小水平倾角(20°) 的限制，其高跨比约为 1/5，跨径为 1000m 时塔高达 200m；而悬索桥的缆索矢跨比约为 1/10，跨径 1000m 时塔高仅 100m。斜拉桥索塔的高度要比同跨度悬索桥的高一倍。

索塔过高，除施工困难和须解决高耸结构动力稳定问题之外，在某些场合还会影响斜拉桥的竞争优势。例如，日本东京湾的彩虹桥，主跨 570m，本可采用斜拉桥，但由于附近航空港对塔顶高程的限制，最后改用悬索桥。

(2) 斜拉索过长

随着跨径增加，斜拉索长度增加，需要克服索自重的分量增大，能为主梁提供支撑的分量减少，拉索效率将迅速降低。而在活载作用下，索的刚度是结构刚度的重要组成部分，拉索增长后自重垂度使其弹性模量降低，而长索的线刚度又较低，因而拉索刚度也迅速衰减。

另外，还需要考虑长拉索的振动问题。引起斜拉索振动的机理十分复杂，目前已经知道可能发生的振动类型有以下几种：涡激振动、尾流驰振、风雨激振、抖振、参数振动。拉索长度增加后的振动特性以及其控制方法是需要解决的另一个关键问题。

(3) 主梁轴力过大

斜拉桥主梁基本处于受压状态，这对抗拉性能差的混凝土主梁来说，拉索的水平分力相当于施加了预应力，对混凝土斜拉桥是十分有利的。但对于跨径超过 600m 的斜拉桥，钢主梁将占主导，斜拉索的水平分力对钢主梁形成的水平轴向压力是不利的，跨径增大造成拉索增多、轴力积累，主梁为抵抗轴压力截面被迫增大，钢材用量将飙升。

可以设想，随着其他相关技术的进步，如新材料的开发，斜拉及悬索的组合，电子技术的进步，施工机械和方法的改进，计算理论的创新等，它们必然会促使斜拉桥不断发展，人们会设计出更为新颖壮观的斜拉桥来。

5.3.5 斜拉桥实例

苏通长江公路大桥位于上海西北约 100km 处，是横跨长江、连接苏州与南通两市的一座特大桥梁，是我国沿海高速公路跨越长江的枢纽工程。该桥主桥是七跨双塔双索面半漂浮体系钢箱梁斜拉桥，主跨为1088m，整个主桥跨径布置为 100m + 100m + 300m + 1088m + 300m + 100m + 100m = 2088m，是世界上首座跨径超千米的斜拉桥。大桥采用双向六车道，桥面宽度为34m，计算行车速度为100km/h，结构设计基准期为 100 年，设计风速为 100 年一遇，10m 高度基准风速为 38.9m/s，通航净宽 891m，净高 62m。其立面布置如图 5.44 所示，桥面纵坡为 1.5%，竖曲线半径 $R = 36300$m。

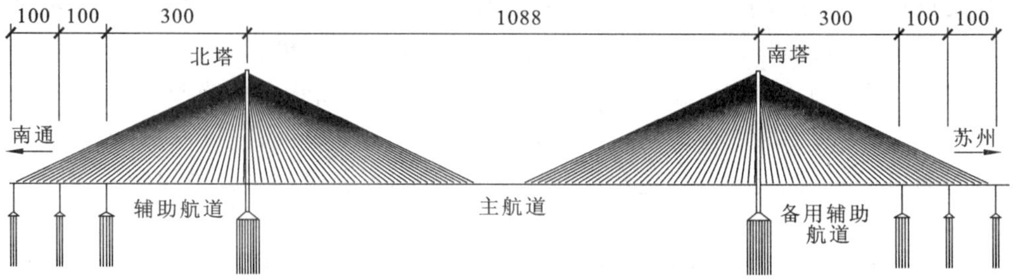

图 5.44　苏通长江公路大桥主桥立面图(单位:m)

主梁采用全焊带风嘴的扁平闭口流线型钢箱梁，梁中心线处高 4.0m，钢箱梁含风嘴总宽度为 41.0m，不含风嘴顶板宽为 35.4m，底板宽为 9m + 23m + 9m。横断面布置如图 5.45 所示。全桥钢箱梁分为 17 种类型 141 个节段，节段标准长度为 16m，边跨尾索区节段标准长度为 12m。根据受力需要，顶板在顺桥向不同区段采用了 14 ～ 24mm 的不同厚度，横桥向靠近外腹板 2550mm 范围内采用了 20mm、24mm 两种厚度，并设置了 8 ～ 10mm 厚 U 形加劲肋；底板在顺桥向不同区段采用了 12 ～ 24mm 的不同厚度，并设置了 6 ～ 8mm 厚 U 形加劲肋。钢箱梁内设置横隔板，其标准间距为 4m，竖向支撑、索塔附近梁段适当加密。钢箱梁内设置两道纵隔板，除竖向支撑区、压重区和索塔附近梁段采用实腹式外，其余均为桁架式。

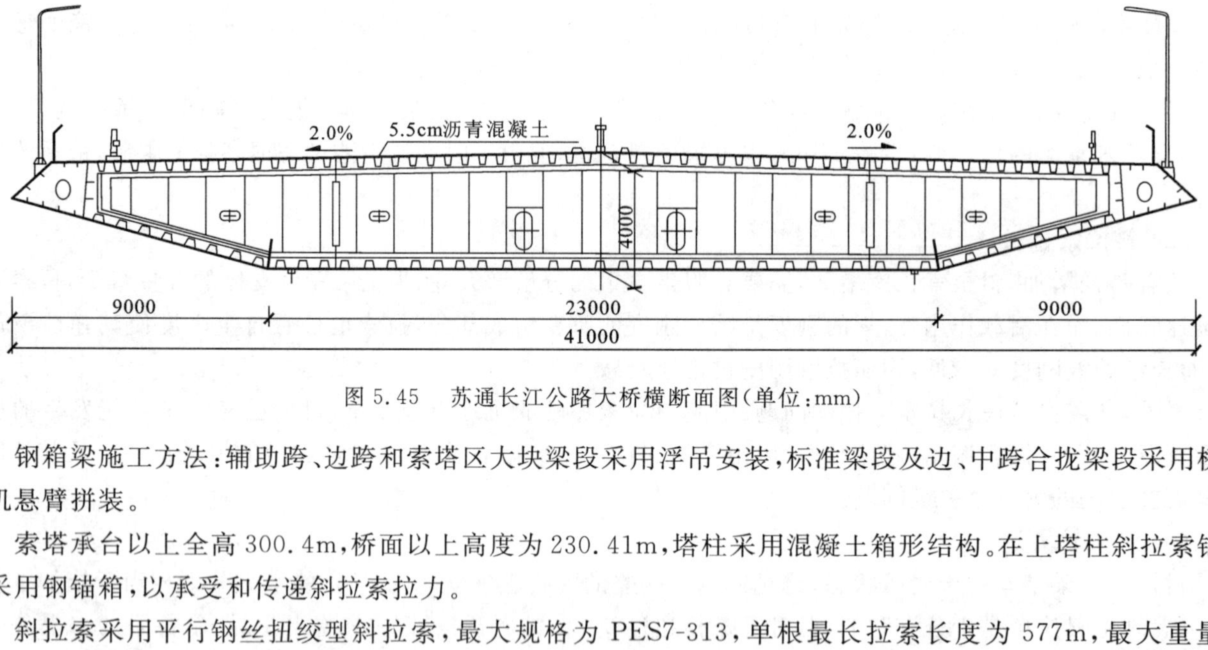

图 5.45　苏通长江公路大桥横断面图(单位:mm)

钢箱梁施工方法：辅助跨、边跨和索塔区大块梁段采用浮吊安装，标准梁段及边、中跨合拢梁段采用桥面吊机悬臂拼装。

索塔承台以上全高 300.4m，桥面以上高度为 230.41m，塔柱采用混凝土箱形结构。在上塔柱斜拉索锚固区采用钢锚箱，以承受和传递斜拉索拉力。

斜拉索采用平行钢丝扭绞型斜拉索，最大规格为 PES7-313，单根最长拉索长度为 577m，最大重量为 59t。全部采用 ϕ7.0mm 镀锌高强钢丝，抗拉标准强度 $R_y = 1770$MPa。斜拉索在主梁上的锚固采用锚箱式，锚箱安装在主梁腹板外侧，并与其焊成一体。锚固点标准间距为 16m，边跨尾索区为 12m；在塔上锚固间距为 2.3 ～ 2.7m。斜拉索设计寿命为 50 年，并考虑其可换性。斜拉索减振措施的目标是将拉索的最大侧向振幅控制在其长度的 1/1700 以内，为此，斜拉索采取在索面上设置凹坑的气动措施来减少斜拉索风雨激振影响，增设体外阻尼器来提高拉索阻尼，抑制拉索振动，并采取预留可安装辅助索的综合减振方案。

苏通长江公路大桥是目前世界上最大跨径的斜拉桥，该桥的设计和施工将为我国特大跨径斜拉桥建设提供宝贵经验。

5.4 悬 索 桥

悬索桥(也称吊桥)是用悬挂在塔架上的强大缆索作为主要承重结构的桥梁。它由主缆、桥塔(包括基础)、锚碇、吊杆、加劲梁、鞍座及桥面结构等几部分组成(图 5.46)。其中主缆、桥塔和锚碇构成主要承重结构,即称为第一承重体系;而悬索桥的梁主要是起提供桥面、传递荷载及维持抗风稳定的作用,因而称为加劲梁,不称为主梁。当设计的桥梁跨度在 800m 及以上时,悬索桥总是被优先考虑的桥型。其主要原因是以高强钢丝作为主要承拉结构的悬索桥具有跨越能力大、受力合理、最能发挥材料强度等特点,同时它还以整体造型流畅美观和施工安全快捷等优势而受推崇。

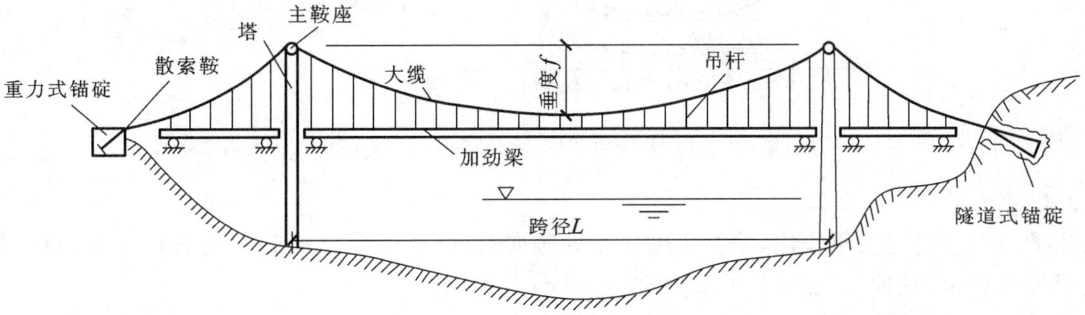

图 5.46　悬索桥的组成

5.4.1　结构构造

5.4.1.1　主缆

现代的悬索桥多采用平行钢丝主缆,它由高强度镀锌平行钢丝束组成,为便于施工安装和锚固,主缆通常被分成束股再进行编制架设,并在两端锚碇处分别锚固,主缆的其余区段则挤紧成规则的圆形,然后缠以软质钢丝捆扎,并进行外部涂装防腐。另外,还可以用干空气导入法来防腐(即:用除湿机产生的干燥空气用管道输送,通过入口索夹输入主缆,经出口索夹排出主缆)。主缆通常采用空中编丝法(AS 法,Air Spinning Method) 和预制平行束股法(PPWS 法,Pre-fabricated Parallel Wine Stand Method) 成缆。主缆在全桥的布置一般是每桥 2 根,分别布置在加劲梁两侧吊点之上。

缆的截面组成:一般是先由 ϕ5mm 左右的镀锌钢丝组成钢丝束股,然后再由若干根钢丝束股构成一根缆。每根缆截面大小是由悬索桥缆的拉力大小确定的,一旦钢丝直径选定,缆所含钢丝总数 n 即随之而定。而具有 n 根钢丝的主缆应编制成多少股钢束 n_1 和每股钢束含多少根钢丝 n_2,则需根据缆的编制方法确定。

采用 AS 法时,每缆所含总股数 n_1 较少,为 30 ～ 90 股,但每股所含丝数多达 300 ～ 500 根。因而其单股锚固吨位大,锚固空间相对集中。

采用 PPWS 法时,束股通常按正六边形平行排列定型,按桥跨及其施工条件,每股丝数 n_2 通常取值 61、91、127、169 组成形状稳定的正六边形,如图 5.47 所示。每缆总股数 n_1 多达 100 ～ 300 股,锚固空间相对较大。因其采用工厂预制,故现场架索施工时间相对缩短,气候因素影响小,成缆工效提高。这种成缆方法在目前大跨度悬索桥施工中常用。在图 5.48 中示出了虎门大桥(主跨为 888m 的单跨悬索桥) 主跨采用 PPWS 法成缆的主缆横截面布置图,每根主缆由 110 根索股组成,每根索股由 127 根 ϕ5.2mm 镀锌钢丝组成。

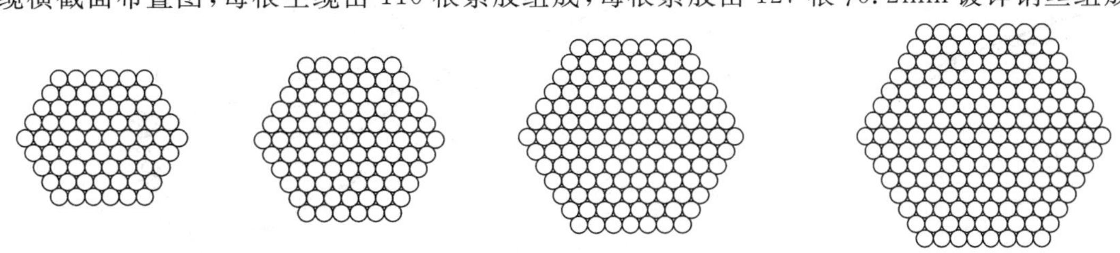

图 5.47　预制束股常用截面

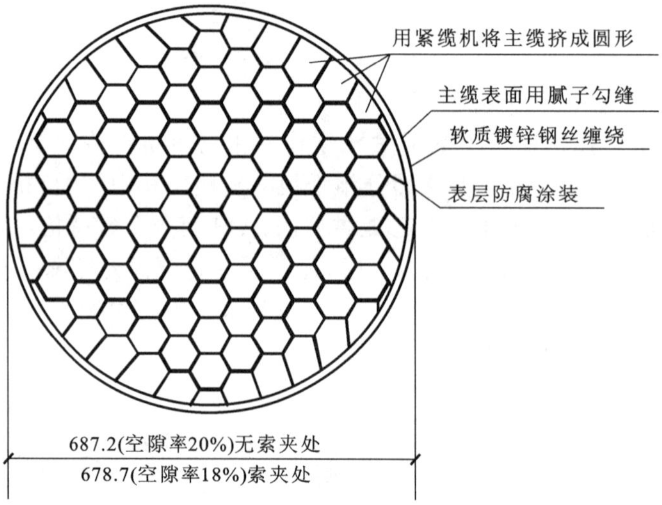

图 5.48　虎门大桥(主跨为 888m 的单跨悬索桥)主跨主缆跨中横截面布置

5.4.1.2　主塔

主塔主要是对主缆起支承作用,分担主缆所受的竖向荷载,同时在风荷载和地震作用下,对全桥结构总体稳定提供安全保证。几种常见的塔的基本形式示于图 5.49 中。

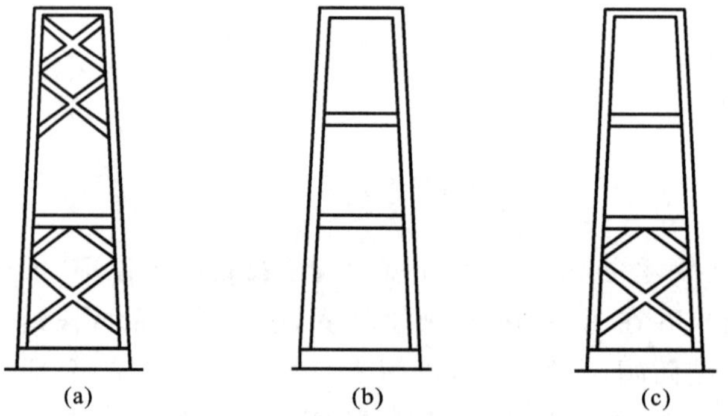

图 5.49　桥塔横桥向示意图

(a) 桁架式;(b) 刚架式;(c) 混合式

在横桥方向,主塔常采用刚架式、桁架式或两者混合的结构形式来联结两侧的立柱,用以抵抗横桥向的风力或地震作用。按照塔身的建造材料,现代悬索桥多为钢筋混凝土桥塔和钢塔两类,而我国多采用前者。

在顺桥方向,按力学性质可分为刚性塔、柔性塔两种结构形式。刚性塔多出现在早期较小跨度的悬索桥和多跨悬索桥中,为提高结构刚度时采用;而柔性塔则是大跨度现代悬索桥最常用的结构,为下端固结的单柱形式。

5.4.1.3　锚碇

悬索桥主缆索股锚固形式分为自锚式和地锚式。自锚式不需要设置锚碇结构,而将主缆直接锚固于加劲梁梁体上,一般仅适于中、小跨径悬索桥。地锚式则将主缆索股锚于重力式锚碇或隧道式锚碇上,如图 5.50 所示。图 5.51 所示为润扬长江大桥南汊悬索桥北锚碇结构布置图。

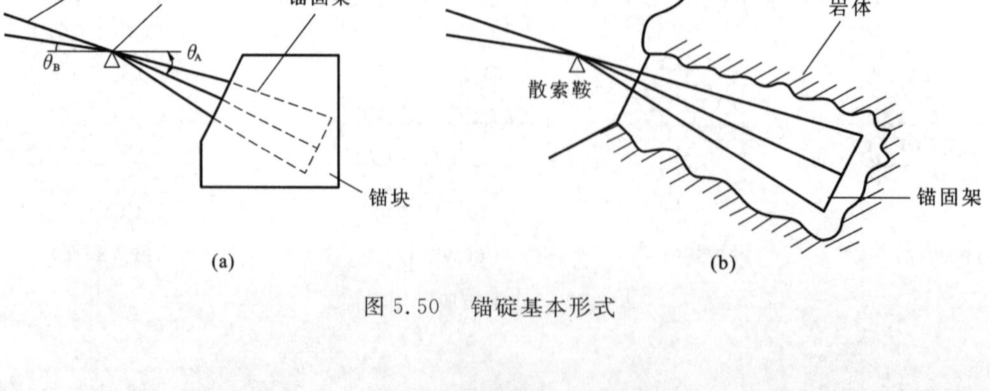

图 5.50　锚碇基本形式

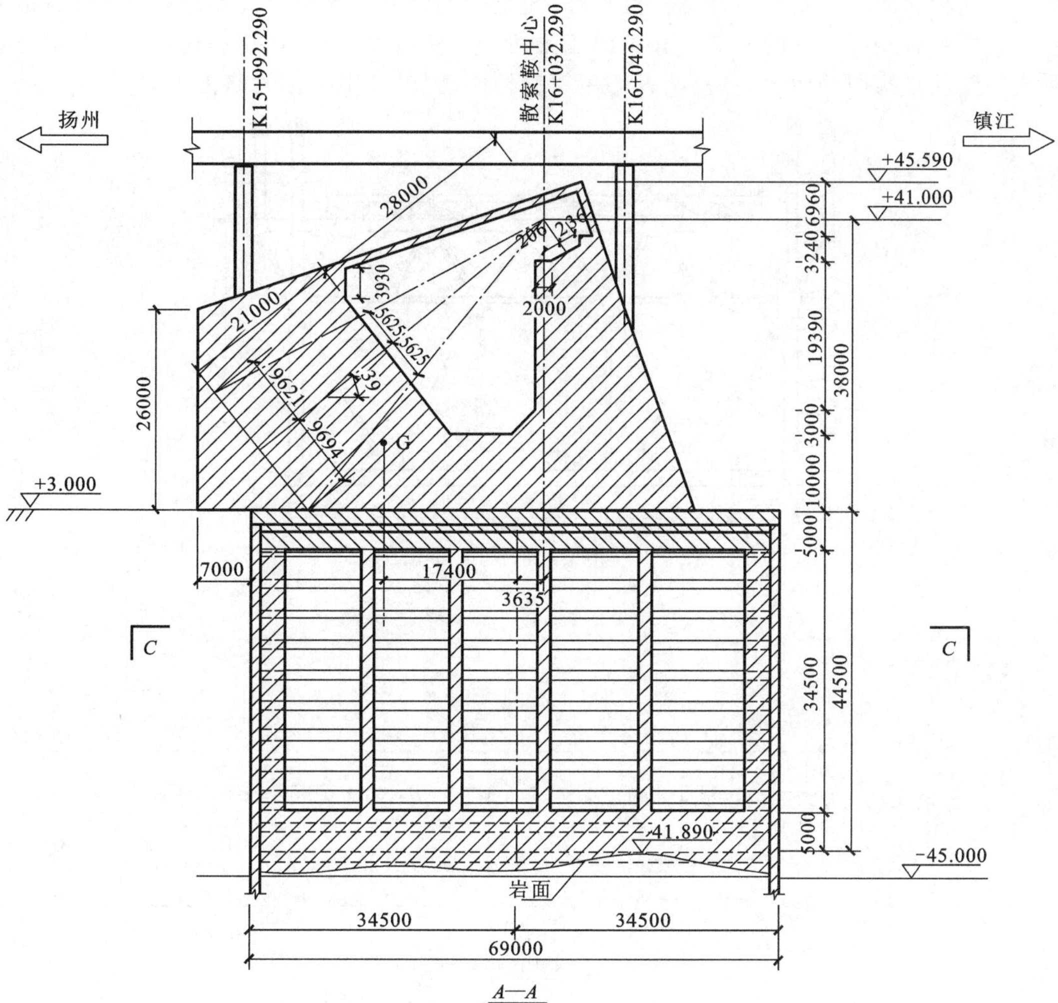

A—A

图 5.51　润扬长江大桥南汊悬索桥(主跨 1490m) 北锚碇示意图

(1) 重力式锚碇

重力式锚碇包括锚体(锚场块、鞍部、缆索防护构造、散索鞍支承构造) 和基础,为一庞大的混凝土结构,依靠其自重来平衡主缆的拉力。锚碇中预埋有锚碇架,它是由钢锚杆和支撑架构成,主缆束股是通过锚头与锚杆联接,再由锚杆通过支撑架分散至整个混凝土锚体。

(2) 隧道式锚碇

隧道式锚碇是先在两岸天然完整坚固的岩体中开凿隧道,将锚碇架置于其中后,用混凝土浇筑而成,这是利用岩体强度对混凝土锚体形成嵌固作用,达到锚固主缆拉力的目的,因而其锚碇混凝土用量较重力式锚碇大为节省,经济性更为显著。

5.4.1.4　*加劲梁*

加劲梁是直接承担竖向活载的结构,其变形从属于主缆,加劲梁的刚度对悬索桥的总体刚度贡献不大,加劲梁起到了分散活载的作用,避免了活载作用位置产生过大的局部下挠。

对于大跨度悬索桥的设计,抗风问题始终是核心技术问题,而其中的颤振稳定性又是重中之重。与主缆及吊索相比,加劲梁横向的迎风面积及风阻系数要大得多,它所承受的横向风力也要大于缆索系统。加劲梁必须能够安全地抵抗横向风压,并且要保证风动力作用下的稳定性。对于风的动力作用,缆和梁总是联合起来作出反应,但是,梁的形状和几何尺寸具有决定性的影响。1940 年 11 月 7 日,美国塔科马大桥($L = 853.4$m) 遭风毁,就是因为选择了不当的加劲梁形式,当风速仅为 19m/s 时,即导致梁颤振破坏。因此,在决定悬索桥加劲梁的结构形式与横截面时,一般须进行风洞试验来验证其抗风稳定性。具体提高加劲梁气动稳定性能的措施有:提高横断面的抗扭刚度,在横截面的两侧增设分流板、导风角,在桥面布置一定的格栅形透风孔等。

加劲梁分钢结构和混凝土结构两种，后者由于混凝土较重导致主缆拉力大和耗材大而较少被采用。钢加劲梁的截面形式主要有美国流派的桁架式和英国流派的扁平钢箱式，如图 5.52 和图 5.53 所示。前者更适合于在铁路桥或公路铁路两用的桥中使用。两者的用钢量相比，则以采用钢箱梁略占优势。

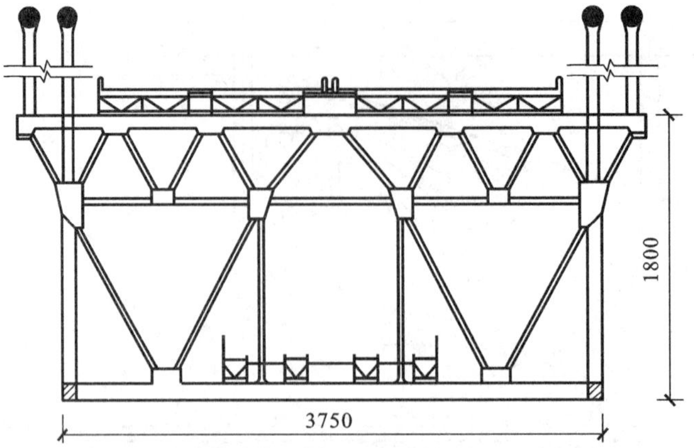

图 5.52　桁架式加劲梁(单位:cm)

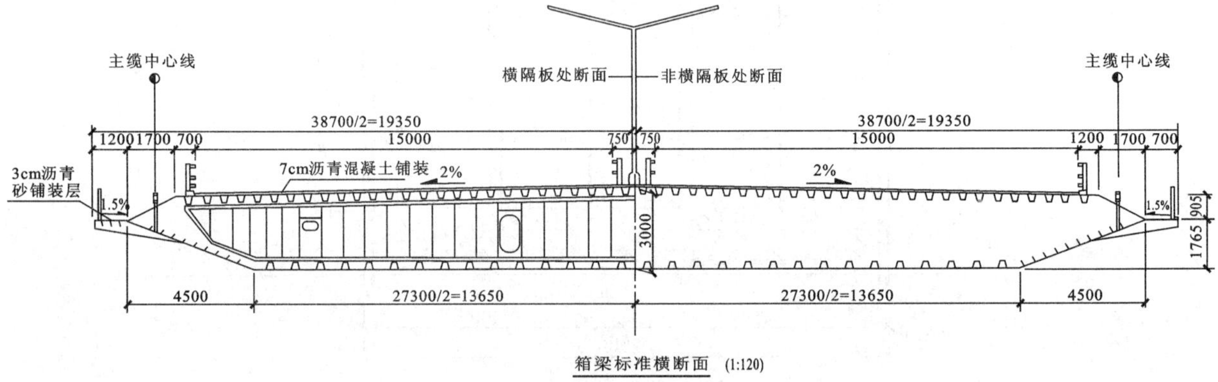

图 5.53　润扬长江大桥南汊悬索桥的扁平钢箱加劲梁示意图(单位:mm)

5.4.1.5　吊索

吊索是将加劲梁悬吊于主缆并将加劲梁的荷载(包括加劲梁一、二期恒载，车辆荷载及风荷载等)传递到主缆的构件，通常按等间距和等截面布置。其下端通过锚头与梁体两侧的吊点联结，上端通过索夹与主缆联结。立面布置上，有常规的竖直吊索和英式斜向吊索(很少采用)两种形式。在与索夹的联结方式上又有四股骑跨式和双股销铰式两种，如图 5.54 所示。吊索通常采用镀锌扭绞钢丝绳、封闭锁口钢丝绳或平行镀锌钢丝束制作，表面涂装油漆或包裹 HDPE(高密度聚乙烯)护套防腐。

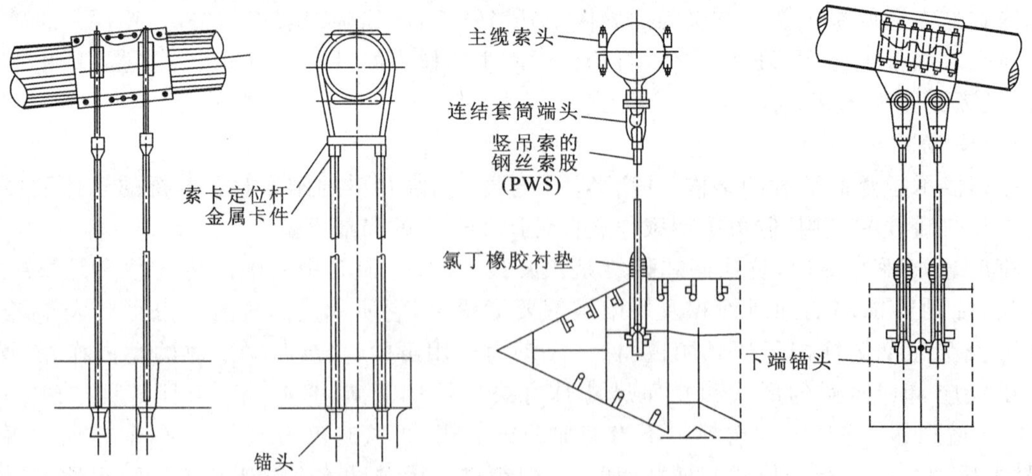

(a)　　(b)

图 5.54　吊索与索夹的联结

(a) 四股骑跨式(用钢丝绳)；(b) 双股销铰式(用平行钢丝)

5.4.1.6 中央扣

悬索桥在汽车荷载及风荷载作用下，加劲梁和主缆在纵横向都将发生位移，特别是在跨中区域，这种位移导致短吊索弯折受力明显，易造成疲劳破坏，因而在跨中设中央扣，可以防止这种疲劳破坏。中央扣可分为柔性扣和刚性扣两种，如图 5.55 所示。

(a)

(b)

图 5.55 中央扣

(a) 柔性中央扣；(b) 刚性中央扣

5.4.1.7 鞍座

鞍座的作用是为主缆提供支撑，并使其线形平顺地改变方向。鞍座均布在主缆几何线形的转折处。

(1) 主索鞍

主索鞍置于塔顶用以支撑主缆，并将主缆所受到的竖向力传至主塔，如图 5.56、图 5.57 所示。鞍座常采用全铸钢或铸焊组合方式制造。由于其结构尺寸及重量较大，通常在纵向分成两节或三节铸造及施工吊装，但须拼合后进行整体机械加工。

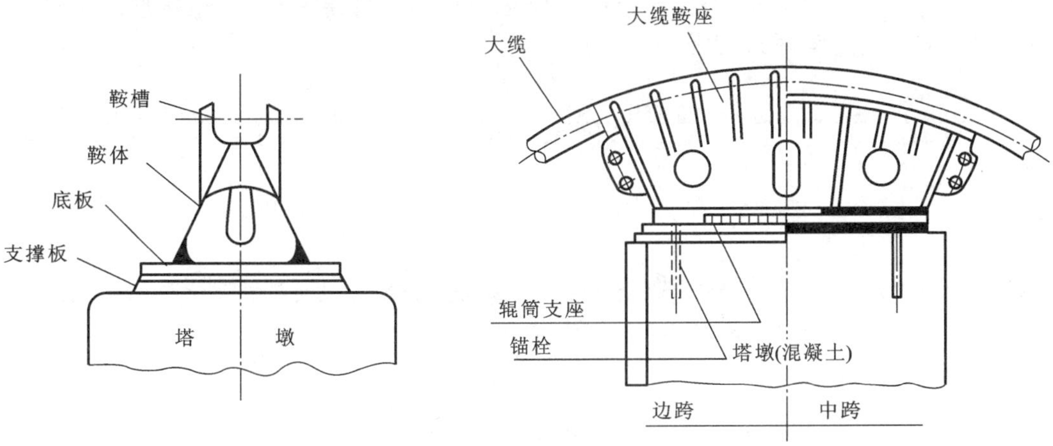

图 5.56 塔顶主索鞍

图 5.57 润扬长江大桥主索鞍

(2) 散索鞍

置于锚碇的前墙处，起着支承转向和分散主缆束股使之便于锚固的作用，如图 5.58 所示。与塔顶主鞍座不同的是，散索鞍在主缆受力或温度变化时要随主缆同步移动，因而其结构形式又有摇柱式和滑移式两种基本类型；在制造上也是分全铸钢和铸焊组合两种方式。

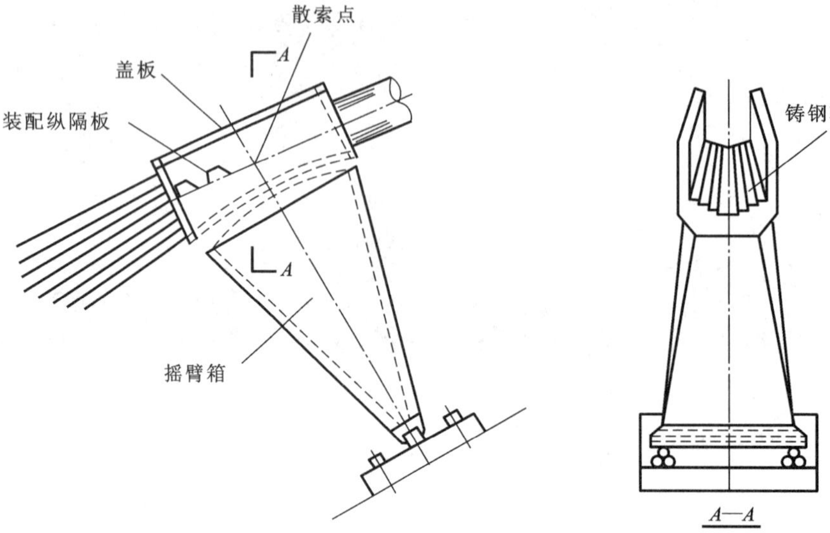

图 5.58　散索鞍

5.4.2　悬索桥的基本类型和适用范围

5.4.2.1　按悬吊跨数分类

按悬吊跨数可分为单跨悬索桥、双跨悬索桥、三跨悬索桥和多跨悬索桥，其结构形式布置如图 5.59 所示。其中单跨悬索桥和三跨悬索桥最为常用。

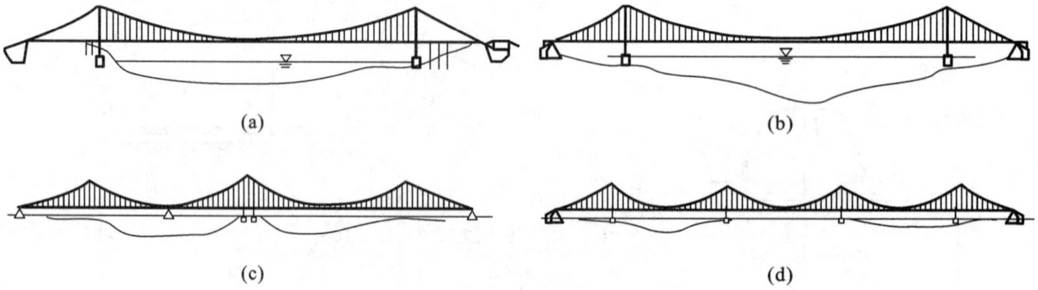

图 5.59　悬吊跨数不同的悬索桥

(a) 单跨悬索桥；(b) 三跨悬索桥；(c) 四跨悬索桥；(d) 五跨悬索桥

(1) 单跨悬索桥

单跨悬索桥常用于高山峡谷地区，两岸地势较高，或者道路的接线受到限制，使得平面曲线布置不得不进入大桥边跨的情况。就结构特性而言，单跨悬索桥由于边跨主缆的垂度较小，主缆长度相对较短，对中跨荷载变形控制更为有利。

(2) 三跨悬索桥

三跨悬索桥是目前国际工程实例中应用最多的桥型，这是因为三跨悬索桥的缆吊结构总长度较单跨悬索桥大得多，特别适合于超宽的海面，同时其流畅对称的建筑造型也更符合人们的审美观点。

(3) 多跨悬索桥

四跨或五跨以上的悬索桥统称为多跨悬索桥，这种桥型由于结构刚度小，中塔受力过大，难以满足特大跨度悬索桥的基本受力指标，因而也就不具备优势，在建桥条件需要采用连续作大跨布置时，可以用多个三跨悬索桥联袂布置，中间共用一座锚碇锚固这两桥的主缆，如图 5.60 所示。如美国旧金山-奥克兰海湾大桥和日本本州四国联络线中的南北备赞大桥。当建桥条件特别适合于作连续大跨布置而采用四跨悬索桥时，为满足全桥刚度的要求，通常需要将中间塔沿纵向作 A 形布置，如图 5.59(c) 所示，相应的塔顶主缆须采用特殊锚固措施，以克服两侧较大的不平衡水平拉力。

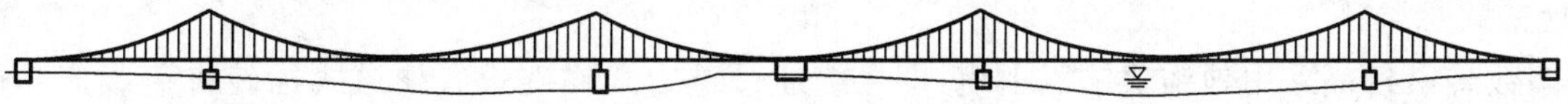

图 5.60　联袂布置的悬索桥

表 5.4 为世界上已建成的部分悬索桥(主跨 ≥ 1000m) 的技术参数。

悬索桥(主跨 ≥ 1000m) 的技术参数　　**表 5.4**

<table>
<tr><th>序号</th><th>桥名</th><th>竣工年份</th><th>跨度(m)
边、主跨比</th><th>加劲梁型</th><th>跨数</th><th>支承方式</th><th>主缆间距(m)
垂跨比</th><th>梁高(m)
高跨比</th><th>梁宽(m)
宽跨比 | 高宽比</th><th>主缆形式
根墩×直径(mm)</th><th>塔高
材料</th><th>车道位置
锚固形式</th><th>吊杆间距(m)</th></tr>
<tr><td>1</td><td>日本，明石海峡大桥</td><td>1998</td><td>960＋1991＋960
0.482</td><td>钢桁梁</td><td>三跨</td><td>双铰</td><td>35.5
1/10</td><td>14.0
1/142</td><td>35.5
1/56.1 | 1/2.5</td><td>PWS
2×1120</td><td>297
钢</td><td>上层
重力式</td><td>14.2</td></tr>
<tr><td>2</td><td>中国，舟山西堠门大桥</td><td>2009</td><td>578＋1650＋485
0.350,0.294</td><td>钢箱梁</td><td>两跨</td><td>连续</td><td>31.4
1/10</td><td>3.51
1/470</td><td>36
1/45.8 | 1/10.25</td><td>PWS
2×855</td><td>233.286/211.286
混凝土</td><td>上层
重力式</td><td>18</td></tr>
<tr><td>3</td><td>丹麦，大贝尔特桥</td><td>1998</td><td>535＋1624＋535
0.329</td><td>钢箱梁</td><td>三跨</td><td>连续</td><td>27.3
1/9</td><td>4.0
1/406</td><td>31.0
1/52.4 | 1/7.8</td><td>AS
2×827</td><td>254
混凝土</td><td>上层
重力式</td><td>24.0</td></tr>
<tr><td>4</td><td>中国，润扬长江大桥</td><td>2005</td><td>470＋1490＋470
0.315</td><td>钢箱梁</td><td>单跨</td><td>双铰</td><td>35.3
1/10</td><td>3.0
1/497</td><td>35.8
1/41.6 | 1/11.9</td><td>PWS
2×895</td><td>208
混凝土</td><td>上层
重力式</td><td>16.1</td></tr>
<tr><td>5</td><td>英国，恒比尔河桥</td><td>1981</td><td>280＋1410＋530
0.199,0.376</td><td>钢箱梁</td><td>三跨</td><td>双铰</td><td>22.0
1/12</td><td>4.5
1/313</td><td>22.0
1/64.1 | 1/4.9</td><td>AS
2×684</td><td>155
钢</td><td>上层
重力式</td><td>斜吊杆
18.0</td></tr>
<tr><td>6</td><td>中国，江阴长江大桥</td><td>1999</td><td>336＋1385＋309
0.243,0.223</td><td>钢箱梁</td><td>单跨</td><td>双铰</td><td>32.5
1/10.5</td><td>3.0
1/462</td><td>33.1
1/42.6 | 1/11</td><td>PWS
2×870</td><td>186
混凝土</td><td>上层
重力式</td><td>16.0</td></tr>
<tr><td>7</td><td>中国，香港青马大桥</td><td>1997</td><td>355＋1377＋300
0.258,0.218</td><td>钢箱梁</td><td>三跨</td><td>连续</td><td>36.0
1/11</td><td>7.7
1/178.8</td><td>41.0
1/33.6 | 1/5.3</td><td>AS
2×1100</td><td>201
混凝土</td><td>公铁两用
重力式</td><td>18.0</td></tr>
<tr><td>8</td><td>美国，维拉扎诺桥</td><td>1964</td><td>370＋1298＋370
0.285</td><td>钢桁梁</td><td>三跨</td><td>双铰</td><td>31.39
1/11.1</td><td>7.32
1/177.4</td><td>30.63
1/42.4 | 1/4.2</td><td>AS
4×599</td><td>192
钢</td><td>双层
重力式</td><td>15.09</td></tr>
<tr><td>9</td><td>美国，金门大桥</td><td>1937</td><td>343＋1280＋343
0.268</td><td>钢桁梁</td><td>三跨</td><td>双铰</td><td>27.43
1/8.9</td><td>7.62
1/168</td><td>27.43
1/46.7 | 1/3.6</td><td>AS
2×924</td><td>210
钢</td><td>上层
重力式</td><td>15.22</td></tr>
<tr><td>10</td><td>瑞典，滨海高桥</td><td>1997</td><td>310＋1210＋280
0.256,0.231</td><td>钢箱梁</td><td>三跨</td><td>连续</td><td>20.8
1/9.5</td><td>4.0
1/303</td><td>22.0
1/55 | 1/5.5</td><td>AS
2×640</td><td>180
混凝土</td><td>上层
重力式</td><td>20.0</td></tr>
<tr><td>11</td><td>美国，麦基诺海峡桥</td><td>1957</td><td>549＋1158＋549
0.474</td><td>钢桁梁</td><td>三跨</td><td>双铰</td><td>20.73
1/10.8</td><td>11.58
1/100</td><td>20.73
1/55.9 | 1/1.8</td><td>AS
2×622</td><td>157
钢</td><td>上层
重力式</td><td>11.89</td></tr>
<tr><td>12</td><td>中国，湖南矮寨大桥</td><td>2012</td><td>242＋1176＋116
0.206,0.099</td><td>钢桁梁</td><td>单跨</td><td>简支</td><td>27
1/9.6</td><td>7.5
1/156.8</td><td>27
1/43.56 | 1/3.6</td><td>PWS
2×855</td><td>129.3/61.9
混凝土</td><td>上层
重力式/隧道式</td><td>34,33</td></tr>
<tr><td>13</td><td>日本，南备赞大桥</td><td>1988</td><td>274＋1100＋274
0.274</td><td>钢桁梁</td><td>三跨</td><td>连续</td><td>35.0
1/11</td><td>13.0
1/84.6</td><td>30.0
1/36.7 | 1/2.3</td><td>PWS
2×1070</td><td>181
钢</td><td>公铁两用
重力式</td><td>13.1</td></tr>
<tr><td>14</td><td>土耳其，博斯普鲁斯二桥</td><td>1998</td><td>210＋1090＋210
0.19</td><td>钢箱梁</td><td>单跨</td><td>双铰</td><td>33.8
1/12</td><td>3.0
1/363</td><td>33.8
1/32.2 | 1/11.3</td><td>AS
2×700</td><td>110.1
钢</td><td>上层
重力式</td><td></td></tr>
<tr><td>15</td><td>土耳其，博斯普鲁斯一桥</td><td>1973</td><td>231＋1074＋255
0.22,0.24</td><td>钢箱梁</td><td>单跨</td><td>双铰</td><td>28.0
1/11.8</td><td>3.0
1/358</td><td>28.0
1/32.3 | 1/9.3</td><td>AS
2×600</td><td>165
钢</td><td>上层
重力式</td><td>斜吊杆</td></tr>
<tr><td>16</td><td>美国，乔治华盛顿桥</td><td>1931</td><td>186＋1067＋186
0.17</td><td>钢桁梁</td><td>三跨</td><td>双铰</td><td>32.31
1/10.8</td><td>12.80
1/83.4</td><td>32.31
1/33 | 1/2.5</td><td>AS
4×914</td><td>170
钢</td><td>双层
隧道式</td><td>18.29</td></tr>
<tr><td>17</td><td>日本，来岛三桥</td><td>1999</td><td>280＋1030＋280
0.27</td><td>钢箱梁</td><td>单跨</td><td>双铰</td><td>27.0
1/10</td><td>4.3
1/239.5</td><td>30.0
1/34.3 | 1/7</td><td>PWS
2×640</td><td>183.9
钢</td><td>上层
重力式</td><td></td></tr>
<tr><td>18</td><td>英国，福斯公路桥</td><td>1964</td><td>409＋1006＋409
0.407</td><td>钢桁梁</td><td>三跨</td><td>双铰</td><td>23.77
1/10.5</td><td>8.38
1/120</td><td>23.77
1/42.3 | 1/2.8</td><td>AS
2×603</td><td>149
钢</td><td>上层
隧道式</td><td>18.92</td></tr>
</table>

5.4.2.2　按主缆的锚固方式分类

按主缆的锚固形式划分，可分为地锚式悬索桥和自锚式悬索桥。

(1) 地锚式悬索桥

绝大多数悬索桥都采用地锚式锚固主缆，即主缆通过重力式锚碇或者隧道式锚碇将荷载产生的拉力传至大地来达到全桥的受力平衡。这是大跨度悬索桥最佳的受力模式。

(2) 自锚式悬索桥

在较小跨度的悬索桥中，也有以自锚形式锚固主缆的，这种自锚式悬索桥的主缆在边跨两端将主缆直接锚固于加劲梁上，主缆的水平拉力由加劲梁提供轴压力自相平衡，不需另外设置锚碇。这种桥式的加劲梁要先于主缆安装施工，在 200 ～ 400m 的同等跨径条件下，自锚式悬索桥相对于其他体系桥梁（如斜拉桥、拱桥等），造价较高。

5.4.3　悬索桥的纵、横断面布置

悬索桥的纵、横断面布置主要包括以下几项内容：

(1) 边跨与主跨的跨度比

桥塔把悬索桥划分为一个中跨和两个边跨，边跨与中跨长度往往受经济因素、锚碇远近及锚固点高低等客观条件限制，边跨与中跨之比，常采用1∶2至1∶4。在目前世界上已建悬索桥的实例中，边跨与中跨的比例多在 0.25 ～ 0.50 之间取值。

(2) 主缆的垂跨比

从总体受力角度出发，要求边跨和主跨主缆的恒载水平分力在塔顶处互相平衡，以减少塔柱所承受的弯矩，这要通过调整边跨与主跨主缆的垂跨比来保证。

垂跨比是指主缆在主跨的垂度 f 与主孔的跨度 L 之比。垂跨比的大小一方面直接影响主缆的拉力。另一方面还对悬索桥的整体刚度有一定的影响，垂跨比越小，刚度越大，但缆中拉力也越大。因此，在实桥设计中，应结合对刚度的要求和主缆的用钢量来选取合适的垂跨比，通常取值在 1/9 ～ 1/12 之间。

(3) 加劲梁的尺寸拟定

悬索桥加劲梁的高宽尺寸，对大跨度悬索桥而言，似乎不存在与跨度有固定的比例关系。设计中主要根据抗风理论分析和风洞实验来验证所取的加劲梁高度和宽度是否具备优良的动力特性。通常桁式加劲梁的梁高一般为 6 ～ 14m，箱形加劲梁的梁高一般为 2.5 ～ 4.5m，加劲梁的宽度则由车道宽度及桥面构造布置等决定。

(4) 加劲梁的支承体系

早期美国建造的悬索桥多为非连续的，即在每跨加劲梁两端分别设置支承体系。自 1959 年法国建成的坦卡维尔（Tancarvile）桥开始，越来越多的大跨度悬索桥加劲梁采用连续支承体系，这对整体抗风及运营平顺性和舒适性均有利。但是，对于特大跨度的连续悬索桥，往往在桥塔支座处，加劲梁截面会出现过大的负弯矩峰值。为了改善这种状况，国外近年来在悬索桥上，将中间刚性支座改为弹性支承，即在紧靠近每座桥塔的两侧，各设置一对截面更粗（通过计算确定）的吊杆来代替中间支座，从而使加劲梁在全长上变为两端为刚性支承的弹性支承连续梁体系。

(5) 纵坡

根据悬索桥的景观特点，悬索桥的纵坡取决于两岸的地形、航道净空、路面排水和加劲梁的最大挠度等因素。已建成的悬索桥的中跨纵坡多为 1% ～ 1.5%。

5.4.4　悬索桥的计算

5.4.4.1　悬索桥计算的主要内容

(1) 结构整体分析

① 桥塔、主缆、加劲梁在竖向荷载作用下的内力及变形计算；

② 桥塔、主缆、加劲梁所受横向风力的计算；

③ 结构的动力特性及响应计算等。

(2) 构件的应力及稳定性验算

除了根据整体分析中得到的内力，对桥塔、主缆和加劲梁的各个截面进行验算以外，还应进行：

① 桥塔基础的承载力验算；

② 锚碇抗滑、抗倾覆稳定性验算，锚碇和基础的内力、地基承载力验算；

③ 吊索及索夹的内力及应力验算；

④ 主索鞍及散索鞍的应力验算；

⑤ 加劲梁承受车辆荷载时的局部应力计算。

(3) 结构构造及尺寸的局部调整

通过上述分析后，对不满足规范要求的构件尺寸或构造作适当调整，必要时重复上述计算和验算。

5.4.4.2　几何非线性分析的有限元方法

由于悬索桥是由高度柔性的缆索系统作为主要承重构件，因而在荷载作用下变形十分显著，呈现强烈的几何非线性特质，若用传统的线性理论求解，将得到错误的答案。几何非线性理论可以分成大位移小应变的有限位移理论和大位移大应变的有限应变理论两种，桥梁工程中在正常荷载作用下的几何非线性问题一般都是有限位移问题。

以有限位移理论为基础的大跨度桥梁结构几何非线性分析时，应考虑三方面因素的几何非线性效应：

(1) 单元初始内力对单元刚度矩阵的影响。一般情况下是指单元轴力对弯曲刚度的影响，有时也考虑弯矩对轴向刚度的影响。常通过引入单元几何刚度矩阵的方法来考虑。

(2) 大位移对结构平衡方程的影响。在这个问题上，目前流行 T. L 和 U. L 两种列式法。T. L 列式法即为总体拉格朗日列式法(Total Lagrangian Formulation)，T. L 列式法是将参考坐标选在未变形的结构上，通过引入大位移刚度矩阵来考虑大位移问题；U. L 列式法即为更新的拉格朗日列式法(Update Lagrangian Formulation)，U. L 列式法将参考坐标选在变形后的位置上，让节点坐标跟随结构一起变化，从而使平衡方程直接建立在变形后的位置上。T. L 列式法不易引入材料非线性，U. L 列式法易引入材料非线性，但计算时每步荷载或位移增量不可过大。

(3) 拉索垂度的影响。通常采用杆单元近似模拟索类构件由于索垂度的影响引起的单元刚度变化，简单的处理方法是引入 Ernst 公式，通过等效模量法来近似修正垂度效应。

本章小结

1. 在悬臂体系和连续体系梁桥中，由于支点负弯矩的存在，减小了跨中截面的正弯矩值，故这两种体系梁桥的跨越能力都比简支梁桥要大。

2. 悬臂梁桥分为双悬臂梁桥和单悬臂梁桥，截面形式多采用T形或箱形截面。由于支点截面附近承受较大的负弯矩，故底部受压区往往需要加强。

3. T 型刚构桥系指将悬臂梁的墩柱与梁体固结后形成的结构体系。T 型刚构桥又可分为两种类型：两 T 型刚构之间带挂梁和两 T 型刚构之间带铰，前者为静定结构，后者为超静定结构。

4. 悬臂梁桥和T型刚构桥在长期的使用过程中，由于悬臂梁端会发生徐变下挠，导致悬臂端与挂梁或铰之间易形成折角，增大冲击作用，造成行车不顺，同时伸缩缝的处理和养护都较困难。

5. 牛腿是悬臂体系中挂梁与悬臂间的搁置构造，它是上部结构中的薄弱部位，应对其初拟尺寸和配筋进行强度验算，斜筋和水平钢筋的设计应适当富余些，而且在牛腿部分还应布置较密的箍筋和纵向水平钢筋。

6. 预应力混凝土连续体系梁桥具有结构刚度大、变形小、伸缩缝少、行车平稳舒适等优点，得到迅速的发展，它又可分为等截面连续梁桥、变截面连续梁桥和连续刚构桥等。

7. 当连续梁桥的跨径较大时，主梁支点截面的负弯矩将比跨中截面的正弯矩大很多，此时加大支点截面的梁高，以抵抗较大的负弯矩和剪力，因此主梁采用变截面连续梁桥比等截面连续梁桥更为有利。

8. 预应力混凝土连续刚构桥的特点是主梁保持连续，梁墩固结，上、下部结构共同承受荷载，减小了主梁截面在墩顶处的负弯矩。这样既保持了连续梁无伸缩缝、行车平顺的优点，又保持了T型刚构不需设大吨位支座的优点，同时避免了连续梁(存在临时固结和体系转换)和T型刚构(伸缩缝多)两者的缺点，养护工作量小。

9. 预应力混凝土连续刚构桥主要适用于高桥墩、大跨径的情况，桥墩应具有足够的柔性，其作用如同摆柱，以适应预应力、混凝土收缩徐变和温度变化引起的纵向位移。

10. 预应力连续梁桥横截面形式主要有板式、肋梁式和箱形截面。其中，板式、肋梁式截面构造简单、施工方便，适用于中小跨径桥梁；箱形截面具有良好的抗弯和抗扭性能，是大中跨径预应力混凝土连续梁桥的主要截面形式。

11. 纵向预应力筋沿桥跨方向布置，是用以保证桥梁在恒、活载作用下具有纵向跨越能力的主要受力钢筋，可布置在腹板和顶、底板中。横向预应力筋是用以保证桥梁的横向整体性、桥面板及横隔板横向抗弯能力的主要受力钢筋，一般布置在横隔板或截面的顶板中。竖向预应力筋主要作用是提高截面的抗剪能力，可布置在腹板中。

12. 斜拉桥主要由主梁、索塔和斜拉索三大部分组成。主梁可采用混凝土结构、钢结构和混凝土-钢组合结构，索塔大都采用混凝土结构，而斜拉索则采用高强材料(高强钢丝或钢绞线)制成。主梁在斜拉索的各点支承作用下，就像多跨弹性支承的连续梁一样，使弯矩值得以大大地降低，提高了桥梁的跨越能力；斜拉索轴力产生的水平分力对主梁产生预压力，这种预压力对混凝土主梁有利，对钢主梁不利。

13. 斜拉桥常见的孔跨布置方式有双塔三跨式和独塔双跨式两种，三塔四跨式和多塔多跨式则应用较少。

14. 斜拉索在立面上的布置方式常用的有辐射形、竖琴形和扇形这三种基本形式；扇形布置在设计中获得广泛应用。

15. 斜拉桥的梁、塔、墩可以有三种结合方式，即塔墩固结、塔梁固结和塔梁墩固结，并由此可组成四种不同的结构体系，即飘浮体系、支承体系、塔梁固结体系和刚构体系。

16. 斜拉索自重垂度的存在，使其弹性模量 E 有一定的下降或损失，考虑斜拉索垂度影响而对 E 值进行非线性分析的修正，一般采用 Ernst 公式来进行计算。

17. 悬索桥是以受拉大缆为主要承重构件的桥梁结构。当设计的桥梁跨度在800m及以上时，悬索桥总是被优先考虑的桥型。悬索桥是目前所有桥型中跨越能力最大的一种桥型。

18. 悬索桥大缆在初始恒载作用下，具有较大的初始拉力，使大缆能保持一定的几何形状。但在外荷载作用下，大缆不仅几何形状将发生改变，而且索力也发生改变，充分反映出大缆的几何非线性性质。这种几何形状非线性的改变对悬索桥受力的影响是不可忽略的，因此悬索桥结构体系的平衡应该建立在变形后的状态上。

思考题及习题

5.1 简要阐述悬臂体系和连续体系梁桥跨越能力比简支梁桥大的主要原因。

5.2 悬臂梁桥和T型刚构桥在目前为什么应用越来越少?

5.3 牛腿计算中需验算的截面是哪些?

5.4 叙述T型刚构桥、连续梁桥和连续刚构桥三种结构的主要优缺点及其比较。

5.5 预应力、混凝土收缩徐变等为什么会对连续梁桥产生二次力的影响?

5.6 斜拉桥的主要受力特点是什么?

5.7 斜拉桥主梁常采用哪些截面?各有何特点?

5.8 悬索桥有哪些主要构件?其设计特点是什么?

5.9 悬索桥的受力机理与斜拉桥有何不同?

6　混凝土梁桥的施工

本 章 提 要

本章简要介绍了钢筋混凝土简支梁桥、悬臂梁桥和连续梁桥常用的几种施工方法，并对其中带共性的内容——基本施工工艺流程作了扼要的叙述。

6.1　混凝土简支梁桥的制造工艺

6.1.1　简支梁桥的主要施工方法

当桥墩及其基础施工完毕后，为了使简支梁梁体结构落在设计位置，通常采用两种主要的施工方法，即就地浇筑法和预制安装法。

6.1.1.1　就地浇筑法

它是通过直接在桥跨下面搭设的支架作为工作平台，然后在其上面制造梁体结构。这种方法适用于两岸桥墩不太高的引桥和城市高架桥，或靠岸边水不太深且无通航要求的小跨径桥梁。其主要优缺点是：

(1) 优点

它不需要大型的吊装设备和开辟专门的预制场地，梁体结构中横桥向的主筋不用中断，故其结构的整体性能好。

(2) 缺点

支架需要多次转移，使工期加长，如全桥多跨一次性立架，则投入的支架费用又将大大增高。

6.1.1.2　预制安装法

当同类桥梁跨数较多、桥墩又较高、河水又较深且有通航要求时，通常便将桥跨结构用纵向竖缝划分成若干根独立的构件，放在桥位附近专门的预制场地或者工厂进行成批的制作，然后将这些构件适时地运到桥孔处进行安装就位。通常把这种施工方法称作预制安装法。它的优缺点恰与上一种方法相反，即：

(1) 优点

桥梁的上、下部结构可以平行施工，使工期大大缩短；无须在高空进行构件制作，质量容易控制，可以集中在一处成批生产，从而降低工程成本。

(2) 缺点

需要大型的起吊运输设备，由于在构件与构件之间存在拼接纵缝，例如简支 T 型梁之间的横隔板接头，施工时需搭设吊架才能操作，故比较麻烦。显然，拼接构件的整体工作性能就不如就地浇筑法。

6.1.2　基本施工工艺流程

无论采用哪一种施工方法进行施工，对于混凝土简支梁结构本身来说，都必须经过下列的基本施工工艺流程(图 6.1) 才能成型，即：

图 6.1　混凝土构件基本施工工艺流程

下面将简单介绍每一流程。

6.1.2.1 支立模板

常用的构件模板材料有木模和钢模两种。前者多用于就地浇筑或者非等跨结构的场合；后者多用于预先制作的装配式标准构件，以利成批生产，降低成本。

图6.2所示是目前常用于空心板的木制模板构造。除了构成截面形状的外模（侧模和底模）和内模壳板外，还要沿构件的纵向每隔一定间距设置竖肋、衬档和螺栓等来固定外模板，而固定内模则用骨架、活动撑板、拉杆和铁铰链等。脱模时，只要抽动拉杆将撑板从顶部拉脱，并借助铁铰链，便可拆除内模板。现在工程上更多地采用充气橡胶管来代替木制内模，因为它更容易被拆除，不过，在充气时，所施气压的大小要根据橡胶管管径、新筑混凝土的压力以及气温等因素计算确定。在浇灌混凝土之前要事先用定位钢筋或压块将橡胶管的位置加以固定，防止上浮和偏位；何时泄气抽出橡胶管，也要根据试验来确定，因为混凝土的强度与气温有关。

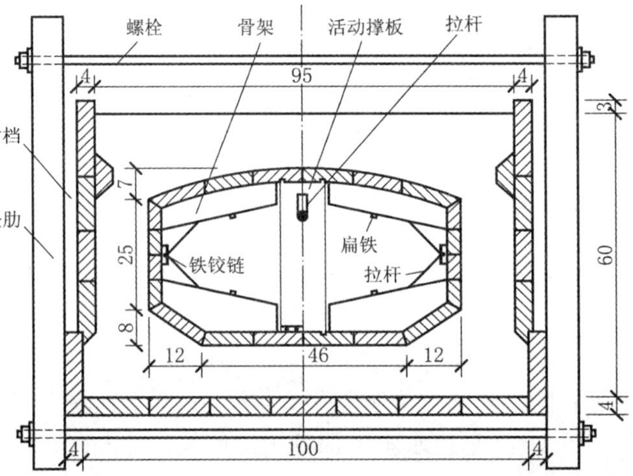

图6.2 空心板梁芯模构造

图6.3所示是用于制造T形梁的装拆式钢模板构造，它同样是除了用于截面成型的钢壳板以外，还要用角钢做成水平肋、竖向肋、斜撑、直撑、固定侧模用的顶部和底部拉杆等部件来固定模板位置。不论采用何种模板，均需在浇筑混凝土之前，在模板的内表面涂以隔离剂，如石灰乳浆、肥皂水或废机油等，以防止壳板与混凝土粘连。

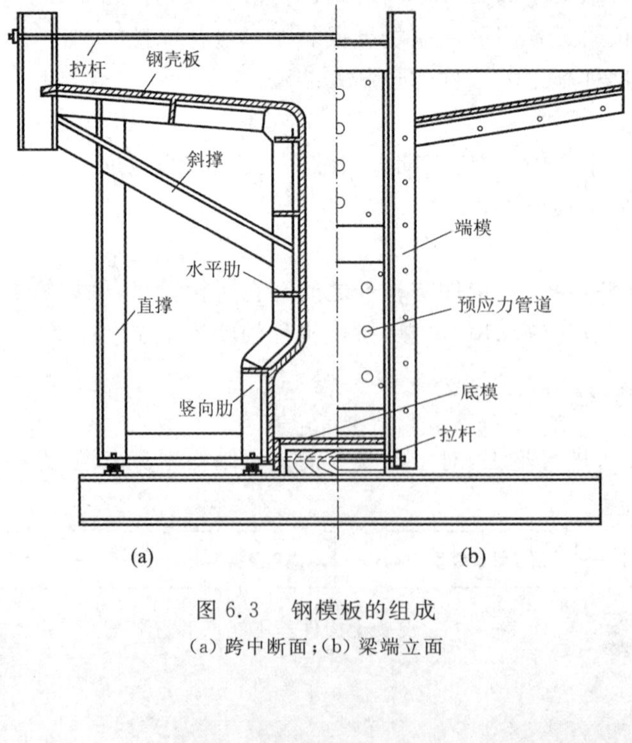

(a) (b)

图6.3 钢模板的组成

(a)跨中断面；(b)梁端立面

6.1.2.2　钢筋骨架成型

混凝土内的钢筋骨架是由主筋、架立筋、箍筋、斜筋、分布钢筋以及附加钢件构成，并且均要通过钢筋整直→切断→除锈→弯曲→焊接或者绑扎等工序以后才能成型。这里着重叙述一下最后一道工序所应遵循的技术要求。

(1) 钢筋接头宜采用焊接接头和钢筋机械连接接头（套筒挤压接头、镦粗直螺纹接头），当有困难时，可以采用搭接绑扎的方法，但钢筋之间的搭接长度不应小于表 6.1 中的规定。

受拉钢筋绑扎接头的搭接长度　　**表 6.1**

钢　　筋	混凝土强度等级		
	C20	C25	>C25
HPB300	35d	30d	25d
HRB335	45d	40d	35d
HRB400,KL400	—	50d	45d

注：① 当带肋钢筋直径 $d>$ 25mm 时，其受拉钢筋的搭接长度应按表值增加 5d 采用；当带肋钢筋直径小于或等于 25mm 时，搭接长度可按表值减少 5d 采用。

② 当混凝土在凝固过程中受力钢筋易受扰动时，其搭接长度应增加 5d。

③ 在任何情况下，纵向受拉钢筋的搭接长度不应小于 300mm；受压钢筋的搭接长度不应小于 200mm。

④ 环氧树脂涂层钢筋的绑扎接头搭接长度，受拉钢筋按表值的 1.5 倍采用。

⑤ 两根不同直径的钢筋的搭接长度，以较细的钢筋直径计算。

(2) 受力钢筋接头应设置在内力较小处，并应错开布置。在任一搭接长度的区段内，有接头的受力钢筋截面面积占总截面面积的百分率不应超过表 6.2 中的规定。

搭接长度区段内受力钢筋接头面积的最大百分率　　**表 6.2**

接头形式	接头面积最大百分率(%)	
	受拉区	受压区
主钢筋绑扎接头	25	50
主钢筋焊接接头	50	不限制

注：① 焊接接头长度区段内是指 35d(d 为钢筋直径) 长度范围内，但不得小于 500mm，绑扎接头长度区段是指 1.3 倍搭接长度；

② 在同一根钢筋上应尽量少设接头；

③ 装配式构件连接处的受力钢筋焊接接头可不受本条限制；

④ 绑扎接头中钢筋的横向净距不应小于钢筋直径且不应小于 25mm。

(3) 轴心受拉、小偏心受拉构件中的钢筋宜采用焊接。当采用搭叠式电弧焊接时，钢筋端都应预先折向一侧，使两接合钢筋轴线一致。搭接时，双面焊缝的长度不得小于 5d，单面焊缝的长度不得小于 10d(d 为钢筋直径)，如图 6.4(a) 所示。

(4) 当采用夹杆式电弧焊接时，夹杆的总截面面积不得小于被焊钢筋的截面面积。夹杆长度，如用双面焊时不应小于 5d，如用单面焊时不应小于 10d，如图 6.4(b) 所示。

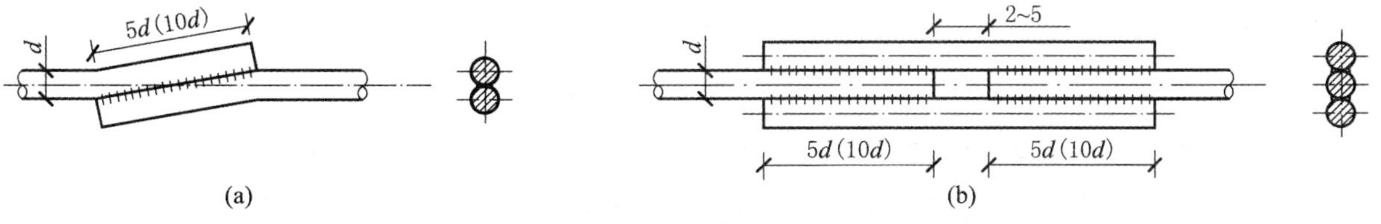

图 6.4　钢筋接头焊缝种类(括号内数字为单面焊缝)

(a) 搭叠式电弧焊；(b) 夹杆式电弧焊

6.1.2.3　浇筑及振捣混凝土

该施工过程包括混凝土搅拌→混凝土运输→浇筑混凝土→振捣密实四个工序。混凝土的砂、石配合比及水灰比均应通过设计和实验室的试验来确定，拌制一般采用搅拌机。混凝土的振捣一般采用插入式振捣器、附着式振捣器、平板式振捣器或振动台等设备，这需依据不同构件和不同部位的需要来选用，目的是达到模板内的混凝土密实，不能使混凝土内存在大的空洞、蜂窝和麻面。这里着重对其中的两个工序的技术要求作一介绍。

(1) 混凝土的运输

① 混凝土的运输能力应满足混凝土凝结速度和浇筑速度的需要，务必使混凝土在运到浇筑地点时仍保持均匀性和规定的坍落度。混凝土的运输宜采用搅拌运输车，或在条件允许时采用泵送方式输送；采用吊斗或其他方式运输时，运距不宜超过 100m，且不得使混凝土产生离析。无论采用汽车运输还是搅拌车运输，其运输时间不宜超过表 6.3 中的规定。

混凝土拌合物运输时间限制　　**表 6.3**

气温(℃)	一般汽车运输(min)	搅拌车运输(min)
20 ～ 30	30	60
10 ～ 19	45	75
5 ～ 9	60	90

注：表中所列时间系指从加水搅拌至入模时间。

② 采用泵送混凝土应符合下列规定：

a. 混凝土的供应必须保证输送混凝土泵能连续工作。

b. 输送管线宜直，转弯宜缓，接头应严密，如管道向下倾斜，应防止混入空气，产生阻塞。

c. 泵送前应先用水泥浆润滑输送管道内壁。混凝土出现离析现象时，应立即用压力水或其他方法冲洗管内混凝土，泵送间歇时间不宜超过 15min。

d. 在泵送过程中，受料斗内应装有足够的混凝土，以防止吸入空气产生阻塞。

(2) 混凝土的浇筑

混凝土简支梁构件的高度一般较高，故宜分层浇筑。当采用插入式振捣器时，其分层厚度不宜超过 0.3m。分层方法可以有水平的和倾斜式的两种，如图 6.5 所示。当采用水平层浇筑时，由于构件较长，故必须在前一层混凝土开始凝结之前，将次一层混凝土浇筑完毕。当气温在 30℃ 以上时，前后两层浇筑时间相隔不宜超过 1h；当气温在 30℃ 以下时，不宜相隔 1.5h，或由试验资料来确定相隔时间。当无法满足上述规定的间隔时间时，就必须预先确定施工缝预留的位置。一般将它选择在受剪力和弯矩较小且便于施工的部位，并应按下列要求进行处理：

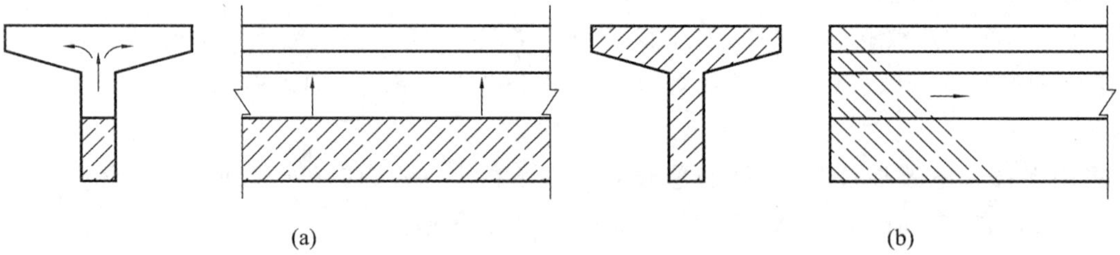

(a)　　(b)

图 6.5　混凝土的浇筑方法

(a) 水平层浇筑；(b) 斜层浇筑

① 在浇筑接缝混凝土之前，先凿除老混凝土表层的水泥浆和较弱层；

② 经凿毛的混凝土表面，应用水洗干净，在浇筑次一层混凝土之前，对垂直施工缝宜刷一层净水泥浆，对于水平缝宜铺一层厚为 10 ～ 20mm 的 1∶2 的水泥砂浆；

③ 对于斜面施工缝应凿成台阶状再进行浇筑；

④ 接缝位置处在重要部位或者结构物处在地震区时，则在灌筑之前应增设锚固钢筋，以防开裂。

6.1.2.4　养护及拆除模板

混凝土浇筑完毕后，应在收浆后尽快用草袋、麻袋或稻草等物予以覆盖和洒水养护。洒水持续时间随水泥品种的不同和是否掺用塑化剂而异，对于用硅酸盐水泥拌制的混凝土构件不少于 7 昼夜；对于用矿渣水泥、火山灰水泥或在施工中掺用塑化剂的，不少于 14 昼夜。

混凝土构件经过养护后，达到了设计强度的 25% ～ 50% 时，即可拆除侧模；达到了设计吊装强度并不低于设计标号的 70% 时，就可起吊主梁。

6.1.3　就地浇筑法施工工艺

就地浇筑法施工工艺就是把图 6.1 中的基本施工工艺流程搬到工程现场的桥孔处来完成，也就是说，在桥孔下面先搭设好支架，立模浇筑混凝土构件且达到设计强度后，便可拆除支架，即：搭设施工支架 → 完成基本施工工艺流程 → 拆除或转移施工支架。

支架按其构造分为立柱式支架、梁式支架和梁-柱式支架；按材料可分为木支架、钢支架、钢木混合结构和万能杆件拼装的支架。图 6.6 示出了按构造分类的几种支架构造图。其中图 6.6(a)、图 6.6(b) 为立柱式支架，可用于旱桥、不通航河道以及桥墩不高的小桥施工；图 6.6(c)、图 6.6(d) 为梁式支架，钢板梁适用于跨径小于 20m 的情况，钢桁梁适用于跨径大于 20m 的情况；图 6.6(e)、图 6.6(f) 为梁-柱式支架，适用于桥墩较高、跨径较大且支架下需要排洪的情况。

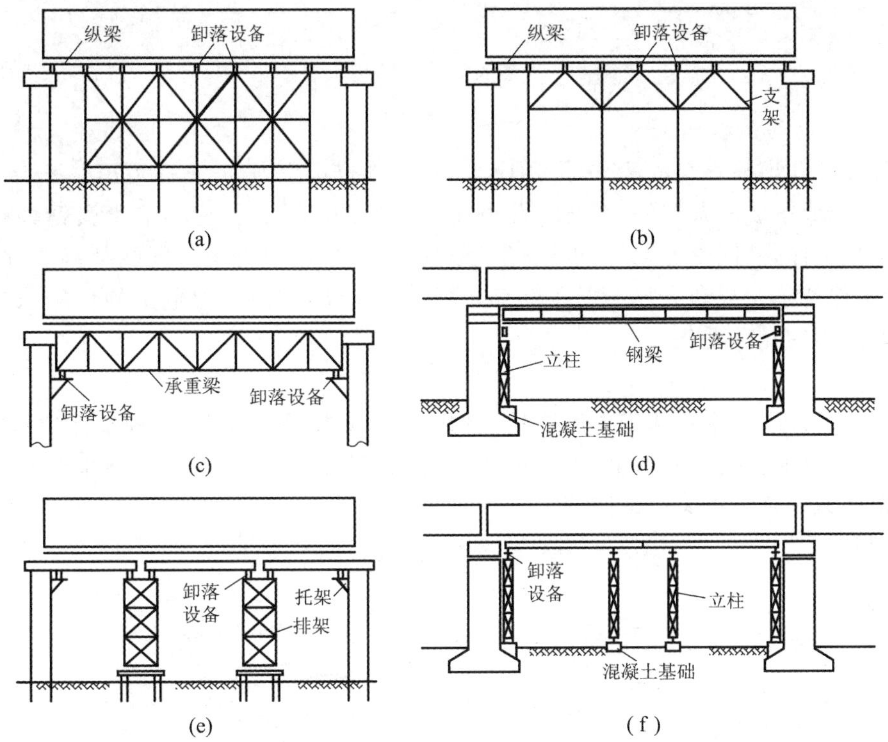

图 6.6　常用支架的主要构造

支架属于施工中的临时承重结构，除承受桥梁上部结构的大部分恒重外，还要承受施工设备及振动荷载、风力、施工人员的重量以及支架本身的自重，因此需要进行设计计算，以保证支架具有足够的强度、刚度，支架基础的牢固可靠、构件的结合紧密，并要求具有足够的纵、横、斜三个方向的连接杆件，使支架形成整体。对于支立在河中的支架要充分考虑洪水和漂浮物的影响，支架必须设置预拱度。预拱度的设置需考虑施工中支架本身的沉降以及梁的设计预拱度两方面，以保证竣工后的结构外形符合设计要求。支架还要设置卸落设备，保证卸落时对称、均匀，不应使简支梁发生局部受力过大的状态。

6.1.4　后张法预应力混凝土简支梁的制造工艺特点

普通钢筋混凝土简支梁构件的预制较为简单，就是在地面专门的场地上，按照图 6.1 的基本施工工艺流程来完成构件的制作，然后堆放在场地的一侧，等待运到桥孔处进行安装。后张法预应力混凝土筒支梁构件的预制过程也基本相同，所不同的主要有两点：第一，在钢筋成型这个施工过程的同时，要按照设计图中的位置布设制孔器，即在混凝土构件中预留孔道，供以后预应力筋的穿入；第二，当完成混凝土养护和拆除模板后，按照设计图中所规定的混凝土龄期强度，将制备好的预应力筋穿入孔道中，完成张拉过程。由于它是在完成混凝土构件的制作之后再施加预应力，故把这种构件称作后张法预应力混凝土预制构件。

6.1.4.1　预应力筋孔道的成型

在梁体内预留预应力筋孔道所用的制孔器目前主要有三种，即铁皮管、铝合金波纹管和橡胶管。前两种制孔器按预应力筋设计位置和形状固定在钢筋骨架中，本身便是孔道。橡胶管制孔器也按设计位置固定在钢筋骨架中，待混凝土抗压强度达到4～8MPa时，再将制孔器抽拔出来以形成孔道。为了增加橡胶管的刚度和确保位置的准确，需在橡胶管内设置圆钢筋（又称芯棒），以便在先抽出芯棒之后，橡胶管易于从梁体内拔出。对于曲线束筋的孔道，则用两段胶管在跨中对接，对接接头处套一段长为0.3～0.5m的铁皮管，如图6.7所示。抽拔时，该段铁皮管留在梁内，橡胶管则从梁的两端抽拔出来。

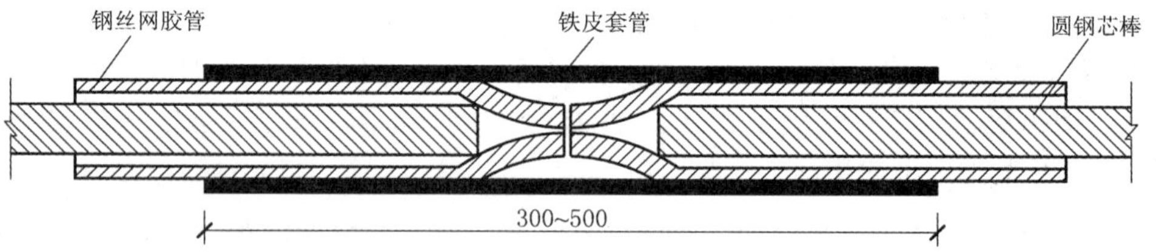

图6.7　橡胶制孔器的接头示意

6.1.4.2　预应力筋的张拉

这一施工过程包括孔道检查与清洗 → 穿预应力筋 → 张拉预应力筋 → 孔道压浆 → 封锚固端混凝土等几道工序。到此才算完成了装配式构件的制作。孔道压浆的目的是保护预应力筋不受锈蚀，并使预应力筋与梁体的混凝土黏结成整体，共同受力，从而也减轻了锚具的受力。用混凝土封固端部锚头除了达到防止锈蚀的目的外，还有为了保持锚塞或者夹片不因在汽车运行中而松动，造成滑丝危险的作用。这里简单地介绍一下张拉预应力筋所使用的几种设备。

(1) 锥锚式千斤顶

图6.8所示的是TD-60型锥锚式三作用千斤顶的构造和张拉装置简图。这种千斤顶具有张拉、顶锚和退楔块三种功能，适用于锥形锚具的钢丝束。千斤顶的工作靠高压油泵的进油与回油来控制，施加预应力的大小靠油表读值及预应力筋延伸率大小来控制。

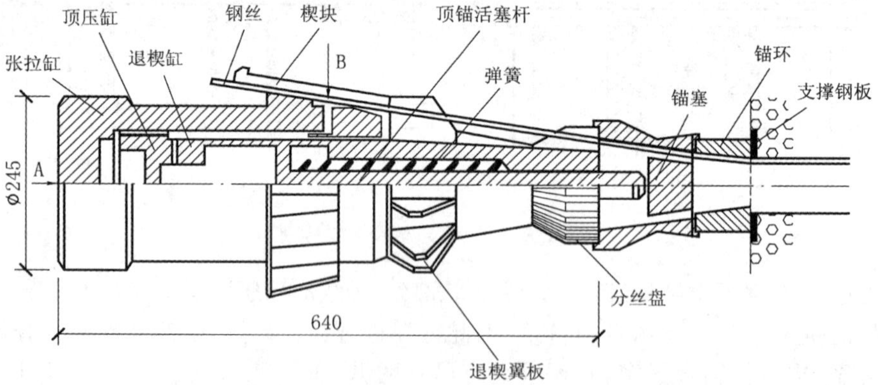

图6.8　TD-60型锥锚式三作用千斤顶张拉装置

(2) 拉杆式千斤顶

拉杆式千斤顶构造简单，操作方便，适用于张拉带有螺杆式和镦头式锚、夹具的单根粗钢筋、钢筋束或碳素钢丝束。图6.9为常用的GJ_ZY-60A型拉杆式千斤顶的构造示意图。张拉前先用连接器将预应力筋和张拉杆连接。

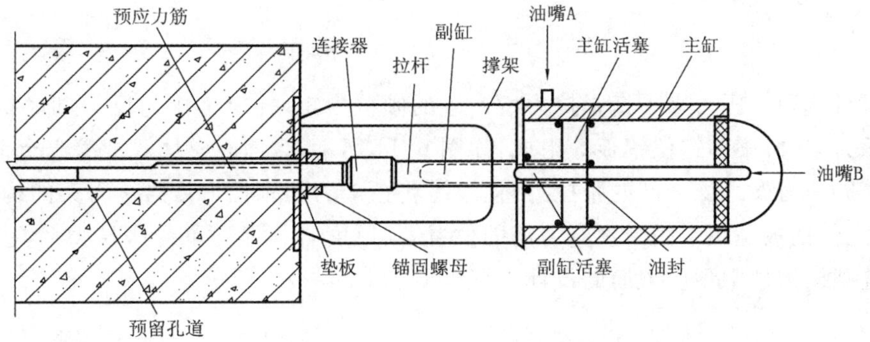

图 6.9　GJ_ZY-60A 型千斤顶构造示意图

(3) 穿心式千斤顶

这种千斤顶主要用于张拉带有夹片式锚、夹具的单根钢筋、钢绞线或钢筋束和钢绞线束。图 6.10 示出了 GJ_ZY-60 型穿心式千斤顶的构造简图。张拉前先将预应力筋穿过千斤顶，在其后端用锥销式工具锚将力筋锚住，然后借助高压油泵完成张拉工作。

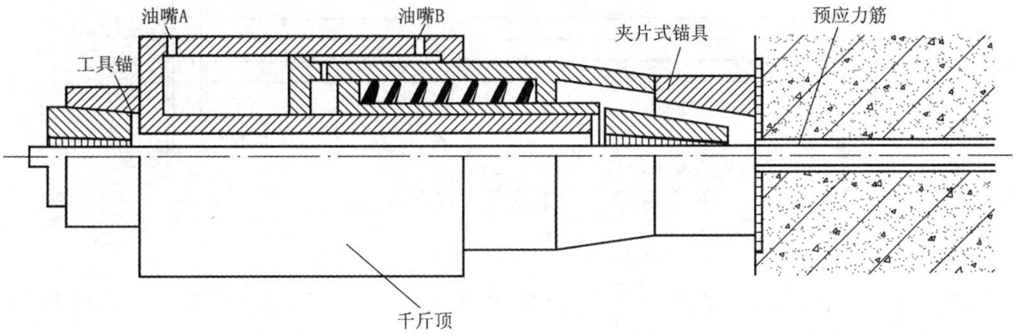

图 6.10　GJ_ZY-60 型穿心式千斤顶构造图

6.1.4.3　张拉程序

不同预应力筋的构件所采用的张拉程序见表 6.4。

后张法预应力筋张拉程序　　**表 6.4**

预应力筋		张拉程序
夹片式等具有自锚性能的锚具	钢绞线束、钢丝束	普通松弛预应力筋：0 → 初应力 → 1.03σ_{con}(锚固)
		低松弛预应力筋：0 → 初应力 → σ_{con}(持荷 5 min 锚固)
其他锚具	钢绞线束	0 → 初应力 → 1.05σ_{con}(持荷 5 min) → σ_{con}(锚固)
	钢丝束	0 → 初应力 → 1.05σ_{con}(持荷 5 min) → 0 → σ_{con}(锚固)
螺母锚固锚具	螺纹钢筋	0 → 初应力 → σ_{con}(持荷 5 min) → 0 → σ_{con}(锚固)

注：① 表中 σ_{con} 为张拉时的控制应力，包括预应力损失值；

② 两端同时张拉时，两端千斤顶升降压、画线、测伸长等工作应基本一致；

③ 超张拉数值应按施工技术规范中相关条文规定的限值进行张拉。

6.1.5　先张法预应力混凝土简支板的制造工艺特点

先张法预制板梁的工艺是在浇筑混凝土之前先进行预应力筋的张拉，并将其临时固定在张拉台座上，然后完成图 6.1 中的基本施工工艺流程，待混凝土达到规定强度（但不得低于设计标号的 70%）时，逐渐将预应力筋松弛，利用预应力筋回缩与混凝土之间的黏结作用，使构件获得预应力。下面仅介绍与后张法制造工艺的不同之处。

6.1.5.1 台座

(1) 墩式台座

墩式台座是靠自重和土压力来平衡张拉力所产生的倾覆力矩，并靠土壤的反力和摩擦力来抵抗水平位移。台座由台面、承力架、横梁和定位钢板等组成，如图6.11所示。台面有整体式混凝土台面和装配式台面两种，它是制梁的底模。承力架承受全部的张拉力，横梁是将预应力筋张拉力传给承力架的构件，它们都须进行专门的设计计算。定位钢板是用来固定预应力筋的位置，其厚度必须保证承受张拉力后具有足够的刚度。定位板上的圆孔位置则按构件中预应力筋的设计位置确定。

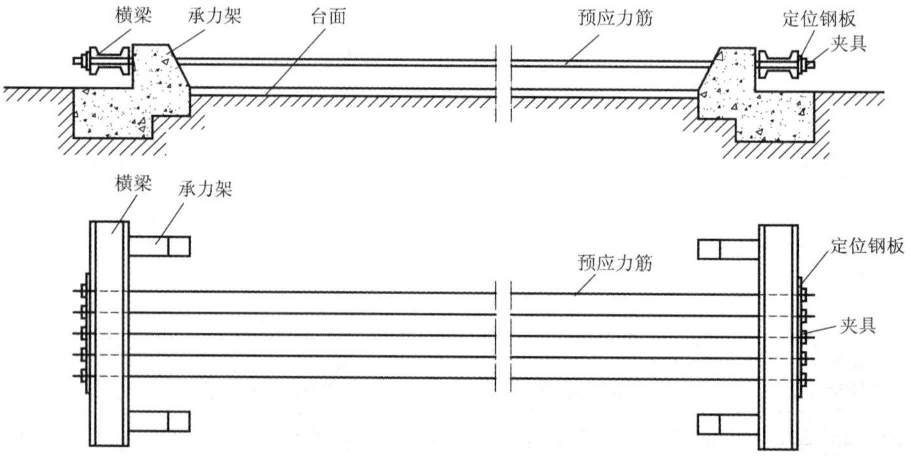

图6.11 重力式台座构造示意图

(2) 槽式台座

当现场地质条件较差，台座又不是很长时，可以采用由台面、传力柱、横梁、横系梁等构件组成的槽式台座，如图6.12所示。传力柱和横系梁一般用钢筋混凝土做成，其他部分与墩式台座相同。

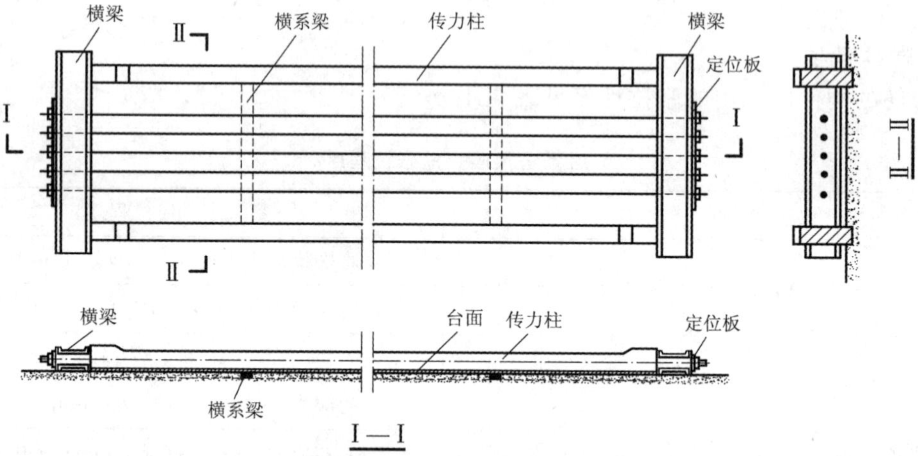

图6.12 槽式台座

6.1.5.2 预应力筋的放松

当混凝土达到了预期的强度以后，就要从台座上将预应力筋的张拉力放松，逐渐将此力传递到混凝土构件上。放松的方法有多种，下面仅介绍常用的两种方法。

(1) 千斤顶放松

首先要在台座上重新安装千斤顶，先将力筋稍张拉至能够逐步扭松端部固定螺帽的程度，然后逐渐放松千斤顶，让钢筋慢慢回缩完毕为止(图6.13)。

(2) 砂筒放松

在张拉预应力筋之前，在承力架和横梁之间各放一个灌满被烘干过的细砂子砂筒(图 6.14)。张拉时筒内砂子被压实。当需要放松预应力筋时，可将出砂口打开，使砂子慢慢流出，活塞徐徐顶入，直至张拉力全部放松为止。本法易于控制放松速度，故应用较广。

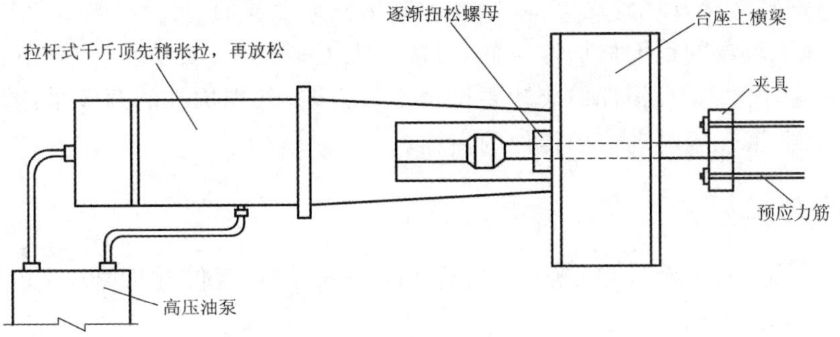

图 6.13　千斤顶放松示意图

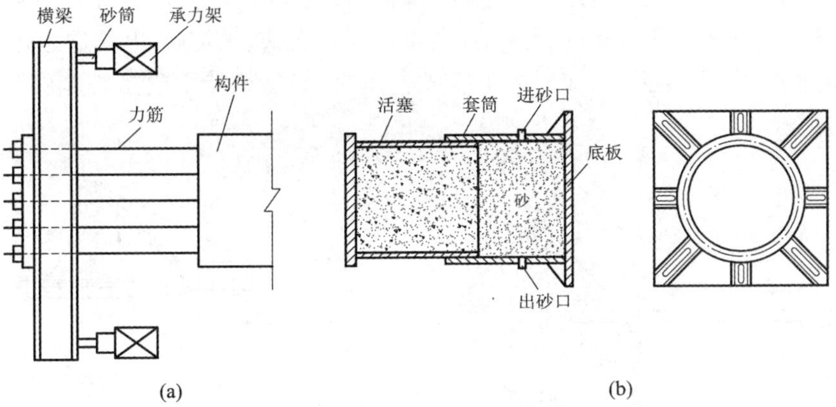

图 6.14　砂筒放松示意图

(a) 砂筒布置；(b) 砂筒构造

6.1.5.3　张拉程序

先张法预应力筋的张拉应符合设计要求，若设计无规定时，其张拉程序可按表 6.5 中的规定进行。为了避免台座承受过大的偏心力，应先张拉靠近台座截面重心处的预应力筋。

先张法预应力筋张拉程序　　**表 6.5**

预应力筋种类		张拉程序
螺纹钢筋		0 → 初应力 → 1.05σ_{con}(持荷 5 min) → 0.9σ_{con} → σ_{con}(锚固)
钢丝、钢绞线	夹片式具有自锚性能的锚具	普通松弛预应力筋：0 → 初应力 → 1.03σ_{con}(锚固) 低松弛预应力筋：0 → 初应力 → σ_{con}(持荷 5 min 锚固)
	其他锚具	0 → 初应力 → 1.05σ_{con}(持荷 5 min) → 0 → σ_{con}(锚固)

注：① 表中 σ_{con} 为张拉时的控制应力，包括预应力损失值；

② 超张拉数值应按施工技术规范中相关条文规定的限值进行张拉；

③ 张拉螺纹钢筋时，应在超张拉并持荷 5min 后放张至 0.9σ_{con} 时再安装模板、普通钢筋及预埋件等。

6.2　装配式简支梁构件的运输和安装

为了把在预制构件厂或桥梁施工现场预制的简支梁或板安放到设计位置，还需要完成两个重要的施工过程，即构件的水平运输和构件的垂直向安装。下面分别叙述这两个方面的问题。

6.2.1　预制构件的运输

从工地预制场地至桥头处的运输，称为场内运输，通常需要铺设钢轨便道，由预制场地用龙门吊机或木扒杆将预制构件装上平车后，再用绞车牵引运抵桥头。当采用水上浮吊架梁时，还需要在河岸适当位置修建临时栈桥(码头)，再将钢轨便道延伸到这里，以便将预制构件运上驳船，再开往桥孔下面进行架设。

从预制构件厂至施工现场的运输称场外运输，通常用大型平板车、驳船或火车等运输工具。不论属于哪类运输方式，都要求在运输过程中，构件的放置要符合受力方向，并在构件的两侧采用斜撑和木楔加以临时固定，防止构件发生倾倒、滑动或跳动造成构件的损坏。

6.2.2　预制构件的安装

安装预制简支梁构件的机械设备和方法较多，这里不一一介绍，现仅就几种常见的架梁方法略加说明。

6.2.2.1　自行式吊车架梁

当桥梁跨径不大，重量较轻时，可以采用自行式吊车(汽车吊车或履带吊车)架梁。如果是岸上的引桥或者桥墩不高时，可以视吊装重量的不同，用一台或两台(抬吊)吊车直接在桥下进行吊装[图 6.15(a)]；如果桥下是河道或桥墩较高时则将吊车直接开到桥上，利用吊机的伸臂边架梁，边前进边进行[图 6.15(b)]。不过，此时对于已经架好了的桥孔主梁，当横向尚未联成整体时，必须核算主梁是否能够承受吊车、被吊构件、机具以及施工人员重量。

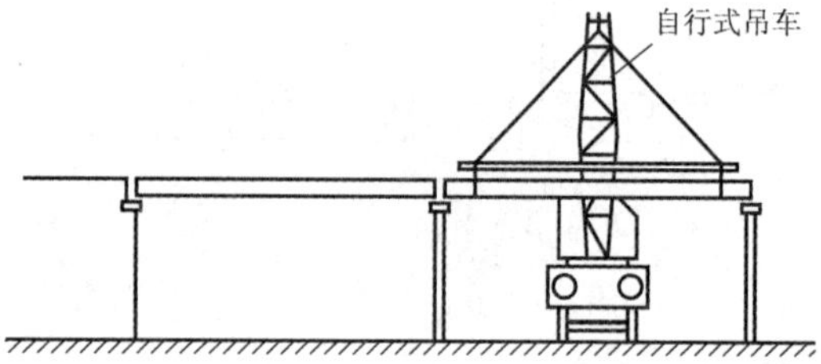

(a)

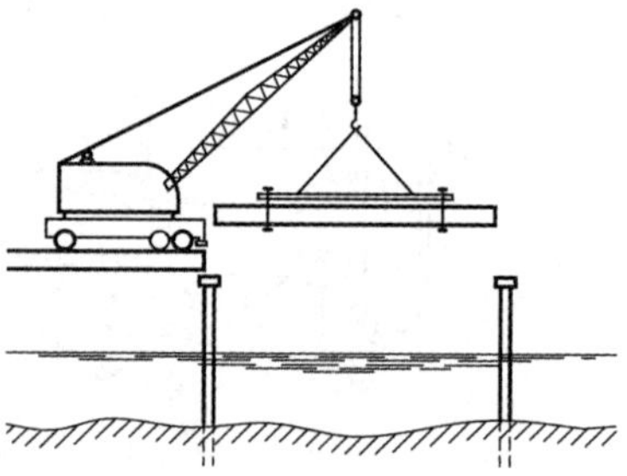

(b)

图 6.15　小跨径梁的架设

6.2.2.2　浮吊船架梁

浮吊船实际是吊车与驳船的联合体，它可在通航河道上的桥孔下面架桥，而装有成批预制构件的装梁船，则停靠在浮吊船的一旁，随时供浮吊船起吊，如图 6.16 所示。浮吊船宜逆流而上，先远后近地安装。吊装前应先下锚定位，航道要临时封锁。

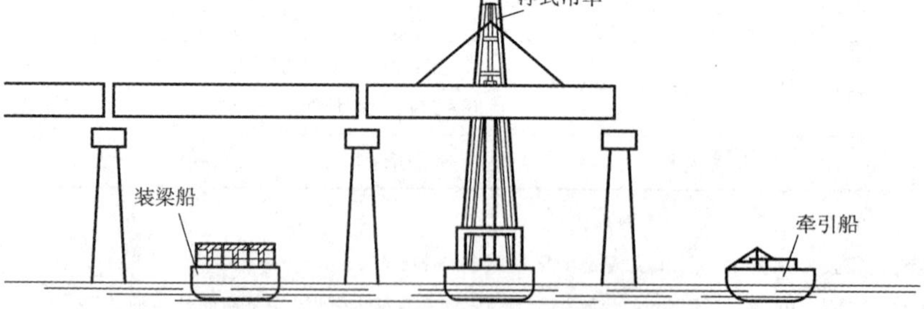

图 6.16　浮吊架设法

6.2.2.3　跨墩龙门式吊车架梁

当桥不太高，架桥孔数又多，且沿桥墩两侧铺设轨道不困难时，可以采用跨墩的龙门式吊车架梁(图 6.17)。此时，应在龙门式吊车的内侧铺设运梁轨道，或者设便道用拖车运梁。

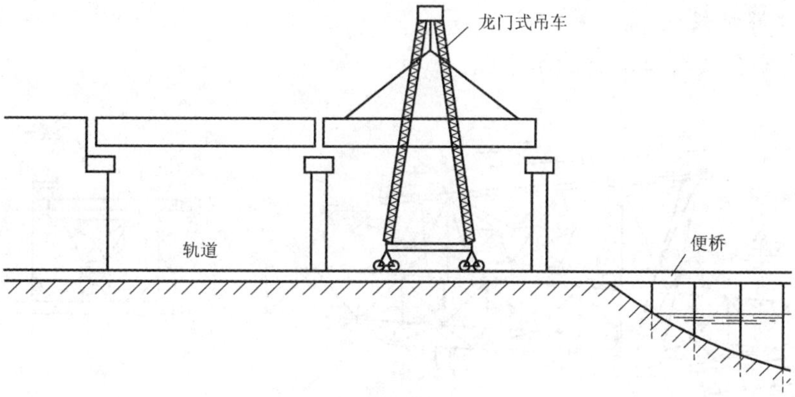

图 6.17　跨墩龙门式吊车架梁法

6.2.2.4　宽穿巷式架桥机架梁

图6.18所示是用宽穿巷式架桥机架梁的示意图。其中的安装梁可用贝雷钢架或万能杆件拼组而成。由于这种架桥机的自重很大，所以当它沿桥面纵向移动时，一定要保持慢速，并需注意前支点下的挠度，以保证安全。

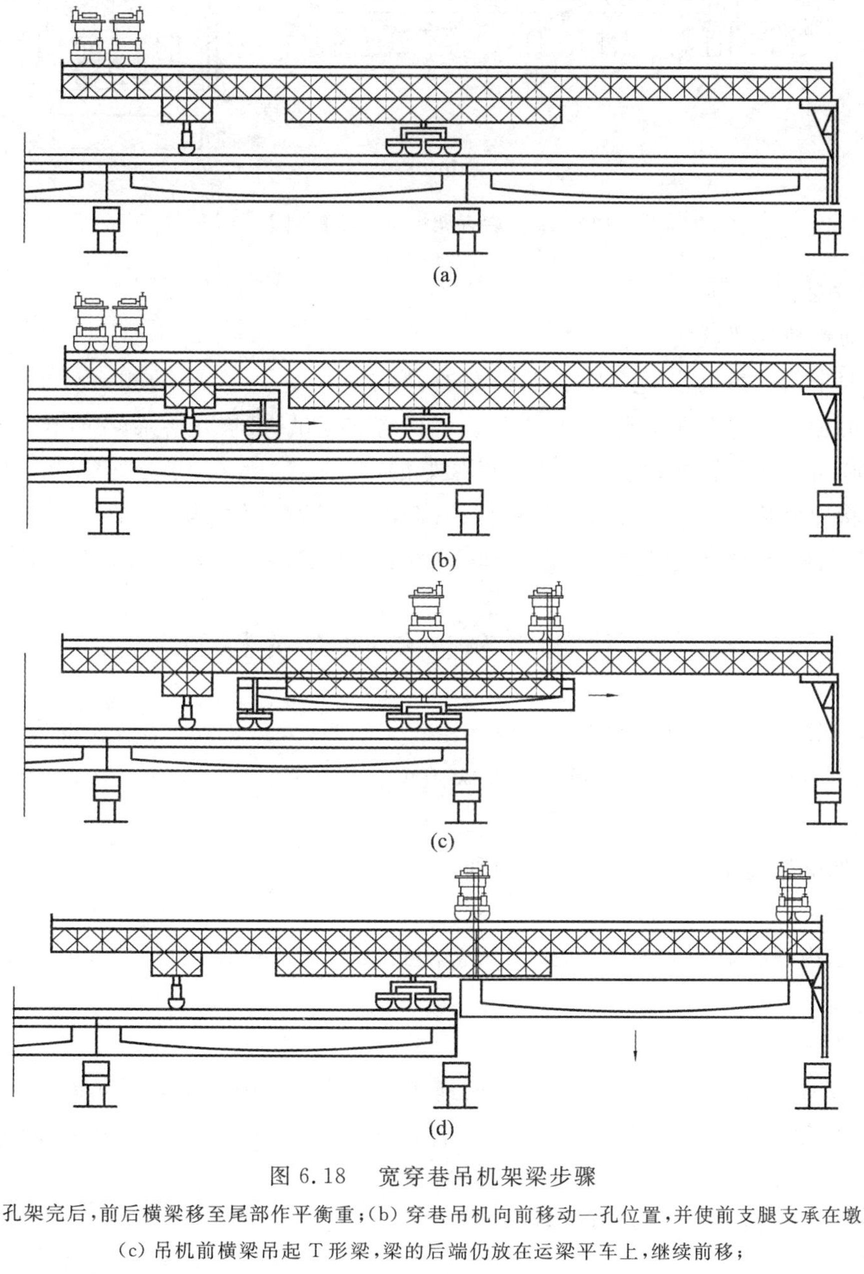

图 6.18　宽穿巷吊机架梁步骤

(a) 一孔架完后，前后横梁移至尾部作平衡重；(b) 穿巷吊机向前移动一孔位置，并使前支腿支承在墩顶上；

(c) 吊机前横梁吊起 T 形梁，梁的后端仍放在运梁平车上，继续前移；

(d) 吊机后横梁也吊起 T 形梁，缓慢前移，对准纵向梁位后，先固定前后横梁，再用横梁上的吊梁小车横移落梁就位

6.2.2.5 联合架桥机架梁

图 6.19 所示是用联合架桥机架梁的示意图。

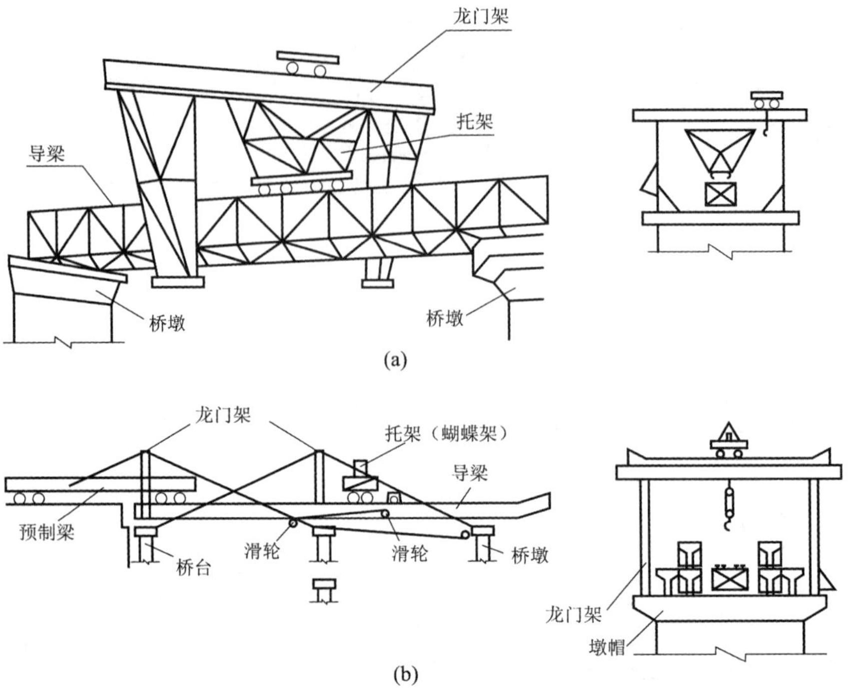

图 6.19 联合架桥机安装预制梁

其架梁操作步骤是：

(1) 用绞车纵向拖拉导梁就位；

(2) 用托架将两个门式吊机移至待架桥孔两端的桥墩上；

(3) 由平车轨道运预制梁至架梁孔位，再由门式吊机将它起吊、横移并落梁就位[图 6.19(b)]；

(4) 将被导梁临时占住位置的预制梁暂放在已架好的梁上；

(5) 待用绞车将导梁移至下一桥孔后，再将暂放一侧的预制梁架设完毕。

如此反复，直到将各孔主梁全部架好为止。当此法用于孔数较多和较长的桥梁时才比较经济。

6.3 悬臂体系和连续体系梁桥的施工

悬臂体系和连续体系梁桥的结构和重量一般都比简支梁要大，其受力特点也与简支梁有所不同，故其施工方法与简支梁也大不相同。目前所用的施工方法大致可分为三类：

(1) 逐孔施工法

它又可分为落地支架施工和移动模架施工两种。

(2) 节段施工法

它是将每一跨结构划分成若干个节段，采用悬臂浇筑或者悬臂拼装（预制节段）两种方法逐段地接长，然后进行体系转换。

(3) 顶推施工法

它是在桥的一岸或两岸开辟预制场地，分节段地预制梁身，并用纵向预应力筋将各节段连成整体，然后应用水平液压千斤顶施力，将梁段向对岸推进。若依顶推施力的方法又可分为单点顶推和多点顶推两类。

下面将分别介绍这些施工方法的各自特点。

6.3.1 逐孔施工法

6.3.1.1 落地支架施工

落地支架施工方法与6.1节中关于简支梁桥的就地浇筑法施工基本上是相同的。所不同的是悬臂梁桥和连续梁桥在中墩处的截面是连续的，而且承担较大的负弯矩，需要混凝土截面连续通过。因此，必须充分重视以下两个方面的影响。

(1) 不均匀沉降的影响

桥墩的刚度比临时支架的刚度大得多，加之支架一般垫在未经精心处理的地基上，因此，难以预见的不均匀沉陷往往导致主梁在支点截面处开裂。

(2) 混凝土收缩的影响

由于每次浇筑的梁段较长，混凝土的收缩又受到桥墩、支座摩阻力和先浇部分混凝土的阻碍，也是容易引起主梁开裂的另一个原因。

鉴于上述原因，一般采用留工作缝或者分段浇筑的方法。图6.20(a)所示的连续梁，仅在几个支点处设置工作缝，宽0.8～1.0m，待沉降和收缩完成以后，再对接缝截面进行凿毛和清洗，然后浇灌接缝混凝土。当梁的跨径较大时，临时支架也会因受力不均，产生挠曲线，例如图6.20(b)所示的悬臂梁中跨的临时桥下过道处，将有明显的折曲，故在这些部位也预留工作缝。有时为了避免设置工作缝的麻烦而采用图6.20(c)所示的分段浇筑方法。其中的4、5段须待1、2、3段强度达到2.5MPa后才能浇筑。

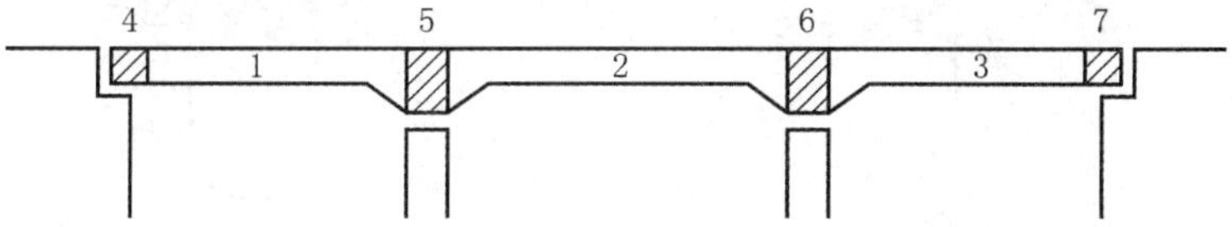

(a)

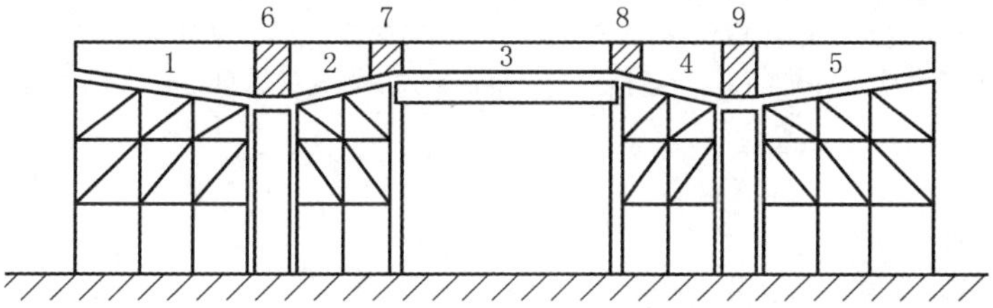

(b)

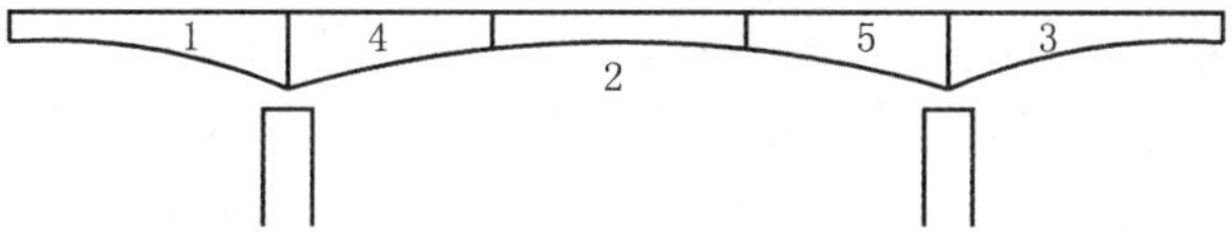

(c)

图6.20 浇筑次序和工作缝设置

6.3.1.2 移动模架施工

移动模架施工法是使用移动式的脚手架和装配式的模板，在桥上逐孔浇筑施工。它像一座设在桥孔上的活动预制场地，随着施工进程不断移动连续现浇施工。图6.21所示是上承式移动模架构造图的一种，它由承重梁、导梁、台车、桥墩托架和模架等构件组成。在箱形梁两侧各设置一根承重梁，用来支承模架和承受施工重力。承重梁的长度要大于桥梁跨径，浇筑混凝土时承重梁支承在桥墩托架上。导梁主要用于运送承重梁和活动模架，因此，需要有大于两倍桥梁跨径的长度。当一孔梁的施工完成后便进行脱模卸架，由前方台车和后方台车在导梁和已完成的桥梁上面，将承重梁和活动模架运送至下一桥孔。承重梁就位后，再将导梁向前移动。当采用移动模架施工时，连续梁分段时的接头部位应放在弯矩最小的部位，若无详细计算时，可以取离桥墩 $l/5$ 处。

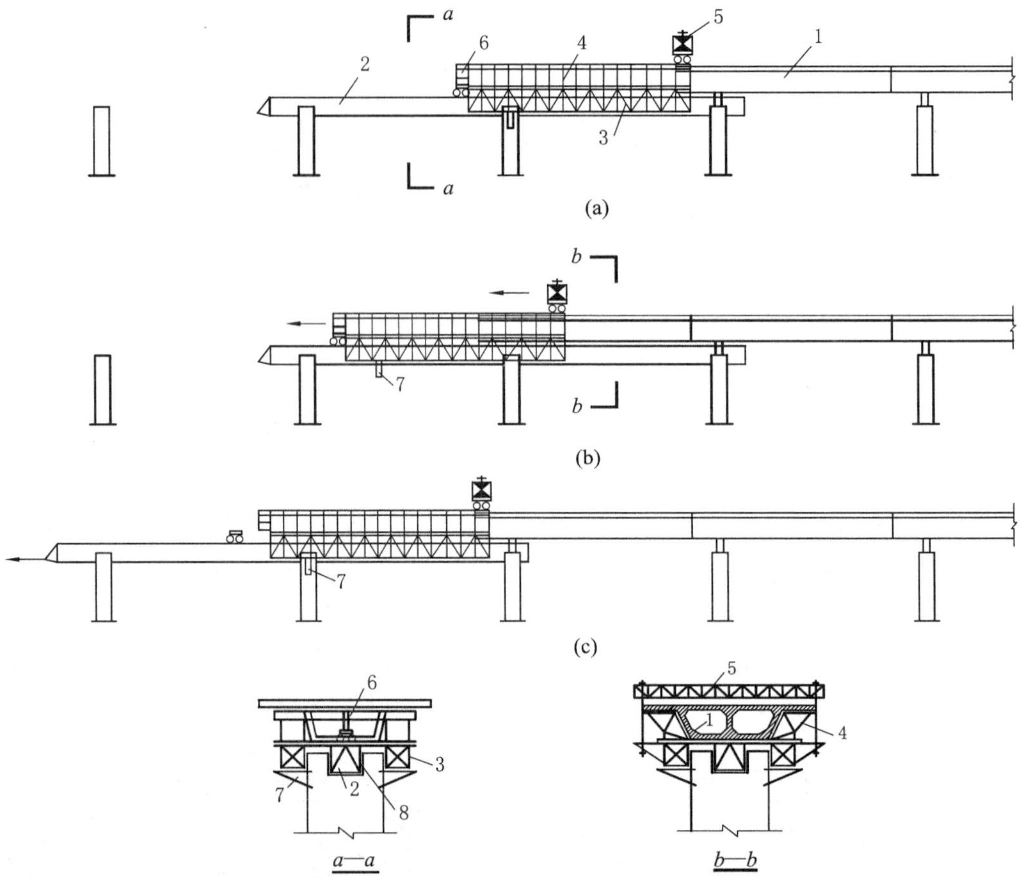

图 6.21　移动式模架逐孔施工法

(a) 浇筑混凝土，施加预应力；(b) 脱模，移动模架梁；(c) 模架梁就位后，移动导梁，浇筑混凝土前准备工作

1—已完成的梁；2—导梁；3—承重梁；4—模架；5—后端横梁和悬吊台车；6—前端横梁和支承台车；7—桥墩支承托架；8—墩台留槽

6.3.2　节段施工法

6.3.2.1　悬臂浇筑法

悬臂浇筑法一般采用移动式挂篮作为主要施工设备，以桥墩为中心，对称地向两岸利用挂篮浇筑梁节段的混凝土[图 6.22(a)]，待混凝土达到要求强度后，便张拉预应力钢筋束，然后移动挂篮，进行下一节段的施工。悬臂浇筑的节段长度要根据主梁的截面变化情况和挂篮设备的承载能力来确定，一般可取 2 ～ 8m。每个节段可以全截面一次浇筑，也可以先浇筑梁底板和腹板，再安装顶板钢筋及预应力管道，最后浇筑顶板混凝土，但需注意由混凝土龄期差而产生的收缩、徐变次内力。悬臂浇筑施工的周期一般为 6 ～ 10d，依节段混凝土的数量和结构复杂的程度而定。合拢段是悬臂施工的关键部位。为了控制合拢段的准确位置，除了需要预先设计好预拱度和进行严密的施工监控外，还要在合拢段中设置劲性钢筋定位，采用超早强水泥，选择最合适的梁的合拢温度(宜在低温)及合拢时间(夏季宜在晚上)，以提高施工质量。

6.3.2.2　悬臂拼装法

悬臂拼装法是将预制好的梁段，用驳船运到桥墩的两侧，然后通过悬臂梁上(先建好的梁段)的一对起吊机械，对称吊装梁段，待就位后再施加预应力，如此下去，逐渐接长，如图 6.23 所示。用作悬臂拼装的机具很多，有移动式吊车、桁架式吊车、缆式起重机、汽车吊和浮吊等。图 6.23(b) 是桁架式悬臂吊机构造示意图，它由纵向主桁架、横向起重桁架、锚固装置、平衡重、起重系统、行走系统和工作吊篮等部分组成。起重系统是由电动卷扬机、吊梁扁担及滑车组等组成。吊机的整体纵移可采用钢管滚筒在临时轨道上滚移，由电动卷扬机牵引。工作吊篮挂于主桁前端的吊篮横梁上，供施工人员施加预应力和压浆等操作之用。这种吊机结构最简单，故使用最普遍。

图 6.23(c) 是菱形挂篮吊机构造示意图。它由菱形主体构架、支承与锚固装置、起吊系统、自行走系统和

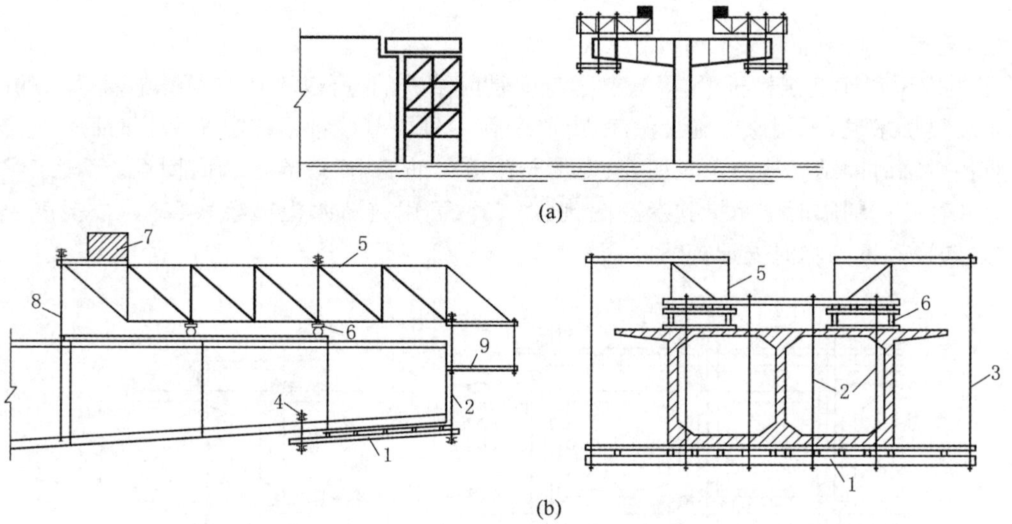

图 6.22　悬臂浇筑法施工

(a) 悬臂施工法概貌;(b) 挂篮结构简图

1—底模架;2,3,4—悬吊系统;5—承重结构;6—行走系统;7—平衡重;8—锚固系统;9—工作平台

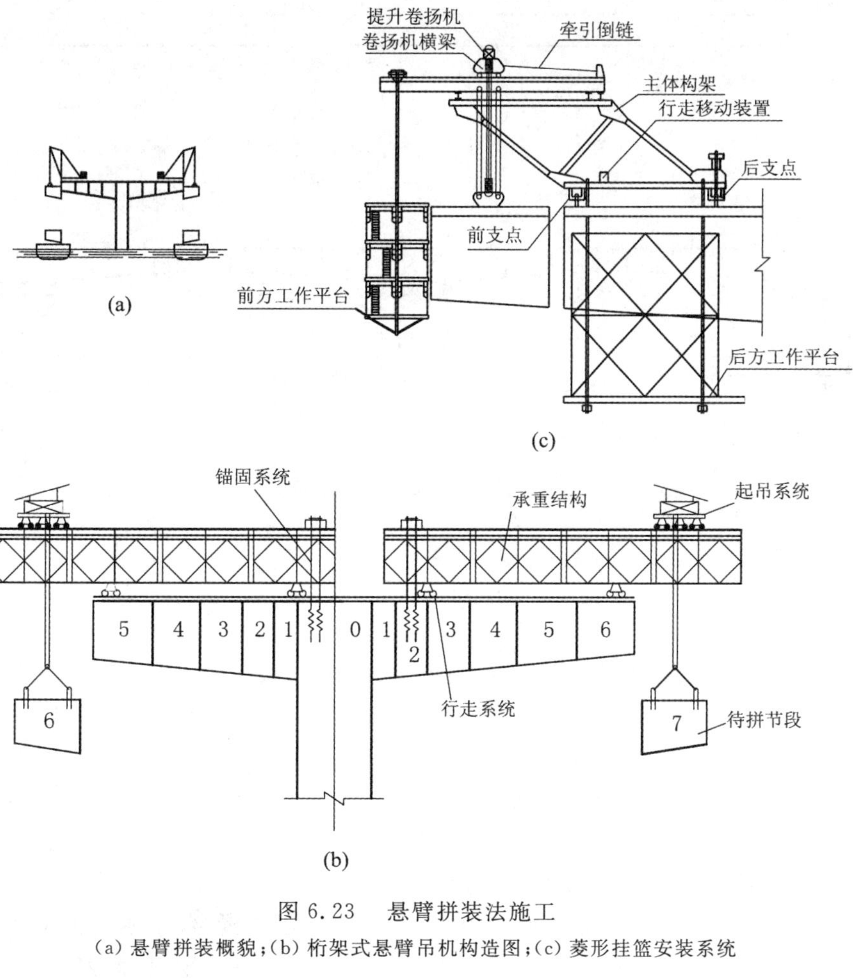

图 6.23　悬臂拼装法施工

(a) 悬臂拼装概貌;(b) 桁架式悬臂吊机构造图;(c) 菱形挂篮安装系统

工作平台等部分组成。与桁架式吊机的最大不同点是它具有自行前移的功能,可以加快施工速度。

预制节段之间的接缝可采用湿接缝和胶接缝。湿接缝宽度为 0.1～0.2m,拼装时下面设临时托架,梁段位置调准以后,便用高标号砂浆或小石子混凝土填实,待接缝混凝土达到设计强度以后再施加预应力。胶接缝是用环氧树脂加水泥在节段接缝面涂上约厚 0.8mm 的薄层,它在施工中可使接缝易于密贴,完工以后可提高结构的抗剪能力、整体刚度和不透水性,故应用较普遍。但胶接缝要求梁段接缝有很高的制造精度。

6.3.2.3　悬臂施工法中的梁墩临时固结

对于T型刚构桥和连续刚构桥梁，因墩梁本身就是固结着的，所以不存在梁墩临时固结的问题。但对于悬臂梁桥和连续梁桥来说，采用悬臂施工法时，就必须在零号块节段将梁体与桥墩临时固结或支承。图6.24是零号块体与桥墩临时固结的构造示意图，只要切断预应力筋后，便解除了临时固结，完成了结构体系的转换。图6.25是几种不同的临时支承措施示意图。临时支承可用硫黄水泥砂浆块、砂筒或混凝土块等卸落设备，以便于体系转换和拆除临时支承。

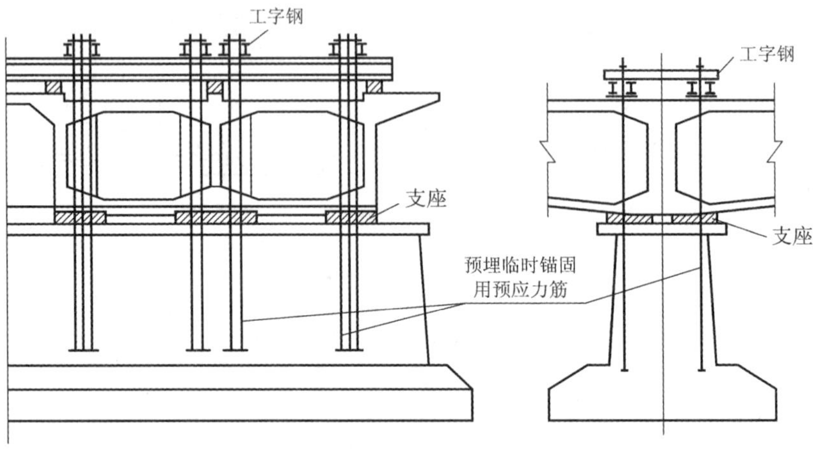

图6.24　零号块件与桥墩的临时固结构造

(a)横桥向；(b)顺桥向

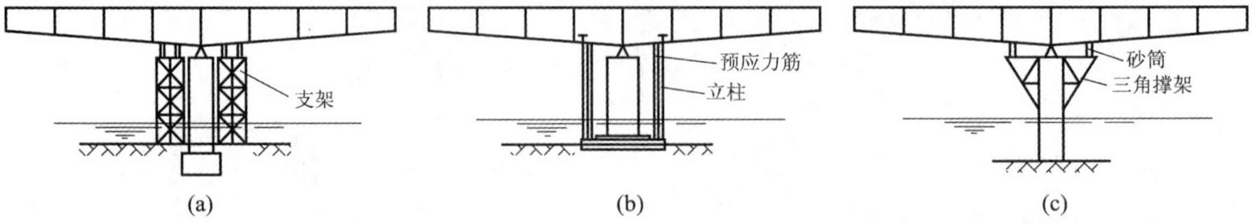

图6.25　临时支架示意图

6.3.3　顶推施工法

6.3.3.1　单点顶推

单点顶推又可分为单向单点顶推和双向单点顶推两种方式。只在一岸桥台处设置制作场地和顶推设备的称为单向单点顶推[图6.26(a)]；为了加快施工进度，也可在河两岸的桥台处设置制作场地和顶推设备，从两岸向河中顶推，这样的方法称为双向单点顶推[图6.26(c)]。

在顶推中为了减少悬臂梁的负弯矩，一般要在梁的前端安装长度为顶推跨径0.6～0.7倍的钢导梁，导梁应自重轻而刚度大。顶推装置由水平千斤顶和竖直千斤顶组合而成，可以联合作用，其工序是顶升梁→向前推移→落下竖直千斤顶→收回水平千斤顶，如图6.27所示。

在顶推的过程中，各个桥墩墩顶均需布设滑道装置，它由混凝土滑台、不锈钢板和滑板组成。滑板则由上层氯丁橡胶和下层聚四氟乙烯板镶制而成，橡胶板与梁体接触使摩擦力增大，而聚四氟乙烯板与不锈钢板接触使摩擦力减至最小，借此就可使梁前进。图6.28是滑板从后一侧滑移到前一侧，落下后再转运到后侧供继续喂入的示意图。

每个节段的顶推周期为6～8d，全梁顶推完毕后，便可解除临时预应力筋，调整、张拉和锚固后期预应力筋，再进行灌浆、封端、安装永久性支座，至此主体结构即告完成。

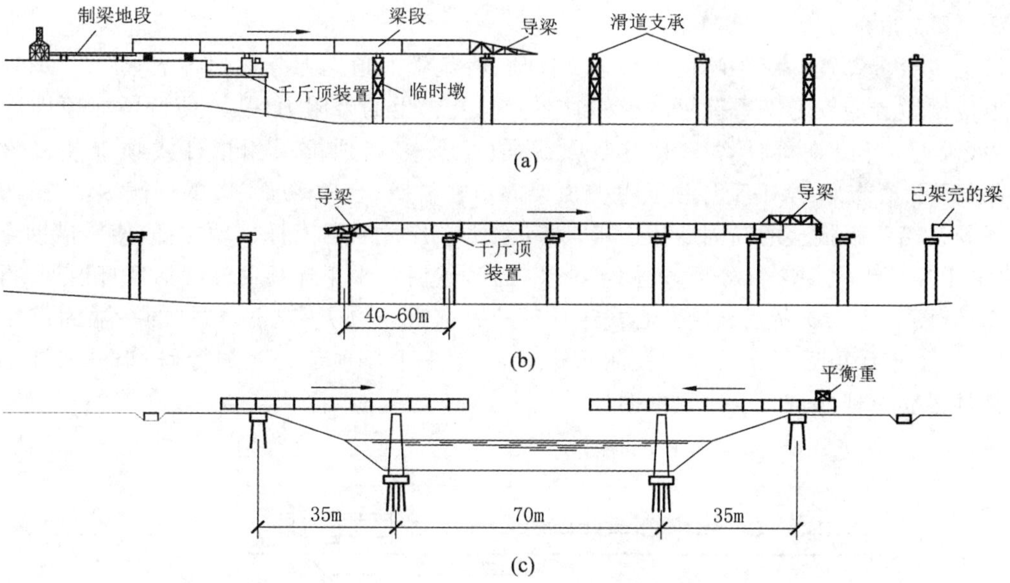

图 6.26　连续梁顶推法施工示意图

(a) 单向单点顶推；(b) 按每联多点顶推；(c) 双向单点顶推

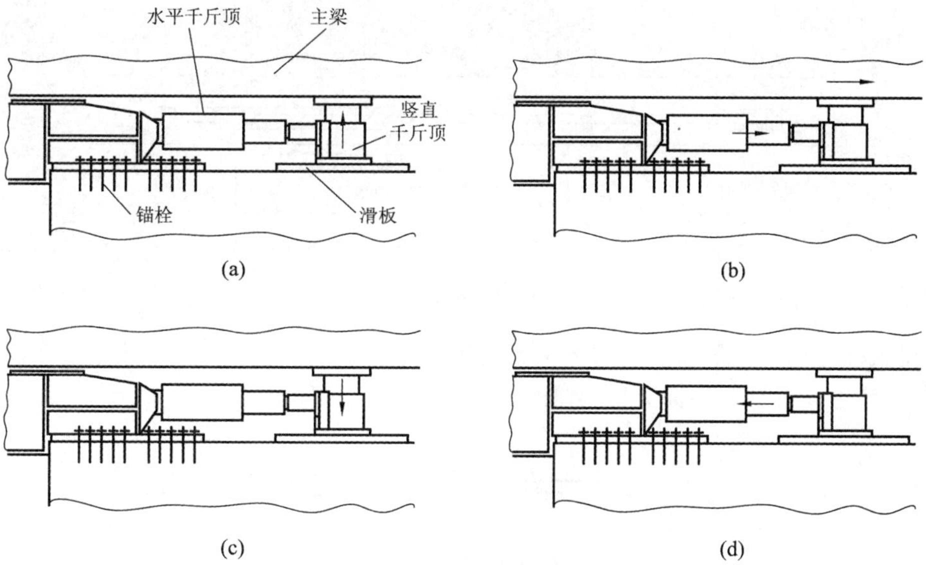

图 6.27　水平千斤顶与竖直千斤顶联用顶推

(a) 升顶；(b) 滑移；(c) 落下；(d) 复原

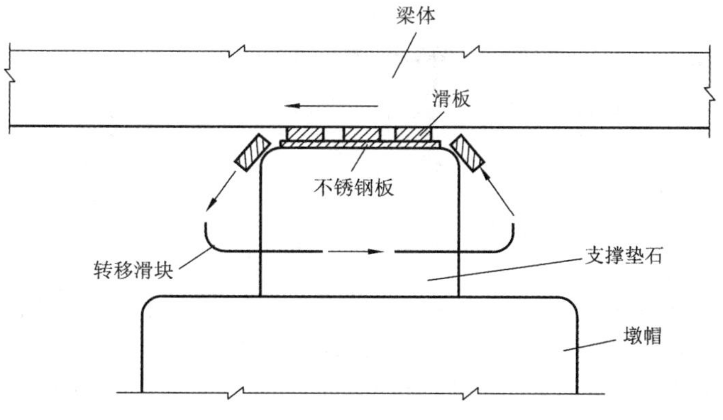

图 6.28　滑道构造示意

6.3.3.2 多点顶推

它是在每个墩台上设置一对小吨位的水平千斤顶，将集中的顶推力分散到各墩上[图 6.26(b)]。由于利用水平千斤顶传给墩台的反力来平衡梁体滑移时在桥墩上产生的摩阻力，从而使桥墩在顶推过程中只承受较小的水平力，因此，可以在柔性墩上采用多点顶推施工。多点顶推采用拉杆式顶推装置(图 6.29)。图 6.29(a) 所示的顶推工艺为：水平千斤顶通过传力架固定在桥墩(台)靠近主梁的外侧，装配式的拉杆用连接器接长后与埋固在箱梁腹板上的锚固器相连接，驱动水平千斤顶后活塞杆拉动拉杆，使梁借助梁底滑板装置向前滑移，水平千斤顶走完一个行程后，就卸下一节拉杆，然后水平千斤顶回油使活塞杆退回，再连接拉杆进行下一顶推循环。图 6.29(b) 所示是用穿心式千斤顶拉梁前进，在此情况下，拉杆的一端固定在梁的锚固器上，另一端穿过水平千斤顶后用夹具锚固在活塞杆尾端，水平千斤顶走完一个行程，松去夹具，活塞杆退回，然后重新用夹具锚固拉杆并进行下一顶推循环。

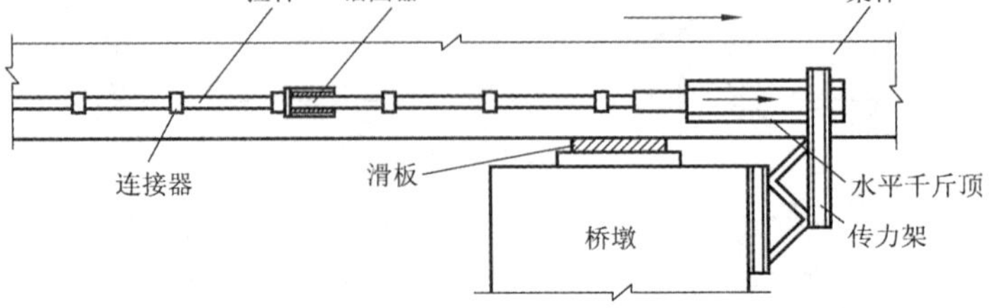

(a)

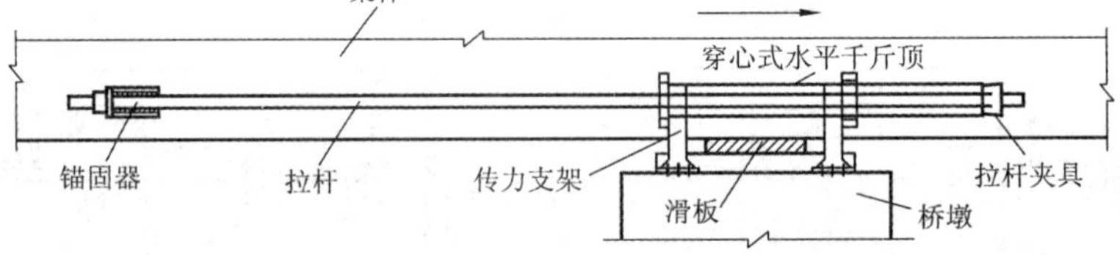

(b)

图 6.29 拉杆式顶推装置

必须注意，在顶推过程中要严格控制梁体两侧的千斤顶同步运行。为了防止梁体在平面内发生偏移，通常在墩顶上梁体的旁边设置横向导向装置，如图 6.30 所示。

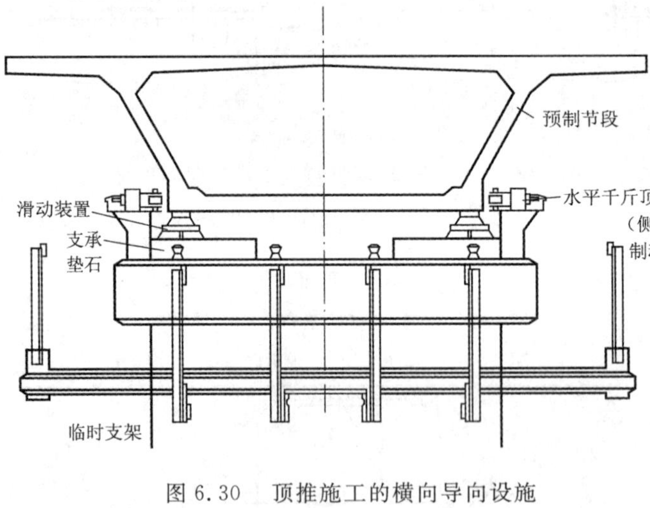

图 6.30 顶推施工的横向导向设施

顶推施工法适宜于建造跨度为 40 ～ 60m 的多跨等高度连续梁桥，当跨度更大时就需要在桥跨间设置临时支承墩，国外已用顶推法修建成跨度达 168m 的桥梁。多点顶推与单点顶推比较，可以避免采用大规模的顶推设备，并能有效地控制顶推梁的偏心。当顶推曲梁桥时，由于各墩均匀施加顶推力，能顺利施工，因此，目前此法被广泛采用。多点顶推法也可以同时从两岸向跨中方向顶推，但需增加更多的设备，使工程造价提高，因此较少采用。

本 章 小 结

1. 混凝土梁桥的基本施工工艺流程是：支立模板 → 钢筋骨架的绑扎或焊接 → 混凝土的浇筑与振捣 → 混凝土的养护和拆除模板等，无论对于简支梁桥，还是悬臂梁桥或连续梁桥来说，工艺流程都是相同的。

2. 混凝土梁桥最主要的施工方法有两种：其一是就地浇筑法，它是把基本施工工艺流程的内容放到桥孔位置去做，这就需要在桥孔处搭设脚手架或者采用移动式支架，完工以后，再将它们拆除；其二是预制安装法，它需要配置运输和吊装机械设备，将场内或工厂预制好的构件安放到桥孔处的设计位置。

3. 后张法预应力混凝土简支梁属于预制构件，应采用预制安装法施工，在制作过程中，除了完成基本施工工艺流程的内容外，尚须事先在混凝土梁体内制造穿力筋的孔道，当混凝土达到所要求的强度后，便张拉预应力筋，随即锚固，向孔道内压浆和在梁的端部将锚头用混凝土封固。

4. 先张法预应力混凝土简支板亦属预制构件，它与后张法预应力构件不同的是需要在预制场地上建造专门的张拉台座，在每条生产线上可以同时制造若干块简支板构件，在浇筑混凝土之前，应预先张拉力筋，并临时锚固在张拉台座上，待混凝土达到了预定的强度以后，再从台座上放松预应力筋，使每个构件得到预压力，然后从每个构件的两端割断外露的力筋。

5. 悬臂梁桥和连续梁桥的施工方法依其结构受力特点主要分为三大类：① 逐孔施工法；② 节段施工法；③ 顶推施工法。

6. 逐孔施工法实质上也是就地施工法，当采用落地支架时，必须在梁的若干个截面预留工作缝，等待一定时间后，再对工作缝进行处理和浇筑混凝土，为的是防止支架发生不均匀沉降和混凝土收缩使构件产生裂缝。

7. 当采用移动模架进行逐孔施工时，连续梁分段时的接缝位置宜放在弯矩最小的截面，或者离桥墩 $l/5$ 的截面处。

8. 悬臂梁桥和连续梁桥采用悬臂施工法时，必须先在零号块处将墩梁作临时固结或者设置临时支承，以利悬臂施工；全桥完工以后，还要拆除临时固结或临时支承，完成体系转换。

9. 采用悬臂浇筑法施工时，宜在低温下合拢，如遇夏季期间，宜放在晚间，并采用其他降温措施进行合拢，新浇的混凝土表面应用草袋覆盖和加强养护，使混凝土在早期结硬过程中处于升温受压状态。

10. 采用悬臂拼装法施工时，节段间的接缝有湿接缝和胶接缝等方法，胶接缝易于密贴，提高结构的抗剪能力、整体刚度和不透水性，但要求梁的制作精度较高。

11. 顶推施工法有单点顶推和多点顶推两种具体方法，多点顶推虽具有避免采用大规模顶推设备、能有效地控制顶推梁的偏移、对桥墩的推力小、适用于具有柔性墩梁桥和弯梁桥的顶推等优点，但需要的设备较多，操作时需要同步进行，技术要求高。

思考题及习题

6.1　什么叫作混凝土浇筑中的施工缝、逐孔施工法中的工作缝和梁体分段接缝？它们各应设置在什么位置，为什么？

6.2　悬臂浇筑法中的合拢梁段除了选择低温时间或采取有效降温措施进行合拢施工的办法外，还有什么方法可以减少混凝土收缩的影响？

6.3　混凝土连续梁桥的边孔跨长为中孔跨长的 0.5～0.8 倍，当采用悬臂施工方法时，在大多数情况下难以在边墩上实现平衡对称悬臂施工，此时，可以采取哪些办法来处理这个不对称的问题？

6.4　如果应用顶推法拆除一座需要更换的旧连续梁桥，那么顶推设备中的导梁应放在旧桥的哪一端？为什么？

7 拱　　桥

本章提要

本章主要介绍上承式拱桥的基本特点、构造、设计和计算等各方面的内容。对钢管混凝土拱桥和其他类型的拱桥只作了简要介绍。

7.1 概　　述

7.1.1 拱桥的基本特点

拱桥是我国公路上使用较广泛的一种桥型。拱桥与梁桥的区别，不仅在于外形不同，更重要的是两者受力性能有较大差别。由力学知，梁式结构在竖向荷载作用下，支承处仅产生竖向支承反力，而拱式结构在竖向荷载作用下，两端支承除了有竖向反力外，还将产生水平推力。正是这个水平推力，使拱内产生轴向压力，从而大大减小了拱圈的截面弯矩，使之成为偏心受压构件，截面上的应力分布[图 7.1(a)]与受弯梁的应力[图 7.1(b)]相比，较为均匀。因此，拱式结构可以充分利用主拱截面材料强度，增大跨越能力。

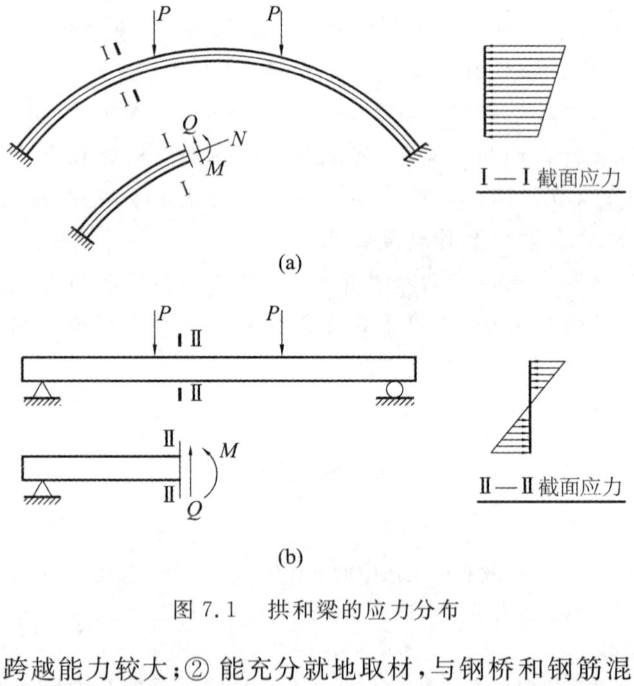

图 7.1　拱和梁的应力分布

拱桥的主要优点是：① 跨越能力较大；② 能充分就地取材，与钢桥和钢筋混凝土梁式桥相比，可以节省大量的钢材和水泥；③ 耐久性能好，维修、养护费用少；④ 外形美观；⑤ 构造较简单。

拱桥的主要缺点是：① 自重较大，相应的水平推力也较大，增加了下部结构的工程量，当采用无铰拱时，对地基条件要求高；② 拱桥（尤其是圬工拱桥）一般都采用有支架施工的方法修建，随着跨径和桥高的增大，支架或其他辅助设备的费用也大大增加，从而增加了拱桥的总造价；③ 由于拱桥水平推力较大，在连续多孔的大、中桥梁中，为防止一孔破坏而影响全桥的安全，需要采用较复杂的措施，例如设置单向推力墩，也会增加造价；④ 与梁式桥相比，上承式拱桥的建筑高度较高，当用于城市立交及平原地区的桥梁时，因桥面标高提高，从而使两岸接线长度增长，或者使桥面纵坡增大，既增大了造价又对行车不利。因此也使拱桥的适用范围受到一定的限制。

7.1.2 拱桥的基本组成

拱桥的上部结构和下部结构各主要组成部分的名称如图 7.2 所示。

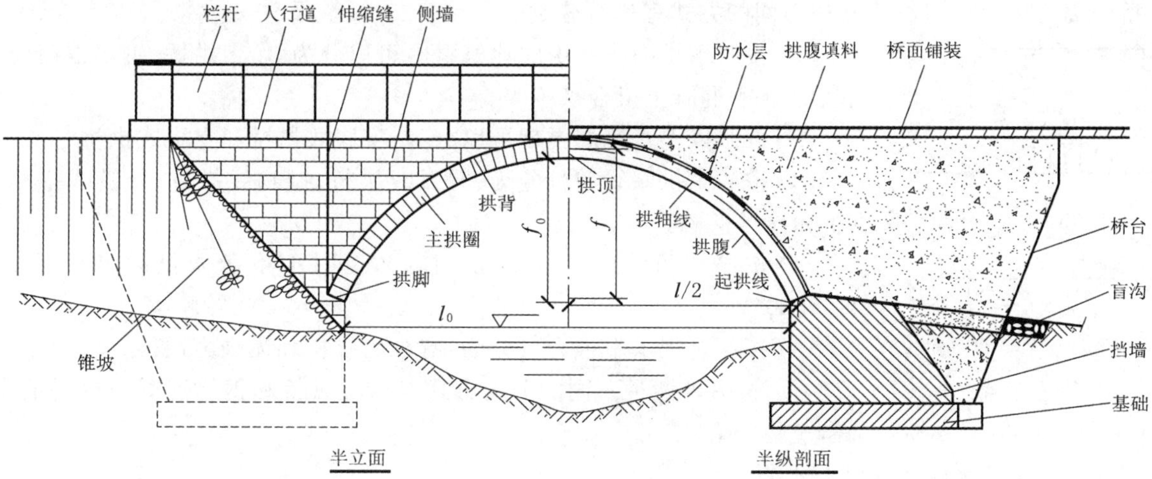

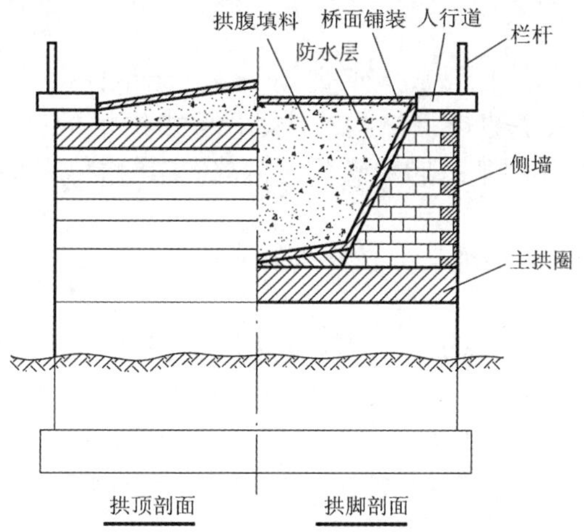

图 7.2　拱桥的主要组成部分

l_0— 净跨径；l— 计算跨径；f_0— 净矢高；f— 计算矢高；$f/l(f_0/l_0)$— 矢跨比

拱桥上部结构由主拱圈和拱上建筑组成。主拱圈是拱桥的主要承重结构。由于拱圈是曲线形，一般情况下车辆都无法直接在弧面上行驶，所以在桥面与主拱圈之间需要有传递压力的构件或填充物，以使车辆能平顺地在桥道上行驶。桥面系和这些传力构件或填充物统称为拱上结构或拱上建筑。

拱桥的下部结构由桥墩、桥台及基础等组成，用以支承桥跨结构，将桥跨结构的荷载传至地基。桥台还起到与两岸路堤相连接的作用，使路和桥形成一个协调的整体。

拱圈最高处横向截面称为拱顶，拱圈和墩台连接处的横向截面称为拱脚（或起拱面）。拱圈各横向截面（或换算截面）的形心连线称为拱轴线。拱圈的上曲面称为拱背，下曲面称为拱腹。起拱面与拱腹相交的直线称为起拱线。

下面介绍拱桥的几个主要技术名称（图 7.2）：

净跨径（l_0）　每孔拱跨两个拱脚截面最低点之间的水平距离。

计算跨径（l）　两相邻拱脚截面形心点之间的水平距离。因为拱圈（或拱肋）各截面形心点的连线称为拱轴线，故也就是拱轴线两端点之间的水平距离。

净矢高（f_0）　从拱顶截面下缘至相邻两拱脚截面下缘最低点的连线的垂直距离。

计算矢高（f）　从拱顶截面形心至相邻两拱脚截面形心的连线的垂直距离。

矢跨比(D或D_0)　拱桥中拱圈(或拱肋)的净矢高与净跨径之比,或计算矢高与计算跨径之比,即$D_0=f_0/l_0$或$D=f/l$。

一般将矢跨比大于或等于1/5的拱称为陡拱;将矢跨比小于1/5的拱称为坦拱。

7.1.3　拱桥的主要类型

拱桥的类型可以按照以下几种不同的方式来进行分类。

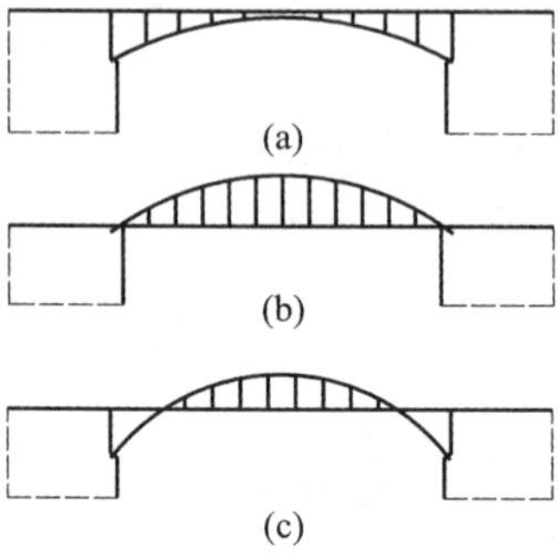

图7.3　拱桥位置分类
(a)上承式;(b)下承式;(c)中承式

(1)按照主拱圈所使用的建筑材料可以分为:圬工拱桥、钢筋混凝土拱桥、钢拱桥和钢-混凝土组合拱桥等。

(2)按照拱上建筑的类型可以分为:实腹式拱桥和空腹式拱桥。

(3)按照主拱圈线型可分为:圆弧线拱桥、抛物线拱桥、悬链线拱桥、折线拱桥和异形拱桥。

(4)按照桥面的位置可分为:上承式拱桥、下承式拱桥和中承式拱桥(图7.3)。

(5)按照有无水平推力可分为:有推力拱桥和无推力拱桥。

下面按另外两种不同的分类方式对圬工拱桥和钢筋混凝土拱桥的主要类型作一些介绍。

7.1.3.1　按照结构受力图式分类

按照主拱圈与行车道系之间相互作用的性质和影响程度,可以把拱桥分为三种类型。

(1)简单体系的拱桥

简单体系的拱桥,均为有推力拱,可以做成上承式、下承式(无系杆拱)或中承式。

在简单体系的拱桥中,上承式拱桥的拱上结构或中、下承式拱桥的拱下悬吊结构(统称为行车道系结构),一般都不考虑它与主拱的联合作用来共同承受桥面荷载,主拱将以裸拱的形式成为主要承重结构,拱的水平推力直接由墩台或基础承受。

按照主拱的静力体系,简单体系的拱桥又可以分成如下三种(图7.4):

① 三铰拱[图7.4(a)]

属外部静定结构。温度变化、混凝土收缩和徐变、支座沉陷等因素引起的变形不会对它产生附加内力,计算时也无需考虑体系弹性变形对内力的影响。故它适合于在地基条件很差的地区修建,但由于铰的存在,使其构造复杂,施工困难,维护费用增高,而且减小了结构的整体刚度,降低了抗震能力。又由于拱的挠度曲线在顶铰处有转折,对行车不利,因此,三铰拱一般较少采用。

② 两铰拱[图7.4(b)]

属外部一次超静定结构。由于取消了拱顶铰,使结构整体刚度较三铰拱的大。基础变位、温度变化、混凝土收缩和徐变等引起的附加内力比无铰拱的影响要小,故可在地基条件较差时或坦拱中采用。

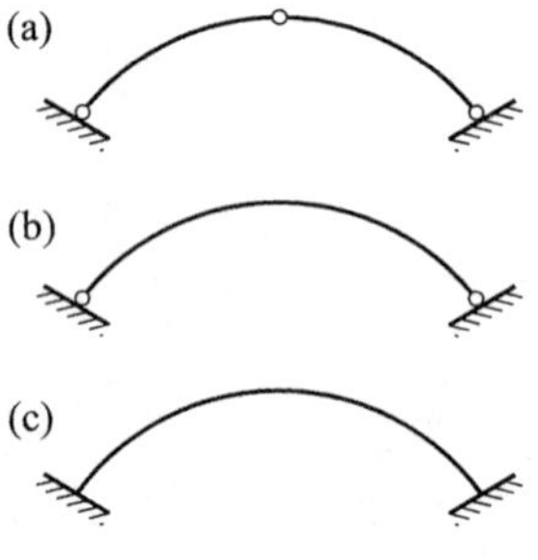

图7.4　简单体系的拱桥

③ 无铰拱[图7.4(c)]

属外部三次超静定结构。在自重及外荷载作用下,拱内的弯矩分布比两铰拱均匀,材料用量省。由于没有设铰,结构的整体刚度大,构造简单,施工方便,维护费用少,因此在实际中使用最为广泛。但由于无铰拱的超静定次数高,温度变化、材料收缩、结构变形,特别是墩台变位会在拱内产生较大的附加内力,所以无铰拱一般修建在地基良好的条件下,这使它的使用范围受到一定限制。

(2)组合体系拱桥

拱式组合体系桥一般由拱肋、系杆、吊杆(或立柱)、行车道梁(板)及桥面系等组成。

拱式组合体系桥将梁和拱两种基本结构组合起来,共同承受桥面荷载和水平推力,充分发挥梁受弯、拱受压的结构特性及其组合作用,达到节省材料的目的。拱式组合体系桥一般可划分为有推力的和无推力的两种类型。

① 无推力的组合体系拱

无推力拱式组合体系桥(也称系杆拱桥)是外部静定结构,兼有拱桥的较大跨越能力和简支梁桥对地基适应能力强两大特点。拱的推力由系杆承受,系杆就是一个将两拱脚相互联系在一起的水平构件,因而墩台不承受水平推力。据拱肋和系杆(梁)相对刚度的大小及吊杆的布置形式可以分为:具有竖直吊杆的柔性系杆刚性拱——系杆拱[图7.5(a)];具有竖直吊杆的刚性系杆柔性拱——蓝格尔拱[图7.5(b)];具有竖直吊杆的刚性系杆刚性拱——洛泽拱[图7.5(c)]。

柔性系杆刚性拱组合体系中,系杆的刚度远小于拱肋的刚度,即$(EI)_{拱}/(EI)_{系}>80$。系杆和吊杆均为柔性杆件,可以忽略系杆承受的弯矩。通过张拉系杆以抵消大部分拱的推力,从而能发挥材料的特性,减轻墩台负担,使这种体系能应用于软土地基上。这类桥梁适用跨径为20～90m。

刚性系杆柔性拱,拱肋的刚度与系杆的刚度相比相对小得多,即$(EI)_{拱}/(EI)_{系}<1/80$,可以忽略拱肋中的弯矩,认为刚性系杆不仅承受拱的推力,还要承受弯矩,为拉弯组合的梁式构件,而拱肋只承受轴向力,故称为柔性拱。刚性系杆柔性拱的适用跨径可达100m。

刚性系杆刚性拱介于柔性系杆刚性拱和刚性系杆柔性拱之间,即$(EI)_{拱}/(EI)_{系}$在1/80～80之间,拱肋和系杆都有一定的抗弯刚度,荷载引起的弯矩在拱肋和系杆之间按刚度分配,它们共同承受纵向力和弯矩,适合于设计荷载较大的拱桥采用。

以上三种拱,当用斜吊杆来代替竖直吊杆时,称为尼尔森拱[图7.5(d)、图7.5(e)、图7.5(f)]。

② 有推力的组合体系拱

此种组合体系拱没有系杆,由单独的梁和拱共同受力,拱的推力仍由墩台承受。图7.5(g)所示是刚性梁柔性拱(倒蓝格尔拱);图7.5(h)所示是刚性梁刚性拱(倒洛泽拱)。

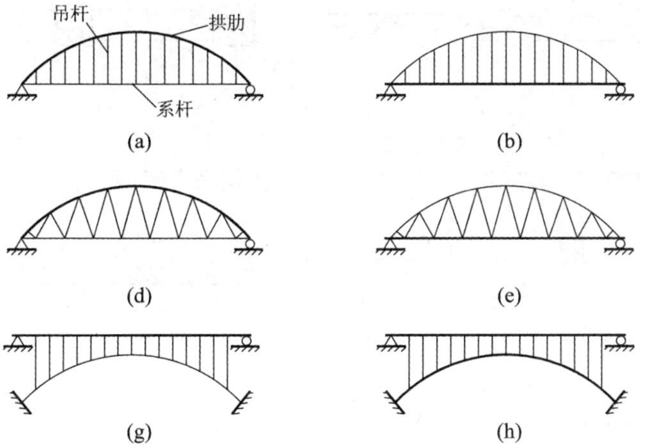

图7.5　组合体系拱

(3) 拱片桥

上边缘与桥面纵向平行,下边缘是拱形的有推力结构,称为拱片,如图7.6所示。在拱片中,行车道系与拱肋刚性联成一整体,共同承受荷载,故它仅能用于上承式拱桥。拱片的立面一般被挖空做成桁架的形式。根据桥梁宽度的不同,拱片桥可由两片以上的拱片组成,并用横向联系将各拱片联成整体,行车道板支承在拱片上。拱片桥可以做成无铰、两铰或三铰结构,它的推力均由墩台承受。

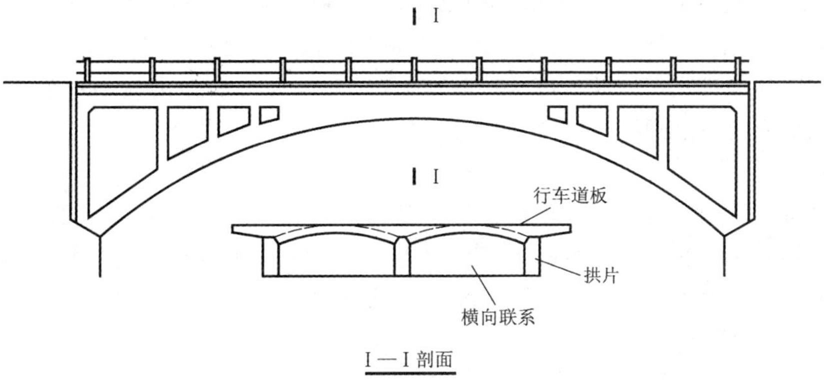

图7.6　拱片桥

7.1.3.2　按主拱圈截面形式分类

拱桥的主拱圈，沿拱轴线可以做成等截面或变截面的形式。所谓等截面拱[图 7.7(a)]，就是在沿桥跨方向主拱圈的横截面尺寸是相同的；而变截面拱[图 7.7(b)]的主拱圈横截面，从拱顶到拱脚是逐渐变化的。变截面拱圈的做法通常有两种，一种是拱圈宽度方向不变而只改变厚度[图 7.7(c)]，一种是厚度不变而改变拱圈宽度[图 7.7(d)]。由于等截面拱的构造简单，施工方便，因此它是目前最普遍采用的形式。

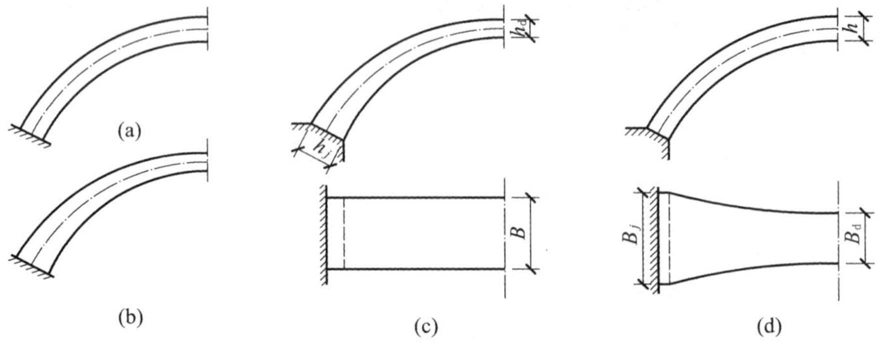

图 7.7　主拱圈立面和平面形状

主拱圈横截面通常可用下面几种形式(图 7.8)。

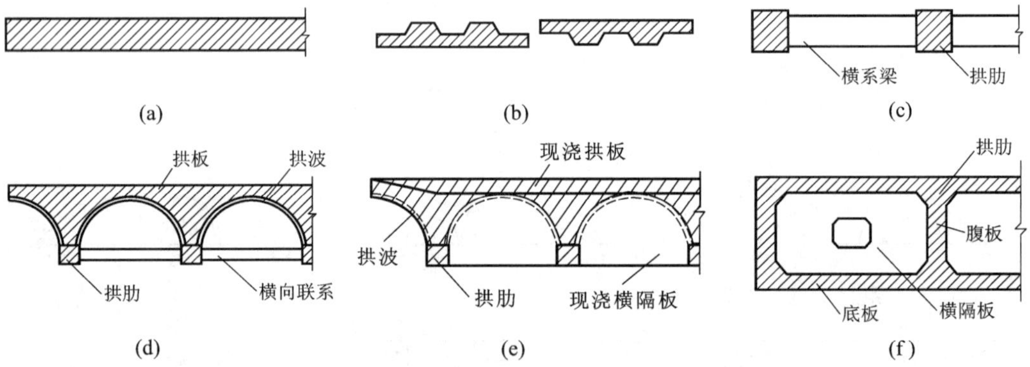

图 7.8　主拱圈横截面形式

(a) 板拱；(b) 板肋拱；(c) 肋拱；(d)、(e) 双曲拱；(f) 箱形拱

(1) 板拱桥[图 7.8(a)]

主拱圈采用矩形实体截面的拱桥称为板拱桥。它的构造简单、施工方便，但在相同截面面积的条件下，实体矩形截面比其他形式截面的抵抗矩小。为了获得较大的截面抵抗矩，必须增大截面尺寸，这就相应地增加了材料用量和结构自重，从而加重了下部结构的负担，这是不经济的。因此，通常只在地基条件较好的中、小跨径圬工拱桥中才采用这种形式。

(2) 板肋拱桥[图 7.8(b)]

所谓板肋拱桥就是拱圈截面由板和肋组成的拱桥。它是在较薄的拱板上增加几条纵向肋，以提高拱圈的抗弯刚度。根据主拱圈弯矩的分布情况(拱顶一般承受正弯矩，拱脚一般承受负弯矩)，在跨径中部，肋宜布置在下面，而在拱脚区段，肋布置在上面较为合理。但实际应用时，为了简化模板和钢筋工作，往往沿整个拱跨将肋布置在主拱圈截面的上面或下面。

(3) 肋拱桥[图 7.6(c)]

肋拱桥是在板拱桥的基础上发展形成的，它是将板拱划分成两条或多条分离的、高度较大的拱肋，肋与肋间用横系梁相联。这样就可以用较小的截面面积获得较大的截面抵抗矩，从而节省材料，减轻拱桥的自重，因此多用于大、中跨径的拱桥。需要注意的是，为增强拱肋间横向联系，保证结构横向刚度，横系梁应尽可能做得大些，其高度宜与拱肋同高。

(4) 双曲拱桥[图 7.8(d)、图 7.8(e)]

双曲拱桥主拱圈横截面是由一个或数个横向小拱组成，由于主拱圈的纵向及横向均呈曲线形，故称之为双曲拱桥。这种拱桥的截面抵抗矩较相同材料用量的板拱大，故可节省材料。施工中可采用预制拼装，较之板拱有较大的优越性，但存在着施工工序多、组合截面整体性较差和易开裂等缺点，一般用于中、小跨径拱桥。

20 世纪 70 年代设计建造的双曲拱桥较多采用图 7.8(d) 所示的横向联系形式，也有部分双曲拱桥采用图 7.8(e) 所示的横向联系形式。实践证明，随着交通量增加和载重增大，后者运营状况明显较前者好。关于这个问题，后面还将补述。

(5) 箱形拱桥[图 7.8(f)]

这类拱桥外形与板拱相似，由于截面挖空，使箱形拱的截面抵抗矩较相同材料用量的板拱大很多，所以能节省材料，减轻自重，相应地也减少下部结构材料用量，对于大跨径拱桥则效果更为显著。又因它是闭口箱形截面，截面抗扭刚度大，横向整体性和结构稳定性均较双曲拱好，故特别适用于无支架施工。但箱形截面施工制作较复杂，因此，大跨径拱桥采用箱形截面才是合适的。

7.2 拱桥的构造

7.2.1 主拱圈的构造

7.2.1.1 板拱

按建筑材料划分，板拱又可分为石板拱、混凝土板拱和钢筋混凝土板拱等。下面重点介绍石板拱。

砌筑石板拱主拱圈的石料主要有料石、块石和砖石等。用粗料石砌筑拱圈时，拱石需要随拱轴线和截面形式不同而分别进行编号，以便加工。小跨径等截面圆弧拱[图 7.9(a)] 可采用单层拱石砌筑，其拱石规格少，编号简单；当跨径增大时，拱圈厚度增大，应采用多层砌筑，等截面圆弧拱圈[图 7.9(b)] 的拱石类型较多，编号较复杂，施工不便。有的石拱桥也采用等截面或变截面的悬链线作为拱轴线，这时，拱石的编号更为复杂(图 7.10)。因此，目前大多采用等截面拱桥。

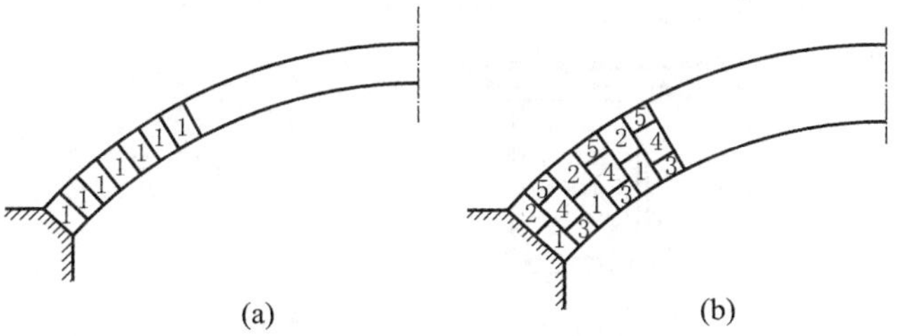

图 7.9　等截面圆弧拱的拱石编号

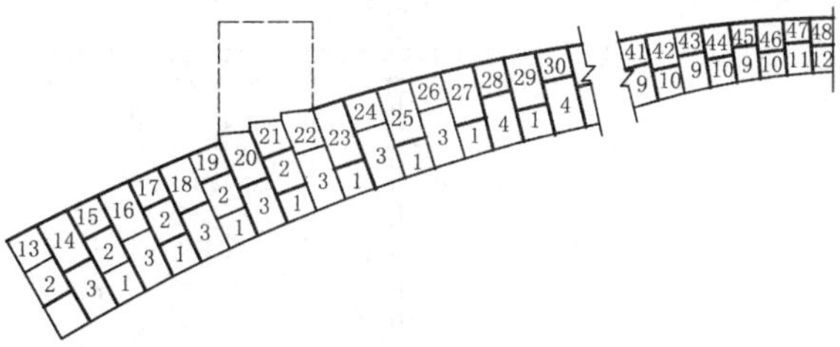

图 7.10　变截面拱圈的拱石编号

用于拱圈砌筑的石料应要求石质均匀，不易风化和无裂纹。石料标号不得低于 C30，砌筑拱石用的砂浆，对大、中跨径拱桥不得低于 C7.5，对于小跨径拱桥不得低于 C5。在必要时也可用小石子混凝土进行砌筑，小石子粒径一般不得大于 2cm。采用小石子混凝土砌筑的片石板拱，其砌体强度比用同标号的水泥砂浆的砌体强度要高，而且可以节约水泥 1/4 ～ 1/3。

根据拱圈的受力(主要承受压力，其次是弯矩) 特点和需要，拱圈砌筑应满足下列构造要求。

(1) 错缝

对料石拱，拱石受压面的砌缝应与拱轴线垂直，可以不错缝。当拱圈厚度不大时，可采用单层砌筑[图 7.9(a)]，但其横向砌缝必须错开且不小于 10cm；当拱圈厚度较大时，需采用多层砌筑[图 7.9(b)，图 7.10]，但其垂直于受压面的顺桥向砌缝[图 7.11(a)]，拱圈横截面内拱石竖向砌缝[图 7.11(b)、图 7.11(c)] 以及各层横向砌缝必须错开且不小于 10cm，以免因存在通缝而降低砌体的抗剪强度和削弱其整体性。对于块石拱，应选择较大平面与拱轴线垂直，拱石大头在上，小头在下，砌缝错开不小于 8cm。对于片石拱，拱石较大面与拱轴线垂直，大头在上，砌缝交错。

(2) 限制砌缝宽度

拱石砌缝宽度不能太大，因砂浆强度比拱石低得多，缝太宽必将影响砌体强度和整体性。通常，对料石拱不大于 2cm，对块石拱不大于 3cm，对片石拱不大于 4cm。当采用小石子混凝土砌筑时，块石砌缝宽不大于 5cm，片石砌缝宽为 4 ～ 7cm。

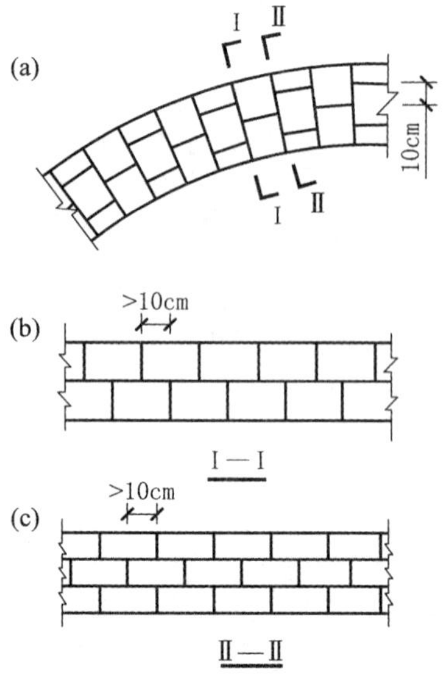

图 7.11　拱石的错缝要求

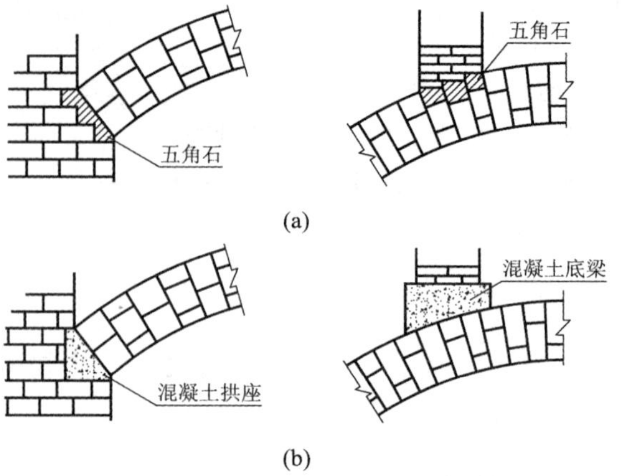

图 7.12　拱圈与墩台及腹孔墩连接

(3) 设五角石

拱圈与墩台以及拱圈与空腹式拱上建筑的腹孔墩连接处，应采用特别的五角石[图 7.12(a)]，以改善该处的受力状况。为避免施工时损坏或被压碎，五角石不得带有锐角。为了简化施工，目前常用现浇混凝土拱座及腹孔墩底梁[图 7.12(b)]代替石质五角石。

7.2.1.2　肋拱

肋拱桥是由两条或多条拱肋、横系梁、立柱和由横梁支承的行车道部分组成，如图 7.13 所示。

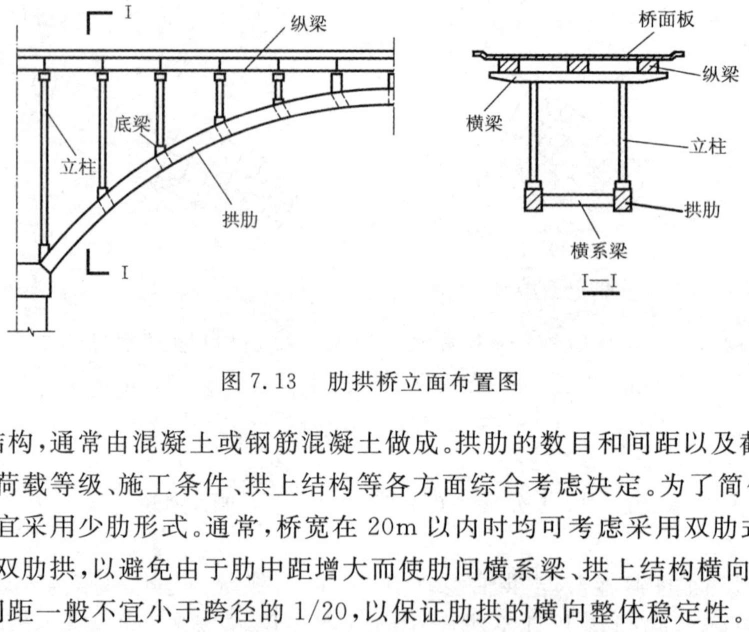

图 7.13　肋拱桥立面布置图

拱肋是主要承重结构，通常由混凝土或钢筋混凝土做成。拱肋的数目和间距以及截面形式主要根据桥梁宽度、肋形、材料性能、荷载等级、施工条件、拱上结构等各方面综合考虑决定。为了简化构造，一般在吊装能力满足要求的情况下，宜采用少肋形式。通常，桥宽在 20m 以内时均可考虑采用双肋式，当桥宽在 20m 以上时，宜采用分离的双幅双肋拱，以避免由于肋中距增大而使肋间横系梁、拱上结构横向跨度与尺寸增大太多。上下游拱肋最外缘的间距一般不宜小于跨径的 1/20，以保证肋拱的横向整体稳定性。

肋间横系梁是保证结构横向稳定和横向刚度的重要构件。已建成的肋拱桥所采用的横系梁大多采用图 7.13 所示的构造形式，它同样存在于图 7.8(d) 中相类似的问题。为增大横系梁刚度，横系梁的高度应加大至和拱肋同高；同时，立柱或横墙处所设置的横系梁，最好使之与立柱或横墙的底座或底梁连成整体。

当桥面很宽，拱肋间距过大时，为了进一步增加结构的横向整体性及刚度，可以考虑采用在两个立柱间设计剪刀撑方案。

拱肋的截面形式分为实体矩形、工字形、箱形、管形等，如图 7.14 所示。矩形截面构造简单、施工方便，一般仅用于中、小跨径的肋拱。肋高可取跨径的 1/40 ～ 1/60，肋宽可为肋高的 0.5 ～ 2.0 倍。工字形截面，常用于大、中跨径的肋拱桥。肋高一般为跨径的 1/25 ～ 1/35，肋宽为肋高的 0.4 ～ 0.5 倍，腹板厚度常为 30 ～ 50cm。管形肋拱是指采用钢管混凝土结构作为拱肋的拱桥，其肋高与跨径之比常在 1/45 ～ 1/65 之间。当肋拱桥的跨径大、桥面宽时，拱肋还可采用箱形截面，这样可减少更多的圬工体积，箱肋高一般为跨径的 1/40 ～ 1/55。

7.2.1.3　箱形拱

主拱圈截面由多室箱构成的拱称为箱形拱，如图 7.15 所示。箱形拱的主要特点是：

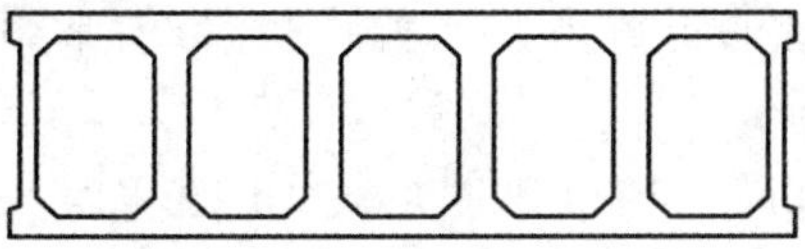

图 7.14　肋拱拱肋截面形式

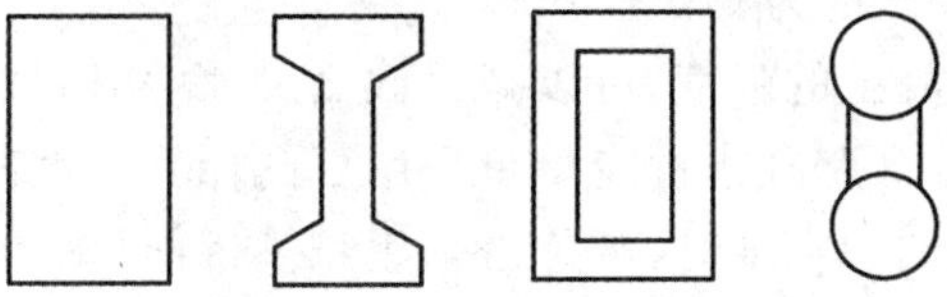

图 7.15　箱形拱拱圈截面示意

(1) 截面挖空率大，挖空率可达全截面的 50% ～ 60%，与板拱相比，可节省大量圬工体积，减轻重量；

(2) 箱形截面的中性轴大致居中，对于抵抗正负弯矩几乎具有相等的能力，能较好地适应主拱圈各截面正负弯矩变化的需要；

(3) 由于是闭合空心截面，抗弯和抗扭刚度大，拱圈的整体性好，应力分布较均匀；

(4) 单条箱肋刚度较大，稳定性较好，能单箱肋成拱，便于无支架吊装；

(5) 制作要求较高，吊装设备较多，主要用于大跨径拱桥。

箱形拱的拱圈，可以由一个闭合箱(单室箱) 或由几个闭合箱(多室箱) 组成，每一个闭合箱又由箱壁(侧板)、顶板(盖板)、底板及横隔板组成(图 7.16)。

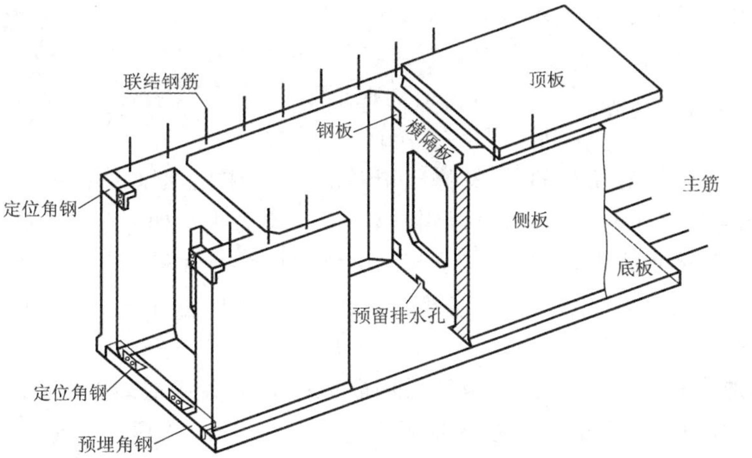

图 7.16　箱形拱闭合箱的构造

箱形拱截面的组成方式有以下几种：

(1) 由多条 U 形肋组成的多室箱形截面[图 7.17(a)]；

(2) 由多条工字形肋组成的多室箱形截面[图 7.17(b)]；

(3) 由多条闭合箱肋组成的多室箱形截面[图 7.17(c)]；

(4) 单箱多室截面[图 7.17(d)]。

待拟定的箱形拱截面尺寸主要包括拱圈的高度与宽度、箱肋的宽度以及顶、底板及腹板尺寸。

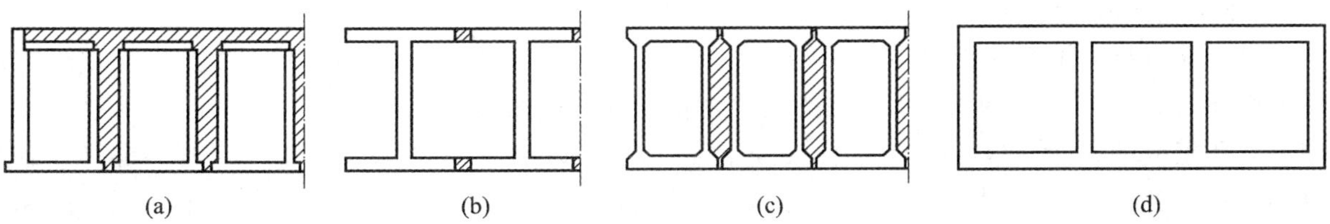

图 7.17　箱形拱截面形式

拱圈的高度主要取决于拱的跨度，还与拱圈所用混凝土强度有很大关系。初拟拱圈的高度时，拱圈高度可取跨径的 1/55 ～ 1/75，或者按如下经验公式估算：

$$h = l_0/100 + \Delta$$

式中 h—— 拱圈高度，m；

l_0—— 净跨径，m；

Δ—— 取为 0.6 ～ 0.8。

提高混凝土的强度，可以减少截面尺寸，从而减轻拱圈本身的自重力并加大跨径。目前常用 C30 ～ C40 混凝土，对特大跨径拱桥应尽量采用更高标号的混凝土。

拟定拱圈的宽度时，可考虑采用悬挑桥面，减小拱圈宽度，即采用窄拱圈形式。拱圈宽度一般可为桥宽的 1.0 ～ 0.6 倍，桥面悬挑可达到 4.0m，但为保证其横向稳定性，一般要求拱宽不小于跨径的 1/20，但特大跨径拱桥的拱圈宽度常难以满足该条件，只要横向稳定性能得到保证即可。

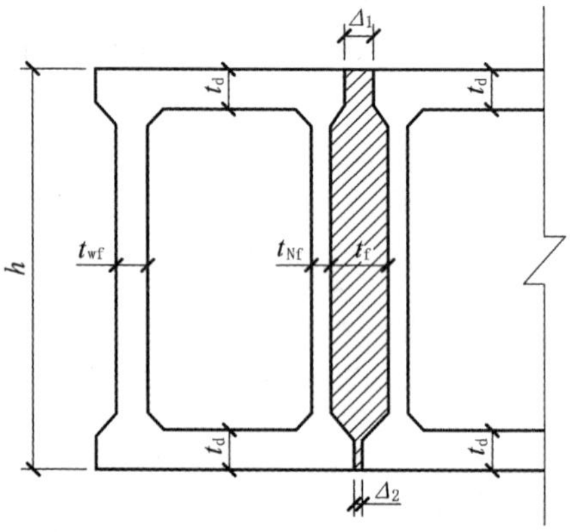

图 7.18　常用的箱形拱截面构造

箱肋是组成预制吊装施工的箱形拱桥的基本构件。拱圈宽度确定后，根据（缆索）吊装能力，在横向划分为几个箱肋，即可确定箱肋的宽度。

对常用的由多条闭口箱肋组成的箱形拱（图 7.18），其顶、底板及腹板各部分尺寸采用何值，与跨径及荷载大小有关。顶、底板厚度 t_d 一般为 15 ～ 22cm，两外箱肋外腹板厚 t_{wf} 一般为 12 ～ 15cm，内箱肋腹板厚 t_{Nf} 常取 5 ～ 7cm，以尽量减轻吊装重量。但需注意的是，拱圈顶、底、腹板太薄可能出现压溃，其原因除构造尺寸太小外，就是应力允许值用得太大（国际上对压板应力值限制很严），故应对其作必要的局部应力验算。填缝宽度 t_f 根据受力大小确定（主要考虑轴力大小），一般采用 20 ～ 35cm。为保证填缝混凝土浇筑质量，Δ_1 不宜小于 20cm，Δ_2 为安装缝，通常为 4cm。

箱形拱的构造与施工方法有密切的联系。修建箱形拱，可以采用预制拱箱无支架吊装或有支架现场浇筑等施工方法。若采用无支架施工时，拱箱可分段预制，当吊装能力很大时，可以采用封闭式拱箱，这样可以增加拱箱在施工过程中的整体稳定性，减少施工步骤。其具体过程为：在横向将拱截面划分为多条箱形肋，在纵向将箱形肋分段，先预制各箱肋段，然后安装各箱肋段成拱，最后现浇各箱肋间的填缝混凝土形成箱形拱。

7.2.1.4　双曲拱桥

双曲拱桥主拱圈通常由拱肋、拱波、拱板和横向联系等几部分组成，如图 7.19(a) 所示。双曲拱桥的主要特点是将主拱圈以“化整为零”的方法按先后顺序进行施工，再以“集零为整”的组合式整体结构承重。施工时，先将拱圈划分成拱肋、拱波、拱板及横向联系四部分，并预制拱肋、拱波和横向联系，即“化整为零”；然后吊装钢筋混凝土拱肋成拱并与横向联系构件组成拱形框架，在拱肋间安装拱波，随后浇筑拱板混凝土，形成主拱圈，即“集零为整”。双曲拱桥是我国于 20 世纪 70 年代提出的，当时的主要目的是减轻吊装重量。

双曲拱桥主拱圈截面，根据桥梁的跨径、宽度、设计荷载的大小、材料类型和施工工艺等各种情况，可以采用不同的形式（图 7.20）。目前采用最多的是多肋多波的截面形式[图 7.20(a)、图 7.20(b)、图 7.20(c)]。一般说来，肋间距不宜过小，以免限制了拱波的矢高，减小了拱圈的截面刚度，但同时肋间距受吊装机械控制又不宜过大，以免拱肋数量少而过分加大拱肋截面尺寸，增加吊装重量，给施工带来不便。在小跨径的双曲拱桥中，还可采用单波的形式[图 7.20(d)]。

拱肋是双曲拱桥主拱圈的骨架，它不仅参与拱圈共同承受全部结构自重和汽车、人群载重，对主拱圈质量有重大影响，而且在施工过程中，又要起砌筑拱波和浇筑拱板的支架作用。当拱波、拱板完成后，拱肋成为主拱圈的重要组成部分。因此，拱肋的设计，必须保证具有足够的强度和刚度。特别是采用无支架施工的双曲拱，除应满足吊装阶段的强度和纵横向稳定性以外，还需满足截面在组合过程中各阶段荷载作用下的强度要求。

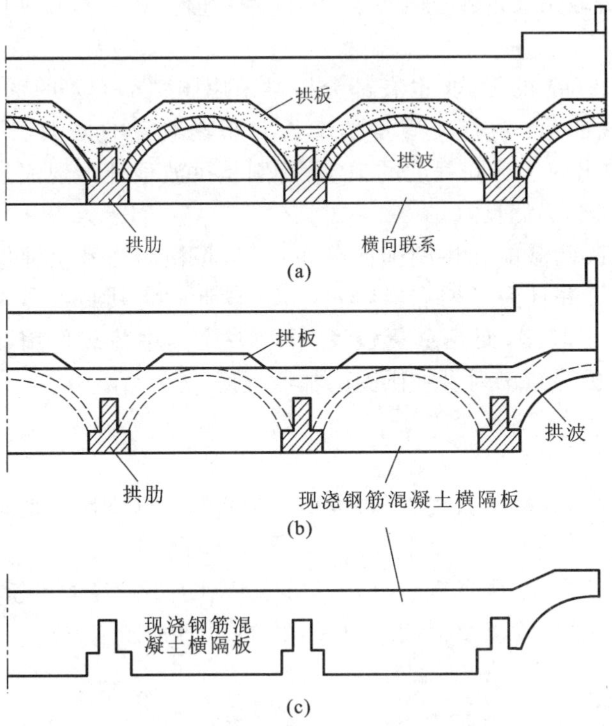

图 7.19　双曲拱桥主拱圈横断面

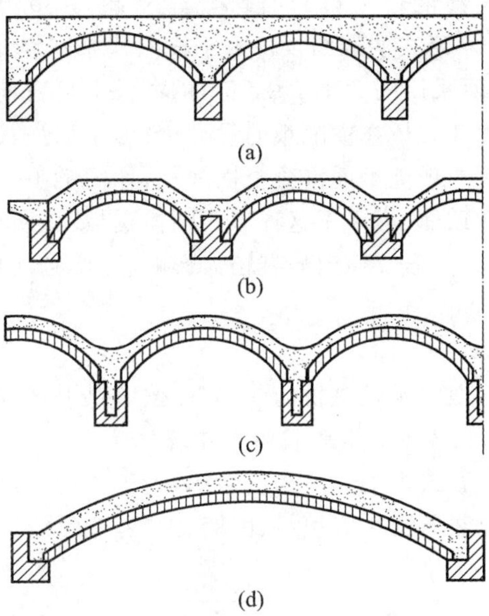

图 7.20　双曲拱桥主拱圈截面形式

常用的拱肋截面形式有矩形、倒 T 形(凸形)、槽形、U 形和工字形等(图 7.21)。一般根据跨径大小、受力性能、施工难易等条件综合选择合理的截面形式,要求所选拱肋截面有利于增强主拱圈的整体性,制作简单且能保证施工安全。

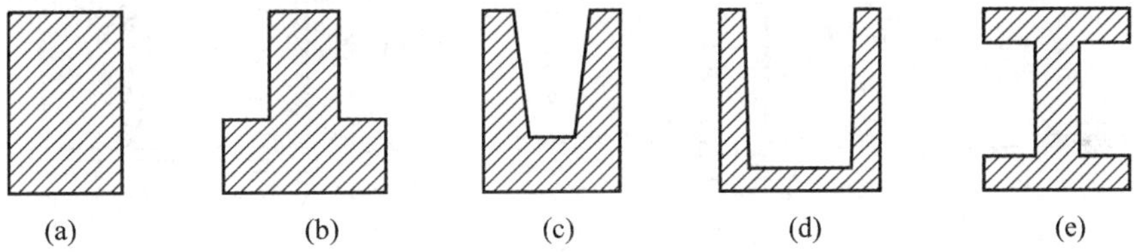

图 7.21　拱肋截面形式

(a) 矩形拱肋;(b) 凸形拱肋;(c) 槽形拱肋;(d)U 形拱肋;(e) 工字形拱肋

拱肋一般为钢筋混凝土构件,常采用预制安装的方法施工。预制的拱肋,如果长度太大,不便于预制、运输和吊装,则常常分成几段。分段数目和长度应根据桥梁跨径大小、运输设备和吊装能力等条件来考虑。由于拱顶往往是受力最不利的截面,因此拱肋分段时接头不宜布置在拱顶。接头宜设置在拱肋自重作用下弯矩最小的地方,一般在跨径的 0.29 ～ 0.32 倍附近。这样,拱肋一般均可分为三段(图 7.22)。当跨径超过 80m 时,可以分为 5 段。

拱波一般都用混凝土预制,常做成圆弧形,矢跨比一般为 1/3 ～ 1/5,单波的矢跨比为 1/3 ～ 1/6。拱波跨度由拱肋间距决定,净跨以 1.3 ～ 2.0m 为宜,单波截面以 3 ～ 5m 为宜。拱波厚一般为 6 ～ 8cm,拱波的宽度为 0.3 ～ 0.5m。拱波不仅是参与主拱圈共同承受荷载的组成部分,而且在浇筑拱板混凝土时,它又起模板的作用。

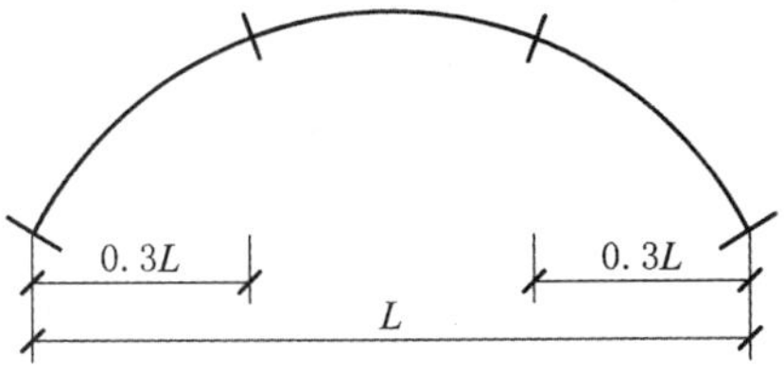

图 7.22　拱肋分段的接头位置

拱板在拱圈截面占有最大比重,而且现浇混凝土拱板又将拱肋、拱波连成整体,使拱圈能实现“集零为整”。因此,拱板在加强拱圈整体性方面起着重要的作用。

双曲拱桥主拱圈截面高度一般为跨径的 1/40 ～ 1/55,跨径大者取小值。

为使拱肋的变形在横桥方向均匀,避免拱顶可能出现纵向裂缝,需在拱肋间设置横向联系。常用的形式有横系梁和横隔板，通常布置在拱顶、腹孔墩下面、分段吊装的拱肋接头处等，间距一般为 3 ～ 5m，拱顶部分可适当加密。

已建成的双曲拱桥，其横向联系大多采用图 7.19(a) 的形式，也有部分桥梁采用图 7.19(b) 的形式(如湖南长沙湘江大桥)，且都已运营超过 30 年。实践证明：随着交通量的增长和车辆载重的增大，采用图 7.19(a) 形式的双曲拱桥由于横向联系刚度较弱，均出现了不同程度的损害，特别是拱波顶处出现大量纵向裂缝；而采用图 7.19(b) 所示的湘江大桥目前运营状况仍然良好。

湘江大桥在横隔板的设计中，为了加强其整体性，活载能在拱圈横向分布均匀，将横向联系全部做成刚度较大的现浇钢筋混凝土横隔板，如图 7.19(c) 所示。并且为了增加横隔板刚度，设计时将其高度尽量加大至拱圈顶面。当采用这种形式的横隔板时，所需混凝土较多，而且重量较大，作为一个集中荷载作用在裸拱上，对其变形及稳定均有较大影响，因此必须将横隔板的施工列入主拱圈的加载程序。

7.2.2 拱上建筑构造

拱上建筑是拱桥的一部分，按照拱上建筑采用的不同构造方式，可将拱桥分为实腹式和空腹式两种。

7.2.2.1 实腹式拱上建筑

实腹式拱上建筑构造简单，施工方便，填料数量较多，结构自重较重，所以，一般用于小跨径的拱桥。实腹式拱上建筑由拱腹填料、侧墙、护拱、变形缝、防水层、泄水管以及桥面系组成，如图 7.23 所示。

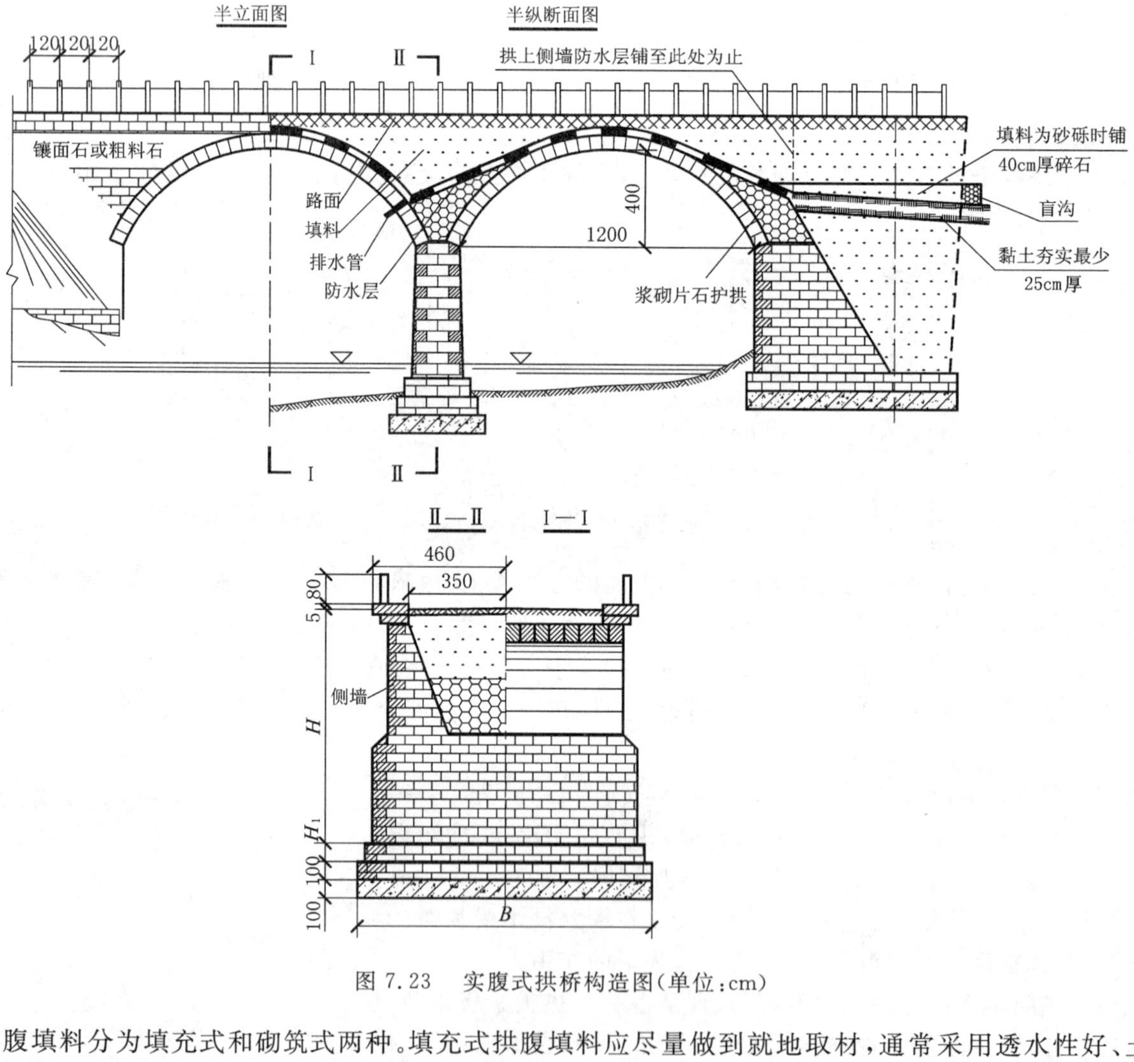

图 7.23 实腹式拱桥构造图(单位：cm)

拱腹填料分为填充式和砌筑式两种。填充式拱腹填料应尽量做到就地取材，通常采用透水性好、土侧压力小的砾石、碎石、粗砂或卵石类黏土等材料，分层夯实，还可采用其他轻质材料，如炉渣与黏土的混合物、陶粒混凝土等以减轻拱上建筑重量，使其适用于地质条件较差地区。砌筑式拱腹填料就是在散粒料不易取得时才采用的一种干砌圬工方式。侧墙的作用是围护拱腹上的散粒填料，设置在拱圈两侧，通常采用浆砌块、片石，若有特殊的美观要求，可用料石镶面。对混凝土或钢筋混凝土板拱，也可用钢筋混凝土护壁式侧墙，这种侧墙可以与主拱浇筑为一体。侧墙一般要求承受填料土侧压力和车辆作用下的土侧压力，故按挡土墙进行设计。对浆砌圬工侧墙，顶面厚度一般为 50 ～ 70cm，向下逐渐增厚，墙脚厚度取用该处墙高的 0.4 倍。护拱设于拱脚段，以便加强拱脚段的拱圈，同时，便于在多孔拱桥上设置防水层和泄水管，通常采用浆砌块、片石结构。

7.2.2.2　空腹式拱上建筑

大、中跨径的拱桥，特别是当矢高较大时，应以空腹式拱上建筑为宜。空腹式拱上建筑除具有与实腹式拱上建筑相同的构造外，还具有腹孔和腹孔墩。

(1) 腹孔

根据腹孔构造，可分为拱式拱上建筑和梁式拱上建筑两种。

① 拱式拱上建筑

拱式拱上建筑构造简单，外形美观，但重量较大，一般用于圬工拱桥。腹孔的形式和跨径的选择，要既能减轻拱上建筑的重量，又不致因荷载过分集中于腹孔墩处，给主拱圈受力状况造成不利影响，同时还要使拱桥外形协调美观。

腹孔一般对称布置在靠拱脚侧的一定区段内，其长度为跨径的 1/3 ～ 1/4[图 7.24(a)]，此时，跨中存在一实腹段。对于中小跨径拱桥，腹孔跨数以 3 ～ 6 孔为宜。目前也有采用全空腹形式[图 7.24(b)]，一般以奇数孔为宜。腹孔跨径，对中小跨径拱桥一般选用 2.5 ～ 5.5m，对大跨径拱桥则控制在主拱跨径的 1/8 ～ 1/15 之间。腹孔构造宜统一，以便于施工和有利于腹孔墩的受力。

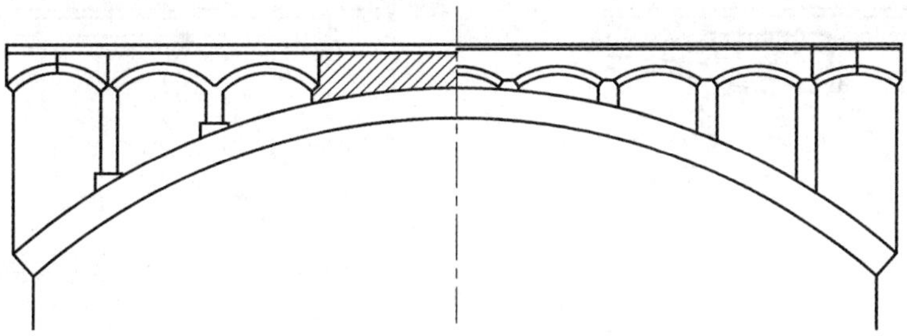
(a)　(b)

图 7.24　拱式拱上建筑

(a) 带实腹段的空腹拱，(b) 全空腹拱

腹拱圈一般采用矢跨比为 1/2 ～ 1/5 的圆弧线板式结构，或矢跨比为 1/10 ～ 1/12 的微弯板或扁壳结构。腹拱圈的厚度与它的构造形式有关，当跨径小于 4m 时，石板拱为 30cm，混凝土板拱为 15cm，微弯板为 14cm(其中预制 6cm，现浇 8cm)；当跨径大于 4m 时，腹拱圈厚度则可按板拱厚度经验公式拟定或参考已成桥的资料确定。腹拱拱腹填料与实腹拱相同。

紧靠桥墩(台) 的第一个腹拱，目前较多的有两种做法，一种是将腹拱的拱脚直接支承在墩(台) 上[图 7.25(a)、图 7.25(b)]；一种是跨越桥墩，使桥墩两侧的腹拱圈相连[图 7.25(c)]，由于拱圈受力后变形较大，而墩台变形较小，容易造成第一个腹拱因拱脚变位而开裂，因而靠近墩台的第一个腹拱应做成三铰拱。

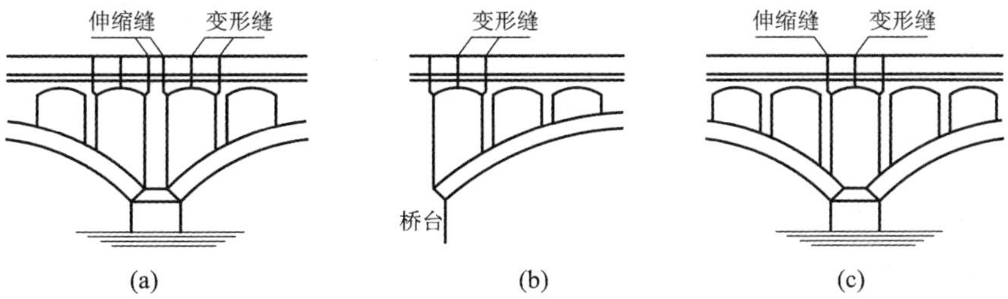

(a)　(b)　(c)

图 7.25　桥墩(台) 上腹拱的布置方式

② 梁式拱上建筑

梁式腹孔拱上建筑，可减轻拱上重量，降低拱轴系数(使拱上建筑的结构自重分布接近于均布荷载)，改

善拱圈在施工过程中的受力状况，获得更好的经济效果。腹孔的布置与上述的腹拱要求基本相同。

梁式腹孔结构有简支、连续和框架式等多种形式。

a. 简支腹孔（纵铺桥道板梁）[图 7.26(a)、图 7.26(b)]

简支腹孔由底梁（座）、立柱、盖梁和纵向简支桥道板（梁）组成。这种形式的结构体系简单，基本上不存在拱与拱上结构的联合作用，受力明确，是大跨径拱桥拱上建筑主要采用的形式。

腹孔布置的范围及实腹段的构造与拱式腹拱相同[图 7.26(a)]。由于拱顶段上面全被覆盖，空腹、实腹段拱上荷载差异较大。目前，大跨径拱桥的梁式拱上建筑一般都取消拱顶实腹段，而采用全空腹式拱上建筑[图 7.26(b)]。

全空腹式腹孔数宜采用奇数，避免拱顶设有立柱，使拱顶受力不利。通常先确定两拱脚的立柱位置，然后将其间距除以某个奇数后，即可确定各立柱位置和腹孔跨径，若得出的腹孔跨径不恰当，可调整孔数以满足受力需要。

b. 连续腹孔（横铺桥道板梁）[图 7.26(c)]

连续腹孔由立柱、纵梁、实腹段垫墙及桥道板组成。先在拱上立柱上设置连续纵梁，然后再在纵梁上和拱顶段垫墙上铺设横向桥道板，形成拱上传载结构，这种形式主要用于肋拱桥。其特点是桥面板横置，拱顶上只有一个板厚（含垫墙）及桥面铺装厚，建筑高度很小，适合于建筑高度受限制的拱桥。

c. 框架腹孔[图 7.26(d)]

框架腹孔在横桥向根据需要设置多片，各片间通过系梁形成整体。

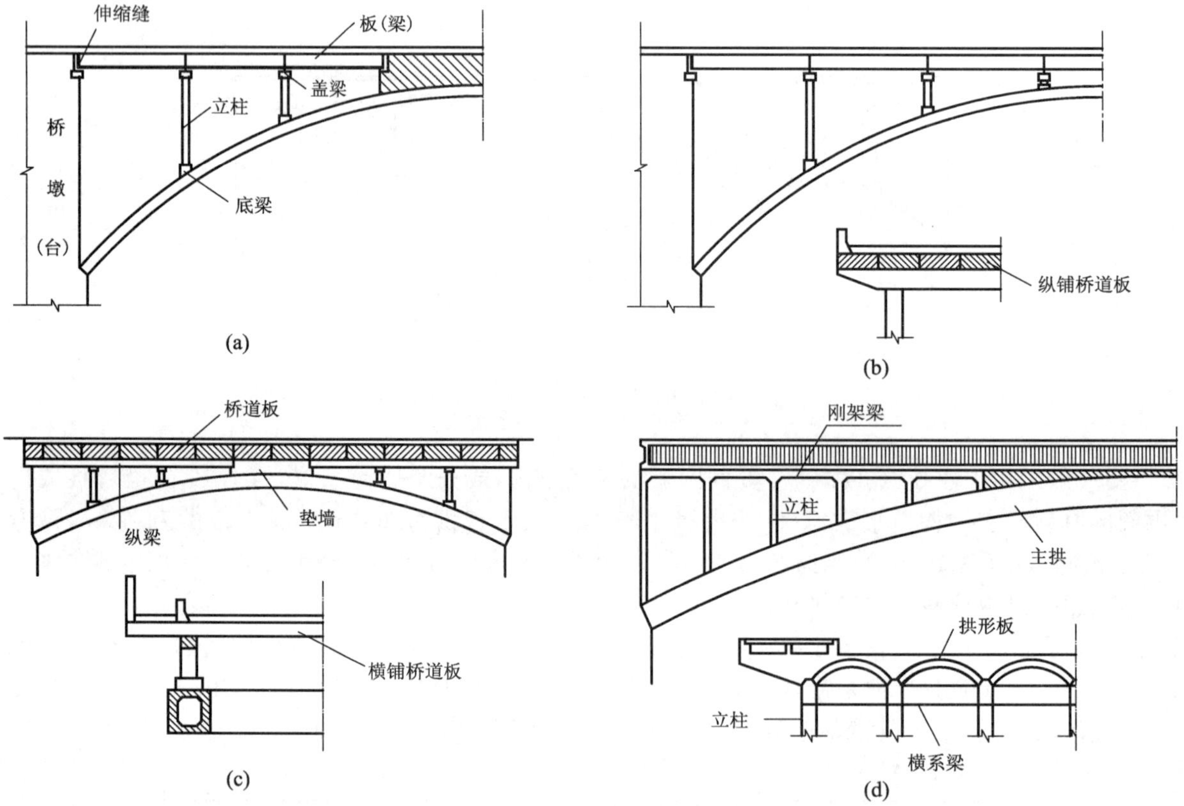

图 7.26　梁式空腹式拱上建筑

(2) 腹孔墩

腹孔墩可分为横墙式或排架式两种。

① 横墙式[图 7.27(a)]

这种腹孔墩采用横墙式墩身，一般用圬工材料砌筑或现浇混凝土形成，施工简便。为了便于维修、减轻重量，可在横向挖一个或几个孔。已建桥梁经验表明，为了尽可能减轻横墙式腹孔墩自重，可以适当加大孔洞挖空率。当孔洞挖得过大时，在交通量增大、车辆载重增加的情况下，横墙孔洞的顶部易出现竖向裂缝。鉴于此，在满足维修需要的情况下，过人孔尺寸应尽可能小。横墙式腹孔墩，自重较大，但节省钢材，多用于砖、石拱桥中。腹孔墩的厚度，用浆砌片、块石时，不宜小于0.60m；用混凝土砌筑时，一般应大于腹拱圈厚度的一倍。底梁能使横墙传下来的压力较均匀地分布到主拱圈全宽上，其每边尺寸较横墙宽5cm，其高度则以使较矮一侧为5～10cm的原则来确定。底梁常采用素混凝土结构。墩帽宽度宜大于墙宽5cm，也采用素混凝土。

② 排架式[图7.27(b)]

排架式腹孔墩是由立柱和盖梁组成的钢筋混凝土排架结构。为了使立柱传递给主拱圈的压力不至于过分集中，通常在立柱下面设置底梁。立柱和盖梁常采用矩形截面。截面尺寸及钢筋配置除了满足结构受力需要外，还应考虑和拱桥的外形及构造相协调。腹孔墩的侧面一般做成竖直的，以方便施工。

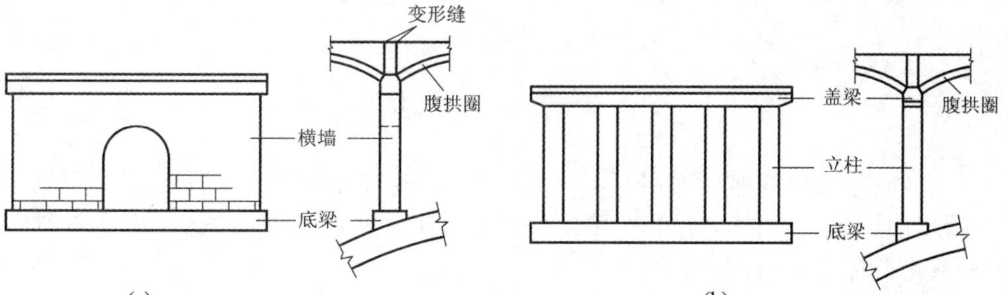

图7.27　腹孔墩构造形式

7.2.3　其他细部构造

有关桥面系的通用构造可参见2.4节，以下仅就拱桥的特殊构造加以阐述。

7.2.3.1　拱上填料、桥面及人行道

拱上建筑中的填料，一方面可以扩大汽车荷载作用的面积，同时还可以减小汽车荷载对拱圈的冲击，但也增加了拱桥的结构自重。无论是实腹拱，还是空腹拱(除无拱上填料的轻型拱桥)，在拱顶截面上缘以上都作了拱腹填充处理。填充后，通常还需设置一层填料，即拱顶填料，在该填料以上才是桥面铺装(图7.28)。主拱圈及腹拱圈的拱顶处，填料厚度(包括路面厚度)均不宜小于30cm，根据《桥规》的规定，当拱上填料厚度(包括路面厚度)等于或大于50cm时，设计计算中不计汽车荷载的冲击力。

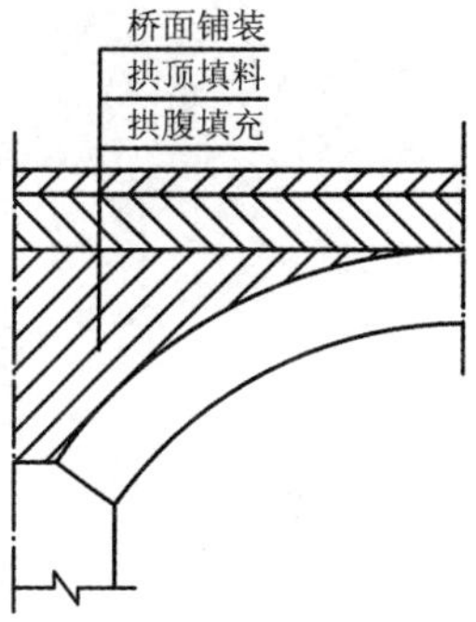

图7.28　拱上建筑

在地基条件很差的情况下，为了进一步减轻拱上建筑质量，可减薄拱上填料厚度，甚至可以不要拱上填料，直接在拱顶截面上缘以上铺筑混凝土桥面，此时应计入汽车荷载的冲击力。

7.2.3.2　伸缩缝与变形缝

由于拱上建筑与主拱圈的共同作用，一方面拱上建筑能够提高主拱圈的承载能力，但另一方面，它对主拱圈的变形又起约束作用，在主拱圈和拱上建筑内均产生附加内力，使结构受力变得复杂。

为了使结构的计算图式尽量与实际的受力情况相符合，避免拱上建筑的不规则开裂，以保证结构的安全使用和耐久性，除在设计计算上应作充分的考虑外，还需在构造上采取必要的措施。通常是在相对变形(位移或转角)较大的位置设置伸缩缝，而在相对变形较小处设置变形缝。

对小跨径实腹拱，伸缩缝设在两拱脚的上方[图7.29(a)]，并在横桥方向贯通全宽和侧墙的全高及至人行道。伸缩缝多做成直线形，以使构造简单，施工方便。对拱式空腹拱桥[图7.29(b)]，通常将紧靠墩(台)的第一个腹拱做成三铰拱，并在紧靠墩(台)的拱铰上方设置伸缩缝，且应贯通全桥宽，而其余两拱铰上方设置变形缝。在大跨径拱桥中，还应将靠拱顶的腹拱做成两铰或三铰拱，并在拱铰上方也设置变形缝，以使拱上建筑更好地适应主拱的变形。对梁式腹孔，通常是在桥台和墩顶立柱处设置标准伸缩缝，而在其余立柱处采用连续桥面。

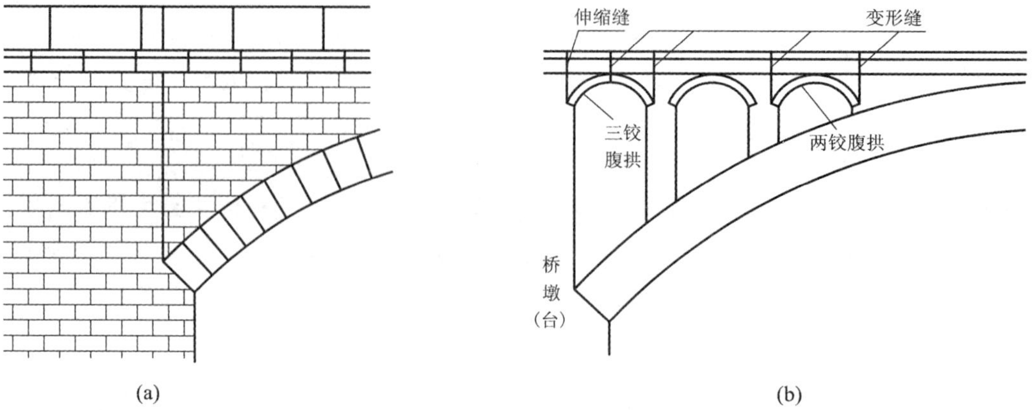

图 7.29　拱桥伸缩缝及变形缝的布置

伸缩缝宽 2 ～ 3cm，其缝内填料可用锯末屑与沥青按 1∶1 的比例制成预制板，在施工时嵌入，并在上缘设置能活动而不透水的覆盖层，另外，也可采用沥青砂等其他材料填塞伸缩缝。变形缝不留缝宽，其缝可干砌、用油毛毡隔开或用低标号砂浆砌筑。

7.2.3.3　排水与防水层

对于拱桥，不仅要求将桥面雨水及时排除，而且要求将透过桥面铺装渗入到拱腹的雨水及时排除。桥面雨水的排除，除桥梁设置纵坡和桥面设置横坡外，一般还沿桥面两侧缘石边缘设置泄水管(图 7.30)。通过桥面铺装渗入到拱腹内的雨水，应由防水层汇集于预埋在拱腹内的泄水管排出，防水层和泄水管的设置方式，与上部结构的形式有关。

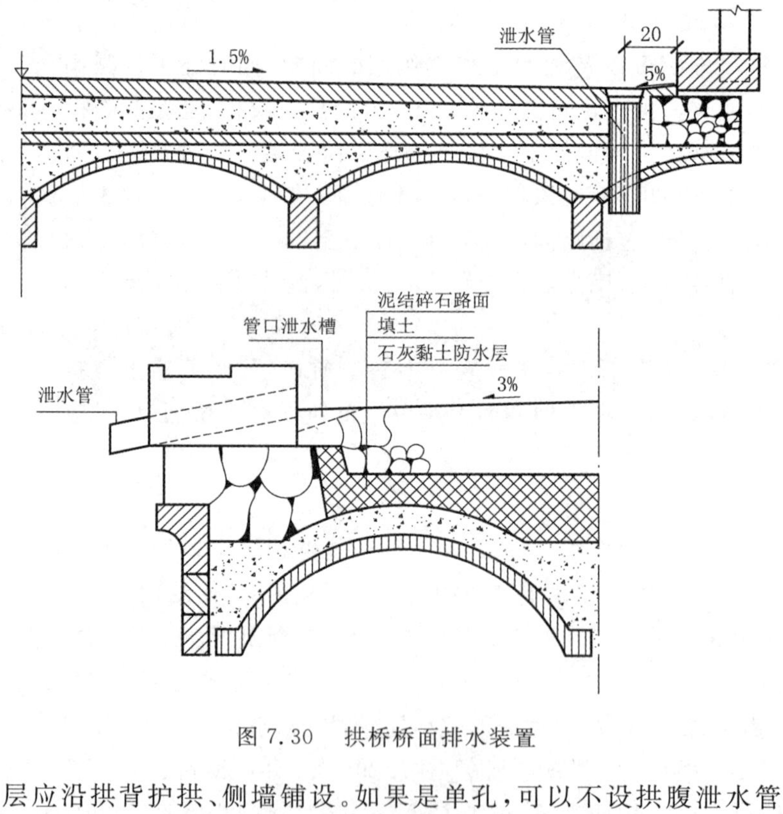

图 7.30　拱桥桥面排水装置

实腹式拱桥防水层应沿拱背护拱、侧墙铺设。如果是单孔，可以不设拱腹泄水管，积水沿防水层流至两个桥台后面的盲沟，然后沿盲沟排出路堤(图 7.23)。如果是多孔拱桥，可在跨径 1/4 处设泄水管[图 7.31(a)]。对于空腹拱桥，防水层应沿腹拱上方与主拱圈跨中实腹段的拱背设置，泄水管也宜布置在 1/4 跨径处[图 7.31(b)]。对跨线桥、城市桥或其他特殊桥梁，需设置全封闭式排水系统。

防水层在全桥范围内不宜断开，在通过伸缩缝或变形缝处应妥善处理，使其既能防水又可以适应变形。

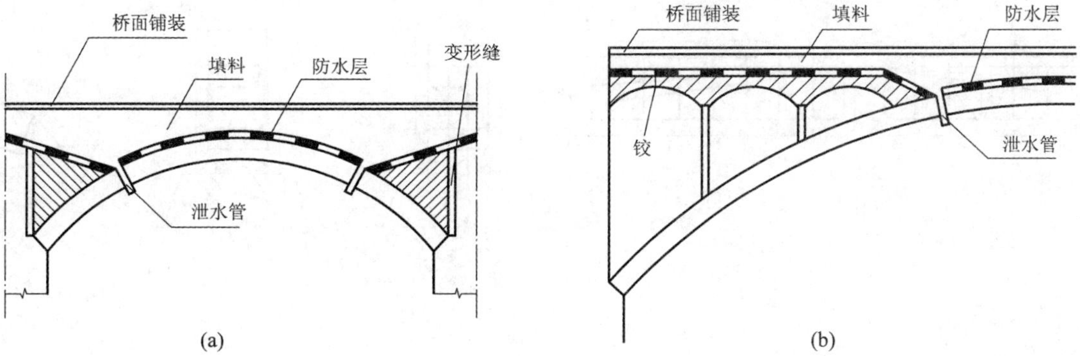

图 7.31　防水层与拱腹泄水管的布置

7.2.3.4　拱桥中铰的设置

拱桥中需要设置铰的情况有四种：① 按两铰拱或三铰拱设计的主拱圈；② 按构造要求需要采用两铰拱或三铰拱的腹拱圈；③ 需设置铰的矮小腹孔墩，即将铰设置在墩上端与顶梁和下端与底梁的连接处；④ 在施工过程中，为消除或减小主拱圈的部分附加内力，以及对主拱圈内力作适当调整时，需要在拱脚或拱顶处设置临时铰。前面三种情况属于永久性拱铰，对其要求较高，构造较复杂，需经常养护，费用较高。最后一种是临时性拱铰，一般待施工结束时，就将其封固，故构造较简单，但必须可靠。

常用的拱铰形式有：弧形铰、铅垫铰、平铰、不完全铰和钢铰。

(1) 弧形铰(图 7.32)

弧形铰由两个具有不同半径弧形表面的块件组成，一个为凹面(半径为 R_2)，一个为凸面(半径为 R_1)。R_2 与 R_1 的比值常在 1.2 ～ 1.5 范围内。铰的宽度应等于构件的宽度，沿拱轴线的长度取为拱厚的 1.15 ～ 1.20 倍。铰的接触面应精加工，以保证紧密结合。由于构造复杂，加工难度大，故主要用于主拱圈的拱铰。弧形铰一般用钢筋混凝土、混凝土或石料等做成。

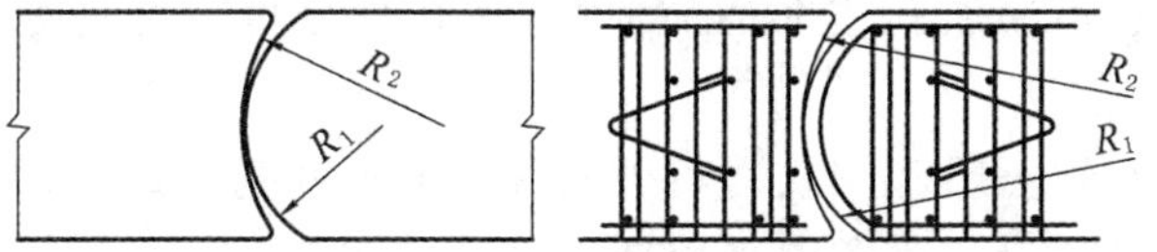

图 7.32　弧形铰

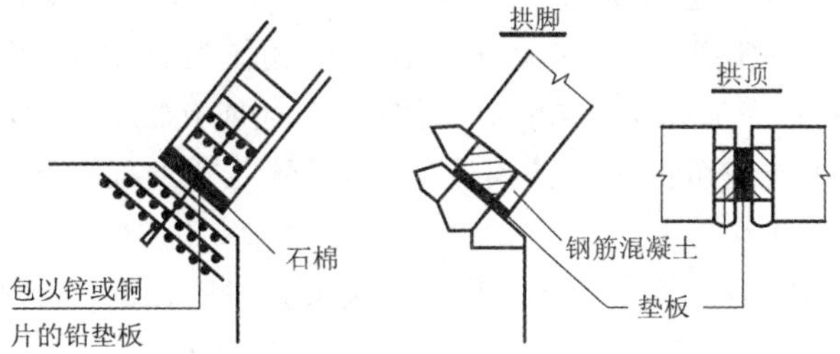

图 7.33　铅垫铰

(2) 铅垫铰(图 7.33)

铅垫铰是利用铅的塑性变形达到支承面的自由转动，从而实现铰的功能。主要用于中小跨径的板拱或肋拱，此外，铅垫铰也可用作临时铰。铅垫铰一般由厚度 1.5 ～ 2.0cm 的铅垫板外包以锌、铜薄片(1.0 ～ 2.0cm) 构成。垫板宽度为拱圈厚度的 1/4 ～ 3/4，在主拱圈的全部宽度上分段设置。

(3) 平铰(图 7.34)

平铰就是构件两端面(平面) 直接抵承，其接缝可铺一层低标号砂浆，也可垫衬油毛毡或直接干砌，一般用在空腹式的腹拱圈上。

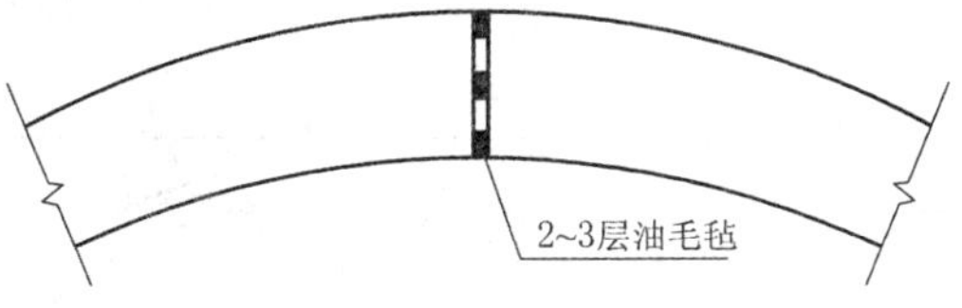

图 7.34　平铰

(4) 不完全铰[图 7.35(a)、图 7.35(b)、图 7.35(c)]

不完全铰多用在小跨径或轻型的拱圈以及空腹式拱桥的腹孔墩柱上，其构造是将拱截面突然减小(一般为全截面的 1/3 ～ 2/5)，以保证该截面的转动功能。在施工时拱圈不断开，使用时又能起铰的作用。由于截面突然变小而使其应力很大，容易开裂，故必须配以斜钢筋。

(5) 钢铰

钢铰[图 7.35(d)] 通常做成理想铰。钢铰除用于少数有铰钢拱桥的永久性铰结构外，更多的用于施工需要的临时铰。

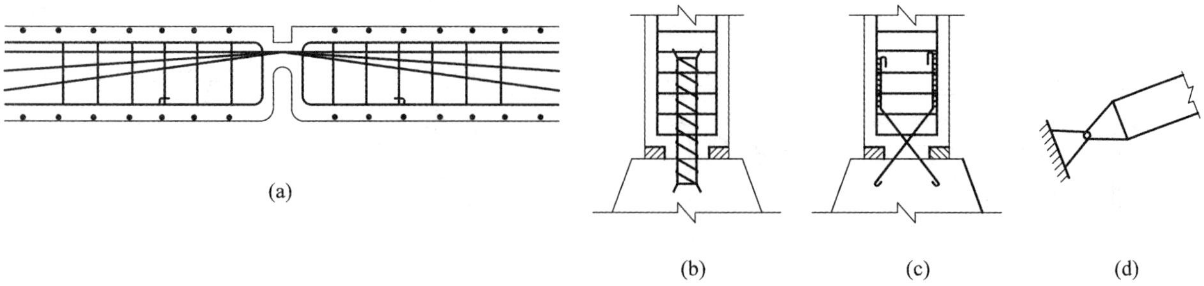

图 7.35 其他类型铰

(a)、(b)、(c) 不完全铰；(d) 钢铰

7.3 拱桥的设计

7.3.1 拱桥的总体布置

拱桥总体布置的主要内容应包括：拟定结构体系及结构形式；拟定桥梁的长度、跨径、孔数、拱的主要几何尺寸、桥梁的高度、墩台及其基础形式和埋置深度、桥上及桥头引道的纵坡等。

7.3.1.1 确定桥梁长度及分孔

当通过各方面的比较，确定了两岸桥台之间的总长度之后，在纵、平、横三个方向综合考虑桥梁与两头路线的衔接，就可以确定桥台的位置和长度，从而确定桥梁的全长。

在桥梁全长决定后，再根据桥址处的地形、地质等情况，并结合选用的结构体系、结构形式和施工条件，可以进一步确定选择单孔还是多孔。如果采用多孔拱桥，如何进行分孔，是总体布置中一个比较重要的问题。如果需跨越通航河流，在确定孔数与跨径时，一般分为通航孔和不通航孔两部分。分孔时，除应满足设计洪水通过的需要外，还应确定一孔或两孔作为通航孔。通航孔跨径和通航标高的大小应满足航道等级规定的要求(参见表 1.2)，并与航道部门协商。通航孔的位置多半布置在常水位时的河床最深处或航行最方便的地方。对于航道可能变迁的河流，必须设置几个通航的桥跨。对于不通航孔或非通航河段，桥孔划分可按经济原则考虑。

在分孔时，有时为了避开深水区或不良的地质地段(如软土层、溶洞、岩石破碎带等)而可能将跨径加大或减小。在水下基础结构复杂、施工困难的地方，为减少基础工程，可考虑采用较大跨径；对跨越高山峡谷、水流湍急的河道，建造大跨径桥梁更为经济合理。分孔时，还应考虑施工的方便和可能。通常，全桥宜采用等跨或分组等跨的分孔方案，并尽量采用标准跨径，以便于施工和修复。此外，分孔时，还需注意整座桥的造型和美观。

7.3.1.2 确定桥梁的设计标高和矢跨比

拱桥的标高主要有四个，即桥面标高、拱顶底面标高、起拱线标高和基础底面标高(图 7.36)。这几项标高的合理确定，是拱桥总体布置中的另一个重要问题。

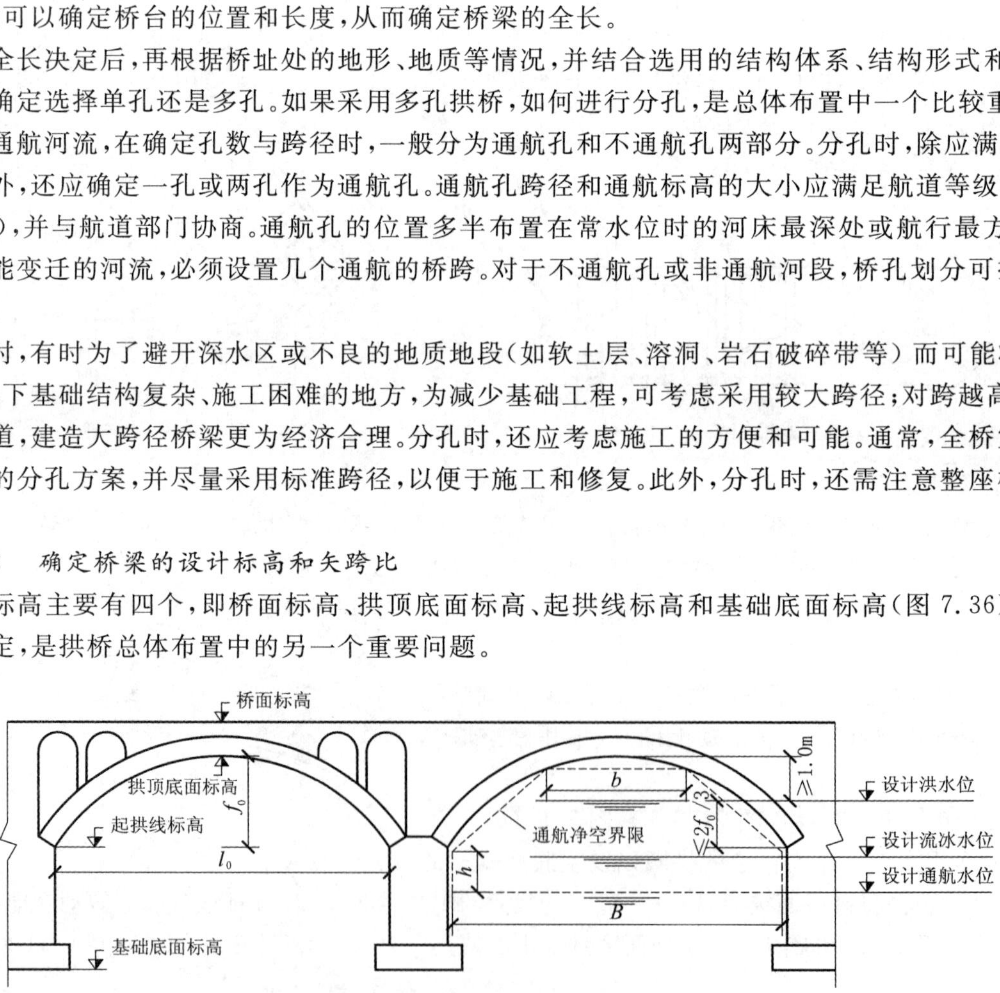

图 7.36 拱桥的主要标高示意图

桥面标高一般由两岸线路的纵断面设计所控制。对跨越平原区河流的拱桥，其桥面最小高度一般由桥下净空所控制，并且还需满足排泄设计洪水流量或不同航道等级所规定的桥下净空界限的要求。

当桥面标高确定之后，由桥面标高减去拱顶处的建筑高度(拱顶填料厚度和主拱圈厚度)，就可得到拱顶底面的标高。

起拱线标高主要依据矢跨比的要求确定。

基础底面的标高，应根据冲刷深度、地基承载能力等因素确定。

主拱圈矢跨比是拱桥的主要设计参数之一。它不但影响主拱圈内力，还影响拱桥的构造形式和施工方法的选择，应从上、下部结构受力、通航、泄洪等综合因素考虑确定矢跨比。

计算表明，结构自重引起的水平推力 H_g 与垂直反力 V_g 之比值，随矢跨比的减小而增大。当矢跨比减小时，拱的推力增大，反之则推力减小。众所周知，推力大，相应地在拱圈内产生的轴向力也大，对拱圈自身的受力状况是有利的，但对墩台基础不利。同时，当拱圈受力后因其弹性压缩，或因温度变化、混凝土收缩，或因墩台位移等原因，都会在无铰拱的拱圈内产生附加的内力，因而拱愈坦(即矢跨比越小)，附加内力越大。当拱的矢跨比过大时，拱脚区段过陡，给拱圈的砌筑或混凝土浇筑带来困难。另外，拱桥的外形是否美观，与周围景物能否协调等也与矢跨比有很大关系，因此在设计时，矢跨比的大小应经过综合比较后进行选定。

通常，对于砖、石、混凝土板拱桥及双曲拱桥，矢跨比一般为 1/4 ～ 1/6，不宜超过 1/8；箱形拱桥的矢跨比一般为 1/6 ～ 1/8，上述圬工拱桥的矢跨比一般都不宜小于 1/10。钢筋混凝土拱桥的矢跨比一般为 1/6 ～ 1/10，或者再小一些，但也不宜小于 1/12。

7.3.1.3　不等跨连续拱桥的处理方法

多孔连续拱桥最好选用等跨或分组等跨的分孔方案。但在受地形、地质、通航等条件的限制，或引桥很长，考虑与桥面纵坡协调一致时，或对桥梁的美观有特殊要求时，可以考虑采用不等跨的分孔(图 7.37)。

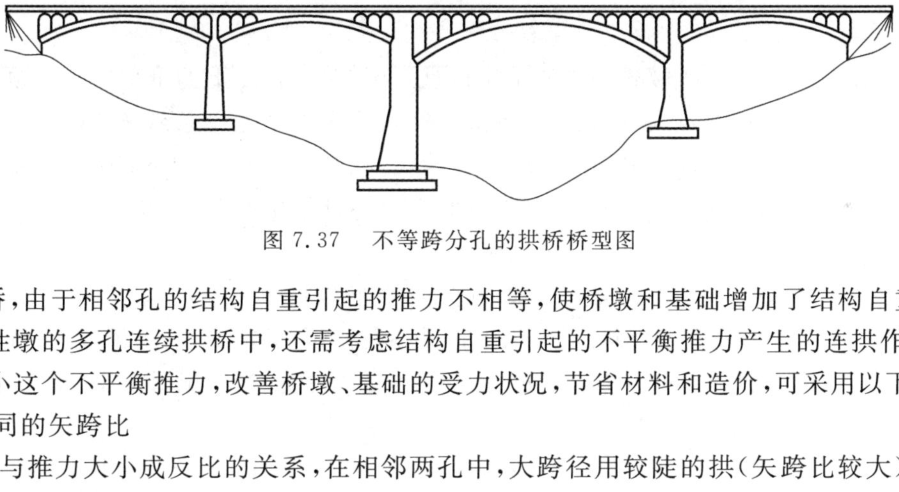

图 7.37　不等跨分孔的拱桥桥型图

不等跨拱桥，由于相邻孔的结构自重引起的推力不相等，使桥墩和基础增加了结构自重引起的不平衡推力。在采用柔性墩的多孔连续拱桥中，还需考虑结构自重引起的不平衡推力产生的连拱作用，使计算和构造复杂。为了减小这个不平衡推力，改善桥墩、基础的受力状况，节省材料和造价，可采用以下措施：

(1) 采用不同的矢跨比

利用矢跨比与推力大小成反比的关系，在相邻两孔中，大跨径用较陡的拱(矢跨比较大)，小跨径用较坦的拱(矢跨比较小)，使两相邻孔在结构自重引起的不平衡推力尽量减小。

(2) 采用不同的拱脚标高

由于采用了不同的矢跨比，致使两相邻孔的拱脚标高不在同一水平线上(图 7.38)。因大跨径孔的矢跨比大，拱脚降低，减小了拱脚水平推力对基底的力臂，这样可使大跨与小跨的结构自重引起的水平推力对基底产生的弯矩得到平衡。

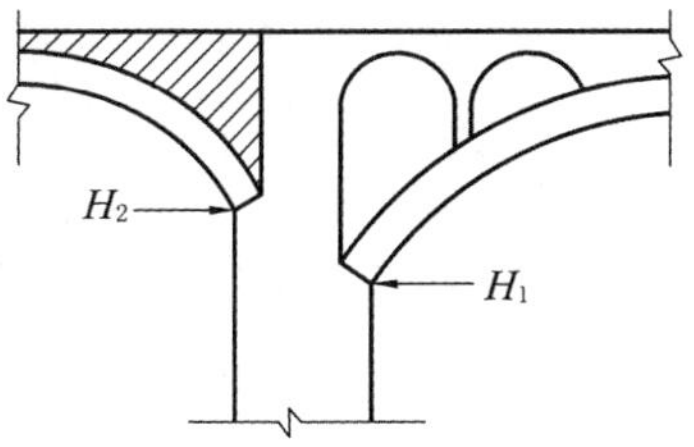

图 7.38　大跨与小跨的拱脚标高

(3) 调整拱上建筑的结构自重

在必须使相邻孔的拱脚放置在相同(或相接近)的标高上时，也可用调整拱上建筑的重量来减小相邻孔间的不平衡推力。大跨径可用轻质的拱上填料或采用空腹式拱上建筑，小跨径用重质的拱上填料或采用实腹式拱上建筑，用增加小跨径拱的结构自重来增大结构自重引起的水平推力。

(4) 采用不同类型的拱跨结构

常常是小跨径用板拱结构，大跨径用分离式肋拱结构，以减轻大跨径的结构自重来减小结构自重引起的水平推力。有时，为了进一步减小大跨径拱的结构自重引起的水平推力，可以加大大跨径拱肋的矢高，做成中承式肋拱。

在具体设计时，也可以将以上几种措施同时采用。如果仍不能达到完全平衡推力的目的，则需设计成体型不对称的或加大尺寸的桥墩和基础来加以解决。

7.3.2　拱轴线的选择和拱上建筑的布置

最理想的拱轴线是与拱上各种荷载作用下的压力线相吻合，这时拱圈截面只受轴向压力，而无弯矩作用，从而能充分利用圬工材料的抗压性能。但事实上是不可能获得这样的拱轴线的，因为除结构自重外，拱圈还要受到汽车和人群荷载、温度变化和材料收缩等因素的作用。考虑到公路拱桥的结构自重占全部荷载的比重较大，因此，以结构自重压力线作为设计拱轴线，可以认为基本上是适宜的。

一般来说，拱桥设计中所选择的拱轴线应满足以下几方面的要求：① 尽量减小拱圈截面的弯矩，使主拱圈在计入弹性压缩、均匀温降、混凝土收缩等影响下各主要截面的应力相差不大，且最大限度减小截面拉应力，最好是不出现拉应力；② 对于无支架施工的拱桥，应能满足各施工阶段的要求，并尽可能少用或不用临时性施工措施；③ 线型美观，便于施工。

目前，拱桥常用的拱轴线型有以下几种：

7.3.2.1　圆弧线

在均布径向荷载作用下（如水压力），拱的合理拱轴线为一圆弧线[图 7.39(a)]。这类拱桥，线型简单，施工方便。但在一般情况下，圆弧形拱轴线与结构自重压力线偏离较大，使拱圈各截面受力不够均匀。因此圆弧线常用于 20m 下的小跨径拱桥。对于较大跨径的预制装配式钢筋混凝土拱桥，有时为了简化施工，也可采用圆弧形拱轴线。

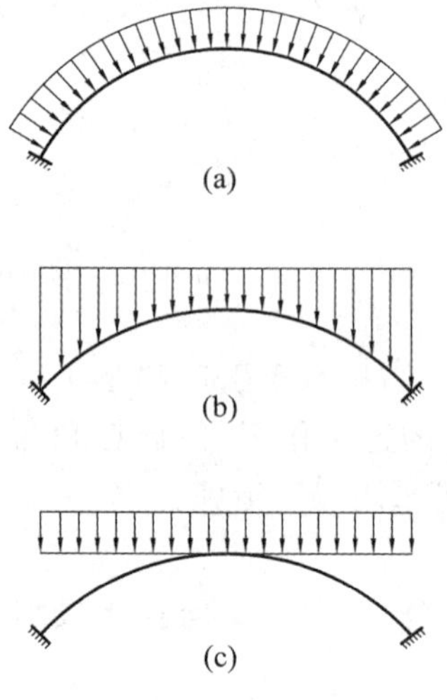

图 7.39　拱桥拱轴线型

7.3.2.2　悬链线

实腹式拱桥的结构自重集度（单位长度上的重量），从拱顶向拱脚是均匀增加的，这种荷载分布图式的拱圈的压力线是一条悬链线[图 7.39(b)]。因此，实腹式拱桥采用悬链线作拱轴线。在结构自重作用下，当不计拱圈由结构自重弹性压缩产生的影响时，拱圈截面将只承受轴力而无弯矩。

7.3.2.3　抛物线

由结构力学可知，在竖向均布荷载作用下，拱的合理拱轴线是二次抛物线[图 7.39(c)]。对于结构自重集度比较接近均布的拱桥，往往可以采用二次抛物线作为拱轴线。钢筋混凝土桁架拱和刚架拱等轻型拱桥，由于结构自重分布较均匀，往往采用二次抛物线作为拱轴线。

在某些大跨径拱桥中，由于拱上建筑布置的特殊性，为了使拱轴线尽可能与结构自重压力线相吻合，也可采用高次抛物线（如四次或六次抛物线）作为拱轴线。

综上所述，拱上建筑的形式及其布置，对于合理选择拱轴线型是有密切联系的。在一般情况下，小跨径拱桥可采用实腹式圆弧拱或实腹式悬链线拱；大、中跨径拱桥可采用空腹式悬链线拱；轻型拱桥或矢跨比较小的大跨径拱桥可以采用抛物线拱。

7.4　拱桥的计算

本节主要讲述简单体系的上承式无铰拱桥的内力计算，对于其他类型拱桥的计算，可参考相关著作。

拱桥为多次超静定的空间结构。实际上存在“拱上建筑与主拱的联合作用”，但为了简化分析，一般偏安全地不去考虑它。在横桥方向，不论汽车荷载是否作用在桥面的中心，在桥梁的横断面上都会出现应力的不均匀分布，这种现象，称为“汽车荷载的横向分布”，但目前我国在设计石拱桥、箱形拱桥及拱上建筑为立墙的双曲拱桥时，一般不考虑这个影响。

7.4.1 拱轴方程的建立

7.4.1.1 实腹式悬链线拱

实腹式悬链线拱是采用结构自重压力线（不计弹性压缩）作为拱轴线。实腹式拱的结构自重包括拱圈、拱上填料和桥面的自重[图 7.40(a)]，它的分布规律如图 7.40(b) 所示。实腹式悬链线拱的拱轴方程就是在图 7.40(b) 所示的结构自重作用下，根据拱轴线与压力线完全吻合的条件推导出来的。

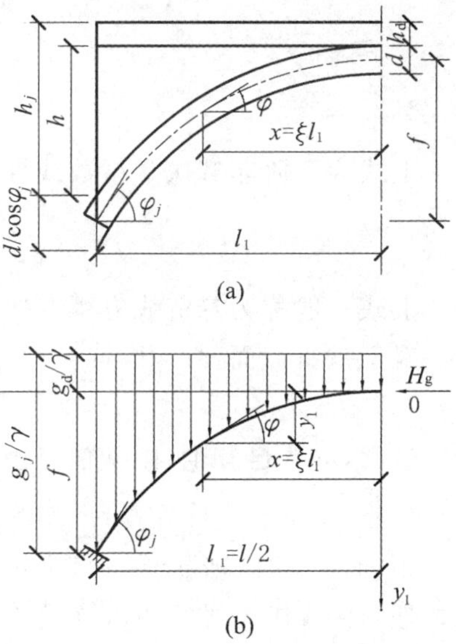

图 7.40 悬链线拱轴计算图式

取图 7.40 所示的坐标系，设拱轴线即为结构自重压力线，故在结构自重作用下，拱顶截面的弯矩 $M_d = 0$，由于对称性，剪力 $Q_d = 0$，于是，拱顶截面仅有由结构自重引起的推力 H_g。对拱脚截面取矩，则有：

$$H_g = \frac{\sum M_j}{f} \tag{7.1}$$

式中 $\sum M_j$—— 半拱结构自重对拱脚截面的弯矩；

H_g—— 拱结构自重引起的水平推力（不考虑弹性压缩）；

f—— 拱的计算矢高。

对任意截面取矩，可得：

$$y_1 = \frac{M_x}{H_g} \tag{7.2}$$

式中 M_x—— 任意截面以右的全部结构自重对该截面的弯矩值；

y_1—— 以拱顶为坐标原点，拱轴上任意点的坐标。

式(7.2) 即为求算结构自重压力线的基本方程。将上式两边对 x 求二阶导数得：

$$\frac{d^2 y_1}{dx^2} = \frac{1}{H_g} \cdot \frac{d^2 M_x}{dx^2} = \frac{g_x}{H_g} \tag{7.3}$$

式(7.3) 即为求算结构自重压力线的基本微分方程式。为了得到拱轴线（即结构自重压力线）的一般方程，必须知道结构自重的分布规律。

由图 7.40(b)，任意点的结构自重集度 g_x 可以下式表示：

$$g_x = g_d + \gamma y_1 \tag{7.4}$$

式中 g_d—— 拱顶处结构自重集度；

γ—— 拱上材料单位体积重量。

令

$$m = g_j / g_d \tag{7.5}$$

由式(7.4)、式(7.5) 得：

$$g_j = g_d + \gamma f = m g_d \tag{7.6}$$

式中 m—— 拱轴系数（或称拱轴曲线系数）；

g_j—— 拱脚处结构自重集度。

由式(7.6) 得：

$$\gamma = (m-1)\frac{g_d}{f} \tag{7.7}$$

将式(7.7) 代入式(7.4) 可得：

$$g_x = g_d + (m-1)\frac{g_d}{f} y_1 = g_d\left[1 + (m-1)\frac{y_1}{f}\right] \tag{7.8}$$

再将上式代入基本微分方程(7.3)，引入参数：$x = \xi l_1$，则

$$dx = l_1 d\xi$$

可得：

$$\frac{d^2 y_1}{d\xi^2} = \frac{l_1^2}{H_g} g_d \left[1 + (m-1)\frac{y_1}{f}\right]$$

令

$$k^2 = \frac{l_1^2 g_d}{H_g f}(m-1) \tag{7.9}$$

则

$$\frac{d^2 y_1}{d\xi^2} = \frac{l_1^2 g_d}{H_g} + k^2 y_1 \tag{7.10}$$

上式为二阶非齐次常系数线性微分方程。解此方程，则得拱轴线方程为：

$$y_1 = \frac{f}{m-1}(\text{ch}k\xi - 1) \tag{7.11}$$

上式一般称为悬链线方程。

对于拱脚截面：$\xi = 1$，$y_1 = f$，代入式(7.11)得：

$$\text{ch}k = m$$

通常，m 为已知值，则 k 值可由下式求得：

$$k = \text{arch}m = \ln(m + \sqrt{m^2 - 1}) \tag{7.12}$$

当 $m = 1$ 时，则 $g_x = g_d$，表示结构自重是均布荷载。

把 $m = 1$ 代入式(7.9)，解式(7.10)微分方程后可知，在均布荷载作用下的压力线为二次抛物线，其方程为：

$$y_1 = f\xi^2$$

由悬链线方程(7.11)可以看出，当拱的矢跨比确定后，拱轴线各点的纵坐标将取决于拱轴系数 m，而 m 则取决于拱脚与拱顶的结构自重集度比。各种 m 值的拱轴线坐标 y_1 值可直接由《公路桥涵设计手册——拱桥》(以下简称《拱桥》)[13] 附录(Ⅲ)表(Ⅲ)-1 查出。

下面介绍实腹式悬链线拱拱轴系数的确定。

因为 $m = g_j/g_d$，由图 7.40 知，拱顶处结构自重集度为：

$$g_d = h_d\gamma_1 + \gamma d \tag{7.13}$$

在拱脚处 $h_j = h_d + h$，则其结构自重集度为：

$$g_j = h_d\gamma_1 + h\gamma_2 + \frac{d}{\cos\varphi_j}\gamma \tag{7.14}$$

式中 h_d——拱顶填料厚度，一般为 0.30～0.50m；

d——拱圈厚度；

γ——拱圈材料容重；

γ_1——拱顶填料及路面的平均容重；

γ_2——拱腹填料平均容重；

φ_j——拱脚处拱轴线的水平倾角。

$$h = f + \frac{d}{2} - \frac{d}{2\cos\varphi_j} \tag{7.15}$$

从式(7.13)和式(7.14)可以看出，这两式中除了 φ_j 为未知数外，其余均为已知数。由于 φ_j 为未知，故不能直接算出 m 值，需用逐次逼近法确定：即先根据跨径和矢高假定 m 值，由《拱桥》[13] 表(Ⅲ)-20 查得拱脚处的 $\cos\varphi_j$ 值，代入式(7.14)求得 g_j 后，再连同 g_d 一起代入式(7.5)算得 m 值。然后与假定的 m 值相比较，如算得的 m 值与假定的 m 值相符，则假定的 m 值即为真实值；如两者不符，则应以算得的 m 值作为假定值(为了计算的方便，m 值应按表 7.1 所列数值假定)，重新进行计算，直至两者接近为止。

当拱的跨径和矢高确定之后，悬链线的形状取决于拱轴系数 m，其线型特征可用 $l/4$ 点纵坐标 $y_{l/4}$ 的大小表示(图 7.41)。

拱跨 $l/4$ 点的纵坐标 $y_{l/4}$ 与 m 有下述关系：当 $\xi = 1/2$ 时，$y_1 = y_{l/4}$。

代入式(7.11)得：

$$\frac{y_{l/4}}{f}=\frac{1}{m-1}\left(\mathrm{ch}\frac{k}{2}-1\right)$$

因为

$$\mathrm{ch}\frac{k}{2}=\sqrt{\frac{\mathrm{ch}k+1}{2}}=\sqrt{\frac{m+1}{2}}$$

所以

$$\frac{y_{l/4}}{f}=\frac{\sqrt{\frac{m+1}{2}}-1}{m-1}=\frac{1}{\sqrt{2(m+1)}+2} \tag{7.16}$$

由上式可见，$y_{l/4}$ 随 m 的增大而减小，随 m 的减小而增大。当 m 增大时，拱轴线抬高；反之，当 m 减小时，拱轴线降低(图 7.41)。在一般的悬链线拱桥中，结构自重从拱顶向拱脚增加，$g_j>g_d$，因而 $m>1$。只有在均布荷载作用下，$g_j=g_d$ 时，方能出现 $m=1$ 的情况。由式(7.16)可得，在这种情况下 $y_{l/4}=0.25f$(图 7.41)。

g_j、g_d、m 与拱轴线(压力线)坐标的关系如图 7.42 所示。

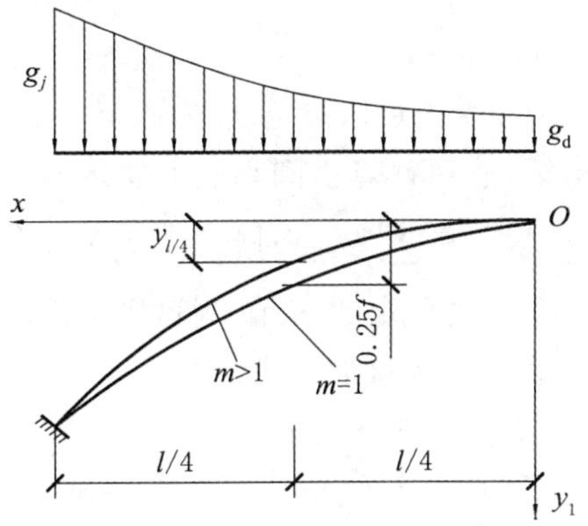

图 7.41　拱跨 $l/4$ 点纵坐标与 m 的关系

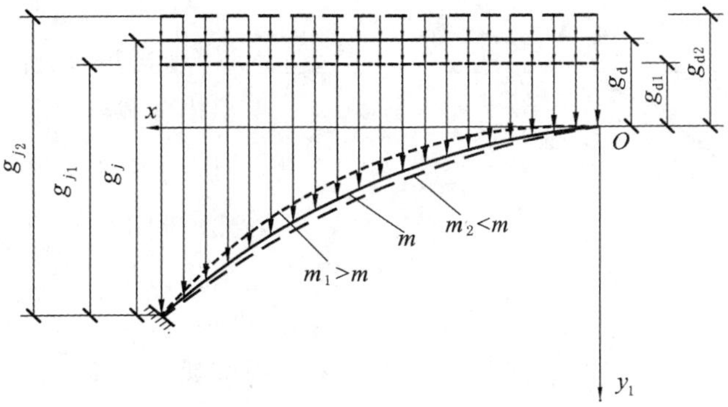

图 7.42　g_j、g_d、m 与拱轴线坐标的关系

在《拱桥》[13] 附录的计算用表中，除了可以根据拱轴系数 m 查得所需的表值之外，亦可借助相应的 $y_{l/4}/f$ 查得同样的表值。$y_{l/4}/f$ 与 m 的对应关系见表 7.1。

拱轴系数 m 与 $y_{l/4}/f$ 的关系　　**表 7.1**

m	1.000	1.167	1.347	1.543	1.756	1.998	2.240	2.514	2.814	3.142	3.500	…	5.321
$y_{l/4}/f$	0.250	0.245	0.240	0.235	0.230	0.225	0.220	0.215	0.210	0.205	0.200	…	0.180

7.4.1.2　空腹式悬链线拱

空腹式拱桥中，桥跨结构的自重可视为由两部分组成，即主拱圈与实腹段自重的分布力以及空腹部分通过腹孔墩传下的集中力[图 7.43(a)]。由于集中力的存在，拱的结构自重压力线是一条在集中力下有转折的曲线，它不是悬链线，甚至不是一条光滑的曲线。在设计空腹式拱桥时，由于悬链线拱的受力情况较好，又有完整的计算表格可供利用，亦多用悬链线作为拱轴线。为使悬链线拱轴线与其结构自重压力线接近，一般采用“五点重合法”确定悬链线拱轴线的 m 值，即要求拱轴线在全拱有五点(拱顶、两 $l/4$ 点和两拱脚)与其相应三铰拱结构自重压力线重合[图 7.43(b)]。

由此，可以根据上述五点弯矩为零的条件确定 m 值。

由拱顶弯矩为零及结构自重的对称条件知，拱顶仅有通过截面重心的由结构自重引起的推力 H_g，相应弯矩 $M_d=0$，剪力 $Q_d=0$。

在图 7.43(a)、图 7.43(b) 中，由 $\sum M_A=0$ 得：

$$H_g=\frac{\sum M_j}{f} \tag{7.17}$$

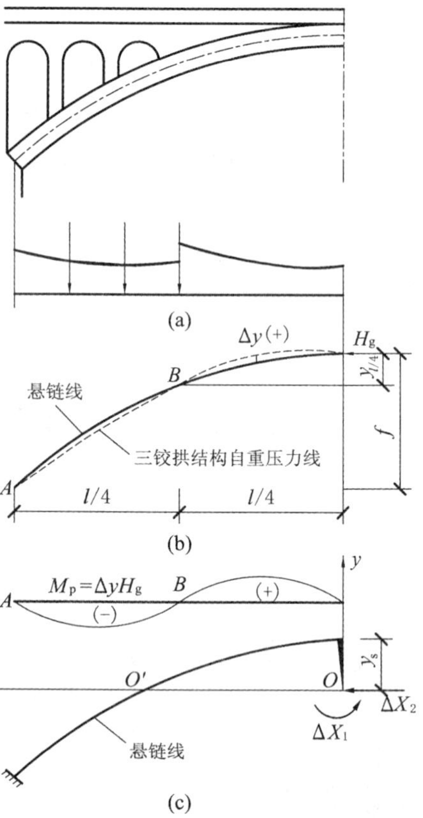

图 7.43 空腹式悬链线拱轴计算图式

由 $\sum M_B = 0$ 得：

$$H_g y_{l/4} - \sum M_{l/4} = 0$$

$$H_g = \frac{\sum M_{l/4}}{y_{l/4}}$$

将式(7.17)之 H_g 代入上式，可得：

$$\frac{y_{l/4}}{f} = \frac{\sum M_{l/4}}{\sum M_j} \qquad (7.18)$$

式中 $\sum M_{l/4}$——拱顶至拱跨 $l/4$ 点区域的结构自重对 $l/4$ 截面的弯矩。

等截面悬链线拱主拱圈结构自重对 $l/4$ 及拱脚截面的弯矩 $M_{l/4}$、M_j 可由《拱桥》[13] 表(Ⅲ)-19 查得。

求得 $y_{l/4}/f$ 之后，可由式(7.16)反求 m，即：

$$m = \frac{1}{2}\left(\frac{f}{y_{l/4}} - 2\right)^2 - 1 \qquad (7.19)$$

空腹式拱桥的 m 值，仍按逐次逼近法确定。即先假定一个 m 值，定出拱轴线，作图布置拱上建筑，然后计算拱圈和拱上建筑的结构自重对 $l/4$ 和拱脚截面的力矩 $\sum M_{l/4}$ 和 $\sum M_j$，根据式(7.18)求出 $y_{l/4}/f$，然后利用式(7.19)算出 m 值，如与假定的 m 值不符，则应以求得的 m 值作为新假定值，重新计算，直至两者接近为止。

应当注意，用上述方法确定腹拱的拱轴线，仅与其三铰拱结构自重压力线保持五点重合，其他截面，拱轴线与三铰拱结构自重压力线都有不同程度的偏离。计算证明，从拱顶到 $l/4$ 点，一般压力线在拱轴线之上；而从 $l/4$ 点到拱脚，压力线则大多在拱轴线之下。拱轴线与相应三铰拱结构自重压力线的偏离类似于一个正弦波[图 7.43(b)]。

由力学知识得到，压力线与拱轴线的偏离会在拱中产生附加内力。对于静定三铰拱，各截面的偏离弯矩值 M_p 可以三铰拱压力线与拱轴线在该截面的偏离值 Δy 表示($M_p = H_g \cdot \Delta y$)；对于无铰拱，偏离弯矩的大小，不能以三铰拱压力线与拱轴线的偏离值表示，而应以该偏离值 M_p 作为荷载，算出无铰拱的偏离弯矩值。

由结构力学知，荷载作用在基本结构上引起弹性中心的赘余力为：

$$\Delta X_1 = -\frac{\Delta_{1p}}{\delta_{11}} = -\frac{\int_s \frac{\overline{M}_1 M_p}{EI} ds}{\int_s \frac{\overline{M}_1^2 ds}{EI}} = -\frac{\int_s \frac{M_p}{I} ds}{\int_s \frac{ds}{I}} = -H_g \frac{\int_s \frac{\Delta y}{I} ds}{\int_s \frac{ds}{I}} \qquad (7.20)$$

$$\Delta X_2 = -\frac{\Delta_{2p}}{\delta_{22}} = -\frac{\int_s \frac{\overline{M}_2 M_p}{EI} ds}{\int_s \frac{\overline{M}_2^2 ds}{EI}} = H_g \frac{\int_s \frac{y \Delta y}{I} ds}{\int_s \frac{y^2 ds}{I}} \qquad (7.21)$$

式中 M_p——三铰拱结构自重压力线偏离拱轴线所产生的弯矩，$M_p = H_g \Delta y$；

Δy——三铰拱结构自重压力线与拱轴线的偏离值[图 7.43(b)]。

由图 7.43(b)可见，Δy 有正有负，沿全拱积分 $\int_s \frac{\Delta y ds}{I}$ 的数值不大，由式(7.20)知，ΔX_1 数值较小。若 $\int_s \frac{\Delta y ds}{I} = 0$，则 $\Delta X_1 = 0$。

由计算得知，由式(7.21)决定的 ΔX_2 恒为正值(压力)。

任意截面的偏离弯矩[图 7.43(c)]为：

$$\Delta M = \Delta X_1 - \Delta X_2 y + M_p \tag{7.22}$$

式中　y—— 以弹性中心为原点（向上为正）的拱轴纵坐标。

对于拱顶、拱脚截面，$M_p = 0$，偏离弯矩为：

$$\left.\begin{aligned} \Delta M_d &= \Delta X_1 - \Delta X_2 y_s < 0 \\ \Delta M_j &= \Delta X_1 + \Delta X_2 (f - y_s) > 0 \end{aligned}\right\} \tag{7.23}$$

式中　y_s—— 弹性中心至拱顶之距离。

空腹式无铰拱桥采用“五点重合法”确定的拱轴线，与相应三铰拱的结构自重压力线在拱顶、两 $l/4$ 点和两拱脚五点重合，而与无铰拱的结构自重压力线（简称结构自重压力线）实际上并不存在五点重合的关系。由式(7.23) 可见，由于拱轴线与结构自重压力线有偏离，在拱顶、拱脚都产生了偏离弯矩。研究证明，拱顶的偏离弯矩 ΔM_d 为负，而拱脚的偏离弯矩 ΔM_j 为正，恰好与这两截面控制弯矩的符号相反。这一事实说明，在空腹式拱桥中，用“五点重合法”确定的悬链线拱轴，偏离弯矩对拱顶、拱脚都是有利的。因而，空腹式无铰拱的拱轴线，用悬链线比用结构自重压力线更加合理。

7.4.1.3　拱轴线的水平倾角 φ

将式(7.11) 对 ξ 取导数得：

$$\frac{\mathrm{d}y_1}{\mathrm{d}\xi} = \frac{fk}{m-1}\mathrm{sh}k\xi \tag{7.24}$$

又

$$\tan\varphi = \frac{\mathrm{d}y_1}{\mathrm{d}x} = \frac{\mathrm{d}y_1}{l_1\mathrm{d}\xi} = \frac{2\mathrm{d}y_1}{l\mathrm{d}\xi}$$

将式(7.24) 代入上式得：

$$\tan\varphi = \frac{2fk \cdot \mathrm{sh}k\xi}{l(m-1)} = \eta\mathrm{sh}k\xi \tag{7.25}$$

其中

$$\eta = \frac{2kf}{l(m-1)}$$

由上式可见，拱轴水平倾角与拱轴系数 m 有关。拱轴线上各点的水平倾角 $\tan\varphi$ 值，可直接由《拱桥》[13] 表(Ⅲ)-2 查出。

7.4.1.4　悬链线无铰拱的弹性中心

在计算无铰拱的内力（结构自重、汽车和人群荷载、温度变化、混凝土收缩和拱脚变位等）时，为了简化计算工作，常利用拱的弹性中心的概念，目的是将求解三个赘余力的联立方程的问题解耦，从而变为解三个独立的一元一次方程的问题。

如图 7.44 所示，在荷载作用下，以半拱悬臂为基本结构，在拱顶处会产生三个赘余力 X_1、X_2、X_3，典型方程为：

$$\left.\begin{aligned} \delta_{11}X_1 + \delta_{12}X_2 + \delta_{13}X_3 + \Delta_{1p} &= 0 \\ \delta_{21}X_1 + \delta_{22}X_2 + \delta_{23}X_3 + \Delta_{2p} &= 0 \\ \delta_{31}X_1 + \delta_{32}X_2 + \delta_{33}X_3 + \Delta_{3p} &= 0 \end{aligned}\right\} \tag{7.26}$$

赘余力中弯矩 X_1 和轴力 X_2 是正对称的，剪力 X_3 是反对称的，故知副系数为：

$$\left.\begin{aligned} \delta_{13} &= \delta_{31} = 0 \\ \delta_{23} &= \delta_{32} = 0 \end{aligned}\right\}$$

但仍有 $\delta_{12} = \delta_{21} \neq 0$。

如果能设法使 $\delta_{12} = \delta_{21}$ 也等于零，则典型方程中的全部副系数都为零，则求解联立方程的问题变为解三个独立的一元一次方程的问题，从而简化计算。

这里讨论的是对称拱，弹性中心在对称轴上。基本结构的取法有两种：图 7.45(a) 为以悬臂曲梁为基本结构，图 7.45(b) 为以简支曲梁为基本结构。

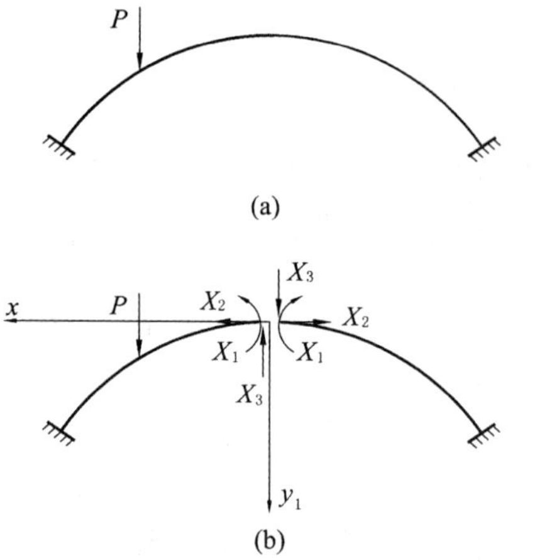

图 7.44　拱顶处赘余力

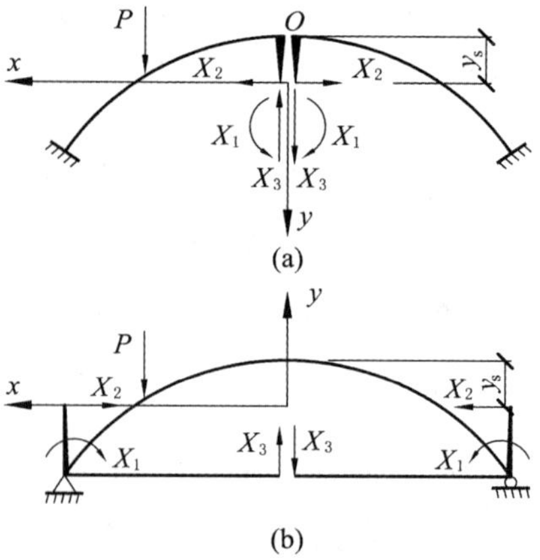

图 7.45　拱的弹性中心

以悬臂曲梁为基本结构[图 7.45(b)]时，由计算得知，在弹性中心三个单位赘余力分别作用下，拱轴任意截面(x,y)的内力为：

$$\left.\begin{aligned}\overline{M}_1 &= 1, \overline{Q}_1 = 0, \overline{N}_1 = 0\\ \overline{M}_2 &= y, \overline{Q}_2 = -\sin\varphi, \overline{N}_2 = \cos\varphi\\ \overline{M}_3 &= x, \overline{Q}_3 = \cos\varphi, \overline{N}_3 = \sin\varphi\end{aligned}\right\} \tag{7.27}$$

x 轴向左为正，y 轴向下为正，弯矩以使拱下缘受拉为正，剪力以绕隔离体逆时针方向为正，轴力以压力为正，上式中 φ 在右半拱取正，左半拱取负。

因此

$$\begin{aligned}\delta_{12} = \delta_{21} &= \int_s \frac{\overline{M}_1 \cdot \overline{M}_2 \mathrm{d}s}{EI} + \int_s \frac{\overline{N}_1 \cdot \overline{N}_2 \mathrm{d}s}{EA} + \int_s k\frac{\overline{Q}_1 \cdot \overline{Q}_2 \mathrm{d}s}{GA}\\ &= \int_s \frac{\overline{M}_1 \cdot \overline{M}_2 \mathrm{d}s}{EI} + 0 + 0\\ &= \int_s y\frac{\mathrm{d}s}{EI} = \int_s (y_1 - y_s)\frac{\mathrm{d}s}{EI} = \int_s y_1\frac{\mathrm{d}s}{EI} - \int_s y_s\frac{\mathrm{d}s}{EI}\end{aligned}$$

令 $\delta_{12} = \delta_{21} = 0$，便可得到弹性中心距拱顶之距离为：

$$y_s = \frac{\displaystyle\int_s \frac{y_1 \mathrm{d}s}{EI}}{\displaystyle\int_s \frac{\mathrm{d}s}{EI}} \tag{7.28}$$

上式中

$$y_1 = \frac{f}{m-1}(\mathrm{ch}k\xi - 1)$$

$$\mathrm{d}s = \frac{\mathrm{d}x}{\cos\varphi} = \frac{l}{2} \cdot \frac{1}{\cos\varphi}\mathrm{d}\xi$$

其中

$$\cos\varphi = \frac{1}{\sqrt{1+\tan^2\varphi}} = \frac{1}{\sqrt{1+\eta^2\mathrm{sh}^2 k\xi}}$$

则

$$\mathrm{d}s = \frac{l}{2}\sqrt{1+\eta^2\mathrm{sh}^2 k\xi}\,\mathrm{d}\xi \tag{7.29}$$

以 y_1 及 $\mathrm{d}s$ 代入式(7.28)，并注意到等截面拱中 I 为常数，则：

$$y_s = \frac{\displaystyle\int_s y_1 \mathrm{d}s}{\displaystyle\int_s \mathrm{d}s} = \frac{f}{m-1} \cdot \frac{\displaystyle\int_0^1 (\mathrm{ch}k\xi - 1)\sqrt{1+\eta^2\mathrm{sh}^2 k\xi}\,\mathrm{d}\xi}{\displaystyle\int_0^1 \sqrt{1+\eta^2\mathrm{sh}^2 k\xi}\,\mathrm{d}\xi} = \alpha_1 \cdot f \tag{7.30}$$

系数 α_1 可由《拱桥》[13] 表(Ⅲ)-3 查得。

【例 7.1】 某无铰拱桥,计算跨径 $l=80\text{m}$,主拱圈及拱上建筑结构自重简化为图 7.46 中所示的荷载作用,主拱圈截面面积 $A=5.0\text{m}^2$,容重为 $\gamma=25\text{kN/m}^3$,试应用"五点重合法"确定拱桥拱轴系数 m,并计算拱脚处竖向力 V_g、水平推力 H_g 以及结构自重引起的轴力 N_g。

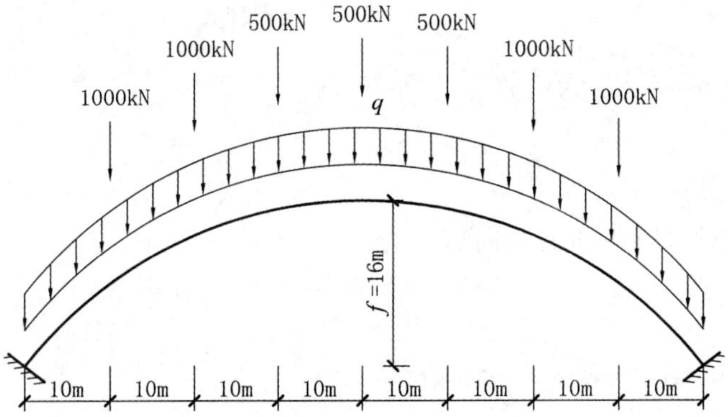

图 7.46 例 7.1 图

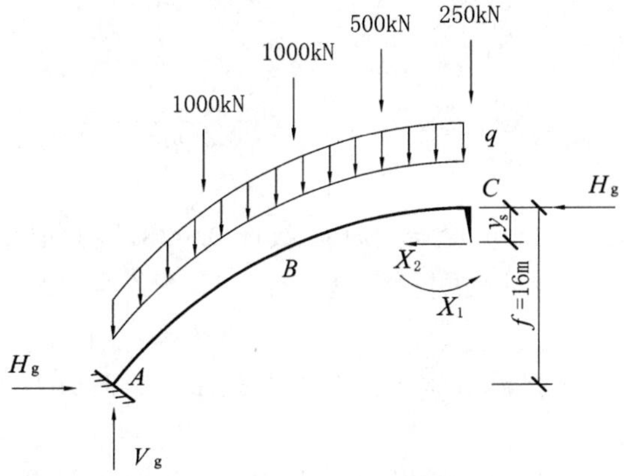

图 7.47 悬臂曲梁基本结构

【解】 取悬臂曲梁为基本结构,如图 7.47 所示。

因结构正对称,荷载也是正对称的,故在弹性中心的赘余力 $x_3=0$,仅有正对称的赘余力 X_1、X_2。由式(7.16)、式(7.18) 联立解得:

$$\frac{1}{\sqrt{2(m+1)}+2}=\frac{y_{l/4}}{f}=\frac{\sum M_{l/4}}{\sum M_j}$$

由图 7.47 可以得到,半拱悬臂集中力荷载对拱跨 $l/4$ 截面和拱脚截面的弯矩为:

$$M_{l/4}=500\times10+250\times20=10000\text{kN}\cdot\text{m}$$

$$M_j=1000\times10+1000\times20+500\times30+250\times40=55000\text{kN}\cdot\text{m}$$

(1) 假定拱轴系数 $m=2.514$

因

$$f/l=16/80=1/5$$

由《拱桥》[13] 表(Ⅲ)-19 查得半拱悬臂自重对 $l/4$ 截面和拱脚截面的弯矩为:

$$M_K=(A\gamma l^2/4)\times[\text{表值}]$$

故

$$M_{l/4}=(5.0\times25\times80^2/4)\times0.12619=25238\text{kN}\cdot\text{m}$$

$$M_j=(5.0\times25\times80^2/4)\times0.52328=104656\text{kN}\cdot\text{m}$$

所有半拱悬臂荷载对 $l/4$ 截面和拱脚截面的弯矩为:

$$\sum M_{l/4}=10000+25238=35238\text{kN}\cdot\text{m}$$

$$\sum M_j=55000+104656=159656\text{kN}\cdot\text{m}$$

故

$$\frac{1}{\sqrt{2(m'+1)}+2}=\frac{35238}{159656}=\frac{1}{4.531}\Rightarrow m'=2.202$$

m 与 m' 之差大于半级即 0.137,所以需重新计算。

(2) 假定拱轴系数 $m=2.24$

由《拱桥》[13] 表(Ⅲ)-19 查得半拱悬臂自重对 $l/4$ 截面和拱脚截面的弯矩为:

$$M_K=(A\gamma l^2/4)\times[\text{表值}]$$

故

$$M_{l/4} = (5.0 \times 25 \times 80^2/4) \times 0.12625 = 25250\text{kN}\cdot\text{m}$$

$$M_j = (5.0 \times 25 \times 80^2/4) \times 0.52354 = 104708\text{kN}\cdot\text{m}$$

所有半拱悬臂荷载对 $l/4$ 截面和拱脚截面的弯矩为：

$$\sum M_{l/4} = 10000 + 25250 = 35250\text{kN}\cdot\text{m}$$

$$\sum M_j = 55000 + 104708 = 159708\text{kN}\cdot\text{m}$$

故

$$\frac{1}{\sqrt{2(m'+1)}+2} = \frac{35250}{159708} = \frac{1}{4.531} \Rightarrow m' = 2.202$$

$$m - m' = 0.038$$

m 与 m' 之差小于半级即 0.038，因此取拱轴系数 $m = 2.24$。

(3) 由《拱桥》[13] 表(Ⅲ)-19 查得半拱悬臂自重对拱脚截面的竖向剪力为：

$$P_j = A\gamma l \times [\text{表值}] = 5.0 \times 25 \times 80 \times 0.55184 = 5518.4\text{kN}$$

半拱悬臂集中力对拱脚截面的竖向剪力为：

$$P_j = 1000 + 1000 + 500 + 250 = 2750\text{kN}$$

半拱悬臂荷载对拱脚截面的竖向总剪力为：

$$\sum P_j = 5518.4 + 2750 = 8268.4\text{kN}$$

由前式可得：

$$\frac{1}{\sqrt{2(m+1)}+2} = \frac{y_{l/4}}{f} = \frac{1}{4.531} \Rightarrow y_{l/4} = \frac{1}{4.531}\cdot f = 3.531\text{m}$$

故

$$H_g = \sum M_j / f = 159708/16 = 9981.8\text{kN}$$

$$V_g = \sum P = 5518.4 + 2750 = 8268.4\text{kN}$$

拱脚截面结构自重引起的轴力为：

$$N_g = \sqrt{H_g^2 + V_g^2} = \sqrt{9981.8^2 + 8268.4^2} = 12961.6\text{kN}$$

7.4.2 结构自重作用下拱的内力计算

当采用结构自重压力线作拱轴线而不考虑拱圈变形的影响时，拱圈各截面的结构自重内力均只有轴向压力，即拱圈处于纯压状态。实际上拱圈在结构自重作用下会产生弹性压缩，使拱轴长度缩短。由于无铰拱是超静定结构，它将会在拱中产生附加内力。但是，在设计中，为了计算的方便，往往将结构自重内力分为两部分，即不考虑弹性压缩影响的内力与仅因弹性压缩引起的内力。然后将两者相加，便得到结构自重作用下的总内力。

7.4.2.1 不考虑弹性压缩的结构自重内力

(1) 实腹拱

如前所述，实腹式悬链线拱的拱轴线与结构自重压力线完全吻合，所以，在结构自重作用下，拱圈任何截面上都只存在轴向压力。此时，拱中的内力，可按纯压拱的公式计算。

由式(7.9) 可得结构自重引起的水平推力为：

$$H_g = \frac{m-1}{4k^2}\cdot\frac{g_d l^2}{f} = k_g \frac{g_d l^2}{f} \tag{7.31}$$

式中

$$k_g = \frac{m-1}{4k^2}$$

在结构自重作用下，拱脚的竖向反力为半拱的结构自重，即：

$$V_g = \int_0^{l_1} g_x \mathrm{d}x = \int_0^1 g_x l_1 \mathrm{d}\xi$$

将式(7.8)、式(7.11)代入上式积分得：

$$V_g = \frac{\sqrt{m^2-1}}{2[\ln(m+\sqrt{m^2-1})]} g_d l = k'_g g_d l \tag{7.32}$$

式中

$$k'_g = \frac{\sqrt{m^2-1}}{2[\ln(m+\sqrt{m^2-1})]}$$

系数 k_g、k'_g 可自《拱桥》[13] 表(Ⅲ)-4 查得。

因为结构自重作用下的弯矩和剪力均为零，拱圈各截面的轴向力 N 按下式计算：

$$N = \frac{H_g}{\cos\varphi} \tag{7.33}$$

(2) 空腹拱

空腹式悬链线无铰拱，由于拱轴线与结构自重压力线有偏离，拱顶、拱脚和 $l/4$ 点都有由结构自重引起的弯矩。在设计中，为了计算的方便，空腹式无铰拱桥由结构自重引起的内力又可分为两部分，即先不考虑偏离的影响，将拱轴线视为与结构自重压力线完全吻合，然后再考虑偏离的影响，计算由偏离引起的由结构自重引起的内力。两者叠加，即得空腹式无铰拱不考虑弹性压缩时的由结构自重引起的内力。

不考虑偏离的影响时，空腹拱的由结构自重引起的内力亦按纯压拱计算。此时，拱的由结构自重引起的推力 H_g 和拱脚竖向反力 V_g 可直接由静力平衡条件写出：

$$H_g = \frac{\sum M_j}{f}$$

$$V_g = \sum P(\text{半拱结构自重})$$

因为此时拱中的弯矩和剪力均为零，所以轴力可由下式计算：

$$N = H_g/\cos\varphi$$

在设计中、小跨径的空腹式拱桥时，可偏安全地不考虑偏离弯矩的影响。大跨径空腹式拱桥，结构自重压力线与拱轴线的偏离一般比中、小跨径大，结构自重引起的偏离弯矩是一种可供利用的有利因素。此时，应当计入偏离弯矩的影响。

7.4.2.2　弹性压缩引起的内力

在结构自重引起的轴力作用下，拱圈的弹性压缩表现为拱轴长度的缩短。拱圈的这种变形，会在拱中产生相应的内力。取悬臂曲梁为基本结构，弹性压缩会使拱轴在跨径方向缩短 Δl。由于实际结构中，拱顶并没有相对水平变位，则在弹性中心必有一个水平拉力 S[图 7.48(a)]，使拱顶的相对水平变位变为零。

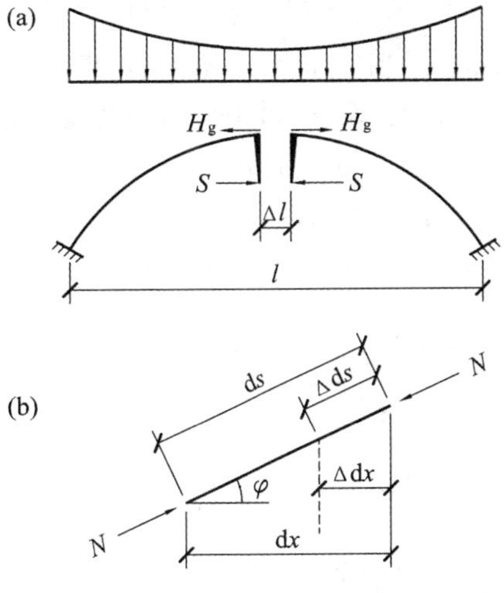

图 7.48　拱圈弹性压缩

弹性压缩产生的赘余力 S，可由拱顶的变形协调条件求得，即：

$$S\delta'_{22} - \Delta l = 0$$

所以

$$S = \frac{\Delta l}{\delta'_{22}} \tag{7.34}$$

从拱中取出一微段 ds[图 7.48(b)]，则 $dx = ds \cdot \cos\varphi$，在轴向力 N 作用下缩短 Δds，其水平分量为 $\Delta dx = \Delta ds \cdot \cos\varphi$，则整个拱轴缩短的水平分量为：

$$\Delta l = \int_0^l \Delta dx = \int_s \Delta ds \cdot \cos\varphi = \int_s \frac{N ds}{EA} \cos\varphi \tag{7.35}$$

将式(7.33)代入上式得：

$$\Delta l = \int_0^l \frac{H_g dx}{EA \cdot \cos\varphi} = H_g \int_0^l \frac{dx}{EA \cdot \cos\varphi} \tag{7.36}$$

由单位水平力作用在弹性中心产生的水平位移(考虑轴向力影响)为：

$$\delta'_{22} = \int_s \frac{\overline{M}_2^2 \mathrm{d}s}{EI} + \int_s \frac{\overline{N}_2^2 \mathrm{d}s}{EA} = \int_s \frac{y^2 \mathrm{d}s}{EI} + \int_s \frac{\cos^2\varphi \mathrm{d}s}{EA} = (1+\mu)\int_s \frac{y^2 \mathrm{d}s}{EI} \tag{7.37}$$

其中

$$\mu = \frac{\int_s \frac{\cos^2\varphi \mathrm{d}s}{EA}}{\int_s \frac{y^2 \mathrm{d}s}{EI}} \tag{7.38}$$

将式(7.36)、式(7.37) 代入式(7.34) 得：

$$S = H_g \frac{1}{1+\mu} \cdot \frac{\int_0^l \frac{\mathrm{d}x}{EA \cdot \cos\varphi}}{\int_s \frac{y^2 \mathrm{d}s}{EI}} = H_g \cdot \frac{\mu_1}{1+\mu} \tag{7.39}$$

其中

$$\mu_1 = \frac{\int_0^l \frac{\mathrm{d}x}{EA\cos\varphi}}{\int_s \frac{y^2 \mathrm{d}s}{EI}} \tag{7.40}$$

为了便于制表计算，对于等截面拱，可将式(7.38)、式(7.40) 的分子项改写为：

$$\int_s \frac{\cos^2\varphi \mathrm{d}s}{EA} = \frac{l}{EA}\int_0^l \cos\varphi \frac{\mathrm{d}x}{l} = \frac{l}{EA}\int_0^1 \frac{\mathrm{d}\xi}{\sqrt{1+\eta^2 \mathrm{sh}^2 k\xi}} = \frac{l}{E\nu A} \tag{7.41a}$$

$$\int_s \frac{\mathrm{d}x}{EA\cos\varphi} = \frac{l}{EA}\int_0^l \frac{1}{\cos\varphi} \cdot \frac{\mathrm{d}x}{l} = \frac{l}{EA}\int_0^1 \sqrt{1+\eta^2 \mathrm{sh}^2 k\xi}\,\mathrm{d}\xi = \frac{l}{E\nu_1 A} \tag{7.41b}$$

于是有：

$$\mu = \frac{1}{E\nu A \int_s \frac{y^2 \mathrm{d}s}{EI}} \tag{7.41c}$$

$$\mu_1 = \frac{1}{E\nu_1 A \int_s \frac{y^2 \mathrm{d}s}{EI}} \tag{7.41d}$$

以上诸式中，$\int_s \frac{y^2 \mathrm{d}s}{EI}$ 可自《拱桥》[13] 附录(Ⅲ) 表(Ⅲ)-5 查得，ν_1、ν 可自表(Ⅲ)-8、表(Ⅲ)-10 查得。等截面拱的 μ_1 和 μ，也可直接由表(Ⅲ)-9、表(Ⅲ)-11 查出。

《桥规》规定，对于砖石及混凝土的拱圈结构，在下列情况下，设计时可不计弹性压缩的影响：

(1)$l \leqslant 30\mathrm{m}, f/l \geqslant 1/3$；

(2)$l \leqslant 20\mathrm{m}, f/l \geqslant 1/4$；

(3)$l \leqslant 10\mathrm{m}, f/l \geqslant 1/5$。

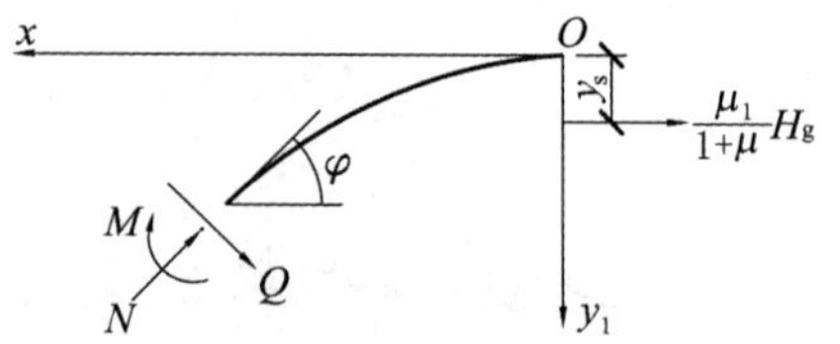

图 7.49 弹性压缩产生的内力

7.4.2.3 结构自重作用下拱圈各截面的总内力

当不考虑空腹拱结构自重压力线偏离拱轴线的影响时，拱圈各截面的由结构自重引起的内力为：不考虑弹性压缩的由结构自重引起的内力[仅有按式(7.33) 计算的轴向力 N] 加上弹性压缩产生的内力(图 7.49)。

轴向力：

$$N = \frac{H_g}{\cos\varphi} - \frac{\mu_1}{1+\mu} H_g \cos\varphi \tag{7.42}$$

弯矩：

$$M = \frac{\mu_1}{1+\mu} H_g (y_s - y_1) \tag{7.43}$$

剪力：

$$Q = \mp \frac{\mu_1}{1+\mu} H_g \sin\varphi \tag{7.44}$$

上式中，上边符号适用于左半拱，下边符号适用于右半拱。

从以上各式可见，考虑了结构自重弹性压缩之后，拱中便有由结构自重引起的弯矩和剪力，这就说明，不论是空腹式拱还是实腹式拱，考虑弹性压缩后的结构自重压力线，将无法与拱轴线重合。

按式(7.20)～式(7.22)计入偏离的影响之后，各截面的由结构自重引起的总内力为：

$$\left.\begin{aligned} N &= \frac{H_g}{\cos\varphi} + \Delta X_2\cos\varphi - \frac{\mu_1}{1+\mu}(H_g + \Delta X_2)\cos\varphi \\ M &= \frac{\mu_1}{1+\mu}(H_g + \Delta X_2)(y_s - y_1) + \Delta M \\ Q &= \mp \frac{\mu_1}{1+\mu}(H_g + \Delta X_2)\sin\varphi \pm \Delta X_2 \sin\varphi \end{aligned}\right\} \tag{7.45}$$

上式中的 ΔX_2、ΔM 按式(7.21)、式(7.22)计算。

【例 7.2】 续例 7.1，截面抗弯惯性矩 $I = 1.0\text{m}^4$，计算考虑弹性压缩影响后，拱脚处竖向力 V_g、水平推力 H_g、由结构自重引起的轴力 N_g 以及弹性压缩引起的拱脚截面和拱顶截面弯矩，并绘出弯矩图。

【解】

参考例 7.1 可知，拱轴系数 $m = 2.24$。

(1) 不考虑弹性压缩时的 V_g、H_g 和 N_g

由例 7.1 可知：

$$H_g = \sum M_j / f = 159708/16 = 9981.8\text{kN}$$

$$V_g = \sum P = 5518.4 + 2750 = 8268.4\text{kN}$$

$$N_g = \sqrt{H_g^2 + V_g^2} = 12961.6\text{kN}$$

(2) 由弹性压缩引起的 V_g、H_g 和 N_g

拱圈在由结构自重引起的轴力作用下产生弹性压缩，会使拱轴缩短，在弹性中心必有一个水平拉力 S，如图 7.50 所示。

由式(7.30)可知：

$$y_s = \alpha_1 \cdot f$$

由《拱桥》[13] 表(Ⅲ)-3 查得，$\alpha_1 = 0.339193$，故：

$$y_s = 0.339193 \times 16 = 5.427\text{m}$$

由公式(7.39)可知：

$$S = H_g \cdot \frac{\mu_1}{1+\mu}$$

由《拱桥》[13] 表(Ⅲ)-9 和表(Ⅲ)-11 查得：

$$\mu_1 = [\text{表值}] \times (r/f)^2$$

$$\mu = [\text{表值}] \times (r/f)^2$$

因为

$$r = \sqrt{I/A} = \sqrt{1/5} = 0.4472\text{m}$$

故

$$\mu_1 = 11.0501 \times (0.4472/16)^2 = 0.008632$$

$$\mu = 9.14719 \times (0.4472/16)^2 = 0.007146$$

所以

$$S = 9981.8 \times \frac{0.008632}{1 + 0.007146} = 85.55\text{kN}$$

$$H_g = -S = -85.55\text{kN}$$

$$V_g = 0$$

$$N_g = -\sqrt{H_g^2 + V_g^2} = -85.55\text{kN}$$

$$M_j = -S(f - y_s) = -85.55 \times (16 - 5.427) = -904.5\text{kN}\cdot\text{m}$$

$$M_d = Sy_s = 85.55 \times 5.427 = 464.3\text{kN}\cdot\text{m}$$

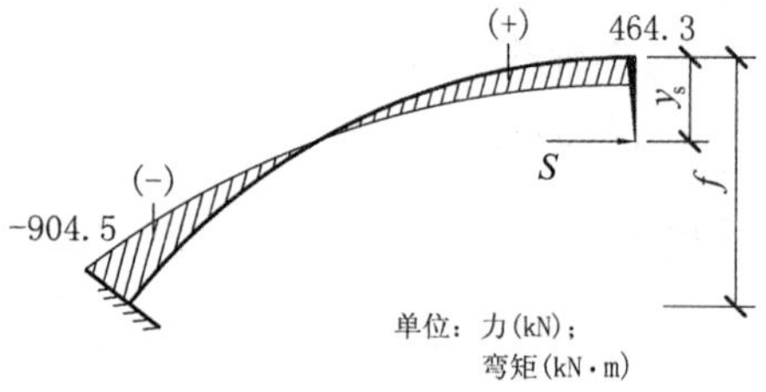

图 7.50　例 7.2 图

弯矩图如图 7.50 所示。

(3) 考虑弹性压缩后的 H_g、V_g 和 N_g

考虑弹性压缩后的值为不考虑弹性压缩的内力值与弹性压缩引起的内力值的总和。

$$H_g = 9981.8 - 85.55 = 9896.25\text{kN}$$

$$V_g = 8268.4\text{kN}$$

$$N_g = \sqrt{H_g^2 + V_g^2} = \sqrt{9896.25^2 + 8268.4^2} = 12895.8\text{kN}$$

7.4.3　汽车和人群荷载作用下拱的内力计算

拱的汽车和人群荷载内力计算(手算法)仍分两步进行：先计算不考虑弹性压缩影响的内力，然后再计入弹性压缩对内力的影响。

7.4.3.1　不考虑弹性压缩影响的内力

计算步骤是：先计算赘余力影响线，然后用叠加的办法计算内力影响线，最后，根据内力影响线按最不利情况布载求得最不利内力值。

(1) 绘制赘余力影响线

① 以简支曲梁为基本结构[图 7.51(a)]

为了便于编制影响线表，在求拱中内力影响线时，常采用简支曲梁为基本结构。根据结构力学知识和弹性中心的特性可求出单位荷载 $P=1$ 在图示位置时结构的赘余力 X_1、X_2 和 X_3。

② 计算赘余力影响线

为了计算赘余力的影响线，一般将拱圈沿跨径方向分成 48(或 24) 等份。相邻两分点的水平距离为 $\Delta l = l/48$(或 $l/24$)，当 $P=1$ 从图 7.51(a) 中的左拱脚向右拱脚以 Δl 步长移动时，即可利用结构力学知识计算出 P 在各个分点上 X_1、X_2、X_3 的影响线竖标。三个赘余力影响线之图形见图 7.51(b)、图 7.51(c)、图 7.51(d)。

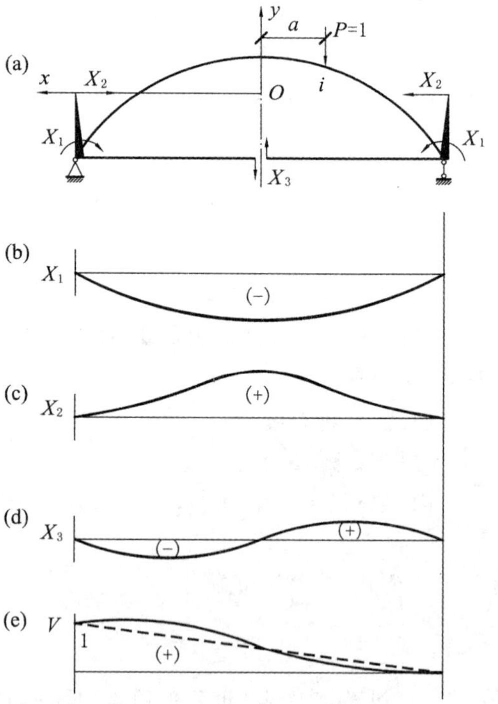

图 7.51　拱中赘余力的影响线

(2) 内力影响线

有了赘余力的影响线之后，拱中任何截面的内力影响线，均可利用静力平衡条件建立计算公式并借助叠加的办法求得。

① 任意截面的弯矩影响线

由图 7.52 可得任意截面 i 的弯矩为：

$$M = M_0 - H_1 y \pm X_3 x + X_1 \tag{7.46}$$

式中　M_0—— 相应简支梁弯矩。

现以拱顶弯矩 M_d 影响线为例，说明利用已知影响线相叠加求解未知影响线的方法。

因拱顶截面 $x=0$，故 $X_3 x = 0$。拱顶截面之弯矩 M_d 为：

$$M_d = M_0 - H_1 y + X_1$$

由 $\sum X = 0$ 知，拱中任意截面的水平推力 $H_1 = X_2$，因此，H_1 的影响线与赘余力 X_2 的影响线是完全一致的。H_1 影响线的图形见图 7.51(c)，各点的影响线竖标值可由《拱桥》[13] 附录(Ⅲ) 表(Ⅲ)-12 查得。

先绘出简支梁影响线 M_0，减去 X_1 影响线，得 $M_0 - X_1$ 影响线[见图 7.52(b) 有竖线的部分]。在图 7.52(c) 中，以水平线为基线绘出 $M_0 - X_1$ 影响线，在此图上再与 $H_1 y$ 影响线相叠加，图中有竖线部分即为拱顶弯矩影响线。再以水平线为基线，即得 M_d 影响线[图 7.52(d)]。

同理可得，拱中任意截面 i 的弯矩影响线 M_i[图 7.52(e)]。

拱中各截面不考虑弹性压缩的弯矩影响线坐标值可由《拱桥》[13] 附录(Ⅲ) 表(Ⅲ)-13 查得。

② 任意截面的轴向力 N 和剪力 Q 影响线

截面 i 的轴向力 N_i 及剪力 Q_i 的影响线，在截面 i 处均有突变[图 7.52(f)、图 7.52(g)]。故当集中荷载作用在 i 截面的左、右两边时，轴向力 N 及剪力 Q 均有较大的差异，不便于编制等代荷载，一般也不利用 N、Q 的影响线计算其内力。通常，先算出该截面的水平力 H_1 和拱脚的竖向反力 V，再按下式计算轴力 N 和剪力 Q：

轴向力
$$\left.\begin{aligned}&\text{拱顶}: N = H_1\\&\text{拱脚}: N = H_1\cos\varphi_j + V\sin\varphi_j\\&\text{其他截面}: N \approx H_1/\cos\varphi\end{aligned}\right\} \tag{7.47}$$

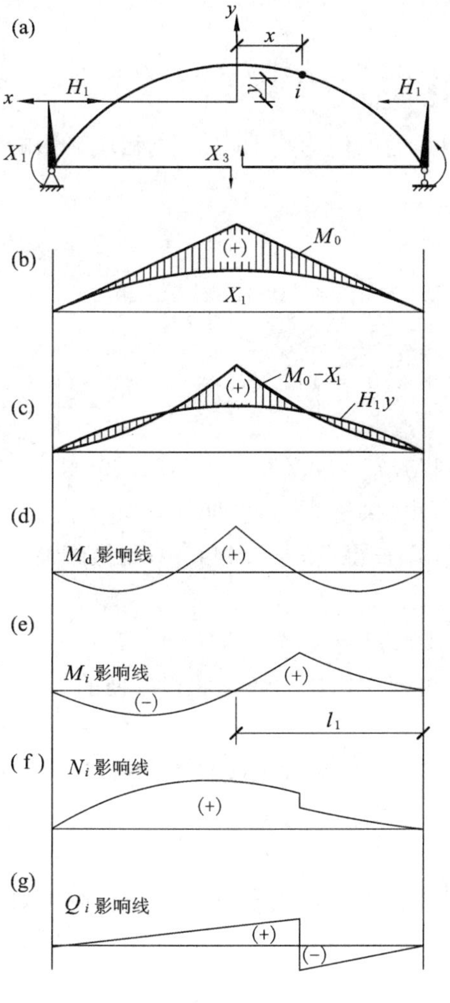

图 7.52　拱中内力影响线

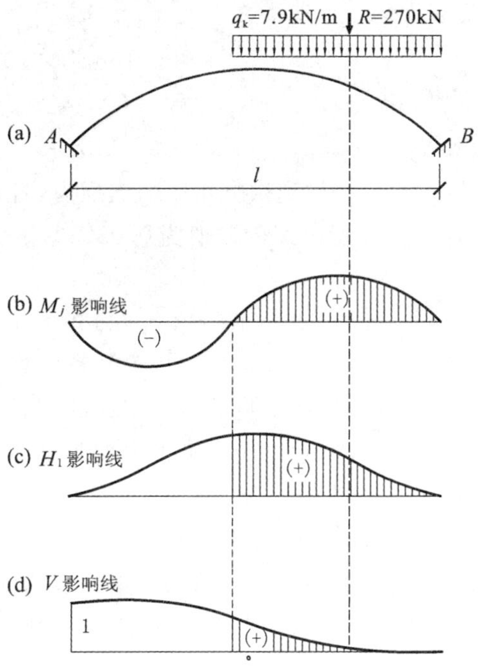

图 7.53　求拱脚 M_{max} 及相应 N 的布载图示

剪力
$$\left.\begin{aligned}&\text{拱顶}:\text{数值很小，一般不计算}\\&\text{拱脚}: Q = H_1\sin\varphi_j - V\cos\varphi_j\\&\text{其他截面}:\text{数值很小，一般不计算}\end{aligned}\right\} \tag{7.48}$$

将 X_3 移至两支点后，由 $\sum Y = 0$ 得：

$$V = V_0 \mp X_3\text{（负号适用于左半拱，正号适用于右半拱）} \tag{7.49}$$

式中　V_0—— 简支梁的反力影响线。

由 V_0 与 X_3 两条影响线叠加而成的竖向反力影响线 V，具有图 7.51(e) 的形式（图 7.51 中为左拱脚的竖向反力影响线），显而易见，拱脚竖向反力 V 影响线总面积为 $\omega = l/2$。

现以拱脚截面为例，说明计算拱中最大汽车和人群荷载内力的方法。

【例 7.3】　等截面悬链线无铰拱，$l = 50\text{m}$，$f = 10\text{m}$，$m = 2.240\text{m}$，计算荷载为公路—Ⅱ级，求左拱脚 A 最大正弯矩及相应的轴向力。

【解】　公路—Ⅱ级车道荷载的均布荷载为 7.9kN/m，集中荷载为 270kN。图 7.53 为左拱脚 A 的弯矩 M_j

影响线、水平力 H_1 影响线和竖向反力 V 影响线。求拱脚的最大正弯矩时，应将均布荷载满布在弯矩影响线的正面积部分，集中荷载布置于弯矩影响线的最大正值处（图 7.53）。

根据 $m=2.240, \frac{f}{l}=\frac{1}{5}$，由《拱桥》[14] 附录（Ⅲ）表 Ⅲ-20(6) 得拱脚处水平倾角的正弦及余弦为：

$$\sin\varphi_j = 0.68248;\cos\varphi_j = 0.73057$$

（1）根据 $m=2.240, \frac{f}{l}=\frac{1}{5}$ 由《拱桥》[14] 附录（Ⅲ）表（Ⅲ）-14(43) 查得 $M_{\max}$ 的影响线面积为：

$$\omega_{\mathrm{M}} = 0.01905l^2;\omega_{\mathrm{H}} = 0.09064\frac{l^2}{f};\omega_{\mathrm{V}} = 0.16622l$$

（2）根据 $m=2.240, \frac{f}{l}=\frac{1}{5}$，由《拱桥》[14] 附录（Ⅲ）表（Ⅲ）-13(30)、表（Ⅲ）-12(6) 及表（Ⅲ）-7(6) 查得：

M_j 影响线单点布载的最大取值为 $0.05227l$；相应 H_1 影响线的取值为 $0.19771\frac{f}{l}$；相应 V 影响线的取值为 0.29307。

（3）求拱脚 $M_{\max}$ 及其相应的轴向力 N

$$M_{\max} = 7.9\times0.01905\times50^2+270\times0.05227\times50 = 1081.88\mathrm{kN\cdot m}$$

相应的

$$V = 7.9\times0.16622\times50+0.29307\times270 = 144.79\mathrm{kN}$$

由式(7.47)得：

$$N = H_1\cos\varphi_j+V\sin\varphi_j = 445.98\times0.73057+144.79\times0.68284 = 424.69\mathrm{kN}$$

本题求解过程一并得到拱脚相应的支反力，若只求内力，可由《拱桥》[14] 表（Ⅲ）-21(30) 查得 M_j 影响线最大取值位置相应 N 影响线的取值为 0.92232；由表（Ⅲ）-14(43) 查得 $\omega_{\mathrm{N}} = 0.44469l$；则拱脚最大弯矩相应的轴力为：

$$N = 7.9\times0.44469\times50+270\times0.92232 = 424.68\mathrm{kN}$$

由以上求解过程可以看出，利用相关计算用表来计算拱桥可变作用内力还是相当方便的。人群荷载是一种均布荷载，它的内力的计算步骤与汽车荷载相同。

在计算下部结构时，常以最大水平力控制设计，此时，应在 H_1 的影响线上按最不利情况加载，计算 $H_{\max}$ 及相应的弯矩 M 和竖向反力 V。

7.4.3.2 弹性压缩引起的内力

汽车和人群荷载弹性压缩与结构自重引起的弹性压缩相似，它是考虑由荷载产生的轴向力对变位的影响，亦在弹性中心产生赘余水平力 ΔH（拉力）。由典型方程得：

$$\Delta H = \frac{\Delta l}{\delta'_{22}} = \frac{\int_s \frac{N\mathrm{d}s}{EA}\cos\varphi}{\delta'_{22}} \tag{7.50}$$

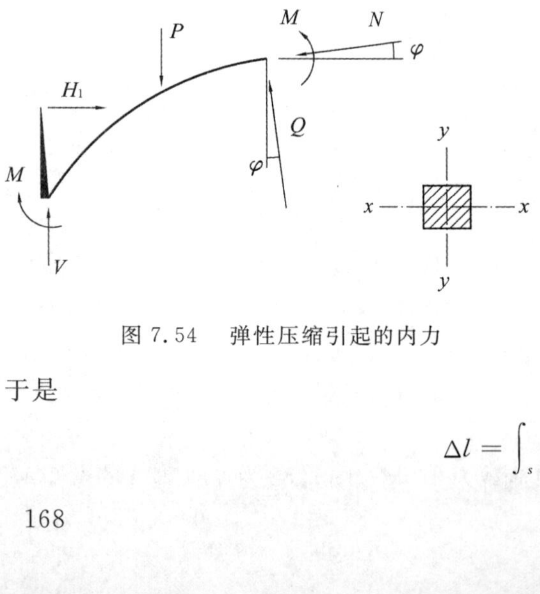

图 7.54　弹性压缩引起的内力

取脱离体如图 7.54 所示，拱脚作用有三个已知力：弯矩 M、竖向反力 V 和通过弹性中心的水平力 H_1。将各力投影到水平方向上得：

$$N = \frac{H_1 - Q\sin\varphi}{\cos\varphi} = \frac{H_1}{\cos\varphi}\left(1-\frac{Q}{H_1}\sin\varphi\right) \tag{7.51}$$

在上式中，第二项的数值常比第一项小得多，近似地略去一项，则得：

$$N = \frac{H_1}{\cos\varphi}$$

于是

$$\Delta l = \int_s \frac{N\mathrm{d}s}{EA}\cos\varphi = H_1\int_l \frac{\mathrm{d}x}{EA\cos\varphi}$$

将上式代入式(7.50),引入规定正负号后得:

$$\Delta H = -\frac{H_1\int_l \frac{dx}{EA\cos\varphi}}{\delta'_{22}} = -\frac{H_1\int_l \frac{dx}{EA\cos\varphi}}{(1+\mu)\int_s \frac{y^2 ds}{EI}} = -H_1\frac{\mu_1}{1+\mu} \tag{7.52}$$

考虑弹性压缩后的汽车和人群荷载作用下的推力(总推力)为:

$$H = H_1 + \Delta H = H_1 - H_1\frac{\mu_1}{1+\mu} = H_1\frac{1+\mu-\mu_1}{1+\mu} \tag{7.53a}$$

考虑到 $\Delta\mu = \mu_1 - \mu$,远比 μ_1 小,实际应用时尚可将上式进一步简化为:

$$H = H_1\frac{1+\mu-\mu_1}{1+\mu} = H_1\frac{1-\Delta\mu}{1+\mu_1-\Delta\mu} \approx \frac{H_1}{1+\mu_1} \tag{7.53b}$$

弹性压缩引起的内力为:

$$\left.\begin{aligned}
&\text{弯矩}\quad \Delta M = -\Delta H\cdot y = \frac{\mu_1}{1+\mu}H_1 y\\
&\text{轴向力}\quad \Delta N = \Delta H\cos\varphi = -\frac{\mu_1}{1+\mu}H_1\cos\varphi\\
&\text{剪力}\quad \Delta Q = \pm\Delta H\sin\varphi = \mp\frac{\mu_1}{1+\mu}H_1\sin\varphi
\end{aligned}\right\} \tag{7.54}$$

将不考虑弹性压缩的汽车(或人群)荷载内力与弹性压缩产生的内力叠加起来,即得汽车(或人群)荷载作用下的总内力。

7.4.4 裸拱内力计算

采用早脱架施工(拱圈合拢达到一定强度后就卸落拱架)及无支架施工的拱桥,须计算裸拱自重产生的内力,以便进行裸拱强度和稳定性的验算。

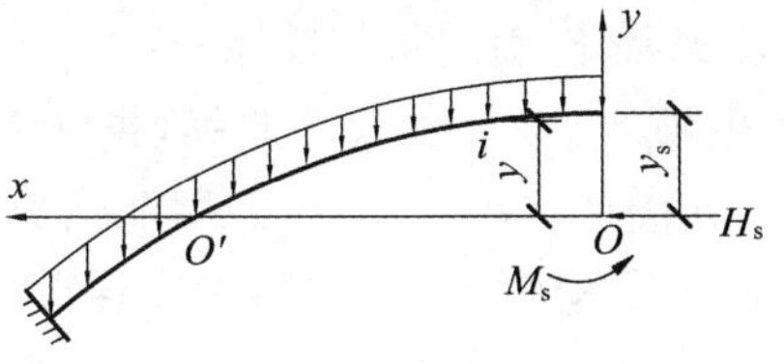

图 7.55 拱圈自重作用下内力计算图示

取悬臂曲梁为基本结构(图 7.55)。对于等截面拱,任意截面 i 的结构自重集度 g_i 为:

$$g_i = g_d/\cos\varphi_i \tag{7.55}$$

由于结构和荷载均为正对称,故在弹性中心仅有两个正对称的赘余力:弯矩 M_s 和水平力 H_s。由典型方程得:

$$M_s = -\frac{\Delta_{1p}}{\delta'_{11}} = -\frac{\int_s \frac{\overline{M}_1 M_p ds}{EI}}{\int_s \frac{\overline{M}_1^2 ds}{EI}} = -\frac{\int_s \frac{M_p ds}{EI}}{\int_s \frac{ds}{EI}}$$

$$H_s = -\frac{\Delta_{2p}}{\delta'_{22}} = -\frac{\int_s \frac{\overline{M}_2 M_p}{EI}ds}{\int_s \frac{\overline{M}_2^2 ds}{EI} + \int_s \frac{\overline{N}^2 ds}{EA}} = \frac{\int_s \frac{M_p y}{EI}ds}{(1+\mu)\int_s \frac{y^2 ds}{EI}}$$

积分后可得

$$\left.\begin{aligned}
M_s &= \frac{A\gamma l^2}{4}V_1\\
H_s &= \frac{A\gamma l^2}{4(1+\mu)f}V_2
\end{aligned}\right\} \tag{7.56}$$

式中 γ—— 拱圈材料单位容重;

A—— 拱圈截面面积(净面积或实际面积);

V_1, V_2—— 系数,可自《拱桥》[13] 表(Ⅲ)-15、(Ⅲ)-16 查得。

由静力平衡条件得任意截面 i 的弯矩和轴向力为：

$$\left.\begin{aligned} M_i &= M_s - H_s y - \sum_n^i M \\ N_i &= H_s\cos\varphi_i + \sum_n^i P \cdot \sin\varphi_i \end{aligned}\right\} \tag{7.57}$$

式中 $\sum_n^i M$—— 拱顶至 i 截面间裸拱自重对该截面的弯矩；

$\sum_n^i P$—— 拱顶至 i 截面间裸拱自重的总和。

$\sum_n^i M$、$\sum_n^i P$ 均可由《拱桥》[13] 表（Ⅲ）-19 查得。其中，n 为拱顶截面的编号，在设计中 n 常采用 12 或 24。

当拱的矢跨比为 1/5 ～ 1/10 时，裸拱结构自重压力线的拱轴系数 $m_0 = 1.305 \sim 1.079$，通常比拱轴线采用的 m 值小。计算表明，在裸拱的自重作用下，拱顶、拱脚一般都产生正弯矩。拱轴线的 m 与裸拱的 m_0 差得越多，拱顶、拱脚的正弯矩就越大。因而，采用无支架施工或早脱架施工的拱桥，宜适当降低拱轴系数。

7.4.5 均匀温变和拱脚变位的内力计算

在超静定拱中，温度变化和拱脚变位都会产生附加内力。在软土地基上建造圬工拱桥，墩台发生变位，尤其是水平变位，对拱桥产生较大的影响，引起较大的附加内力。

7.4.5.1 均匀温变产生的附加内力计算

根据热胀冷缩的原理，当大气温度比成拱时的温度（即主拱圈施工合拢时温度，称为合拢温度）高时，称为温度上升，引起拱体膨胀；反之，当大气温度比合拢温度低时，称为温度下降，引起拱体收缩。不论是拱体膨胀（拱轴伸长）还是拱体收缩（拱轴缩短）都会在拱中产生内力。

在图 7.56(a) 中，设温度变化引起拱轴在水平方向的变位为 Δl_t，与弹性压缩同样道理，必然在弹性中心产生一对水平力 H_t。由典型方程得：

$$H_t = \Delta l_t / \delta_{22}$$

$$\Delta l_t = \alpha l \Delta t$$

式中 Δt—— 温度变化值，即最高（或最低）温度与合拢温度之差，温度上升时，Δt 和 H_t 均为正；温度下降时，Δt 和 ΔH_t 均为负；

α—— 材料的线膨胀系数：

混凝土或钢筋混凝土结构 $\alpha = 1 \times 10^{-5}$；

混凝土预制块砌体 $\alpha = 0.9 \times 10^{-5}$；

石砌体 $\alpha = 0.8 \times 10^{-5}$。

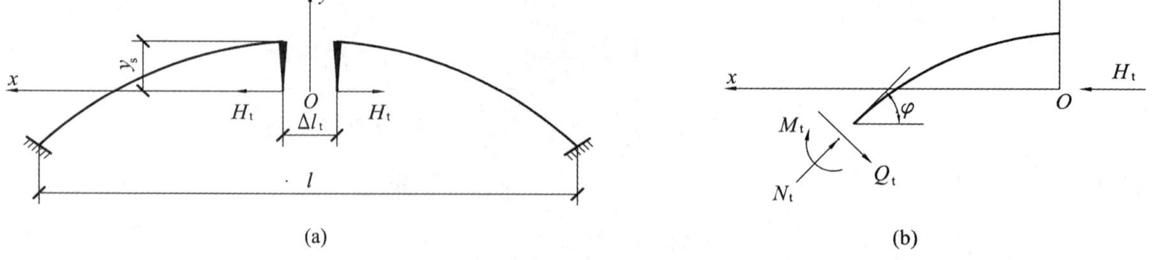

图 7.56 温度变化引起的附加内力计算

(a) 温度变化引起赘余力计算图示；(b) 温度变化引起拱中的内力

由温度变化引起拱中任意截面的附加内力为[图 7.56(b)]：

$$\left.\begin{aligned} &\text{弯矩} \quad M_t = -H_t y = -H_t(y_s - y_1) \\ &\text{轴向力} \quad N_t = H_t\cos\varphi \\ &\text{剪力} \quad Q_t = \pm H_t\sin\varphi \end{aligned}\right\} \tag{7.58}$$

【例 7.4】 图 7.57(a) 所示的等截面悬链线无铰拱，拱轴系数 $m = 2.24$，施工时的合拢温度为 15℃，主拱圈材料线膨胀系数 $\alpha = 1.0 \times 10^{-5}$，弹性模量 $E = 3.0 \times 10^4 \text{MPa}$，主拱圈截面抗弯惯性矩 $I = 2\text{m}^4$，试求大气温度为 −5℃ 时，拱顶和拱脚截面由温度变化引起的弯矩，并绘出弯矩图。

【解】 取悬臂曲梁为基本结构，如图 7.57(b) 所示。

由《拱桥》[13] 表(Ⅲ)-3 查得，$y_s = 0.332068f$。

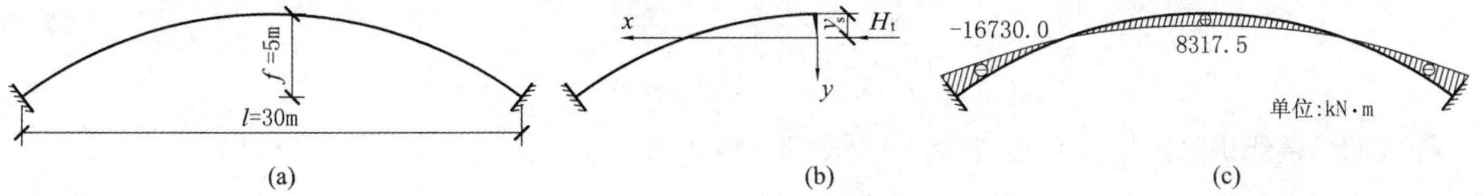

图 7.57 例 7.4 图

由《拱桥》[13] 表(Ⅲ)-5 查得：

$$\delta_{22} = \int_s y^2 \mathrm{d}s/EI = 0.095818lf^2/EI$$

由于温度下降，会在弹性中心产生一对水平赘余力 H_t，由典型方程可以得到：

$$H_t = \Delta l_t/\delta_{22}; \quad \Delta l_t = \alpha l \Delta t$$

故

$$\begin{aligned} H_t &= \Delta l_t/\delta_{22} = \alpha l \Delta t/\delta_{22} \\ &= 10^{-5} \times 30 \times (-20)/(0.095818 \times 30 \times 5^2/3 \times 10^7 \times 2) = -5009.5\text{kN} \end{aligned}$$

H_t 为负值，说明温度降低时，在弹性中心产生一拉力。

温度变化在各截面产生的弯矩如下：

拱顶截面产生的弯矩

$$\begin{aligned} M_d &= -H_t \cdot y_s \\ &= -(-5009.5) \times 0.332068 \times 5 = 8317.5\text{kN} \cdot \text{m} \end{aligned}$$

拱脚截面产生的弯矩

$$\begin{aligned} M_j &= H_t \cdot (f - y_s) \\ &= (-5009.5) \times (f - 0.332068f) = -16730.0\text{kN} \cdot \text{m} \end{aligned}$$

绘制温度变化产生的弯矩图如图 7.57(c) 所示。

7.4.5.2 拱脚变位引起的内力计算

在软土地基上修建的拱桥以及桥墩较柔的多孔拱桥，拱脚变位是难以避免的。拱脚的变位包括拱脚的水平位移、垂直位移(沉降)和转动(角变)，每一种变位都会在拱中产生内力。

(1) 拱脚相对水平位移引起的内力

在图 7.58 中，两拱脚发生的相对水平位移为：

$$\Delta_h = \Delta_{hB} - \Delta_{hA}$$

式中 Δ_{hA}，Δ_{hB}—— 左、右拱脚的水平位移，自原位置右移为正，左移为负。

由于两拱脚发生相对水平位移 Δ_h，在弹性中心产生的赘余力为：

$$X_2 = -\frac{\Delta_h}{\delta_{22}} = -\frac{\Delta_h}{\int_s \frac{y^2 \mathrm{d}s}{EI}} \tag{7.59}$$

如两拱脚相对靠拢(Δ_h 为负)，X_2 为正，反之则相反。

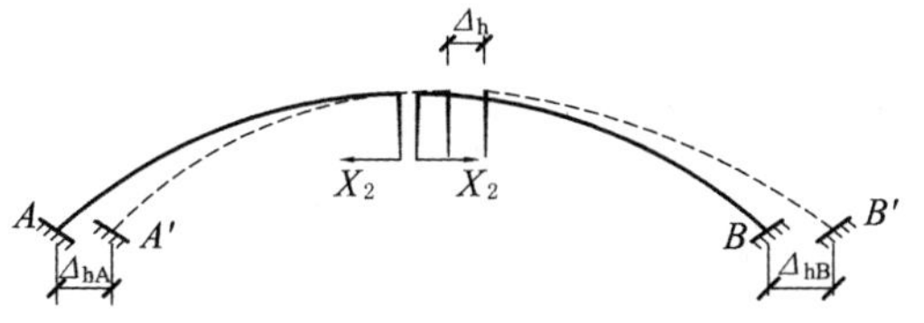

图 7.58 拱脚水平位移引起内力计算图示

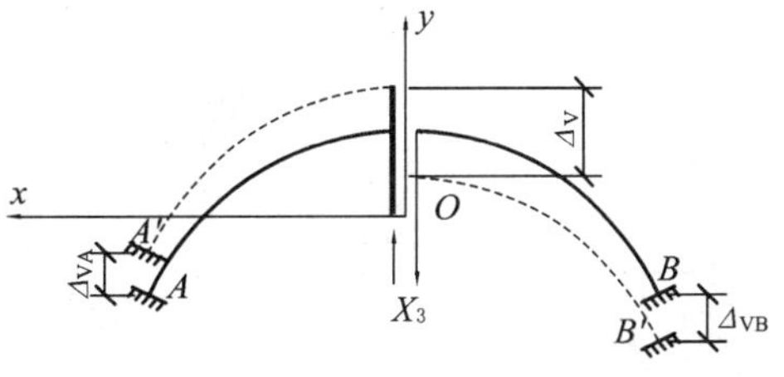

图 7.59 拱脚竖向位移引起内力计算图示

(2) 拱脚相对垂直位移引起的内力

在图 7.59 中，拱脚相对垂直位移为：

$$\Delta_V = \Delta_{VB} - \Delta_{VA}$$

式中　Δ_{VA}，Δ_{VB}—— 左、右拱脚的垂直位移，均以自原位置向下移为正，向上移为负。

由两拱脚相对垂直位移引起弹性中心的赘余力为：

$$X_3 = -\frac{\Delta_V}{\delta_{33}} = -\frac{\Delta_V}{\int_s \frac{x^2 ds}{EI}} \tag{7.60}$$

等截面悬链线拱的$\int_s \frac{x^2 ds}{EI}$可由《拱桥》[13] 表(Ⅲ)-6 查得。

(3) 拱脚相对角变位引起的内力

在图 7.60(a) 中，拱脚 B 发生转角 θ_B(θ_B 顺时针为正) 之后，在弹性中心除产生相同的转角 θ_B 之外，还引起相对水平位移 Δ_h 和垂直位移 Δ_V。因此，在弹性中心会产生三个赘余力 X_1、X_2、X_3。由典型方程得：

$$\left.\begin{aligned} X_1\delta_{11} + \theta_B &= 0 \\ X_2\delta_{22} + \Delta_h &= 0 \\ X_3\delta_{33} - \Delta_V &= 0 \end{aligned}\right\} \tag{7.61}$$

上式中 θ_B 为已知，Δ_h、Δ_V 根据图 7.60(b) 的几何关系不难求出。

$$\Delta_h = \theta_B(f - y_s)$$

$$\Delta_V = \theta_B \cdot l/2$$

将 Δ_h 及 Δ_V 代入式(7.61) 得：

$$\left.\begin{aligned} X_1 &= \frac{-\theta_B}{\delta_{11}} \\ X_2 &= \frac{-\theta_B(f - y_s)}{\int_s \frac{y^2 ds}{EI}} \\ X_3 &= \frac{\theta_B \cdot l}{2\int_s \frac{x^2 ds}{EI}} \end{aligned}\right\} \tag{7.62}$$

其中

$$\delta_{11} = \int_s \frac{\overline{M}_1^2 ds}{EI} = \int_s \frac{ds}{EI} = \frac{l}{EI}\int_0^1 \frac{d\xi}{\cos\varphi} = \frac{l}{EI} \times \frac{1}{\nu_1}$$

$\frac{1}{\nu_1}$ 可自《拱桥》[13] 表(Ⅲ)-8 查得。

拱脚相对角变位引起各截面的内力为[图 7.60(c)]：

$$\left.\begin{aligned} M &= X_1 - X_2 y \pm X_3 x \\ N &= \mp X_3 \sin\varphi + X_2 \cos\varphi \\ Q &= X_3 \cos\varphi \pm X_2 \sin\varphi \end{aligned}\right\} \tag{7.63}$$

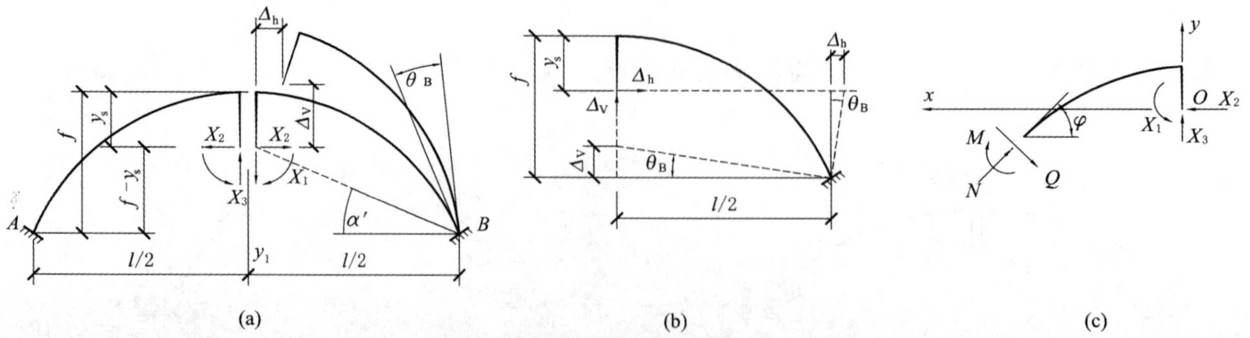

图 7.60　拱脚相对角变位引起的赘余力及各截面的内力图

7.4.6 主拱验算

当求出了各种作用的内力后，便可进行最不利情况下的作用效应组合，进而验算控制截面的强度及拱的稳定性。

作用效应组合按照1.5节的相关叙述采用，在前述基础上，《桥规》规定，在车道荷载引起的拱圈正弯矩参与组合时，应适当折减，拱顶、拱跨 $l/4$ 应乘以折减系数0.7，拱脚应乘以折减系数0.9，中间各个截面的正弯矩折减系数可用直线插入法确定。依此规定，例7.3中直接求得车道荷载作用下的拱脚最大正弯矩 M_{max} 为1081.88kN·m，在与其他作用效应组合以控制设计时，应当折减为973.69kN·m。

一般无铰拱桥，拱脚和拱顶是主要控制截面。大跨度拱桥应验算拱顶、拱跨 $3l/8$、拱跨 $l/4$ 和拱脚四个截面，对于中、小跨径拱桥，拱跨 $l/4$ 截面可不验算，特大跨径拱桥除以上四个截面外，需视截面配筋情况，另行选择截面进行验算。如拱上建筑布置特殊，则视具体情况增加验算截面。

7.4.6.1 拱圈强度和应力验算

对于圬工拱桥和钢筋混凝土拱桥，拱圈均按分项安全系数的极限状态法设计，按两者具体的设计验算内容不同，分别遵循《桥规》和《桥规》。对于钢拱桥，钢拱圈按容许应力法设计，需遵循《桥规》。

圬工拱桥拱圈是不容许开裂的，因而仅对拱圈强度作验算。为确保全截面受压，规范对纵向力偏心距 e_0 作了限制，当实际偏心距 e_0 大于容许值 $[e_0]$ 时，因截面出现了拉应力，拱圈强度验算公式相应发生了变化，但任何时候，拱圈均不容许开裂。

对于钢筋混凝土拱圈，验算内容包括强度、混凝土的拉压应力和裂缝宽度，如果不能满足要求，可通过增加配筋量、提高混凝土标号甚至加大拱圈的方法予以解决。

对于钢拱圈，主要是作钢材的应力、局部稳定性以及连接构造的验算。另外，对于拱圈承受拉力的部位，尚应验算其疲劳强度。

各种材料拱圈验算的具体方法和规定可参照上述所列相应规范。

7.4.6.2 拱圈的稳定性验算

拱圈或拱肋的稳定性验算分为纵向稳定与横向稳定。实腹式拱桥跨径不大时，可不验算纵、横向稳定性；在拱上建筑完成后再卸落拱架的大、中跨径拱桥，由于拱上建筑与主拱圈的共同作用，不致产生纵向失稳，此时，无需验算拱的纵向稳定性；采用无支架施工或在拱上建筑完成前就脱架的拱桥，应验算拱的纵向稳定；当拱圈宽度小于计算跨径的1/20时，应验算拱圈的横向稳定。

(1) 纵向稳定性验算

目前验算拱的纵向稳定性时，是将拱圈(肋)换算为相当长度的压杆，按平均轴向力计算。

对于砖石及混凝土拱桥，拱圈正截面稳定性的验算公式为：

$$N_j \leqslant \varphi\alpha AR_a^j/\gamma_m \tag{7.64}$$

式中各符号的意义及其取值，可参考《桥规》相关章节。

对于钢筋混凝土拱桥，其稳定性验算可采用《桥规》中轴心受压构件计算公式计算，即：

$$\gamma_0 N_d \leqslant 0.9\varphi(f_{cd}A + f'_{sd}A'_s) \tag{7.65}$$

$$N_d = \frac{H_d}{\cos\varphi_m} \tag{7.66}$$

式中 N_d——轴向力组合设计值；

H_d——拱的水平推力组合设计值；

φ_m——拱脚至拱顶连线与水平线的夹角，$\varphi_m = \dfrac{1}{\sqrt{1+4(f/l)^2}}$。

式中其余各符号的意义及其取值，可参考《桥规》相关章节。

《桥规》规定，在施工阶段，拱的纵向稳定性验算时的构件自重效应分项系数应取1.2，施工时附加的其他荷载效应分项系数应取1.4；在使用阶段，拱的纵向稳定性验算的作用(或荷载)效应的分项系数，按《桥规》取用。

计算拱圈纵向稳定时的计算长度按下列规定采用：三铰拱取用 $0.58s$；两铰拱取用 $0.54s$；无铰拱取用

0.36s,其中 s 为拱轴线长度。

(2) 横向稳定性验算

拱的横向稳定性验算,目前尚无成熟的计算办法,工程上常用与纵向稳定相似的公式来验算拱的横向稳定性,即:

$$N_j \leqslant N_L/\gamma_m \tag{7.67}$$

式中 N_j—— 按承载能力极限状态组合计算的平均轴向力;

N_L—— 拱丧失横向稳定性时的临界轴向力;

γ_m—— 横向稳定安全系数,一般为 4 ~ 5。

① 对于拱圈或采用单肋合拢时的拱肋,丧失横向稳定性时的临界轴向力,常用在竖向均布荷载作用下,等截面抛物线双铰拱的横向稳定性公式计算:

$$N_L = H_L/\cos\varphi_m \tag{7.68}$$

式中 φ_m—— 半拱的弦与水平线的夹角,按下式计算:

$$\cos\varphi_m = \frac{1}{\sqrt{1+4(f/l)^2}} \tag{7.69}$$

H_L—— 临界推力,按下式计算:

$$H_L = K_2 \frac{EI_y}{8fL} \tag{7.70}$$

其中 K_2—— 临界荷载系数,与矢跨比、拱端固定方式等有关,在设计中,为了简化计算工作,K_2 值可偏安全地按表 7.2 确定;

I_y—— 单根拱肋对自身竖轴的惯性矩。

K_2 的值 **表 7.2**

f/l	0.1	0.2	0.3
K_2	28.0	40.0	36.5

理论与实践证明:无铰拱的临界荷载比有铰拱大得多。验算悬链线无铰拱的横向稳定,精确的方法是作空间有限元电算分析,手算时,可偏安全地采用两铰拱的计算公式,或者近似采用圆弧无铰拱的公式计算临界轴向力。

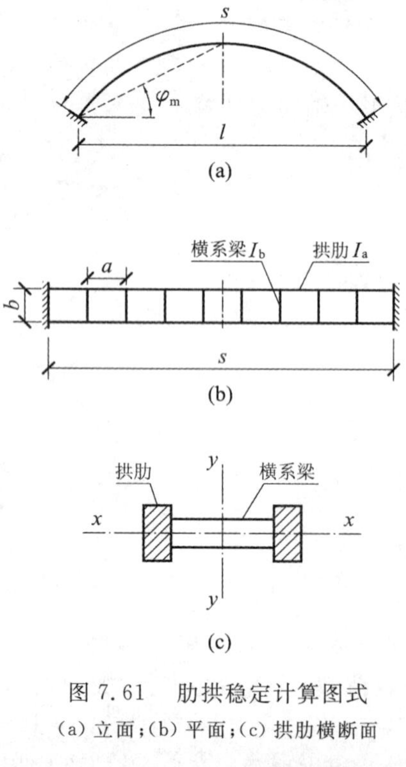

图 7.61 肋拱稳定计算图式

(a) 立面;(b) 平面;(c) 拱肋横断面

② 对于肋拱或无支架施工时采用双肋合拢的拱肋,在验算横向稳定性时,可视为组合压杆(图 7.61),组合压杆的长度等于拱轴长度 s,临界轴向力可按下式计算:

$$N_L = \frac{\pi^2 E_a I_y}{l_0^2} \tag{7.71}$$

式中 I_y—— 两拱肋对桥纵轴(y-y 轴)的惯性矩;

E_a—— 拱肋材料的弹性模量;

l_0—— 组合压杆计算长度,$l_0 = \rho \cdot \alpha \cdot s$;

α—— 与支承条件相关的系数,无铰拱为 0.5,两铰拱为 1.0;

s—— 拱轴线长度;

ρ—— 考虑剪力对稳定的影响系数,按下式计算:

$$\rho = \sqrt{1+\frac{\pi^2 E_a I_y}{L_j^2}\left(\frac{ab}{12E_b I_b}+\frac{a^2}{24E_a I_a}\cdot\frac{1}{1-\beta}+\frac{na}{bA_b G}\right)}$$

式中 $L_j = \alpha s$;

$\beta = \dfrac{N_L a^2}{2\pi^2 E_a I_a}$;

a—— 横系梁的间距;

b—— 两拱肋中距,即横系梁的计算长度;

I_a—— 单根拱肋对自身重心轴(与 y-y 轴平行)的惯性矩;

I_b—— 单根横系梁对自身重心轴(与 y-y 轴平行)的惯性矩;

E_b—— 横系梁的弹性模量;

G—— 横系梁的剪切模量;

A_b—— 横系梁的截面面积;

n—— 与横系梁截面形状有关的系数,矩形截面取 1.20,圆形截面取 1.11;

β—— 考虑节间稳定的系数,与临界力有关。当横系梁足以保证节间稳定时,β 可以略去。

7.5 钢管混凝土拱桥简介

7.5.1 钢管混凝土结构的特点

钢管混凝土结构属于钢-混凝土组合结构中的一种。根据钢管与钢管混凝土的组合关系,可以分为内填型和内填外包型(图 7.62)两种。

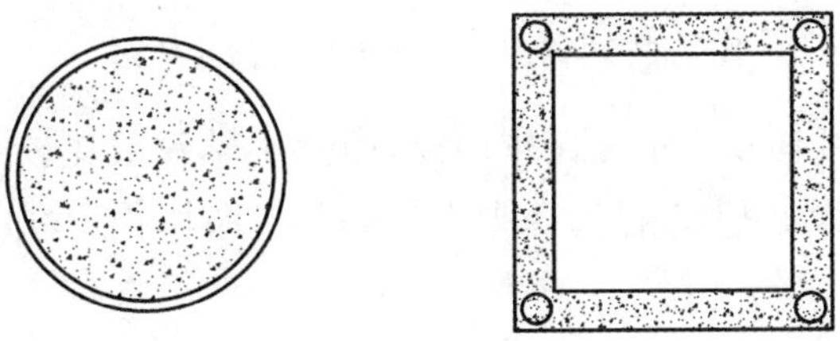

(a) (b)

图 7.62 内填型和内填外包型

(a) 内填型;(b) 内填外包型

内填型钢管混凝土管壁外露,结构含筋率较高,主要用于以受压为主的结构。它一方面借助内填混凝土增强钢管壁的稳定性,同时又利用钢管对核心混凝土的套箍作用,使核心混凝土处于三向受压状态,从而使其具有更高的抗压强度和抗变形能力。

内填外包型钢管混凝土主要用于大跨度拱桥之中,它主要解决大跨度拱桥施工的"自架设问题"。首先架设自重轻,刚度、强度均较大的钢管骨架,然后在空钢管内浇筑混凝土形成钢管混凝土,再在钢管混凝土骨架上外挂模板浇筑外包混凝土,形成钢管混凝土结构。在这种结构中,钢管和随后形成的钢管混凝土主要是作为施工的劲性骨架来考虑的。成桥后,它也可以参与受力,但其用量通常是由施工设计控制。

钢管混凝土除具有一般套箍混凝土的强度高、塑性好、质量轻、耐疲劳、耐冲击等特性外,还具有以下几方面的独特优点:

① 钢管本身就是耐侧压的模板,因而浇筑混凝土时,可省去支模、拆模等工序,并可适应先进的泵送混凝土工艺;

② 钢管本身就是钢筋,它兼有纵向钢筋和横向箍筋的作用,既能受压,又能受拉;

③ 钢管本身又是劲性承重骨架,在施工阶段可起劲性钢骨架的作用,在使用阶段又是主要的承重结构,因此可以节省脚手架,缩短工期,减少施工用地,降低工程造价;

④ 在受压构件中采用钢管混凝土,可节省材料。

与所有材料一样,钢管混凝土结构材料也有它自身的缺点。对于管壁外露的钢管混凝土,在阳光的照射下,钢管膨胀,容易造成钢管与内填混凝土之间出现脱空现象,泵送管内混凝土也常出现不能使之完全饱满的情况,这都将引起拱圈受力不明了,从而降低钢管混凝土结构的安全度,这些问题都需要予以解决。

7.5.2 钢管混凝土拱桥的基本组成

钢管混凝土拱桥一般由钢管混凝土拱肋、立柱或吊杆、横撑、行车道系和下部构造组成(图 7.63)。根据行车道板的位置,钢管混凝土拱桥可以分为上承式、中承式和下承式三种类型。

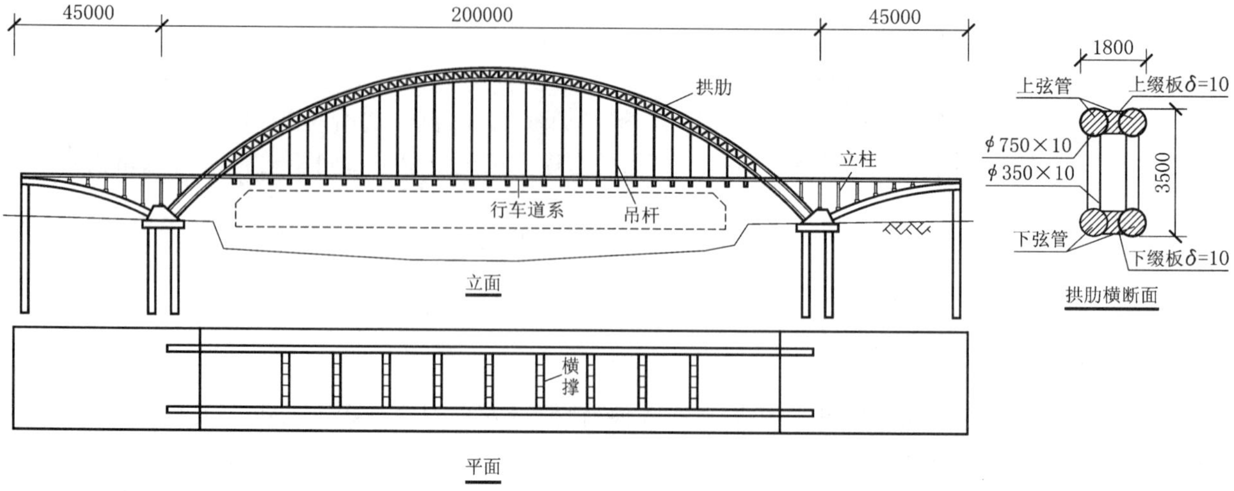

图 7.63　南海三山西大桥总体布置图

钢管混凝土拱桥结构轻盈，结构自重集度比较均衡，因此拱轴系数比较小，一般在 1.167 ～ 2.24 之间，跨径小者取较大值，跨径大者取较小值，矢跨比在 1/4 ～ 1/8 之间比较合理。拱轴线常采用悬链线或二次抛物线。

7.5.2.1　钢管混凝土拱肋

钢管混凝土拱肋横截面形式，按钢管的根数及布置方式，通常分为：单管形、双肢哑铃形、四肢格构形和三角形格构形等，如图 7.64 所示。

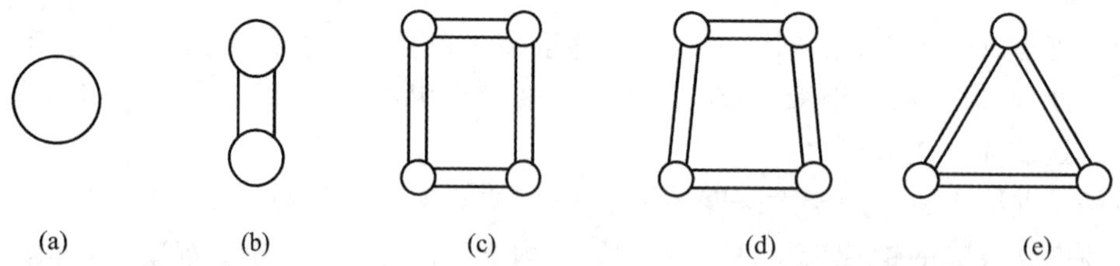

图 7.64　拱肋截面形式

7.5.2.2　横撑

横撑主要设置在拱顶、拱脚和拱肋与桥面系交接处。横撑的主要作用是将钢管混凝土拱肋连接成整体，确保结构稳定。桥面以上横撑一般设置奇数撑，一方面拱顶处横撑所起的作用较大，另一方面，奇数根也比较美观。

钢管混凝土拱肋的横撑多采用钢管桁架，钢管可以是空心的，也可以内填混凝土，做成钢管混凝土横撑。横撑在拱脚段多做成格式 K 撑或 X 撑，以获得更好的稳定性，在桥面系以上则多采用直撑、K 撑或 H 形撑。

7.5.2.3　吊杆

吊杆的张拉端（上端）通常设置在缀板处或钢管弦杆内，下端为固定锚，以方便拆卸更换。吊杆可采用柔性吊杆和刚性吊杆两种。中、下承式钢管混凝土拱一般采用柔性吊杆，其材料可采用平行钢丝、平行钢绞线或平行钢丝束、单根钢绞缆和封闭钢缆等，外面再套以无缝钢管或用热挤聚乙烯层防护。刚性吊杆采用钢筋混凝土或预应力钢筋混凝土结构。

7.5.3　劲性骨架钢管混凝土拱桥示例

图 7.65 所示是我国于 1997 年建成的四川万县长江大桥，这是目前国内跨径最大的劲性骨架混凝土拱桥。

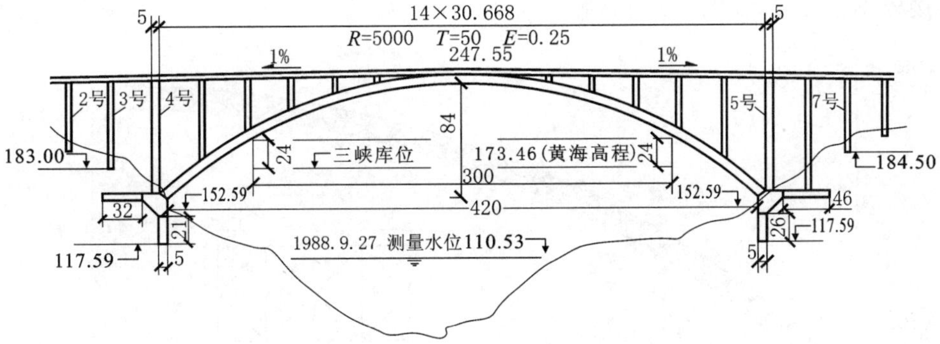

图 7.65 万县长江大桥桥孔布置图(单位:m)

万县长江大桥的基本情况如下:

(1) 荷载等级:汽车 — 超 20 级,挂车 —120 级,人群 3.5kN/m^2;

(2) 桥宽:净 2 × 7.5m 行车道,+ 2 × 3.0m 人行道,总宽 24m;

(3) 地震烈度:基本烈度 6 度,按 7 度验算;

(4) 通航等级:在三峡水库正常蓄水位 175m 以上通航净空为 24m × 300m,双向可通行三峡库区规划的万吨级驳船队;

(5) 桥孔布置:自南向北为 5 × 30.668m + 420m + 8 × 30.668m,全长 856.12m。

下面将以它为例来叙述主拱构造和施工程序。

7.5.3.1 主拱构造

主桥为劲性骨架钢筋混凝土拱桥,净跨 420m,拱圈宽 16m,高 7m,净矢高 84m,矢跨比 1/5,横向为单箱三室,细部尺寸如图 7.66 所示。

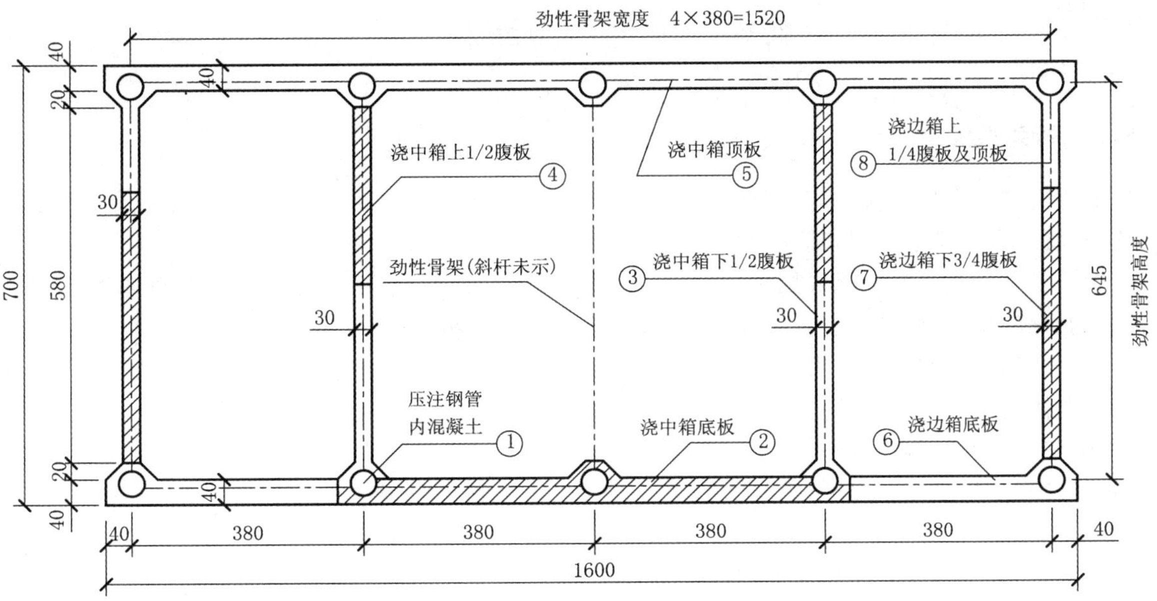

图 7.66 万县长江大桥拱圈截面形式及形成步骤

(单位:cm;圆圈内数字表示施工顺序)

主拱圈拱轴系数经优化设计,并考虑到拱顶截面应有稍大的潜力,以满足施工阶段及后期徐变应力增量的受力需要,最后选定为 1.6。

7.5.3.2 劲性骨架构造

该桥劲性骨架采用 5 个桁片组成,间距 3.8m,每个桁片上下弦为 D420mm × 16mm 无缝钢管,腹杆与连接系杆为 4∠75 × 75 × 10 角钢组合杆件,骨架沿拱轴分为 36 节桁段,每个节段长约 13m,高 6.8m,宽 15.6m。每个桁段横向由 5 个桁片组成,间距 3.8m,每个节段质量约 60t。节段间采用法兰盘螺栓连接。因此在拼装过程中，高空除栓接外不再焊接，如图 7.67 所示。

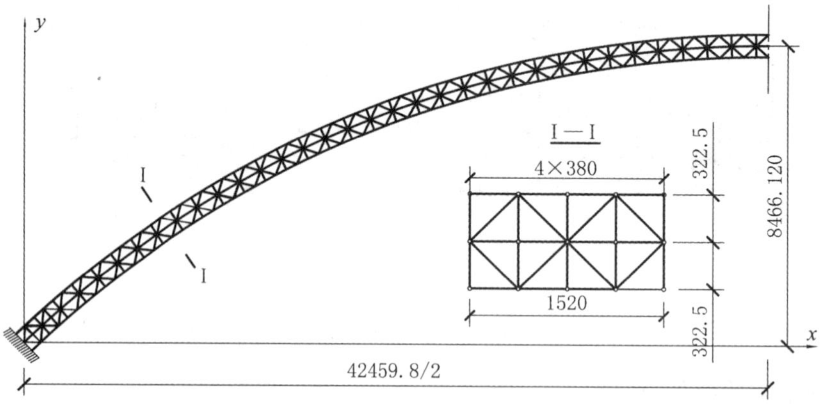

图 7.67　四川万县长江大桥劲性骨架构造图(单位:cm)

7.5.3.3　混凝土浇筑

劲性骨架混凝土浇筑包括钢管内混凝土灌注和拱箱外包混凝土的浇筑。该桥劲性骨架混凝土的施工顺序示于图 7.66，钢管内混凝土灌注是在钢管骨架合拢以后开始进行的，待达到 70% 的设计强度后，再按先中箱后边箱及底板 — 肋板 — 顶板的顺序，分 7 环依次浇完全箱，两环之间设一个等待龄期，使前期浇筑的混凝土能参与结构受力，共同承担下环新浇混凝土重力。在纵向采用“六工作面法”，对称、均衡、同步浇筑纵向每环混凝土，即将每拱环等分为 6 个区段，每段长约 80m，以 6 个工作面在各个区段的起点上连续向前浇筑混凝土，直至完成全环。整个浇筑过程中，骨架挠度下降均匀，基本上无上下反复现象，骨架上下弦杆及混凝土断面始终处于受压状态，应力变化均匀，使拱圈在施工过程中的强度、稳定性得到保证。

7.6　其他类型拱桥一览

7.6.1　桁架拱桥

桁架拱桥也称拱形桁架桥，其上部结构由桁架拱片、横向联结系和桥面组成。桁架拱片是主要承重结构，由上下弦杆、腹杆和实腹段组成，其立面布置如图 7.68 所示。

桁架拱桥是一种整体型上承式拱桥，它进一步减轻了拱桥自重，增强了桥梁结构的整体性，充分发挥装配式结构工业化程度高、施工进度快等优点，扩大了拱桥的使用范围。

桁架拱片在施工期间单独受力，在竣工后与桥面板共同受力。其中下弦杆为拱形，上弦杆一般与桥道结构组合成一整体而共同工作。在跨中部分，因上、下弦杆很靠近而做成实腹段。桁架拱在荷载作用下具有水平推力，使跨中实腹段在结构自重作用下跨间弯矩减小，主要承受轴向压力，在汽车(或人群) 荷载作用下将承受弯矩，属于偏心受压构件，即具有拱的受力特点。同时，由于它相当于把普通型上承式拱的传载构件(拱上结构) 与拱肋连成整体，拱与拱上结构共同受力，各杆件主要承受轴力，所以又具有桁架的受力特点。由于它兼备了两者的有利因素，故能充分发挥材料的受力性能。

从结构布置来看，桁架拱可采用双桁拱支承体系，上弦杆和实腹段构成桁架拱片的上边缘，上弦杆轴线平行于桥面，考虑到桥面板参与受力，上弦杆和实腹段轴线应是包括桥面板在内的截面重心之连线。下弦杆相当于桁架拱的拱肋，为主要受压构件。下弦杆的轴线可以采用圆弧线、二次抛物线和悬链线等，腹杆内力与桁架拱下弦杆轴线有关，下弦杆的合理轴线应是在结构自重作用下能使下斜杆的拉应力为零或限制在容许范围内的轴线。对实腹段则希望采用曲率较大的轴线，以减小荷载下拱顶的弯矩。一般情况下，不存在既满足桁架部分，也满足实腹段的单一曲线。为使全拱底曲线连续，宜采用与结构自重压力线接近的曲线，如采用拱轴系数 m 值较小的悬链线或二次抛物线，使之与两部分的合理曲线均较接近。

桁架拱桥应考虑活载的横向分布。因此，桁架拱片之间的横向联系必须牢固，并具有足够的强度和刚度。

《桥规》规定，桁架拱的节点按固结考虑；当按简化计算时，可将节点按铰接计算，但其下弦截面强度，应

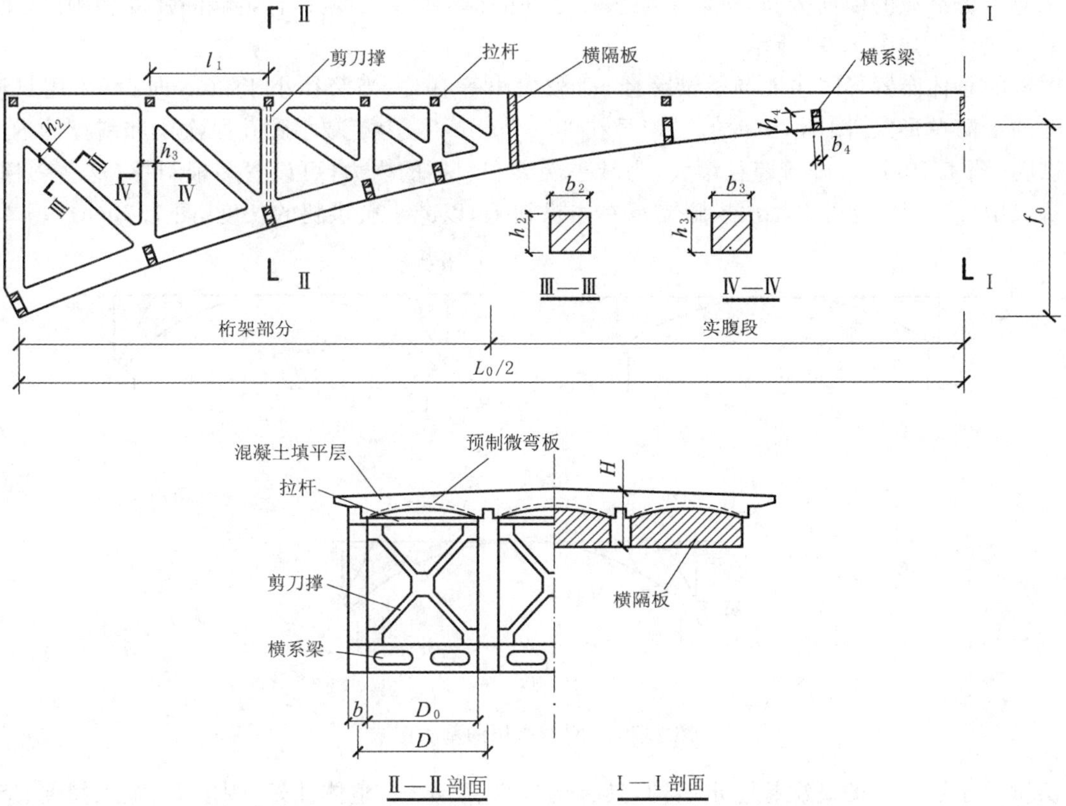

图 7.68　桁架拱桥的主要组成部分

留有不小于 20% 的富余量。桁架拱的结构自重可按全跨均布计算，由桁架拱片承受；但如果采用下弦杆合拢后再拼装其他杆件的施工方法时，下弦杆应承受合拢前的全部结构自重。桥面板可考虑与上弦杆共同承受桥上活荷载。上弦杆及与上弦杆在节点处相连的腹杆（竖杆和斜杆），应考虑桥面上局部荷载引起的弯矩。

7.6.2　刚架拱桥

刚架拱桥的上部结构由刚架拱片、横向联结系和桥面系等部分组成（图 7.69）。

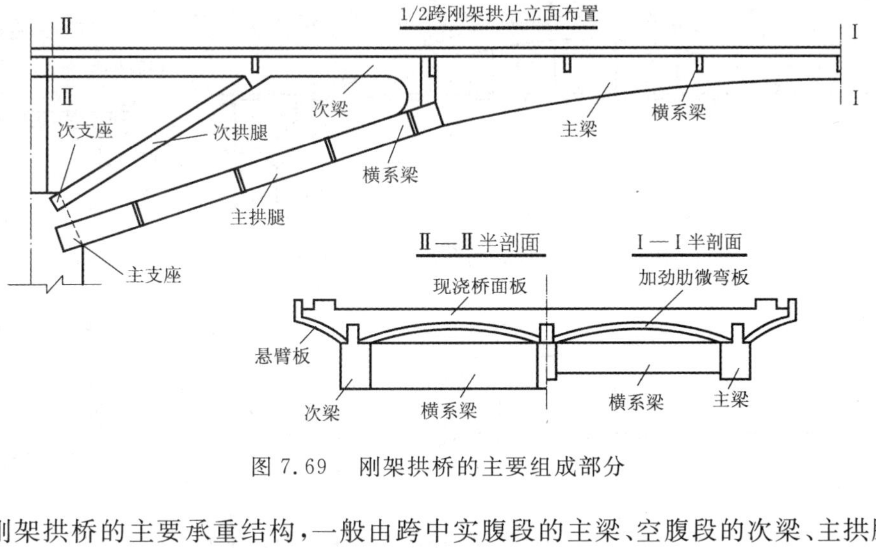

图 7.69　刚架拱桥的主要组成部分

刚架拱片是刚架拱桥的主要承重结构，一般由跨中实腹段的主梁、空腹段的次梁、主拱腿（主斜撑）、次拱腿（次斜撑）等构成。桥面板可与刚架拱片联合作用承受桥上活载。主梁和主拱腿的交接处称为主节点，次梁和次拱腿的交接处称为次节点。节点构造一般均按固结设计，并配置钢筋，主拱腿和次拱腿的支座分别称为主支座和次支座。

刚架拱在上弦杆两端应设置活动支座。

刚架拱应考虑活载的横向分布，所以刚架拱片之间的横向联系必须具有足够的强度和刚度。主拱腿之间的横向联系应设计成如图 7.69 所示。

刚架拱桥的总体布置形式主要与桥梁跨径、荷载大小等有关。当跨径小于 30m 时，可采用只设主拱腿、不设次拱腿的最简单形式[图 7.70(a)]。当跨径在 30 ～ 50m 时，为了减小腹孔段次梁和斜撑的内力，可以设置一根次拱腿[图 7.70(b)]。随着跨径增大，为减小次梁和斜撑的内力，可设置多根斜撑。这些斜撑都可以直接支承在桥梁墩(台)上，也可以将次拱腿支承在主拱腿上，以减小次拱腿的长度[图 7.70(c)]。

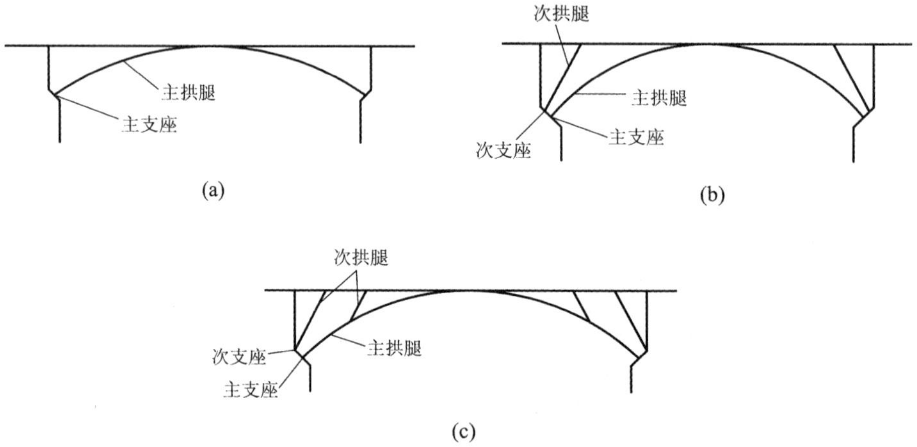

图 7.70　刚架拱桥的基本图式

刚架拱桥属于有推力的高次超静定结构，具有构件少、质量轻、整体性好、刚度大、施工简便、造价低和造型美观等优点，可在软土地基上修建，被广泛用于跨径为 25 ～ 70m 的桥梁。

7.6.3　中、下承式拱桥

中、下承式拱桥的桥跨结构一般由拱肋、横向联系和悬挂结构三部分组成。拱肋是主要的承重构件；横向联系设置在两片拱肋之间，用以增加两片分离拱肋的横向刚度和稳定性；悬挂结构包括吊杆和桥面系等，桥面荷载通过它们将作用力传递到拱肋上。

中承式拱桥的总体布置如图 7.71 所示，下承式拱桥的总体布置如图 7.72 所示。

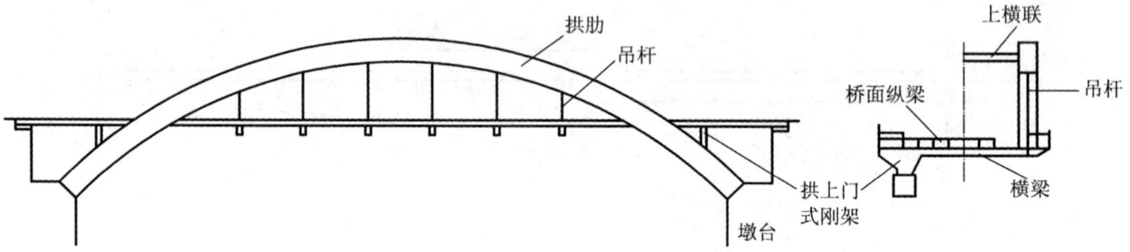

图 7.71　中承式钢筋混凝土拱桥的总体布置

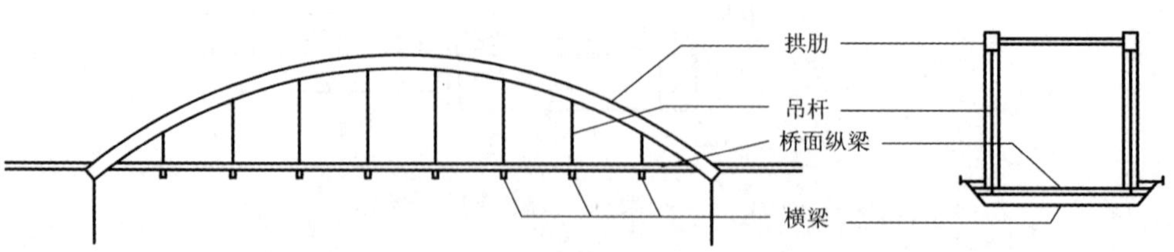

图 7.72　下承式钢筋混凝土拱桥的总体布置

中承式拱桥的行车道位于拱肋的中部，桥面系(行车道、人行道、栏杆等)一部分用吊杆悬挂在拱肋下，一部分用刚架立柱支承在拱肋上。下承式拱桥的行车道位于拱肋的下部，通过吊杆将纵梁和横系梁系统悬挂在拱肋下，在纵、横梁系统上设置行车道板，组成桥面系。

采用中、下承式拱桥可以降低桥面高度，有利于改善桥梁两端引道的纵面线形，减少引道的工程数量；有时为了满足当地景观或美学的需要，也采用中、下承式拱桥。

本章小结

1.拱桥在竖向荷载作用下，其两端支承除了产生竖向反力外，还将产生水平推力，这将使拱内产生轴向压力，从而减小了拱顶处弯矩。

2.拱桥上部结构由主拱圈和拱上建筑组成，主拱圈是主要承重结构。

3.在简单体系的拱桥中，一般都不考虑拱上结构与主拱圈的联合作用，从结构受力体系上划分，拱桥可分为两铰拱、三铰拱和无铰拱，一般都采用无铰拱。

4.根据主拱圈的截面形式，拱桥又可分为板拱桥、板肋拱桥、肋拱桥、双曲拱桥和箱形拱桥。

5.拱上建筑可采用实腹式和空腹式两种。

空腹式拱上建筑又分为拱式拱上建筑和梁式拱上建筑两种。

梁式拱上建筑又可分为简支腹孔、连续腹孔和框架腹孔三种形式。

6.拱桥拱上建筑除了传力构件外，还有拱上填料、桥面、人行道，伸缩缝与变形缝，排水和防水，以及拱铰等细部构造。

7.拱桥中的铰可分为永久性拱铰和临时性拱铰，常用的有：弧形铰、铅垫铰、平铰、不完全铰和钢铰。

8.拱桥总体设计包括确定结构体系及结构形式，桥梁长度及分孔，桥梁的设计标高和矢跨比等几项内容。其中，确定设计标高一项又包括桥面标高、拱顶底面标高、起拱线标高和基础底面标高等具体内容。

主拱圈矢跨比是设计拱桥的主要参数之一。矢跨比大于或等于1/5的拱称为陡拱，矢跨比小于1/5的拱称为坦拱。

9.拱桥常用的拱轴线型有圆弧线、悬链线和抛物线，但以悬链线最理想，因为这种拱轴线是与荷载作用下的压力线相吻合的，理论上拱圈截面只受轴向压力，而无弯矩作用。

10. $y_1=\dfrac{f}{m-1}(\text{ch}k\xi-1)$ 是实腹拱的拱轴线方程，它是一条悬链线。空腹式拱桥亦用悬链线作为拱轴线，但为使悬链线拱轴与其结构自重压力线接近，一般利用“五点重合法”(拱顶、两 $l/4$ 点和两拱脚)，采用逐次逼近法确定悬链线拱轴系数 m 值。

11.为了计算的简便，拱桥由结构自重引起的内力一般分为两部分单独计算，即不考虑弹性压缩影响的内力与弹性压缩引起的内力，然后再将两者相加，便得到由结构自重引起的作用下的总内力。空腹式无铰拱桥由结构自重引起的内力的第一部分计算又可分为两部分，即先计算不考虑偏离影响的由结构自重引起的内力，然后计算由偏离引起的由结构自重引起的内力，二者叠加后，便得到空腹式无铰拱不考虑弹性压缩时的由结构自重引起的内力。

12.在超静定拱中，温度变化、混凝土收缩和拱脚变位都会使主拱圈产生附加内力。

13.拱圈的验算包括拱圈强度验算和拱圈的纵向及横向稳定性验算。

14.钢管混凝土拱桥由钢管混凝土拱肋、立柱或吊杆、横撑、行车道系和下部构造组成。

15.桁架拱桥的上部结构由桁架拱片、横向联结系和桥面组成。

刚架拱桥的上部结构由刚架拱片、横向联结系和桥面等部分组成。

16.中、下承式拱桥的桥跨结构一般由拱肋、横向联系和悬挂结构三部分组成。

思考题及习题

7.1　拱桥的优缺点有哪些？

7.2　拱桥的分类方式有哪些？

7.3　对比板拱桥、板肋拱桥、肋拱桥、双曲拱桥和箱形拱桥的受力特点和适用范围。

7.4 双曲拱桥在施工中是如何实现“化整为零”和“集零为整”的?这样做有何意义?

7.5 叙述拱上填料的作用。叙述伸缩缝和变形缝的作用。

7.6 确定拱桥的标高有哪几个?

7.7 不等跨拱桥的处理方法有哪些?

7.8 什么是理想拱轴线?拱轴线型有哪几种?分别对应于何种荷载?

7.9 推导实腹式悬链线拱的拱轴线方程。

7.10 什么是“五点重合法”?如何用“五点重合法”确定空腹式悬链线拱的拱轴系数 m?

7.11 拱桥合拢时为何要强调低温合拢?

7.12 题7.12图所示的等截面悬链线无铰拱,拱轴系数 $m=2.24$,为分段浇筑的钢筋混凝土结构,其收缩影响,相当于降低温度15℃,施工时的合拢温度为15℃,主拱圈线膨胀系数 $\alpha=1.0\times10^{-5}$,弹性模量 $E=3.0\times10^{4}\,\text{MPa}$,主拱圈截面抗弯惯性矩为 $I=2\text{m}^4$,考虑混凝土徐变的影响,试求大气温度为 -5℃时,拱顶和拱脚截面由温度变化引起的弯矩,并绘出弯矩图。

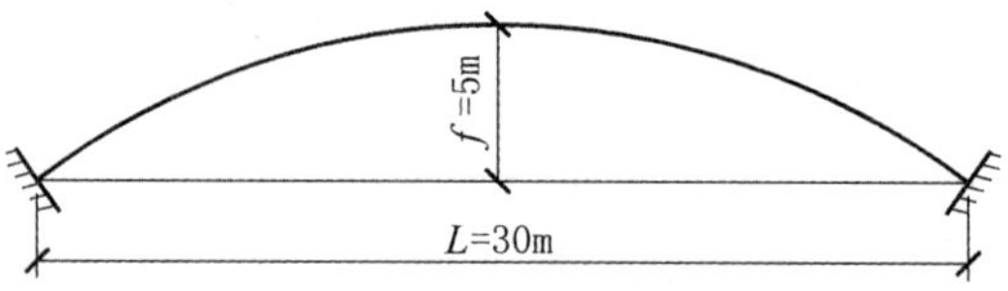

题7.12图

7.13 参考图7.60,当拱脚 B 发生逆时针转角 θ_B 之后,求拱脚相对角变位引起的各截面的内力。

7.14 绘出刚架拱桥的立面布置形式图,并标出各部分的名称。

7.15 叙述中、下承式拱桥的适用范围。

8　混凝土拱桥的施工

本 章 提 要

本章首先对混凝土拱桥的三种主要施工方法即就地浇筑法、预制安装法、转体施工法作了一般介绍，然后着重阐述了拱桥有支架施工法和拱桥缆索吊装施工法的有关细节。

8.1　混凝土拱桥施工方法简介

混凝土拱桥的施工按其主拱圈成型的方法可以分为以下三大类：

8.1.1　就地浇筑法

就地浇筑法就是把拱桥主拱圈混凝土的基本施工工艺流程(立模、扎筋、浇筑混凝土、养护及拆模等)直接在桥孔位置来完成。按照所使用的设备来划分，包括以下两种：

(1) 有支架施工法

这和梁式桥的有支架施工相类似，有关支架的类型、主拱圈混凝土浇筑的技术要求以及卸架方式等，后面还要专门介绍。

(2) 悬臂浇筑法

图 8.1 是采用悬臂浇筑法浇筑箱形截面主拱圈的示意图。它把主拱圈划分成若干个节段，并用专门设计的钢桁托架结构作为现浇混凝土的工作平台。托架的后端铰接在已完成的悬臂结构上，其前端则用刚性组合斜拉杆经过临时支柱和塔架，再由尾索锚固在岸边的锚碇上。由于钢桁托架本身较重，故它的转移必须借助起重量大的浮吊船，而钢筋骨架和混凝土的运输则借助缆索吊装设备。

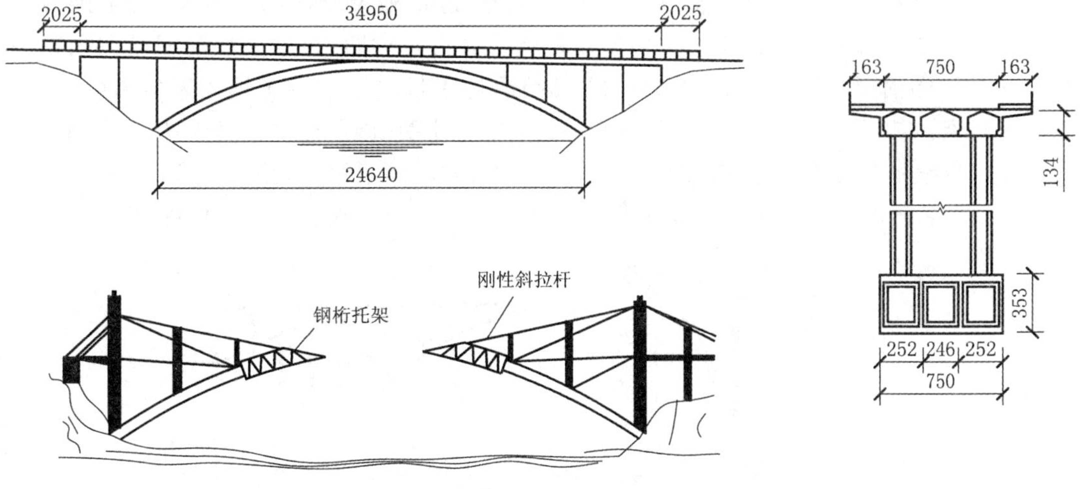

图 8.1　悬臂浇筑箱形截面主拱圈示意图(单位：cm)

8.1.2 预制安装法

预制安装法就是把混凝土主拱圈结构划分成若干节段，先放在现场的地面或场外工厂进行预制，然后运送到桥孔的下面，利用起吊设备提升就位，进行拼接，逐渐加长直至成拱。每拼完一个节段，必须借助辅助设备临时固定悬臂段。根据所采用的起重设备，常用的有以下两种：

(1) 缆索吊装设备

缆索吊装设备主要由主索、工作索、塔架和锚固装置四个基本部分组成。其中包括主索、起重索、牵引索、结索、扣索、缆风索、塔架及索鞍、地锚、滑车、电动卷扬机等设备和机具。有关施工的具体内容，后面还将专门介绍。

(2) 伸臂式起重机

图 8.2 是利用伸臂式起重机在已拼接好了的悬臂端逐次起吊和拼接下一节段的施工示意图。每拼接好一个节段，即用辅助钢索临时拉住，每拼完三节，便改用更粗的主钢索拉住，然后拆除辅助钢索，供重复使用。这种方法，适用于特大跨径的拱桥施工。

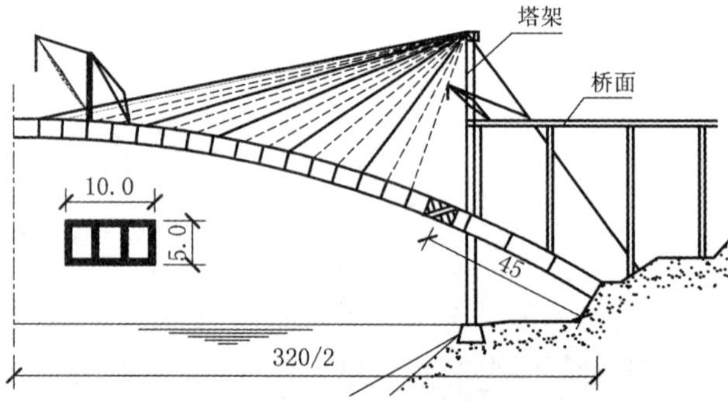

图 8.2 悬臂拼装示意图(单位：m)

8.1.3 转体施工法

转体施工法的特点是将主拱圈从拱顶截面分开，把主拱圈混凝土高空浇筑作业改为放在桥孔下面或者两岸进行，并预先设置好旋转装置，待主拱圈混凝土达到设计强度后，再将它就地旋转就位成拱。按照旋转的几何平面又可分为以下两种：

(1) 平面转体施工法

图 8.3 所示是主拱圈正处在平面旋转过程中的示意图。这种施工方法的特点是：将主拱圈分为两个半跨，分别在两岸利用地形作简单支架(或土牛拱胎)，现浇或者拼装拱肋，再安装拱肋间横向联系(横隔板、横系梁等)，把扣索的一端锚固在拱肋的端部(靠拱顶) 附近，经引桥桥墩延伸至埋入岩体内的锚碇中，最后用液压千斤顶收紧扣索，使拱肋脱模，借助环形滑道和手摇卷扬机牵引，慢速地将拱肋转体 180°(或小于 180°)，最后再进行主拱圈合拢段和拱上建筑的施工。图 8.4 示出了拱桥转动体系的一般构造。其中的图 8.4(a) 是在转盘上放置平衡重来抵抗悬臂拱肋的倾覆力矩，转动装置是利用摩阻系数特别小的四氟材料和不锈钢板制造，以利

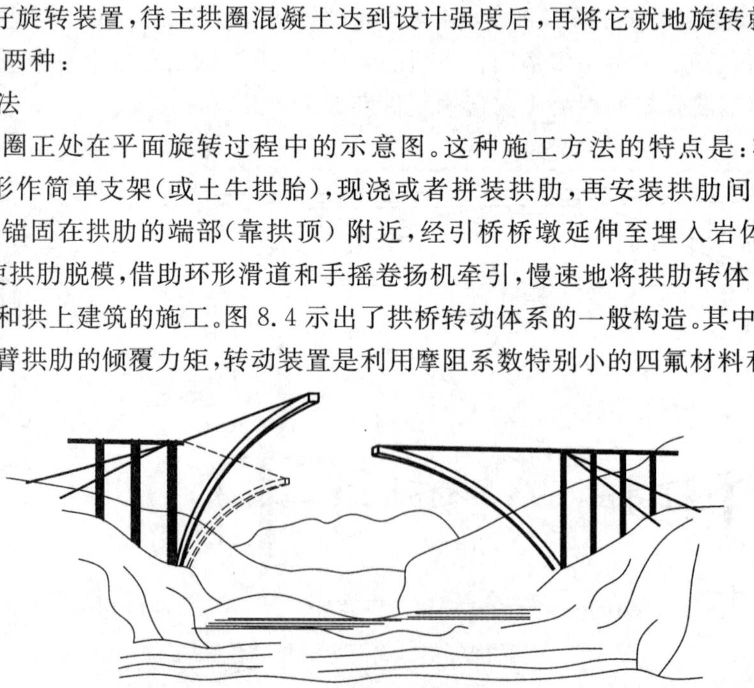

图 8.3 平面转体施工示意图

于转动；图 8.4(b) 亦放置了平衡重，转动装置是用混凝土球面铰作为轴心承受转动体系重量，四周设保险滚轮；图 8.4(c) 是无平衡重的转动体系，它是把有平衡重转体施工中的扣索直接锚固在两岸岩体中，这种方法仅适合于在山区地质条件好或跨越深谷的地形条件下采用。

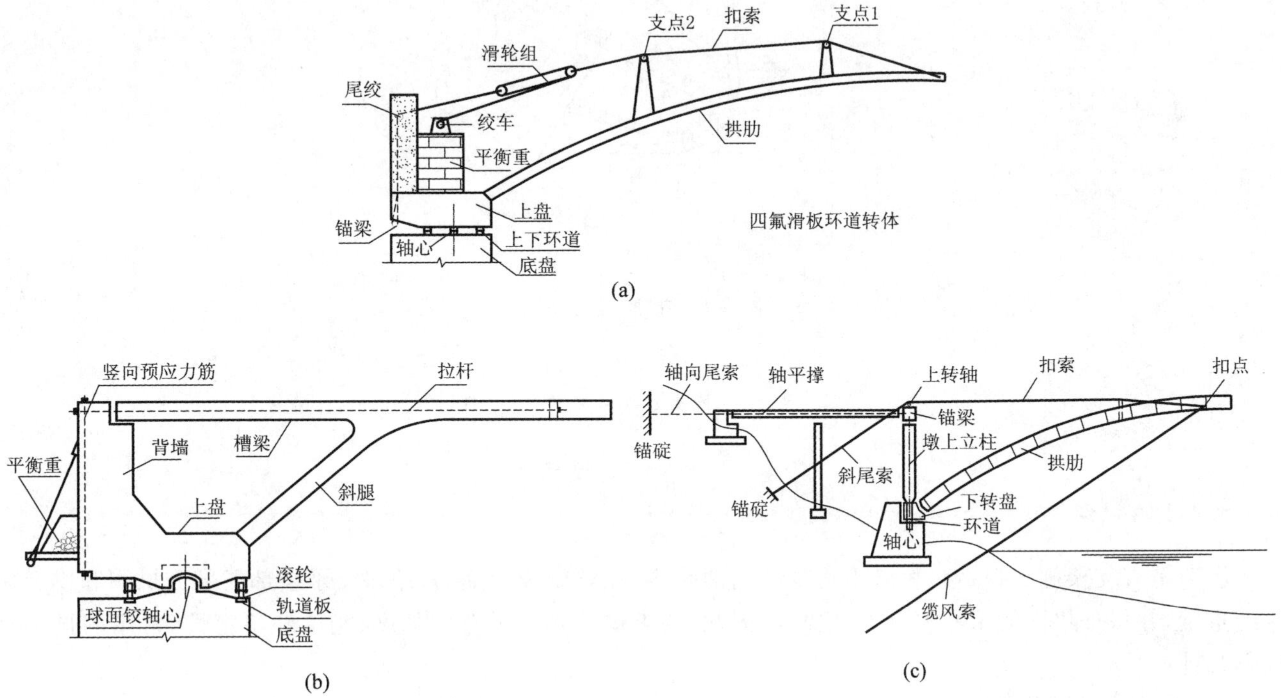

图 8.4　转动体系的一般构造

(2) 竖向转体施工法

当桥位处无水或水很浅时，可以将拱肋分成两个半跨放在桥孔下面预制。如果桥位处水较深时，可以在桥位附近预制，然后浮运至桥轴线处，再用起吊设备和旋转装置进行竖向转体施工。这种方法最适宜于钢管混凝土拱桥的施工。因为钢管混凝土拱桥的主拱圈必须先让空心钢管成拱以后再灌筑混凝土，故在旋转起吊时，不但钢管自重相对较轻，而且钢管本身强度也高，易于操作。图 8.5 是应用扒杆吊装系统对钢管拱肋进行竖向转体施工的示意图。它的主要施工过程是将主拱圈从拱顶分成两个半拱在地面胎架上完成，经过对焊接质量、几何尺寸、拱轴线形等验收合格后，由竖立在两个主墩顶部的两套扒杆分别将其旋转拉起，在空中对接合拢。拱脚旋转装置是采用厚度为 36mm 的钢板在工厂进行配对冲压而成，使两个弧形钢板密贴，两弧形钢板之间涂上黄油，以减小摩阻力，如图 8.6 所示。

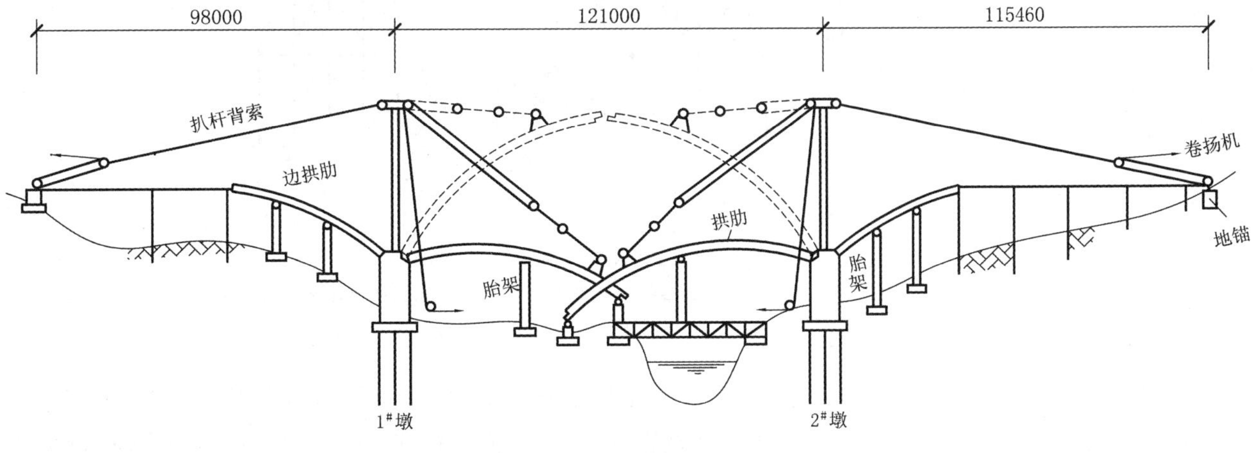

图 8.5　扒杆吊装系统总布置图

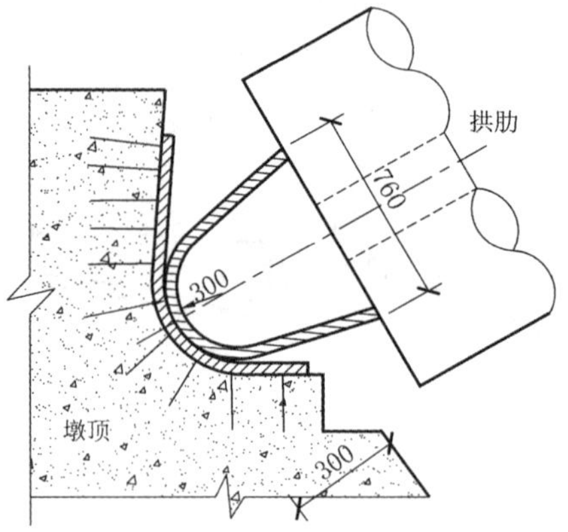

图 8.6　拱脚旋转装置

8.2　拱桥有支架施工

8.2.1　拱架

拱架是有支架施工建造拱桥必不可少的辅助结构，在整个施工期间，用以支承全部或部分拱圈和拱上建筑的重量，并保证拱圈的形状符合设计要求。因此，要求拱架具有足够的强度、刚度和稳定性。常用的拱架有以下几种：

(1) 满布立柱式拱架

满布立柱式拱架一般采用木材制作，图 8.7 是这种拱架的一般构造示意图。它的上部由斜梁、立柱、斜撑和拉杆组成拱形桁架，又称拱盔，它的下部是由立柱和横向联系(斜夹木和水平夹木)组成支架，上下部之间放置卸架设备(木楔或砂筒等)。这种支架的立柱数目很多，只适合于桥不太高、跨度不大且无通航要求的拱桥施工时采用。

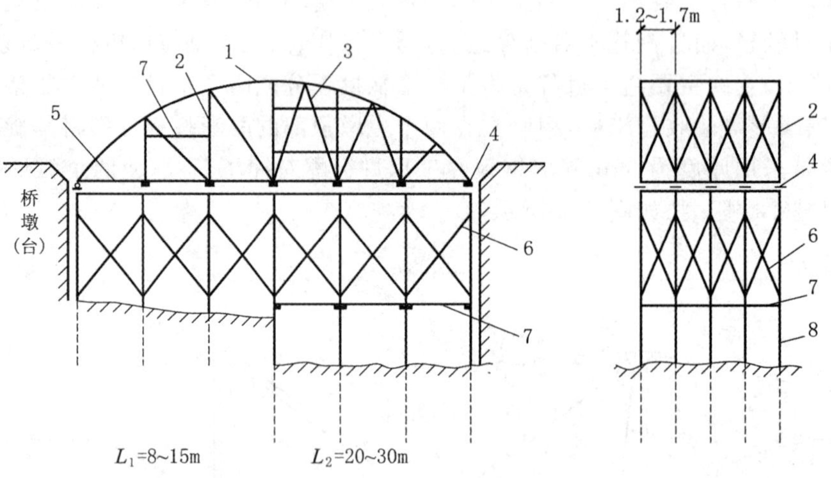

图 8.7　立柱式木拱架

1— 弓形木；2— 立柱；3— 斜撑；4— 卸架设备；5— 水平拉杆；6— 斜夹木；7— 水平夹木；8— 桩木

(2) 撑架式拱架

这种拱架的上部与满布立柱式拱架相同，其下部是用少数框架式支架加斜撑来代替众多数目的立柱，因此木材用量相对较少，如图 8.8 所示。这种拱架构造上并不复杂，而且能在桥孔下留出适当的空间，减小洪水及漂流物的威胁，并在一定程度上满足通航的要求。因此，它是实际中采用较多的一种形式。

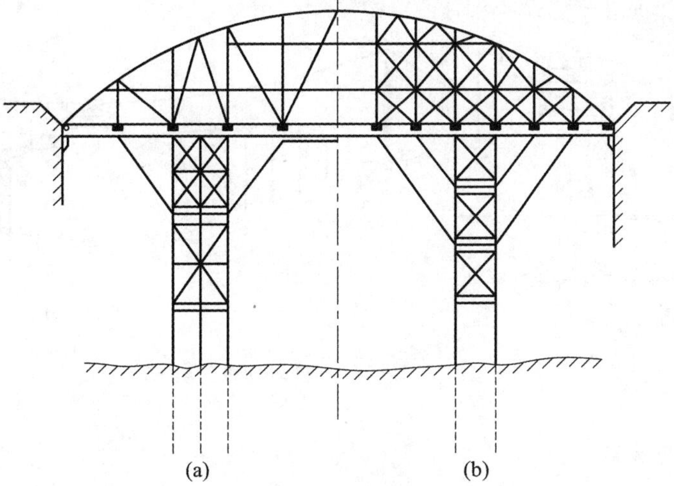

图 8.8　撑架式拱架

(a)N 式;(b)X 式

(3) 三铰桁式木拱架

三铰桁式木拱架是由两片对称弓形桁架在拱顶处拼装而成,其两端直接支承在墩台所挑出的牛腿上或者紧贴墩台的临时排架上,跨中一般不另设支架,如图 8.9 所示。

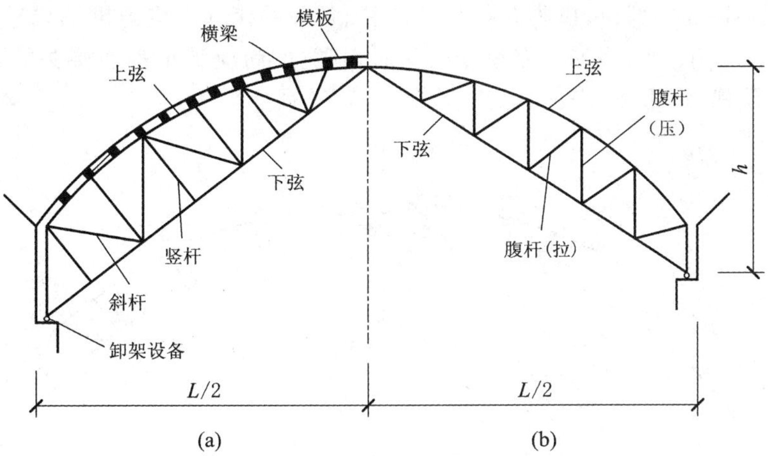

图 8.9　三铰桁式木拱架

(a)N 式;(b)V 式

这种拱架不受洪水、漂流物的影响,在施工期间能维持通航。适用于墩高、水深、流急或要求通航的河流。与满布立柱式拱架相比,木材用量少,可重复使用,损耗率低。但对木材规格和质量要求较高,同时要求有较高的制作水平和架设能力。由于在拱铰处结合较弱,因此,除在结构构造上须加强纵、横向联系外,还需设抗风缆索,以加强拱架的整体稳定性。在施工中应注意对称均匀浇筑混凝土,并加强观测。

(4) 钢拱架

钢拱架一般采用桁架式,由单片拱形桁架构成。拱片之间的距离可为 0.4m 或 1.9m。它们可以被拼接成三铰、两铰或无铰拱架。当跨径小于 80m 时多用三铰拱架,跨径小于 100m 时多用两铰拱架,跨径大于 100m 时多用无铰拱架。图 8.10 是两铰钢拱架构造示意图。由于钢拱架多用在大跨径拱桥的建造上,它本身具有很大的重量,故在安装时,还需借助临时墩和起吊设备,将它分为若干节段后再拼装而成。施工时再拆除临时墩与钢拱架的联系,施工完毕后,又借助临时墩逐段将它拆除,图 8.10(b) 是这类拱架的安装示意图。

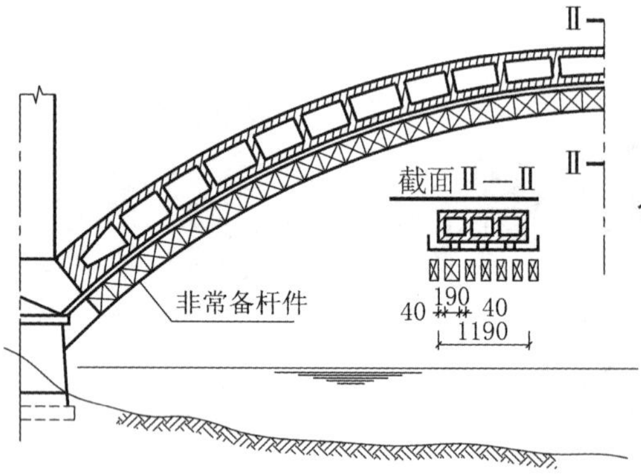

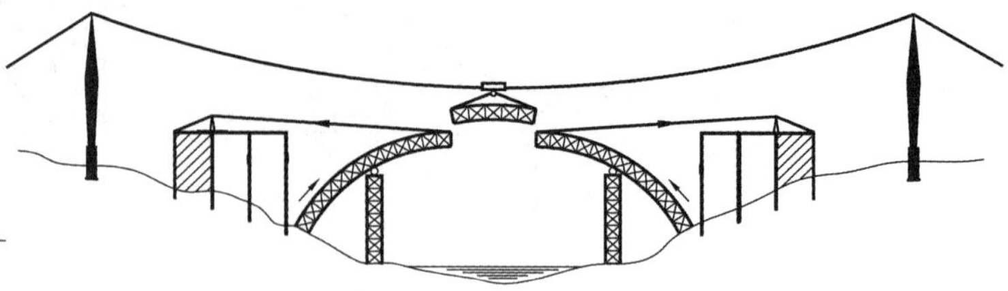

图 8.10　钢拱架构造形式(单位:cm)

8.2.2　拱圈混凝土的浇筑

在浇筑拱圈混凝土之前,必须在拱架上立好模板,绑扎或焊接好钢筋骨架。为了保证在整个施工过程中拱架受力均匀和变形最小,必须选择合适的浇筑方法和顺序,并应注意以下几点:

(1) 跨径小于 16m 的拱圈或拱肋混凝土,应按拱圈全宽从两端拱脚向拱顶对称地连续浇筑,并在拱脚混凝土初凝前全部完成,如预计不能在限定时间内完成,则应在拱脚预留一个隔缝并最后浇筑混凝土。

(2) 跨度大于或等于 16m 的拱圈或拱肋,应沿拱跨方向分段浇筑。分段位置应以能使拱架受力对称、均匀和变形小为原则,对于拱式拱架,宜将分段位置设置在拱架受力反弯点、拱架节点、拱顶及拱脚处;对满布式拱架,宜将它设置在拱顶、$l/4$ 部位、拱脚及拱架节点处。各段的接缝面应与拱轴线垂直,各分段点应预留间隔槽,其宽度一般为 0.5 ～ 1.0m,当安排有钢筋接头时,其宽度尚应满足钢筋接头的要求。如预计拱架变形较小,可减少或不设间隔槽,而采取分段间隔浇筑,如图 8.11 所示。

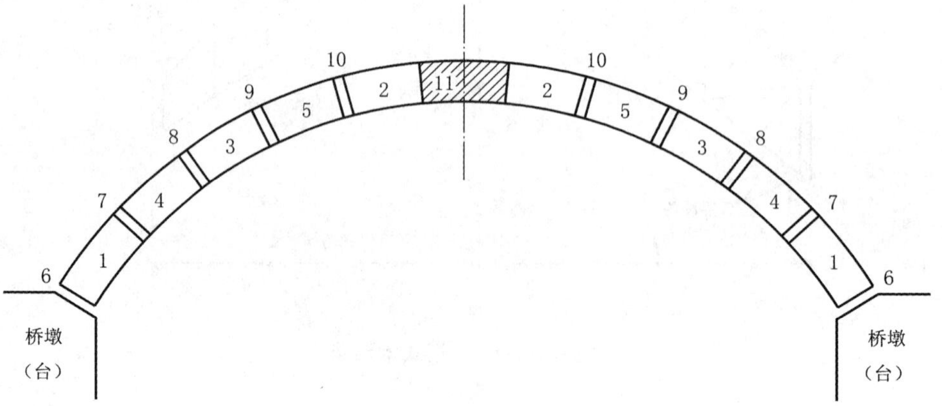

图 8.11　拱圈浇筑顺序

(3) 间隔槽混凝土,应待拱圈分段浇筑完成后且其强度达到 75% 设计强度,并且接缝按施工缝经过处理后,再由拱脚向拱顶对称进行浇筑。拱顶及两拱脚间隔槽混凝土应在最后封拱时浇筑。由于温降对拱圈受力不利,封拱合拢温度宜尽可能在低温时进行,一般最高不超过 15℃,否则需采取一定的措施调整拱圈内力。封拱合拢前当用千斤顶施加压力的方法调整拱圈应力时,拱圈(包括已浇间隔槽)内的混凝土强度应达到设计强度。

(4) 浇筑大跨径拱圈时,纵向钢筋接头应安排在设计规定的最后浇筑的几个间隔槽内,并应在浇筑这些间隔槽时再连接。

(5) 浇筑大跨径拱圈(拱肋)混凝土时,宜采用分环(层)分段法浇筑,也可沿纵向分成若干条幅,中间条幅先行浇筑合拢,达到设计要求后,再按横向对称,分层浇筑合拢其他条幅。其浇筑顺序和养护时间应根据拱架荷载和各环负荷条件通过计算确定,并应符合设计要求。

(6) 大跨径钢筋混凝土箱形拱圈(拱肋)可采取在拱架上组装并现浇的施工方法。先将预制好的腹板、横隔板和底板放在拱架上组装,在焊接腹板、横隔板的接头钢筋形成拱片后,立即浇筑接头和拱箱底板混凝土,组装和现浇混凝土时应从两拱脚向拱顶对称进行,浇底板混凝土时应按拱架变形情况设置少量间隔缝并于底板合拢时填筑,待接头和底板混凝土达到设计强度的 75% 以上后,安装预制盖板,然后铺设钢筋,现浇顶板混凝土。

(7) 在多孔连续拱桥中,当桥墩不是按单向推力墩设计时,就应注意相邻孔间对称均匀施工。

8.2.3 拱上建筑的施工

拱上建筑的施工,应在拱圈合拢、混凝土强度达到要求强度后进行,如设计无规定,可按达到设计强度的 30% 以上控制,一般不少于合拢后的三昼夜。

对于实腹式拱上建筑,应由拱脚向拱顶对称地浇筑。当侧墙浇筑好以后,再填筑拱腹填料。对空腹式拱桥,一般是在腹拱墩浇筑完后就卸落主拱圈的拱架,然后再对称均匀地砌筑腹拱圈,以免由于主拱圈不均匀下沉导致腹拱圈开裂。

8.2.4 拱架的卸落

(1) 卸架程序设计

卸架必须待拱圈混凝土达到一定强度后才能进行,为了保证拱圈或整个上部结构逐渐均匀降落,以便使拱架所支承的桥跨结构重量逐渐转移给拱圈自身来承担,拱架不能突然卸除,而应按照一定的卸架程序进行。

一般卸架的程序是:对于满布式拱架的中小跨径拱桥,可以从拱顶开始,逐渐向拱脚对称卸落,对于大跨径拱圈,为了避免拱圈发生“M”形的变形,也有从两边 $l/4$ 处逐次对称地向拱脚和拱顶均匀地卸落。卸架宜在白天气温较高时进行,这样的条件对卸落拱架工作较方便。

(2) 卸架设备

卸架设备,一般采用木楔和砂筒两种,木楔又可分为:

① 简单木楔[图 8.12(a)]

它由两块 1∶6～1∶10 的斜面硬木楔块件组成。落架时,用铁锤轻敲木楔小头,将木楔取出后,拱架随即下落。它的构造简单,但在敲出时震动较大,容易造成下落不匀。它仅适用于跨径小于 10m 的满布式拱架。

② 双向木楔[图 8.12(b)]

它由互相垂直的两对简单木楔构成。其优点是不用铁件,载重较大,卸模方便,适用于 30m 以内的满布式拱架。

③ 组合木楔[图 8.12(c)]

它由三块楔形木和拉紧螺栓组成。卸载时只需扭松螺栓,则木楔徐徐下降。它的下落比较均匀,可用于 30m 以下的满布式拱架或 20m 以下的拱式拱架。

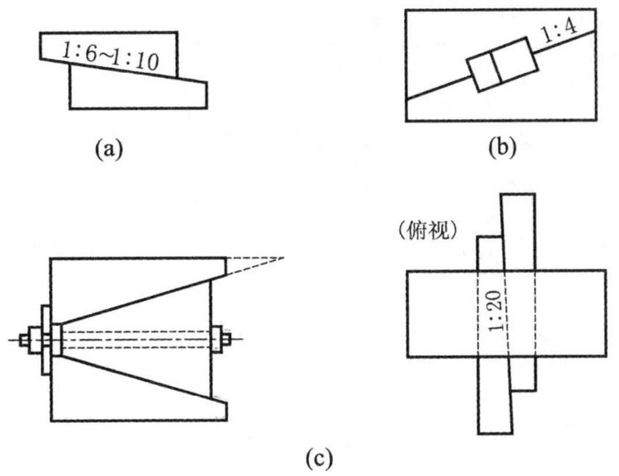

图 8.12 木楔

(a) 简单木楔;(b) 双向木楔;(c) 组合木楔

砂筒的承载力较大，可用于 50m 以上的满布式拱架和 30m 以上的拱式拱架，其构造及工作原理可参见图 6.14。

8.3 拱桥缆索吊装施工

缆索吊装施工工序为：在预制场地预制拱肋（或拱箱）节段和拱上结构，通过平车或其他运输设备将它们移运到缆索吊装设备下的合适位置，由起重索和牵引索将预制节段吊运至待拼桥孔处安装就位，立即用扣索将它们临时固定，最后吊合拢段的拱肋（或拱箱）节段，并进行轴线调整后进行接头固结处理，所有拱肋（或拱箱）安装完毕，横系梁或纵向接缝均处理结束以后，再进行拱上结构的安装，缆索吊装施工的工地布置如图 8.13 所示。缆索吊装施工与图 8.2 的施工方法实质上同属悬臂拼装法，所不同的在于后者直接在已完成的悬臂节段上设置伸臂式起吊设备，但由于受到伸臂外伸长度和起重量的限制，使拼装节段划分得比较多，因而施工工期较长；而缆索吊装采用架空起吊设备，可以把主拱圈的节段划分得少一些，一般划分成 3、5 或 7 段，极个别情况按偶数划分成 28 段（例如 $l=180$m 的广西来宾桥），这要视拱桥跨径的大小而定，因而加快了施工进度。下面仅介绍这种施工方法的一些特点。

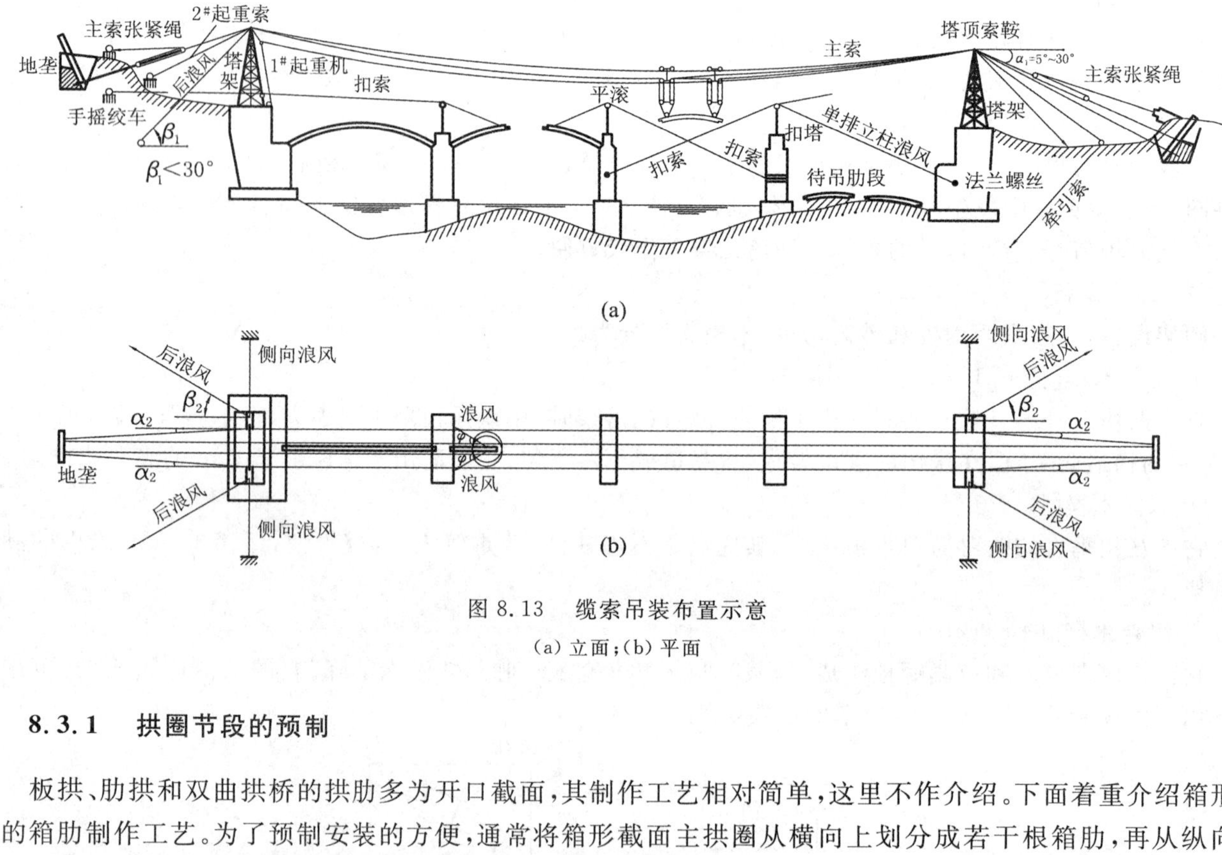

图 8.13 缆索吊装布置示意

(a) 立面；(b) 平面

8.3.1 拱圈节段的预制

板拱、肋拱和双曲拱桥的拱肋多为开口截面，其制作工艺相对简单，这里不作介绍。下面着重介绍箱形拱桥的箱肋制作工艺。为了预制安装的方便，通常将箱形截面主拱圈从横向上划分成若干根箱肋，再从纵向上划分为数个节段，待拱肋拼装成拱后，再在箱壁间用现浇混凝土把各箱肋连成整体，形成主拱圈截面。就每一个箱肋节段而言，其预制多采用组装预制的方法，施工主要步骤如下：

(1) 先在样台上按设计图的尺寸对每个节段进行坐标放样，然后分别预制箱肋的侧板（箱壁）和横隔板[图 8.14(a)]。

(2) 在拱箱节段的底模上，将侧板（箱壁）和横隔板安放就位，并绑扎好接头钢筋，然后浇底板混凝土及接缝混凝土，组成开口箱[图 8.14(b)、图 8.14(c)]。

(3) 若采用闭口箱，便在开口箱内立顶板的底模，绑扎顶板的钢筋，浇筑顶板混凝土，组成闭口箱[图 8.14(d)]。待节段箱肋混凝土达到设计强度后即可移运拱箱，以便进行下一节段拱箱的预制。

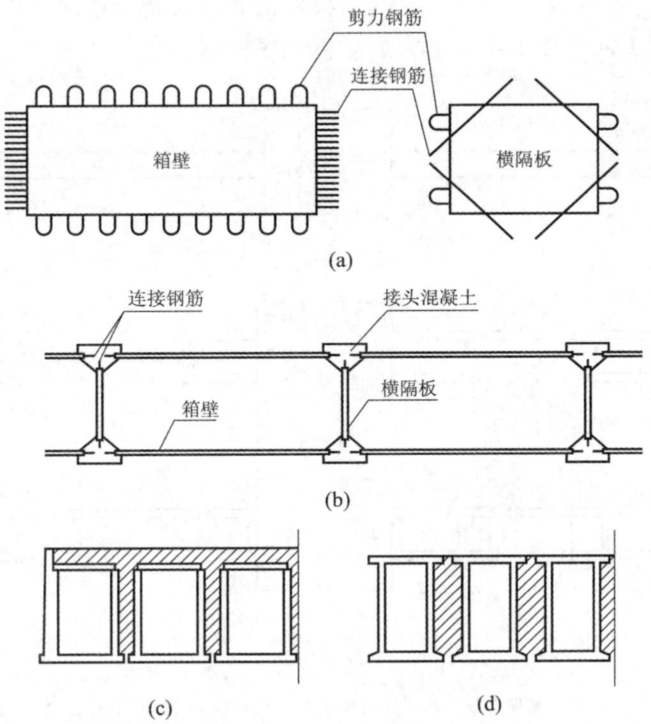

图 8.14　箱壁横隔板连接示意

(a) 箱壁和横隔板预制板件；(b) 箱壁与横隔板的拼接(俯视图)；

(c)U 形肋组合箱形截面；(d) 闭合箱肋组合截面

8.3.2　拱肋的吊装

为了保证拱肋吊装的稳定和安全，必须遵循以下规定：

(1) 拱肋的吊装，除拱顶节段外，其余节段均应设置一组扣索悬挂。

(2) 拱肋分 3 段或 5 段拼装时，至少应保持 2 根基肋设置固定风缆，拱肋接头处应横向连接。

(3) 对于中、小跨径的箱形拱桥，当其拱肋高度大于 0.009 ～ 0.012 倍跨径，拱肋底面宽度为肋高的 0.6 ～ 1.0 倍，且横向稳定安全系数大于或等于 4 时，可采用单肋合拢，嵌紧拱脚后，松索成拱，如图 8.15(a) 所示。

(4) 大、中跨径的箱形拱，其单肋合拢横向稳定安全系数小于 4 时，可先悬扣多段拱脚段或次拱脚拱肋，然后用横夹木临时将相邻两肋联接后，安装拱顶单根肋合拢，松索成拱，如图 8.15(b)、图 8.15(c) 所示。

(5) 当拱肋跨径在 80m 以上或横向稳定安全系数小于 4 时，应采用双基肋合拢松索成拱的方式，即当第一根拱肋合拢并校正拱轴线，揳紧拱肋接头缝后，稍松扣索和起重索，压紧接头缝，但不卸掉扣索和起重索，待第二根拱肋合拢，两根拱肋横向联接固定好并接好风缆绳后，再同时松卸两根拱肋的扣索和起重索。

(6) 当拱肋分 3 段吊装，采用阶梯形搭接头时，宜先准确扣挂两拱脚段，调整扣索使其上端头较设计值抬高 30 ～ 50mm，再安装拱顶段使之与拱脚段合拢。采用对接接头，宜先悬扣拱脚段初步定位，使其上端头高程比设计值抬高 50 ～ 100mm，然后准确悬扣拱顶段，使其两端头比设计值高出 10 ～ 20mm，最后放松两拱脚段扣索使其两端均匀下降与拱顶段合拢。

(7) 当拱肋分 5 段吊装时，宜先从拱脚开始，依次向拱顶分段吊装就位，每段的上端头不得扭斜。首先使拱脚段的上端头较设计高程抬高 150 ～ 200mm，次边段定位后，使拱脚段的上端头抬高值下降为 50mm 左右，并应保持次边段的上端头抬高值约为拱脚段上端头抬高值的 2 倍的关系，否则应及时调整，以防拱肋接头开裂。

(8) 当采用 7 段和 7 段以上拱肋吊装时，应通过施工控制的方法，准确计算每段吊装后各扣索的索力、各接头的标高位置，并对风缆系统进行专门设计，确保拱肋横向稳定安全系数不小于 4，拱肋(包括接头) 在各阶段承受的应力也应包含在控制计算中。

(9) 拱肋合拢温度应符合设计规定，如设计无规定，可在气温接近当地的年平均温度(一般在 5 ～ 15℃) 时进行；天气炎热时可在夜间洒水降温条件下进行。

(10) 大跨径箱形拱桥分3段或5段吊装合拢后，根据拱肋接头密合情况及拱肋的稳定度，可保留起重索和扣索部分受力，等拱肋接头的连接工序基本完成后再依序松索。

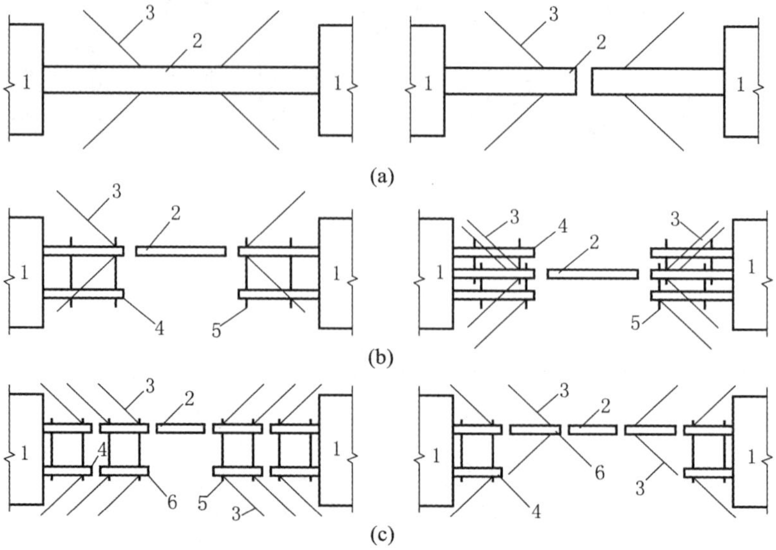

图 8.15　拱肋合拢方式示意

(a) 单基肋合拢；(b)3 段吊装单肋合拢；(c)5 段吊装单肋合拢

1— 墩台；2— 基肋；3— 风缆；4— 拱脚段；5— 横夹木；6— 次拱脚段

8.3.3　施工加载程序设计

(1) 目的

施工加载程序设计的目的，就是要在裸拱上加载时，使拱肋各个截面在整个施工过程中，都能满足应力、强度和稳定性的要求，并在保证施工安全和工程质量的前提下，尽量减少施工工序，便于操作，加快施工进度。

(2) 一般原则

① 对于中、小跨径拱桥，当拱肋的截面尺寸满足一定的要求时，可不作施工加载程序设计。但应按有支架施工方法对拱上建筑进行对称、均匀的施工。

② 对于大、中跨径的箱形拱桥或双曲拱桥，一般应按分环、分段、均匀对称加载的总原则进行设计。即在拱的两个半跨上，按需要分成若干段，并在相应部位同时进行相等数量的施工加载。但对于坡拱桥，一般应使低拱脚半跨的加载量稍大于高拱脚半跨的加载量。

③ 在多孔拱桥的两个相邻孔之间，也须均衡加载。两孔间的施工进度不能相差太远，以免桥墩承受过大的单向推力而产生过大的位移，造成施工快的一孔的拱顶下沉，邻孔的拱顶上冒，从而导致拱圈开裂。

(3) 示例

图 8.16 所示是一座跨径 85m 的箱形拱桥的施工加载程序，拱箱吊装节段采用闭口箱。图中圆圈内数字代表施工加载先后的序号，其加载程序简单叙述如下：

① 先将各片拱箱逐一吊装合拢，形成一孔裸拱圈。然后将全部纵、横接头表面处理完毕，便浇筑接头混凝土，完成第一阶段加载。

② 浇筑拱箱间的纵缝混凝土。纵缝应分为两层浇筑，先只浇筑到大约箱高的一半处，使其初凝后再浇满全高使与箱顶齐平，横桥向各缝齐头并进。注意，下层纵缝应分段浇筑。图中 ②、③、④、⑤ 为纵缝的先后浇筑顺序。

③ 拱上各横墙加载。先砌筑 1#、2# 横墙至 3# 横墙底面高度；再砌筑 1#、2#、3# 横墙至 4# 横墙底面高度；最后全部横墙(包括小拱拱座) 同时砌筑完毕，工作按左、右两半拱对称、均匀同时进行，见图 8.16 中 ⑥、⑦、⑧ 的先后浇筑顺序。

④ 安砌腹拱圈及主拱圈拱顶实腹段侧墙。由于拱上横墙截面单薄，只能承受一片预制腹拱圈块件的单向推力，因此，安砌腹拱圈时，应沿纵向逐条对称安砌，直到完毕。见图 8.16 中 ⑨。

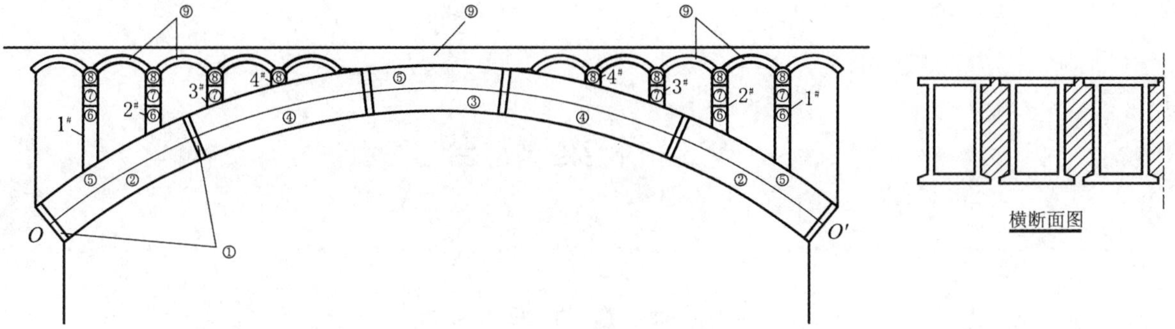

图 8.16　加载程序

⑤ 以后各步骤，包括拱顶填料、腹拱填料、桥面系，可按常规工艺要求进行，无须作加载验算。

本 章 小 结

1. 混凝土拱桥主拱圈的施工方法主要有三大类：

(1) 就地浇筑法(有支架施工，悬臂浇筑法)；

(2) 预制安装法(缆索吊装，伸臂式吊机悬臂拼装)；

(3) 转体施工法(平面转体施工，竖向转体施工)。

2. 有支架施工中的支架形式有：满布立柱式拱架、撑架式拱架、三铰桁式拱架和钢拱架，前三种一般用木材制造，适用于中、小跨径拱桥，后一种一般用在大跨径拱桥的施工上。

3. 在支架上进行主拱圈的混凝土浇筑时要注意：① 以对称、均匀和拱架变形小为原则；② 对于大跨径拱桥宜采用分层分段浇筑和留出间隔槽，具体位置可通过计算分析和遵循施工技术规范中的规定；③ 对于多孔连续拱桥还应注意相邻孔之间的对称均匀施工。

4. 卸架的程序是：对于满布式拱架的小跨径拱桥，可以从拱顶开始，逐渐向拱脚对称卸落；对于大跨径主拱圈，可以从两边 $l/4$ 处逐次对称向拱脚和拱顶均匀地卸落。

5. 缆索吊装施工的主要设备是缆式起重机，它由主索、工作索、塔架和锚固装置四个基本部分组成。

6. 采用缆索吊装法时，必须按照设备的起重能力将主拱圈从横向上划分成若干条拱肋，从纵向上划分成奇数节段，先行预制，然后移运到缆索吊机的起吊位置处等待起吊。

7. 箱形拱的拱箱预制多采用组装预制，即先预制侧板和横隔板，再在底模台座上组装成 U 形开口箱，如需做成闭口箱，就在其上浇筑顶板混凝土。

8. 为了保证缆索吊装的稳定安全，可根据跨径的大小、拱圈截面的具体尺寸，来决定采取单基肋合拢，或拱脚段为双基肋、三基肋的单肋合拢等方式，但在任何情况下，必须设置横向风缆。

9. 拱肋合拢温度应符合设计规定，如设计无规定，可在气温接近当地年平均温度(一般在 5 ～ 15℃) 时进行，天气炎热时可在夜间洒水降温的条件下进行。

10. 无论采用有支架施工还是缆索吊装施工方法，在裸拱上加载时，都必须要求使拱肋各截面始终都能满足应力、强度和稳定的要求，必要时需作好拱上建筑施工的加载程序设计。

思考题及习题

8.1　无铰拱桥的有支架施工与连续梁桥的有支架施工中，在留接缝(或间隔槽) 的问题上有哪些异同点？

8.2　为什么采用缆索吊装时，主拱圈总是划分为奇数段？如果是多孔拱桥且中间无单向推力墩时，拱圈的合拢应如何进行？

9 桥梁墩台

本章提要

本章主要介绍桥梁的墩台构造、墩台的主要类型和应用范围、墩台计算中所使用的荷载组合及其计算特点。

9.1 墩台的构造和设计

9.1.1 概述

桥梁墩(台)主要由墩(台)帽、墩(台)身和基础三部分组成(图 9.1)。

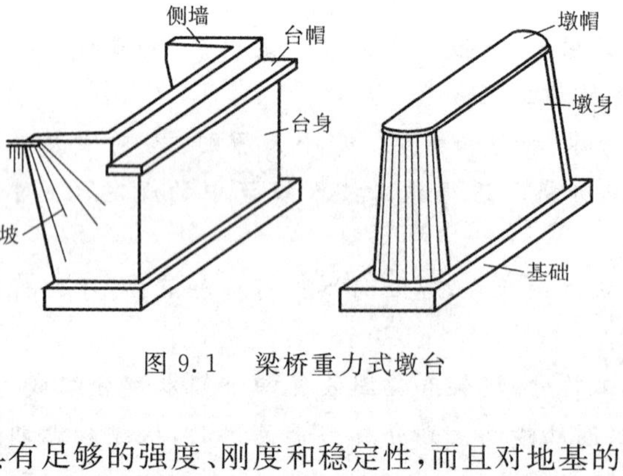

图 9.1 梁桥重力式墩台

墩台是桥梁的重要结构,支承着桥梁上部结构的荷载,并将它传给地基基础。桥墩指多跨(两跨以上)桥梁的中间支承结构物,它除承受上部结构的荷载外,还要承受流水压力、风力以及可能出现的冰荷载、船只、排筏或漂浮物的撞击力。桥台一般设置在桥梁的两端,除了支承桥跨结构之外,它又是衔接两岸接线路堤的构筑物,挡土护岸,承受台背填土及填土上车辆荷载所产生的附加侧压力。此外,桥梁墩台还要承受施工时的临时荷载,在某种情况下需要临时加固和补强。因此,桥梁墩、台不仅本身应具有足够的强度、刚度和稳定性,而且对地基的承载能力、沉降量、地基与基础之间的摩阻力等也都提出了一定的要求,以避免在这些荷载作用下墩台有过大的水平位移、转动或者沉降发生。因此,桥梁墩台的设计与结构受力、土质构造、地质条件、水文、流速以及河床内的埋置深度密切相关。

确定桥梁下部结构应遵循满足交通要求、安全耐久、造价低、维修养护少、施工方便、工期短、与周围环境协调和造型美观等原则。在桥梁的总体设计中,下部结构的选型对整个设计方案有较大的影响。合理的选型将使上、下部结构的造型协调一致,轻巧美观。

对于城市立交桥,在桥梁下部结构的造型上,将比一般的公路桥梁有更高的要求。因此,在选型上,除了前述的总原则外,还应注意以下几点:首先要从整体造型着眼,力求形式优美,构造轻盈,线条明快,纹理有质;其次,各部分的形状尺寸要符合桥体结构受力的规律,结构匀称,比例适度,给人以稳重安全的感觉;最后要与周围环境、文化、习俗相协调,使其色彩和谐,开阔明朗,令人舒适爽快。近年来,国内外的城市桥梁中,涌现出丰富多彩的构造形式,其中有:(1) 单柱式墩[图 9.2(a)],其截面可以是圆形、矩形、多角形等,这种桥墩的外貌轻盈,视空开阔,造价经济;(2) 多柱式墩[图 9.2(b)],其柱顶各自直接支撑在上部结构的箱梁底板上,柱间不设横系梁,显得挺拔有力,干净利落;(3) 矩形薄壁墩[图 9.2(d)、图 9.2(e)],这种墩常将表面做成纹理(竖向或横向纹理),从而达到美观的效果;(4) 双叉形[图 9.2(g)] 和四叉形[图 9.2(h)];(5)T 形、V 形和 X 形[图 9.2(c)、图 9.2(f)、图 9.2(i)] 等。这些形式除满足结构受力的要求外,都是为了达到造型美观的目的。

公路桥梁上常用的墩、台形式大体上可以归纳为两大类:梁桥墩台和拱桥墩台。

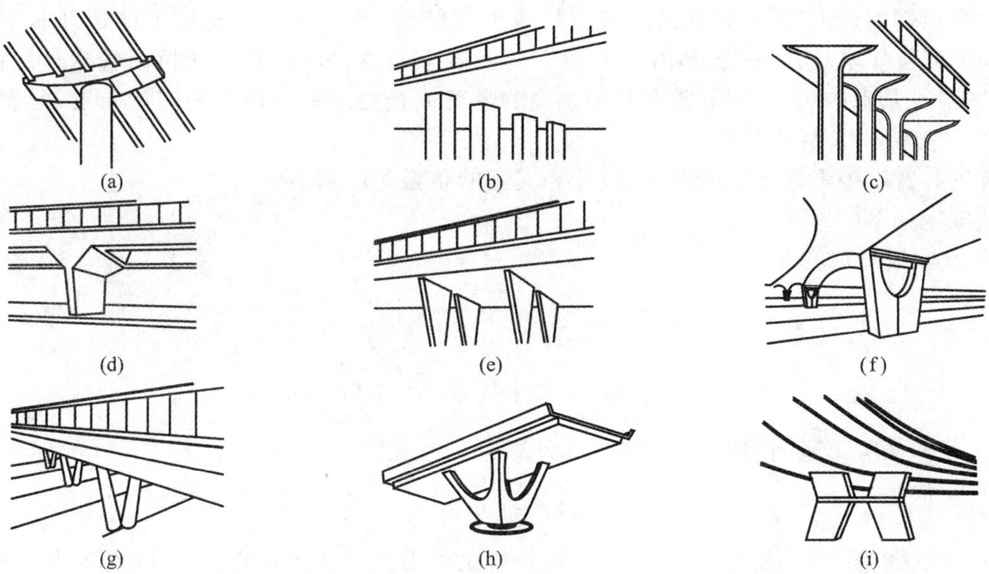

图 9.2　各种轻型桥墩形式

9.1.2　梁桥墩台

梁桥墩台从总体上可分为两种：一种是重力式墩台。这类墩台的主要特点是靠自身重量来平衡外力而保持其稳定。因此，墩身、台身比较厚实，可以不用钢筋，而用天然石材或片石混凝土砌筑。它适用于地基良好的大、中型桥梁，或流冰、漂浮物较多的河流中。在砂石料获取方便的地区，小桥也往往采用重力式墩台。其主要缺点是圬工体积较大，因而其自重和阻水面积也较大。另一种是轻型墩台。一般说来，这类墩台的刚度小，受力后允许在一定的范围内发生弹性变形。墩台所用的建筑材料大都以钢筋混凝土和少筋混凝土为主，但也有一些轻型墩台，通过验算后，可以用石料砌筑。

9.1.2.1　梁桥桥墩

桥墩按其构造可分为实体桥墩、空心桥墩、柱式排架桥墩、柔性排架桩墩四种类型。按墩身横截面形状可分为矩形、圆形、圆端形、尖端形和各种空心墩。墩身侧面可做成垂直的，亦可做成斜坡式或台阶式的(图 9.3)。

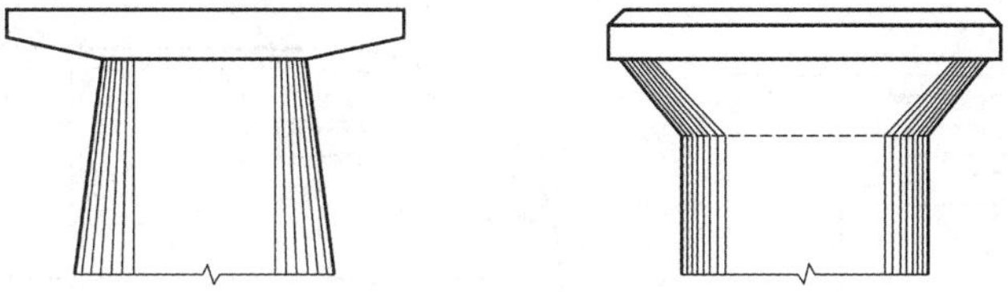

图 9.3　桥墩侧面的变化

(1) 实体桥墩

实体桥墩是由一个实体结构组成，按其截面尺寸和桥墩重量的不同又可分为实体重力式桥墩(图 9.4)和实体薄壁式桥墩(墙式桥墩)(图 9.5)。它们由墩帽、墩身和基础构成。

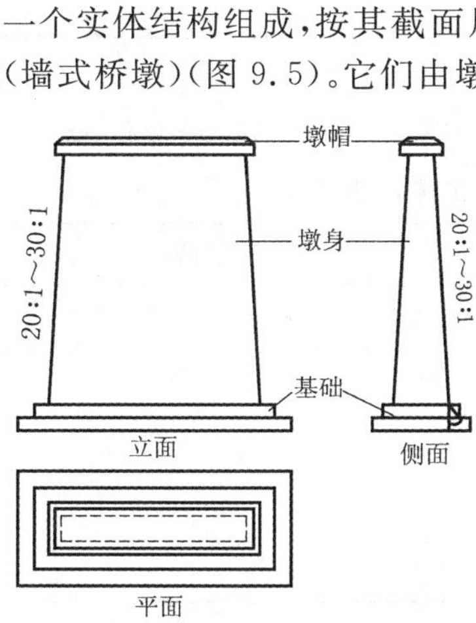

图 9.4　实体重力式桥墩

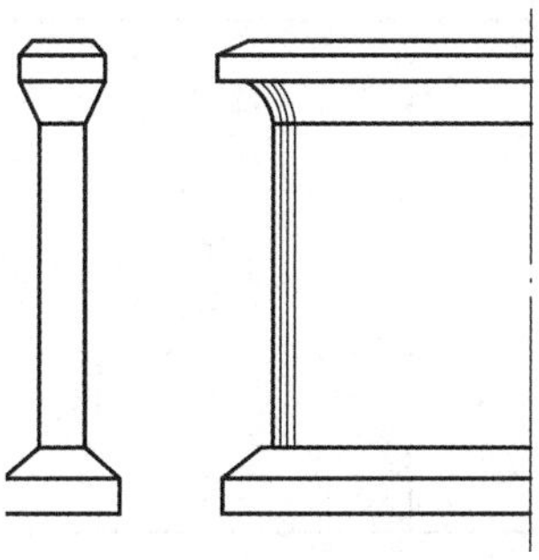

图 9.5　实体薄壁式桥墩

墩帽是桥墩顶端的传力部分，它通过支座承托着上部结构，并将相邻两孔桥上的恒载和活载传到墩身上，因此，墩帽的强度要求较高，一般都用 C20 以上的混凝土做成。另外，在一些桥面较宽、墩身较高的桥梁中，为了节省墩身及基础的圬工体积，常常利用挑出的悬臂或托盘来缩短墩身横向的长度。悬臂式或托盘式墩帽一般采用 C20 或 C25 钢筋混凝土。

墩帽的长度和宽度视上部结构的形式、尺寸和支座的布置等要求而定。

墩帽尺寸拟定如下：

① 顺桥向墩帽最小宽度 b

a. 双排支座

如图 9.6 所示，b 为：

$$b \geqslant f + \frac{a}{2} + \frac{a'}{2} + 2c_1 + 2c_2 \tag{9.1}$$

式中　f—— 相邻两跨支座间的中心距，按下式计算：

$$f = e_0 + e_1 + e_1' \geqslant \frac{a}{2} + \frac{a'}{2} \tag{9.2}$$

e_0—— 伸缩缝宽，中小桥为 2 ～ 5cm，大跨径桥梁可由温度变化及施工放样、安装构件可能出现的误差等决定，温度变化引起的变位为：

$$e_0 = l \times \Delta t \times \alpha \tag{9.3}$$

l—— 桥跨的计算长度(因桥梁的分孔、联长、固定支座与活动支座布置不同而不同)；

Δt—— 温度变化幅度值，可采用当地最高和最低月平均气温及桥跨浇筑完成时的温度计算决定；

α—— 材料的线膨胀系数，钢筋混凝土构造物为 1×10^{-5}；

e_1, e_1'—— 桥跨结构过支座中心线的长度；

a, a'—— 桥跨结构支座垫石的顺桥向宽度；

c_1—— 顺桥向支座垫石边缘至墩身边缘的最小距离，见表 9.1 及图 9.7；

c_2—— 檐口宽度，5 ～ 10cm。

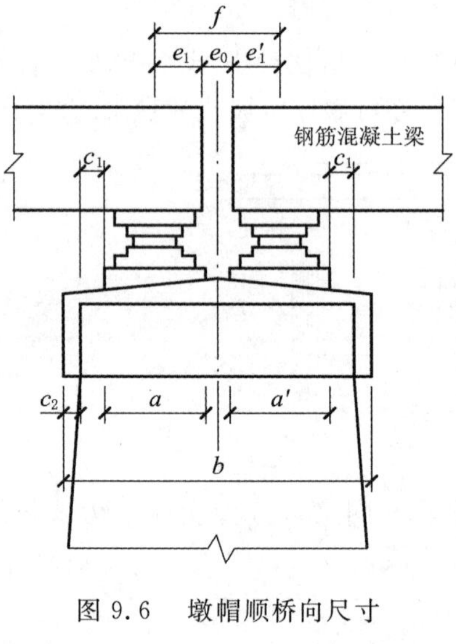

图 9.6　墩帽顺桥向尺寸

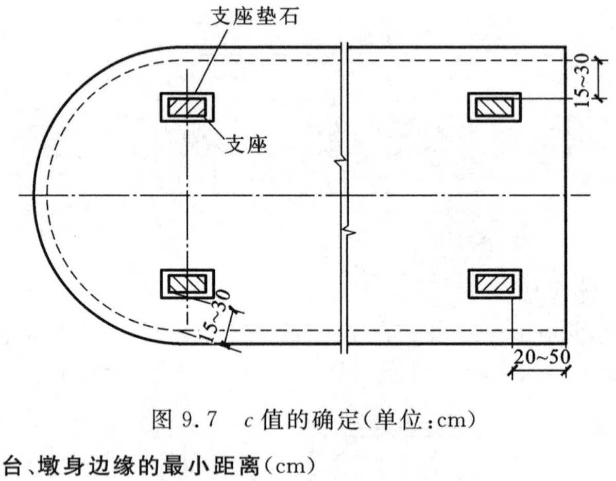

图 9.7　c 值的确定(单位：cm)

支座垫石边缘到台、墩身边缘的最小距离(cm)　　**表 9.1**

跨径 l(m) \ 桥向	顺桥向	横桥向	
		圆弧形端头(自支座边角量起)	矩形端头
$l \geqslant 150$	30	30	50
$50 \leqslant l < 150$	25	25	40
$20 \leqslant l < 50$	20	20	30
$25 \leqslant l < 20$	15	15	20

注：当采用钢筋混凝土或预应力混凝土悬臂墩帽时，可不受本表限制，应以便于施工、养护和更换支座而定。

b. 单排支座

当墩上仅有一排支座时(如连续梁桥)，则 b 可由下式计算(图 9.8)：

$$b = a + 2c_1 + 2c_2 \tag{9.4}$$

c. 不等高梁双排支座

如图 9.9 所示，这时左边(低梁端) 宽度应按单排支座墩宽进行设计，而右边(高梁端) 宽度应按桥台台帽宽度进行设计。

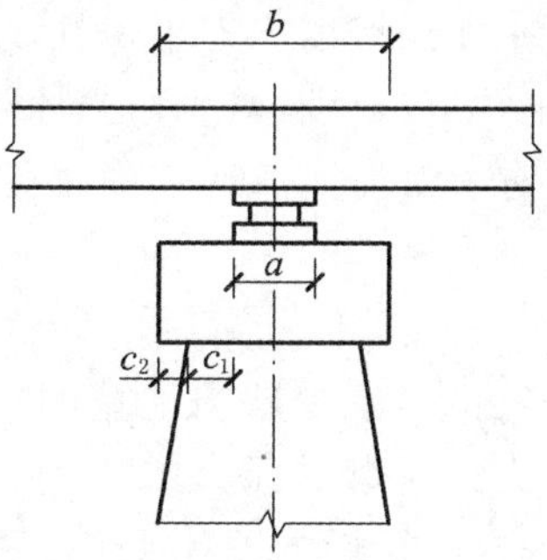

图 9.8　单排支座墩帽尺寸

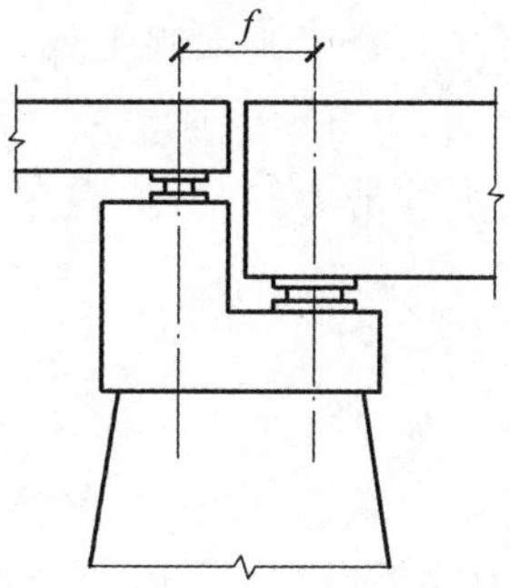

图 9.9　不等高梁桥墩帽尺寸

② 横桥向墩帽最小宽度 B

a. 多片主梁(图 9.10)

$$B = 桥跨结构两外侧主梁中心距(B_1) + 支座底板横向宽度(a_1) + 2c_1 + 2c_2 \tag{9.5}$$

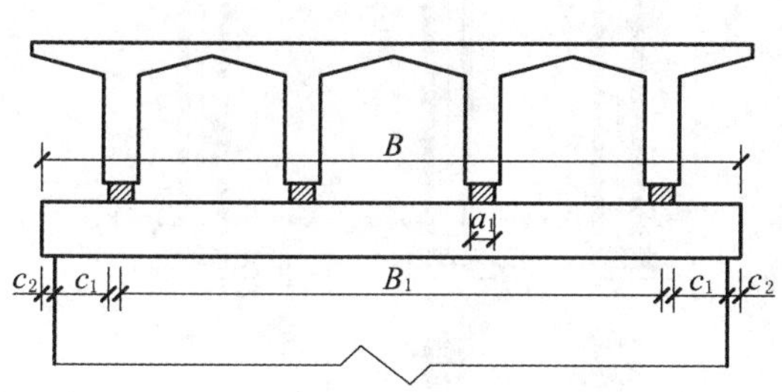

图 9.10　多片主梁墩帽横桥向尺寸

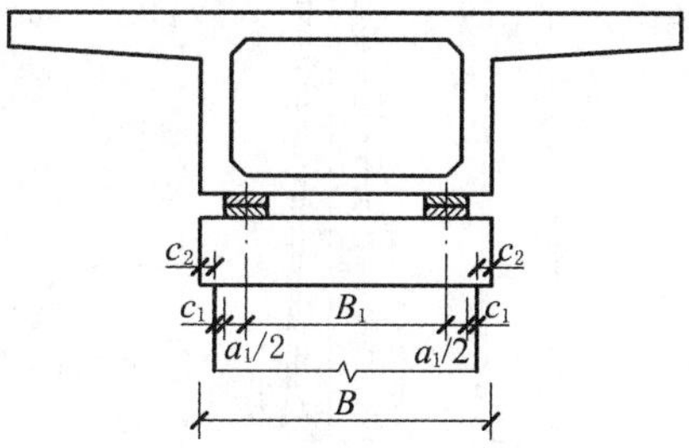

图 9.11　箱形梁墩帽横桥向尺寸

b. 箱形梁(图 9.11)

$$B = B_1(两边支座中心距) + a_1 + 2c_1 + 2c_2 \tag{9.6}$$

墩身是桥墩的主体。重力式桥墩墩身的顶宽，对小跨径桥不宜小于 80cm；对中跨径桥不宜小于 100cm；对大跨径桥的墩身顶宽，视上部构造类型而定。侧坡一般采用20∶1～30∶1，小跨径桥的桥墩也可采用直坡。

墩身通常由块石、浆砌片石、混凝土或钢筋混凝土等材料建造。为了便于水流和漂浮物通过，墩身平面形状可以做成圆端形[图 9.12(a)]或尖端形[图 9.12(b)]；无水的岸墩或高架桥墩可以做成矩形(图 9.4)，在水流与桥梁斜交或流向不稳定时，宜做成圆形；在有强烈流水或大量漂浮物的河道(冰厚大于 0.5m，流冰速度大于 1m/s) 上，桥墩的迎水端应做成破冰棱体[图 9.12(c)]，破冰棱体墩身可由强度较高的石料砌成，也可以用高标号的混凝土辅之以钢筋加固。

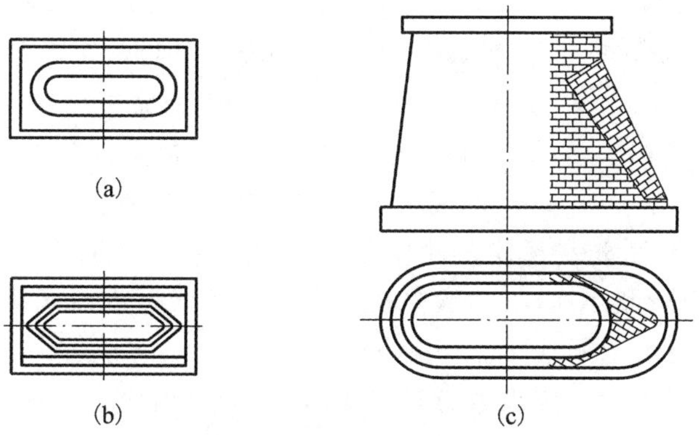

图 9.12　墩身平面形状

(a) 圆端形桥墩；(b) 尖端形桥墩；(c) 破冰棱体桥墩

基础是介于墩身与地基之间的传力结构。基础的种类很多，这里仅简要介绍设置在天然地基上的刚性扩大基础。它一般采用 C15 以上的片石混凝土或用浆砌块石筑成。基础的平面尺寸较墩身底截面尺寸略大，四周放大的尺寸每边为 0.25 ～ 0.75m。基础可以做成单层的，也可以做成 2 ～ 3 层台阶式的。

为了保持美观和结构不受碰损，基础顶面一般应设置在最低水位以下不少于 0.5m 处；在季节性河流或旱地上，不宜高出地面。另外，为了保证持力层的稳定性和不受扰动，基础的埋置深度，除岩石地基外，应在天然地面或河底以下不少于 1m 处；如有冲刷，基底埋深应在设计洪水位冲刷线以下不少于 1m 处；对于上部结构为超静定结构的桥涵基础，除了非冻胀土外，均应将基底埋于冻结线以下不小于 0.25m 处。

实体薄壁式桥墩(图 9.5) 可用钢筋混凝土材料做成，由于它可以显著减少圬工体积，因而被广泛使用于中小跨径的桥梁中，但其抗冲击力较差，不宜用在流速大并夹有大量泥沙的河流中或可能有船舶、冰、漂浮物撞击的河流中。

(2) 空心桥墩

在一些高大的桥墩中，为了减少圬工体积，节约材料，减轻自重，减少软弱地基的负荷，也可将墩身内部做成空腔体，即所谓的空心桥墩。这种桥墩在外形上与实体重力式桥墩并无大的差别，只是自重较实体重力式的轻，因此，它介于重力式桥墩和轻型桥墩之间。几种常见的空心桥墩如图 9.13 ～ 图 9.15 所示。

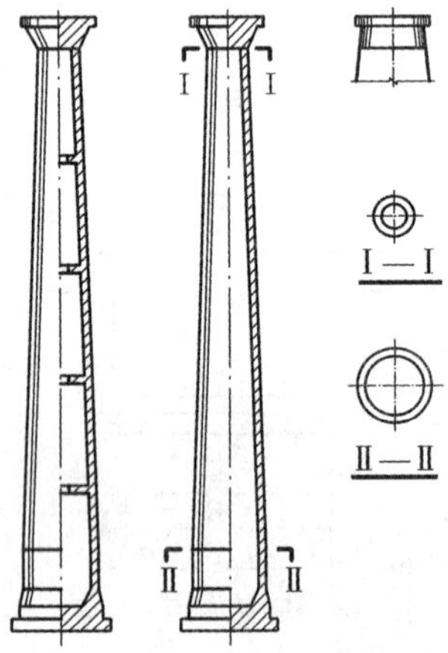

图 9.13　圆形空心桥墩

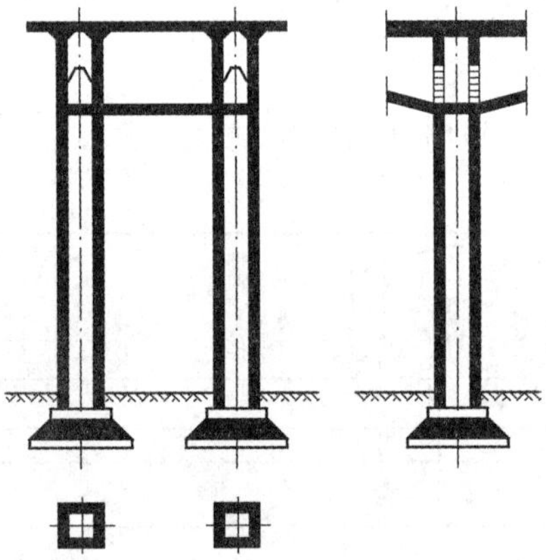

图 9.14　方形空心桥墩

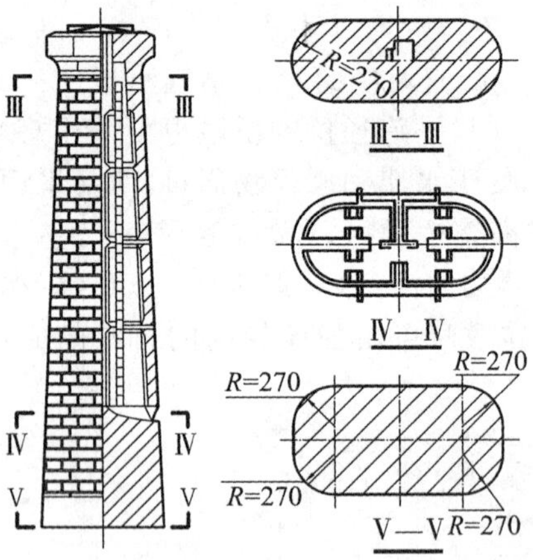

图 9.15　格构形空心桥墩

空心桥墩在构造尺寸上应符合下列规定：① 墩身最小壁厚，对于钢筋混凝土不宜小于 30cm，对于混凝土不宜小于 50cm。② 墩身内应设横隔板或纵、横隔板，以加强墩壁的抗撞能力。③ 墩帽下需有一定高度的实心部分以传递墩帽的压力，墩顶实体段以下应设置带门的进人洞或相应的检查设备。④ 墩身周围应设置适当的通风孔或泄水孔，孔的直径不小于 20cm，用以调节壁内外温差和平衡水的压力。

(3) 柱式桥墩

柱式桥墩是由分离的两根或多根立柱(或桩柱) 所组成。它外形美观，圬工体积少，因此是目前公路桥梁中广泛被采用的桥墩形式之一，特别是在较宽较大的城市桥和立交桥中。

柱式桥墩的墩身沿桥横向常有 1 ～ 4 根立柱组成，柱身为 0.6 ～ 1.5m 的大直径圆柱或方形、六角形等形式，当墩身高度大于 6 ～ 7m 时，可设横系梁加强柱身横向联系。这种桥墩的刚度较大，适用性较广，并可与柱基配合使用。缺点是模板工程较复杂，柱间空间小，易于阻滞漂浮物，故一般多在水深不大的浅基础或高桩承台上采用，避免在深水，深基础及漂浮物多、有木筏的河道上采用。

柱式桥墩一般由基础之上的承台、柱式墩身和盖梁组成。双车道桥常用的形式有单柱式、双柱式和哑铃式以及混合双柱式四种(图 9.16)。

目前我国采用较多的还有钻孔灌注桩双柱式桥墩[图 9.16(b)],它由钻孔灌注桩、柱与钢筋混凝土墩帽组成,柱与桩直接相连。当墩身桩的高度大于 1.5 倍的桩距时,通常就在桩柱之间布置横系梁,以增加墩身的侧向刚度。

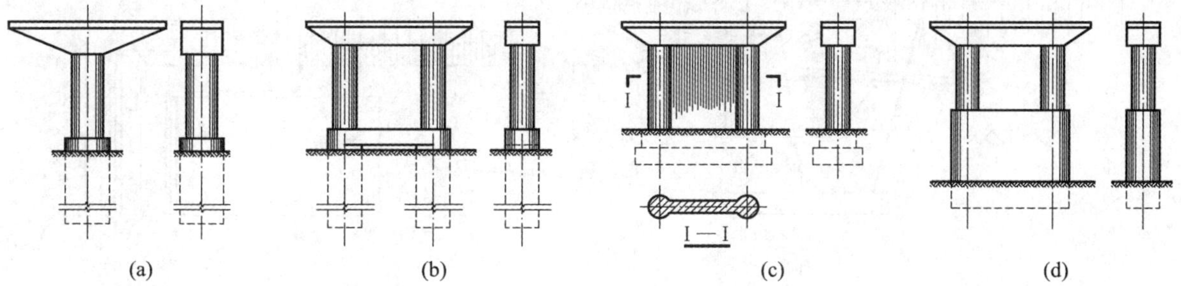

图 9.16　柱式桥墩

(a) 单柱式;(b) 双柱式;(c) 哑铃式;(d) 混合双柱式

钻孔桩柱式桥墩适合于许多场合和各种地质条件。通过增大桩径、桩长或用多排桩加建承台等措施,此类桥墩也能适用于更复杂的软弱地质条件以及较大跨径和较高的桥墩。

(4) 柔性排架桩墩

柔性排架桩墩(图 9.17、图 9.18) 是由单排或双排的钢筋混凝土桩与钢筋混凝土盖梁连接而成。其主要特点是,可以通过一些构造措施,将上部结构传来的水平力(制动力、温度影响力等) 传递到全桥的各个柔性墩台,或相邻的刚性墩台上,以减少单个柔性墩所受到的水平力,从而达到减小桩墩截面面积的目的。

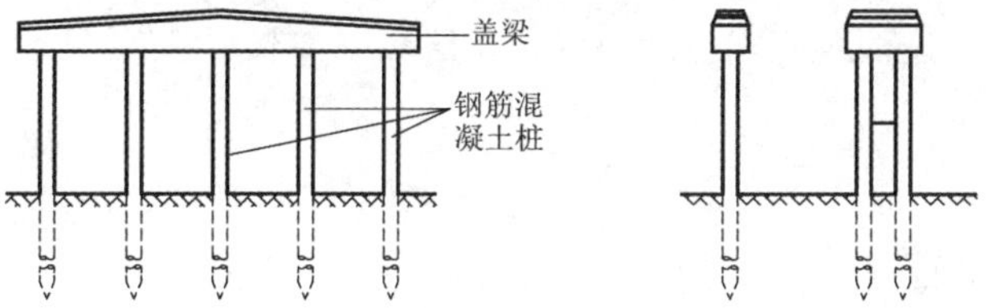

图 9.17　柔性排架桩墩

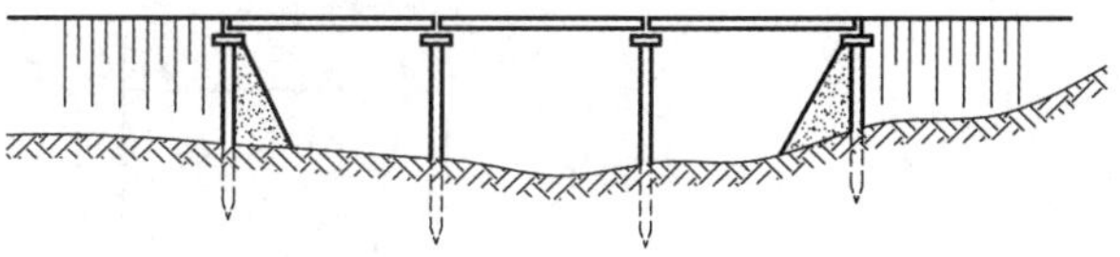

图 9.18　柔性排架桩墩的纵向布置

当桥梁孔数较多且桥梁较长时,柔性排架桩墩的墩顶会因位移过大而处于不利状态,这时宜将桥跨分成若干联,每联长度的划分视温度、地形、构造和受力情况确定。

9.1.2.2　梁桥桥台

梁桥桥台可分为重力式桥台和轻型桥台。

(1) 重力式桥台

重力式桥台的常用形式是 U 形,它由台帽、台身和基础三部分组成。台后的土压力主要靠自重来平衡,故桥台本身多由石砌、片石混凝土或混凝土等圬工材料建造,并用就地浇筑的方法施工。

U 形桥台(图 9.19) 因其台身是由前墙和两个侧墙构成的 U 字形结构而得名。其优点是构造简单,可以用混凝土或片、块石砌筑,适用于填土高度在 8 ～ 10m 以下或跨度稍大的桥梁;缺点是桥台体积和自重较大,也增加了对地基的要求。此外,桥台的两个侧墙之间填土容易积水,结冰后冻胀,使侧墙产生裂缝。所以宜用渗水性较好的土夯填,并做好台后排水措施。

如图 9.20 所示,顺桥向台帽最小宽度为:

$$b = \frac{a}{2} + e_1 + \frac{e_0}{2} + c_1 + c_2 \tag{9.7}$$

横桥向台帽宽度一般应与路基同宽,台帽厚度一般不小于 40cm,中小跨径桥梁也不应小于 40cm,并应有 $c_2 = 5 \sim 10$cm 的檐口。台帽可用 C20 以上钢筋混凝土或素混凝土做成,也可用 MU30 以上石料圬工砌筑,所用砂浆不可低于 M5。

U 形桥台前墙正面多采用 10 : 1 或 20 : 1 的斜坡,侧墙与前墙结合成一体,兼有挡土墙和支撑墙的作用。

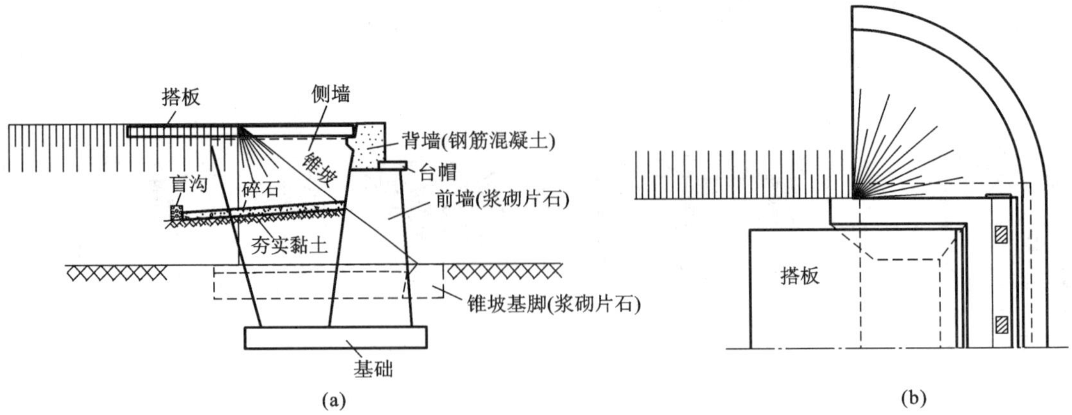

图 9.19　梁桥 U 形桥台

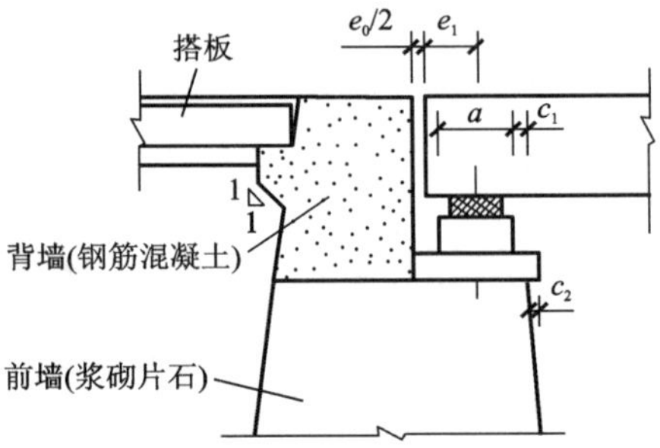

图 9.20　台帽顺桥向尺寸

侧墙正面一般是直立的，其长度视桥台高度和锥坡坡度而定。前墙的下缘一般与锥坡下缘相齐，因此，桥台越高，锥坡越坦，侧墙则越长。侧墙尾端，应有不小于 0.75m 的长度伸入路堤内，以保证侧墙与路堤有良好的衔接。台身的宽度通常与路基的宽度相同。

《桥规》规定，无论是梁桥还是拱桥，桥台前墙的任一水平截面的宽度，不宜小于该截面至墙顶高度的 0.4 倍。侧墙的任一水平截面的宽度，对于片石砌体不小于该截面至墙顶高度的 0.4 倍；对于块石、料石砌体或混凝土则不小于 0.35 倍。如果桥台内填料为透水性良好的砂质土或砂砾，则上述两项可分别减为 0.35 倍和 0.3 倍。

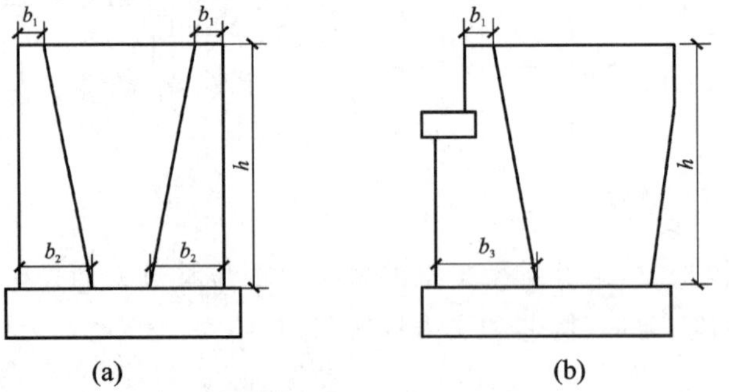

图 9.21　U 形桥台尺寸

$b_1 \geqslant 50\text{cm}$；$b_2 \geqslant (0.3 \sim 0.4)h$；$b_3 \geqslant 0.4h$

(2) 轻型桥台

轻型桥台的体积轻巧、自重较小，一般由钢筋混凝土材料建造，它借助结构物的整体刚度和材料强度承受外力，从而可节省材料，降低对地基强度的要求和扩大应用范围，为在软土地基上修建桥台开辟了经济可行的途径。

常用的轻型桥台分为设有支撑梁的轻型桥台、钢筋混凝土薄壁桥台和埋置式桥台等几种类型。

① 设有支撑梁的轻型桥台(图 9.22)

这种桥台的特点是，台身为直立的薄壁墙，台身两侧有翼墙(用于挡土)。在两桥台下部设置钢筋混凝土支撑梁，上部结构与桥台通过锚栓连接，于是便构成四铰框架结构系统，并借助两端台后的土压力来保持稳定。

按照翼墙(侧墙)的形式和布置方式，这种桥台又可分为：一字形轻型桥台、八字形轻型桥台、耳墙式轻型桥台，如图 9.22 所示。

② 钢筋混凝土薄壁桥台

薄壁轻型桥台常用的类型有悬臂式、扶壁式、撑墙式及箱式等[图 9.23(a)]。钢筋混凝土薄壁桥台是由

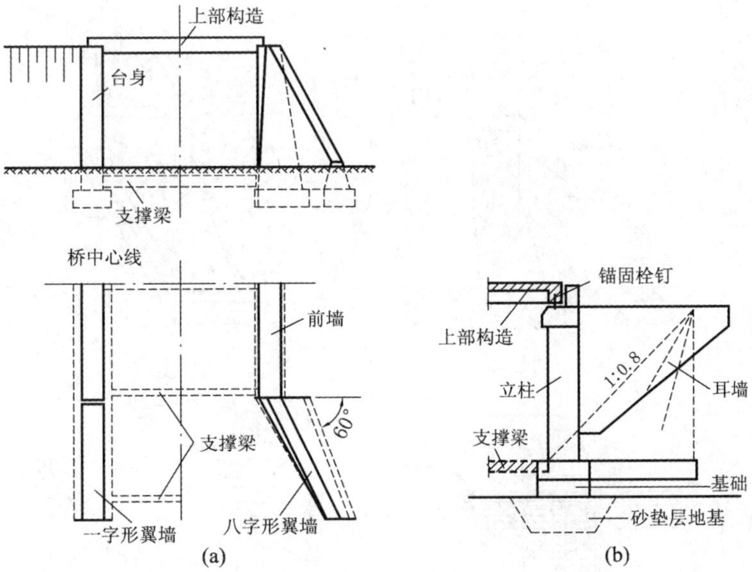

图 9.22　设置地下支撑梁的轻型桥台

扶壁式挡土墙和两侧的薄壁侧墙构成[图 9.23(b)]。挡土墙由前墙和间距为 2.5 ～ 3.5m 的扶壁所组成。台顶由竖直小墙和支于扶壁上的水平板构成，用以支承桥跨结构。两侧薄壁可以与前墙垂直，有时也做成与前墙斜交。前者称为 U 形薄壁桥台，后者称为八字形薄壁桥台[图 9.23(c)]。这种桥台不仅可以减少圬工体积 40% ～ 50%，同时因自重减轻而减小了对地基的压力，故适用于软弱地基的条件，但其构造和施工比较复杂，并且钢筋用量也较多。

③ 埋置式桥台

埋置式桥台是将台身埋在锥形护坡中，只露出台帽在外以安置支座及上部构造。这样，桥台所受的土压力大为减小，桥台的体积也就相应减少。但是由于台前护坡是用片石作表面防护的一种永久性设施，存在着被洪水冲毁而使台身裸露的可能，故设计时必须进行强度和稳定性的验算。按台身的结构形式，埋置式桥台可以分为：后倾式[图 9.24(a)]、肋形式[图 9.24(b)]、双柱式(图 9.25) 和框架式(图 9.26)。

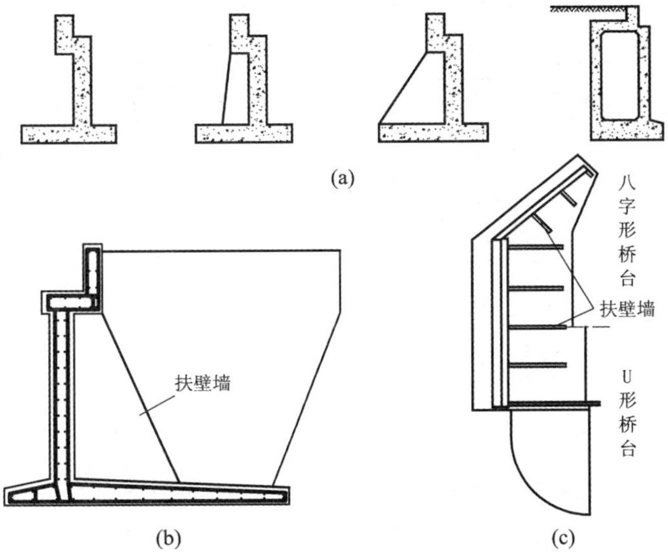

图 9.23　钢筋混凝土薄壁轻型桥台

后倾埋置式桥台实质上属于一种实体重力式桥台，它的工作原理是靠台身后倾，使重心落在基底截面的形心之后，以平衡台后填土的倾覆力矩。

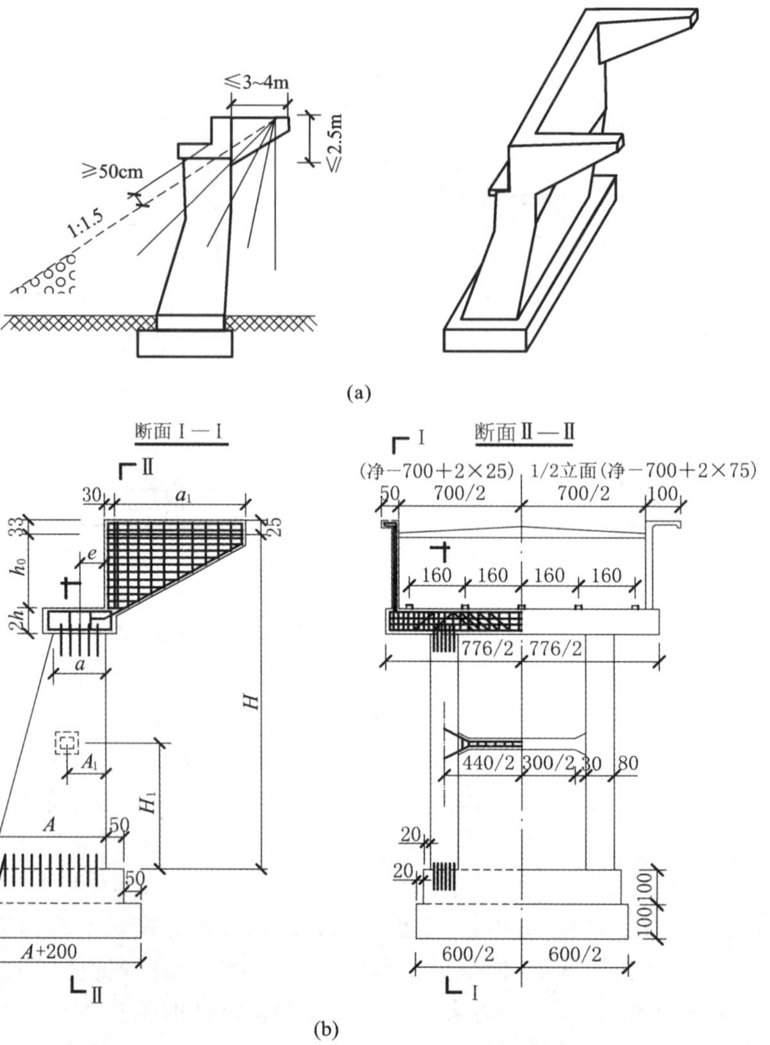

图 9.24　后倾埋置式与肋形埋置式桥台

(a) 后倾埋置式桥台；(b) 肋形埋置式桥台（单位：cm）

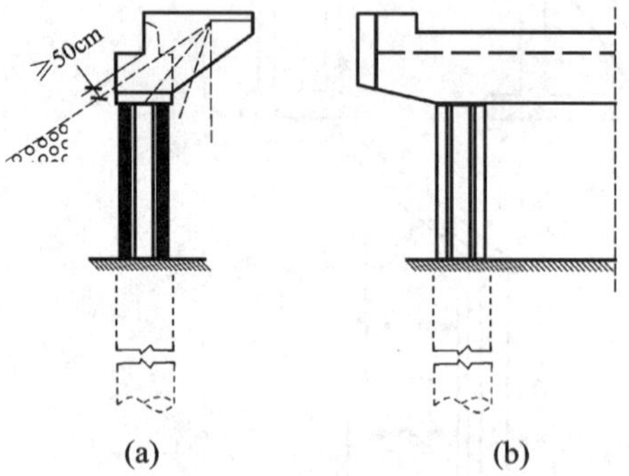

图 9.25　双柱埋置式桥台

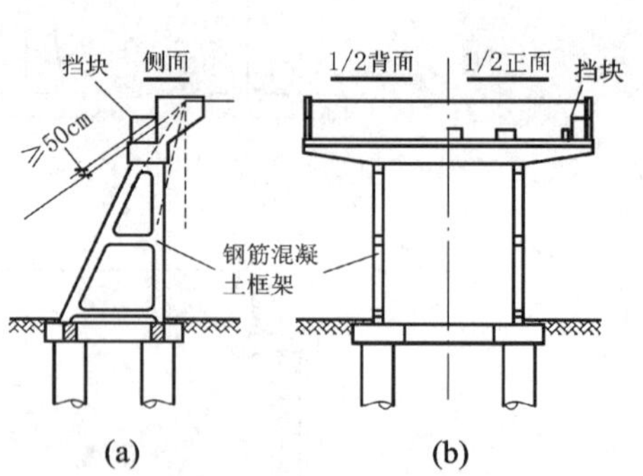

图 9.26　框架埋置式桥台

肋形埋置式桥台的台身是由两块后倾式的肋板与顶面帽梁联结而成。台高在 10m 及 10m 以上者须设系梁。帽梁、系梁和耳墙均需配置钢筋，并采用 C20 混凝土。台身与帽梁、台身与基础之间只需布置少量接头钢筋，台身及基础可用 C15 混凝土。图 9.24(b) 所示为配合后张法预应力混凝土简支梁使用的肋形埋置式桥台标准图示例。荷载等级为公路—Ⅱ级，适用于净−7m+2×0.25m 和净−7m+2×0.75m 两种桥面净空。

桩柱埋置式桥台对于各种土壤地基都适宜。根据桥宽和地基承载能力可以采用双柱、三柱或多柱的形式。柱与钻孔桩相连的称为桩柱式；柱子嵌固在普通扩大基础之上的称为立柱式；完全由一排钢筋混凝土桩和桩顶盖（或帽）梁连接而成的称为柔性柱台。

框架埋置式桥台既比桩柱埋置式桥台有更好的刚度，又比肋形埋置式桥台挖空率更高，更节约圬工体积。框架埋置式桥台(图 9.26) 结构本身存在着斜杆，能够产生水平分力以平衡土压力，加之基底较宽，又通过系梁联成一个框架体，所以稳定性较好，可用于填土高度在 5m 以上的桥台，并与跨径为 16m 和 20m 的梁式上部结构配合应用，其不足之处是必须用双排桩基，钢筋水泥用量均较桩柱式的要多。

埋置式桥台的共同缺点是，由于护坡伸入到桥孔内，压缩了河道，或者为了不压缩河道，就要适当增加桥长。

9.1.3 拱桥墩台

拱桥墩台同梁桥墩台一样，也分为两大类型，一类是重力式墩台，另一类是轻型墩台。其作用原理与梁桥墩台大致相同。

9.1.3.1 拱桥桥墩

(1) 重力式桥墩

拱桥是一种有推力结构，拱圈传给桥墩上的力，除了有垂直力以外，还有较大的水平推力，这是与梁桥的最大不同之处。从抵御恒载水平力的能力来看，拱桥桥墩又可以分为普通墩和单向推力墩两种。普通墩除了承受相邻两跨结构传来的垂直反力外，一般不承受恒载水平推力，或者当相邻孔不相同时只承受经过相互抵消后尚余的不平衡推力。单向推力墩又称制动墩，它的主要作用是当它的一侧的桥孔因某种原因遭到毁坏时，能承受住单侧拱的恒载水平推力，以保证其另一侧的拱桥不致遭到坍塌。而且当施工时为了使拱架能够多次周转，或者当缆索吊装设计的工作跨径受到限制时为了能按桥台与某墩之间或者按某两个桥墩之间作为一个施工段进行分段施工，在此情况下也要设置能承受部分恒载单向推力的制动墩。由此可见，为了满足结构强度和稳定性的要求，普通墩的墩身可以做得薄一些[图 9.27(a)、图 9.27(b)]，单向推力墩则要做得厚实一些[图9.27(c)、图 9.27(d)]。因为上承式拱桥的桥面与墩顶顶面相距有一段高度，墩顶以上结构常采用的有以下几种不同形式：对于空腹式拱桥的普通墩，常采用立墙式、立柱加盖梁式或者跨越式[图 9.27(a)、图 9.27(b)]；对于单向推力墩常采用立墙式和框架式[图 9.27(c)、图 9.27(d)]。

拱桥实体重力式桥墩也由墩帽、墩身及基础三部分组成，与梁桥桥墩不同的一点是，梁桥桥墩的顶面要设置传力的支座，且支座距顶面边缘保持一定的距离；而拱桥桥墩则在其顶面的边缘设置呈倾斜面的拱座[图 9.27(e)] 直接承受由拱圈传来的压力。故无铰拱的拱座总是设计成与拱轴线呈正交的斜面。由于拱座承受着较大的拱圈压力，故一般采用 C25 以上的整体式混凝土、混凝土预制块或 MU40 以上的块石砌筑。

当桥墩两侧孔径相等时，则拱座均设置在桥墩顶部的起拱线标高上，有时考虑桥面的纵坡，两侧的起拱线标高可以略有不同。当桥墩两侧的孔径不等，恒载水平推力不平衡时，则拱座被设置在不同的起拱线标高上[图 9.27(f)]。此时，桥墩墩身可在推力小的一侧变坡或增大边坡，以减小不平衡推力引起的基底反力偏心距。从外形美观上考虑，变坡点一般设在常水位以下，墩身两侧边坡和梁桥的一样，一般为 20：1 ～ 30：1。

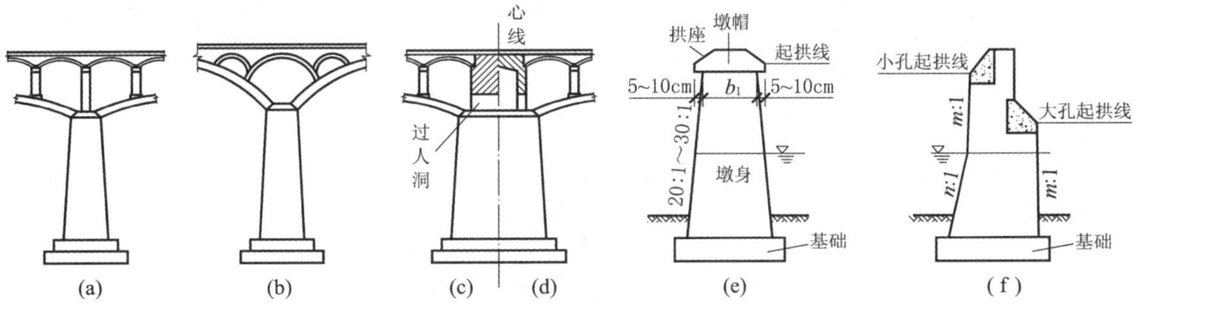

图 9.27　拱桥重力式桥墩

(2) 轻型桥墩

拱桥桥墩上所用的轻型桥墩，一般为配合钻孔灌注桩基础的桩柱式桥墩(图 9.28)。从外形上看，它与梁桥上的桩柱式桥墩非常相似。其主要差别是：在梁桥墩帽上设置支座，而在拱桥墩顶部分则设置拱座。当拱桥跨径在 10m 左右时，常采用两根直径为 1m 的钻孔灌注桩；跨径在 20m 左右时可采用两根直径为 1.2m 或三根直径为1m的钻孔灌注桩；跨径在30m左右时可采用三根直径为1.2～1.3m的钻孔灌注桩。桩墩较高时，应在桩间设置横系梁以增强桩柱刚性。桩柱式桥墩一般采用单排桩，跨径在40～50m以上的高墩，可采用双排桩。在桩顶设置承台，与墩柱联成整体。如果柱与桩直接连接，则应在结合处设置横系梁。若柱高大于6～8m，还应在柱的中部设置横系梁。

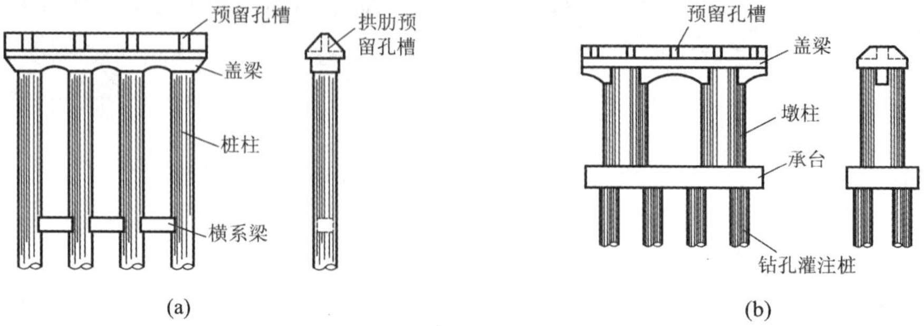

图 9.28　拱桥桩柱式桥墩

9.1.3.2　拱桥桥台

拱桥桥台可分为重力式桥台、轻型桥台和组合式桥台三种类型。

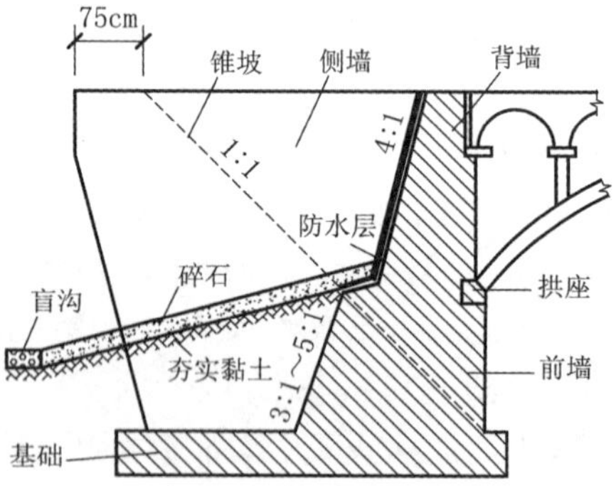

图 9.29　拱桥 U 形桥台

(1) 重力式桥台

常用的重力式桥台为U形桥台(图9.29)，它由台帽、台身和基础三部分组成。U形桥台的台身是由前墙和平行于行车方向的两侧翼墙构成，其水平截面呈U字形。U形桥台常采用锥形护坡与路堤连接，锥坡的坡度根据坡高、地形等确定。U形桥台的优缺点与梁式桥中的U形桥台相同，在结构构造上除在台帽部分有所差别外，其余部分也基本相同。拱桥桥台只在向河心的一侧设置拱座，其尺寸可参照相应拱桥桥墩的拱座拟定。其他部分的尺寸可参考相应梁桥U形桥台进行设计。

(2) 轻型桥台

轻型桥台是相对于重力式桥台而言的。其工作原理是，当桥台受到拱的推力后，便发生绕基底形心轴而向路堤方向的转动，此时台后的土便产生抗力来平衡拱的推力，由于土参与提供部分抗力，从而使桥台的尺寸大大地小于实体重力式桥台，但此时必须验算由于拱脚位移而在拱圈内产生的不利附加内力的影响。采用轻型桥台时，要注意保证台后的填土质量，台后填土应严格按照规定分层夯实，并做好台后填土的防护工作，防止受水流的侵蚀和冲刷。常用的轻型桥台有八字形和U字形桥台，以及由此派生出来的Ⅱ形和E形等背撑式桥台。

① 八字形桥台

八字形桥台构造简单，台身由前墙和两侧的八字翼墙构成[图9.30(a)]。两者之间通常留沉降缝分砌。前墙可以是等厚度的，也可以是变厚度的。变厚度台身的背坡为2∶1～4∶1。翼墙的顶宽一般为40cm，前坡为10∶1，后坡为5∶1。为了防止基底向河心滑动，基础应有一定的埋置深度。

②U字形桥台

U字形轻型桥台是由前墙和平行于行车方向的侧墙组成[图9.30(b)]。它与U形重力式桥台的差别是，后者是靠扩大桥台底面积，以减小基底压力，并利用基底与地基的摩阻力和适当利用台背侧土压力，以平衡拱的水平推力，因此基础底面面积较轻型桥台的要大。U字形轻型桥台前墙的构造和八字形桥台的相同，但侧墙却是拱上侧墙的延伸，它们之间应设变形缝，以适应桥的可能的变位。

(3) 组合式桥台

组合式桥台由台身和后座两部分组成(图9.31)。台身基础承受竖向力，一般采用桩基或沉井基础；拱的水平推力则主要由后座基底的摩阻力及台后的土侧压力来平衡。因此后座基底标高应低于拱脚下缘的标高。台身与后座间应密切贴合，并设置沉降缝，以适应两者的不均匀沉降。在地基土质较差时，后座基础也应进行适当处理，以免后座向后倾斜，导致台身和拱圈的位移和变形。

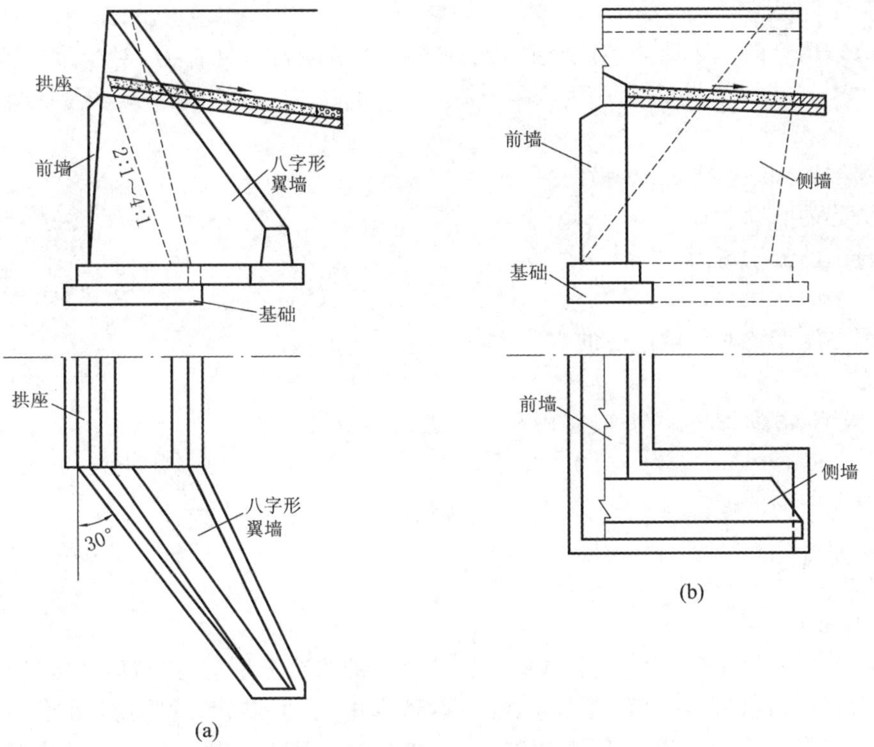

图 9.30　八字形和 U 字形轻型桥台

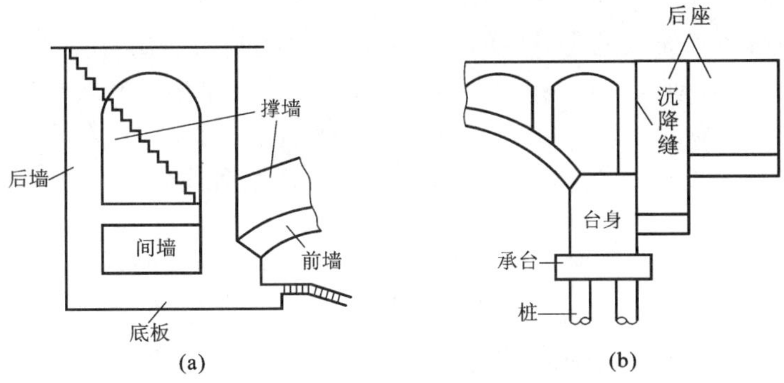

图 9.31　组合式桥台

9.2　桥墩计算

9.2.1　作用及其效应组合

9.2.1.1　桥墩计算中的作用

(1) 永久作用

① 上部构造的恒重对墩帽或拱座产生的支承反力，包括上部构造混凝土收缩、徐变影响；

② 桥墩自重，包括在基础襟边上的土重；

③ 预应力，例如对装配式预应力空心桥墩所施加的预应力；

④ 基础变位影响力，对于奠基于非岩石地基上的超静定结构，应当考虑由于地基压密等引起的支座长期变位的影响，并根据最终位移量按弹性理论计算构件截面的附加内力；

⑤ 水的浮力，位于透水性地基上的桥梁墩台，当验算稳定性时，应计算设计水位时水的不利浮力；当验算地基应力时，仅考虑低水位时的有利浮力；基础嵌入不透水性地基的墩台，可以不计水的浮力；当不能肯定是否透水时，则分别按透水或不透水两种情况进行最不利的作用效应组合。

(2) 可变作用

① 作用在上部结构上的汽车荷载，对于钢筋混凝土柱式墩应计入冲击力，对于重力式墩台则不计入冲击力；

② 人群荷载；

③ 作用在上部结构和墩身上的纵、横向风力；

④ 汽车荷载引起的制动力；

⑤ 作用在墩身上的流水压力；

⑥ 作用在墩身上的冰压力；

⑦ 上部结构因温度变化对桥墩产生的水平力；

⑧ 支座摩阻力。

⑨ 位于外海、海湾、海峡的桥梁结构，作用在墩身上的波浪力。

(3) 偶然作用

① 作用在墩身上的船的撞击力。

② 漂浮物撞击力。

(4) 地震作用

9.2.1.2　作用效应组合

为了找到控制设计的最不利组合，通常需要对各种可能的组合分别进行计算，并且在对汽车荷载作用效应计算时还需按纵向及横向的最不利位置布载。在桥墩计算中，一般需验算墩身截面的承载力、墩身截面上的合力偏心距及其稳定性。为此需根据不同的验算内容选择各种可能的最不利作用效应组合。下面将分别叙述梁桥和拱桥桥墩可能出现的组合。

(1) 梁桥重力式桥墩

① 第一种组合：按桥墩各截面上可能产生的最大竖向力的情况进行组合。

此时将汽车车道均布荷载纵向布置在相邻的两跨桥孔上，并且将集中荷载布置在计算墩处，这时得到桥墩上最大的汽车竖向荷载，但偏心较小。

它是用来验算墩身强度和基底最大应力。因此，除了有关的永久作用外，应在相邻两跨布置车道荷载和人群荷载[图 9.32(a)]。

② 第二种组合：按桥墩各截面的顺桥方向上可能产生的最大偏心和最大弯矩的情况进行组合。

当汽车车道荷载只在一孔桥跨上布置时，同时有其他水平荷载，如风力、船撞力、水流压力和冰压力等作用在墩身上，这时竖向荷载最小，而水平荷载引起的弯矩作用最大，可能使墩身截面产生很大的合力偏心距，此时，桥墩的稳定性也是最不利的。

它是用来验算墩身强度、基底应力、偏心以及桥墩的稳定性。属于这一组合的除了有关的永久作用外，还应在相邻两孔的一孔上(当为不等跨桥梁时则在跨径较大的一孔上) 布置汽车车道荷载和人群荷载，以及可能产生的其他可变作用，例如纵向风力、汽车制动力和支座摩阻力，如图 9.32(b) 所示。

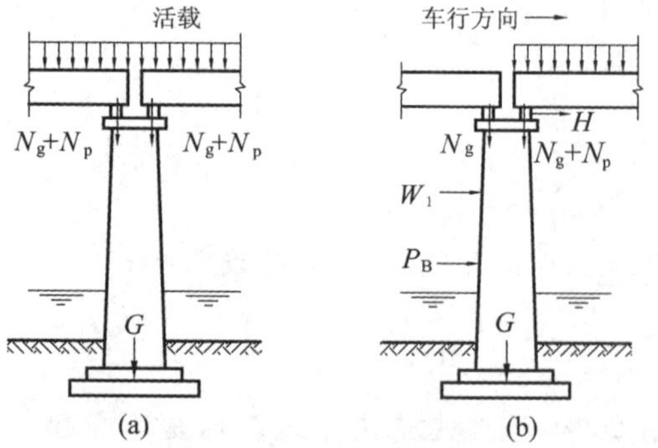

图 9.32　产生最大竖直荷载时的外力组合

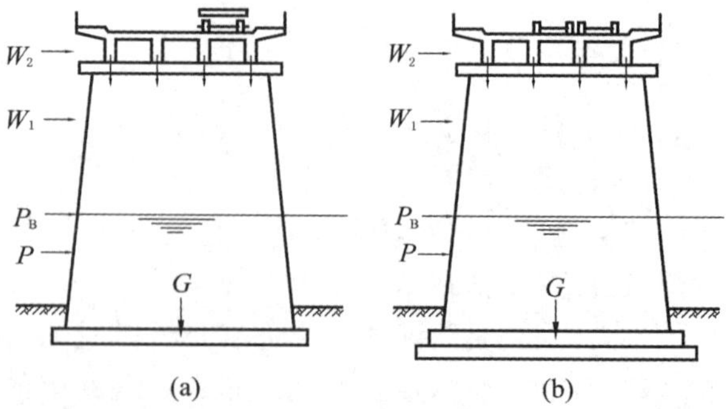

图 9.33　桥梁墩上横向布载情况

③ 第三种组合：按桥墩各截面在横桥方向可能产生最大偏心和最大弯矩的情况进行组合。

桥跨上的汽车车道荷载可能是一列或几列靠边行驶，这时产生最大横向偏心距；也可能是多列满载，使竖向力较大，而横向偏心距较小。

在进行横向计算时，这一组合是用来验算在横桥方向上的墩身强度、基底应力、偏心以及桥墩的稳定性。属于这一组合的除了有关的永久作用以外，还要注意将汽车车道荷载和人群荷载偏于桥面的一侧布置，此外还应考虑其他的可变作用（例如横向风力，流水压力或冰压力等）或者偶然作用中船只或漂浮物的撞击力等（图 9.33）。

（2）拱桥重力式桥墩

① 顺桥方向的作用及其效应组合

对于普通桥墩应为相邻两孔的永久作用，在一孔或跨径较大的一孔满布汽车车道荷载和人群荷载，以及其他可变作用中的汽车制动力、纵向风力和温度影响力等，并由此对桥墩产生不平衡水平推力、竖向力和弯矩[图 9.34(a)]。

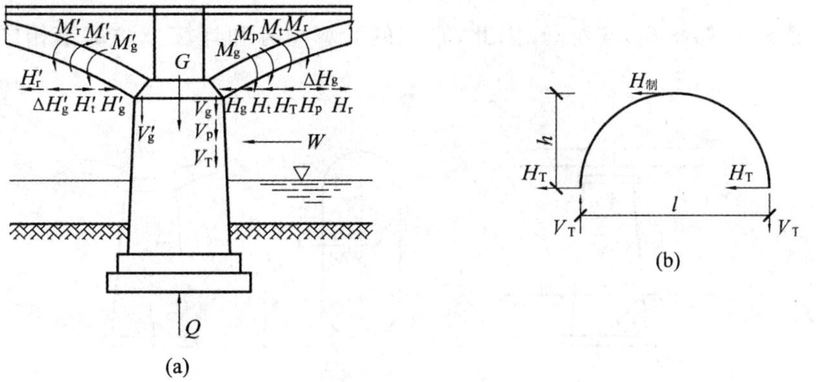

图 9.34　不等跨拱桥墩受力情况

对于单向推力墩则只考虑相邻两孔中跨径较大一孔的永久作用效应。

图 9.34 中的符号意义如下：

G—— 桥墩自重；

Q—— 水的浮力（仅在验算稳定性时考虑）；

V_g, V'_g—— 相邻两孔拱脚处因结构自重产生的竖向反力；

V_p—— 与车道荷载产生的 H_p 最大值相对应的拱脚竖向反力（可按支点反力影响线求得）；

V_T—— 由桥面处制动力 $H_{制}$ 引起的拱脚竖向反力，即 $V_T = \dfrac{H_{制}\, h}{l}$，其中 h 为桥面至拱脚的高度，l 为拱的计算跨径[图 9.34(b)]；

H_g, H'_g—— 不计弹性压缩时在拱脚处由永久作用引起的水平推力；

$\Delta H_g, \Delta H'_g$—— 由永久作用产生弹性压缩所引起的拱脚水平推力，方向与 H_g 和 H'_g 方向相反；

H_p—— 在相邻两孔中较大的一孔上由车道荷载所引起的拱脚最大水平推力；

H_T—— 制动力引起在拱脚处的水平推力，按两个拱脚平均分配计算，即 $H_T = \dfrac{H_{制}}{2}$；

H_t, H'_t—— 温度变化引起的拱脚处的水平推力；

H_r, H'_r—— 拱圈材料收缩引起的拱脚处的水平拉力；

M_g, M'_g—— 由永久作用引起的拱脚弯矩；

M_p—— 由车道荷载引起的拱脚弯矩，由于它是按 H_p 达到最大值时的车道荷载布置计算，故产生的拱脚弯矩很小，可以忽略不计；

M_t, M'_t—— 温度变化引起的拱脚弯矩；

M_r, M'_r—— 拱圈材料收缩引起的拱脚弯矩；

W—— 墩身纵向风力。

② 横桥向的作用及其效应组合

在横桥方向作用于桥墩的外力有风力、流水压力、冰压力、船只或漂浮物撞击力或地震力等。但是对于公路桥梁，横桥方向的受力验算一般不控制设计。

以上所述各种作用效应组合是对重力式桥墩而言的，对于其他形式的桥墩，则要根据它们的构造和受力特点进行具体分析，然后参照上述的一般原则，进行个别的作用效应组合。这里需要注意的是：

第一，不论对于哪一种形式的桥墩，均应按承载能力极限状态的设计要求，进行作用效应的组合。

第二，《桥规》中还规定，有些可变作用实际上不可能同时出现或是同时参与组合的概率比较小，不应同时考虑其作用效应的组合。例如在计入汽车制动力时，就不应同时计入流水压力、冰压力和支座摩阻力等，具体参见《桥规》。

9.2.2　重力式(圬工)桥墩计算

对于梁桥和拱桥的重力式桥墩的计算，虽然在荷载组合的内容上稍有不同，但是就某个截面而言，这些外力都可以合成为竖向的和水平方向的合力(用 $\sum N$ 和 $\sum H$ 表示)以及绕该截面 x-x 轴和 y-y 轴的弯矩(用 $\sum M_x$ 和 $\sum M_y$ 表示)，如图 9.35 所示。因此，它们的验算内容和计算方法基本相同。下面将讲述重力式桥墩的一般计算程序。

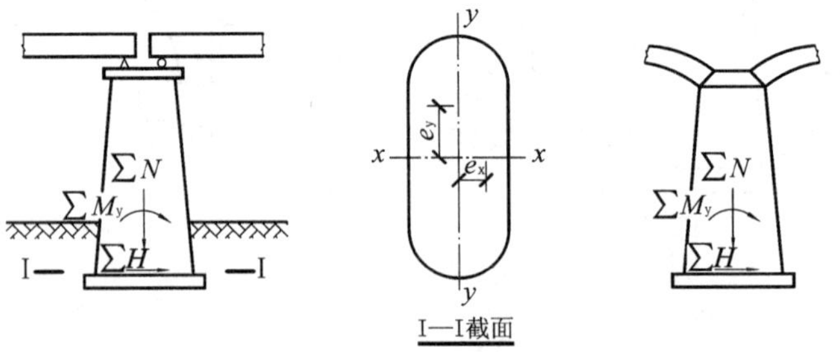

图 9.35　墩身底截面强度验算

9.2.2.1　截面承载能力极限状态验算

重力式桥墩主要用圬工材料建造，一般为偏心受压构件，结构采用以概率论为基础的极限状态设计方法，采用分项系数的设计表达式进行计算，在不利作用效应组合下，桥墩各控制界面的作用效应设计值应小于或等于结构的抗力效应设计值，以方程表示为

$$\gamma_0 S \leqslant R(f_d, a_d) \tag{9.8}$$

式中各符号的意义及取值参考《桥规》式(4.0.4)。

墩台截面的强度验算包括下列各项内容：

(1) 验算截面的选取

强度验算截面通常选取墩身的基础顶面与墩身截面突变处。对于悬臂式墩帽的墩身，应对与墩帽交界的墩身截面进行验算。当桥墩较高时，由于危险截面不一定在墩身底部，需沿墩身每隔 2 ～ 3m 选取一个验算截面。

(2) 验算截面的内力计算

按照各种组合分别对各验算截面计算其竖向力、水平力和弯矩(顺桥向和横桥向)，得到相应的纵向力 $\sum N$、水平力 $\sum H$ 和弯矩 $\sum M$。

(3) 承载能力极限状态的验算

按轴心或偏心受压构件验算墩身各截面的承载能力。对于砌体截面，承载力验算应按《桥规》第 4.0.5 条至第 4.0.7 条和第 4.0.9 条与第 4.0.10 条的规定计算；对于混凝土截面，其承载力验算应按《桥规》第 4.0.8 条至第 4.0.10 条的规定计算。如果不满足要求，就应修改墩身截面尺寸，重新计算。

(4) 截面偏心的验算

桥墩承受偏心受压荷载时，各验算截面在各种荷载组合下的偏心距 $e = \sum M / \sum N$ 均不应超过《桥规》表 4.0.9 的限值。如果超过，可按下式确定截面尺寸：

$$\gamma_0 N_d \leqslant \varphi \frac{A f_{tmd}}{\frac{Ae}{W} - 1} \tag{9.9}$$

式中各符号的意义及取值见《桥规》第 4.0.10 条。

(5) 抗剪强度的验算

当拱桥相邻两孔的推力不相等时，要验算拱座截面的抗剪强度，按下式计算：

$$\gamma_0 V_d \leqslant A f_{vd} + \frac{1}{1.4}\mu_f N_k \tag{9.10}$$

式中各符号的意义及取值见《桥规》第 4.0.13 条。

9.2.2.2　桥墩的稳定性验算

桥墩的稳定性验算一般包括纵向挠曲稳定性验算和整体稳定性验算。《桥规》第 4.0.5 条至 4.0.10 条在承载力验算时引入了偏心受压构件承载力影响系数 φ，该系数同时考虑了构件轴向力偏心距和构件长细比的影响，而构件长细比就反映了偏心受压构件在非弯曲平面内的稳定性。

桥墩整体稳定性验算包括抗倾覆稳定性验算和抗滑动稳定性验算两方面内容，可按《公路桥涵地基与基础设计规范》[5] 进行计算。

(1) 抗倾覆稳定性验算

如图 9.36 所示，当桥墩处于临界稳定平衡状态时，绕倾覆转动轴 $A—A$ 取矩，令稳定力矩为正、倾覆力矩为负，则

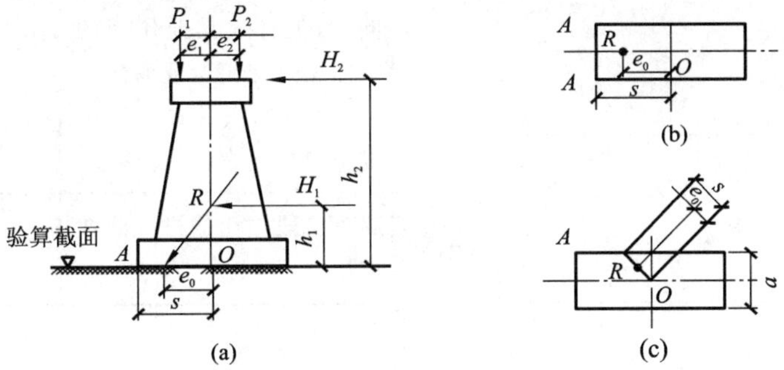

图 9.36　墩台基础的稳定验算示意图

(a) 立面；(b) 平面(单向偏心)；(c) 平面(双向偏心)

O— 截面重心；R— 合力作用点；$A—A$ 验算倾覆轴

$$\sum[P_i \cdot (s - e_i)] - \sum(H_i \cdot h_i) = 0$$

即

$$s \cdot \sum P_i - [\sum(P_i \cdot e_i) + \sum(H_i \cdot h_i)] = 0$$

上述方程左边第一项为稳定力矩，第二项为倾覆力矩。

由此可见，抵抗倾覆的稳定系数 K_0 可按下式验算：

$$K_0 = \frac{M_{稳}}{M_{倾}} = \frac{s\sum P_i}{\sum(P_i e_i) + \sum(H_i h_i)} = \frac{s}{e_0} \tag{9.11}$$

式中　$M_{稳}$ —— 稳定力矩；

$M_{倾}$ —— 倾覆力矩；

P_i —— 不考虑其分项系数和组合系数的作用标准值组合或偶然作用(地震除外)标准值组合引起的竖向力(kN)；

e_i —— 竖向力 P_i 对验算截面重心的力臂(m)；

H_i —— 不考虑其分项系数和组合系数的作用标准值组合或偶然作用(地震除外)标准值组合引起的水平力(kN)；

s —— 在截面重心与合力作用点的连接线上，自截面重心至验算倾覆轴的距离(m)；

e_0 —— 所有外力的合力 R 在验算截面的作用点对基底重心的偏心距。

(2) 抗滑动稳定性验算

抵抗滑动的稳定系数 K_c，按下式验算：

$$K_c = \frac{\mu \sum P_i + \sum H_{ip}}{\sum H_{ia}} \tag{9.12}$$

式中 $\sum P_i$—— 各竖向力的总和(包括水的浮力)；

$\sum H_{ip}$—— 抗滑稳定水平力总和；

$\sum H_{ia}$—— 滑动水平力总和；

μ—— 基础底面(圬工)与地基土之间的摩擦因数，若无实测值时可参照表 9.2 选取。

上述求得的倾覆与滑动稳定系数 K_0 和 K_c 均不得小于表 9.3 中所规定的最小值。同时，在验算倾覆定性和滑动稳定性时，都要分别按常水位和设计洪水位两种情况考虑水的浮力。

基底摩擦因数　　表 9.2

地基土分类	摩擦因数 f
黏土(流塑 ～ 坚硬)、粉土	0.25
砂土(粉砂 ～ 砾砂)	0.30 ～ 0.40
碎石土(松散 ～ 密实)	0.40 ～ 0.50
软岩(极软岩 ～ 较软岩)	0.40 ～ 0.60
硬岩(较硬岩、坚硬岩)	0.60、0.70

抗倾覆和抗滑动的稳定系数　　表 9.3

作用组合	验算项目	稳定系数
结构自重，土重，土侧压力，浮力和汽车、人群的标准值效应组合	抗倾覆 抗滑动	1.5 1.3
同上，但计入其他作用的标准值效应组合或偶然作用(地震作用除外)的标准值效应组合	抗倾覆 抗滑动	1.3 1.2
施工阶段作用的标准值效应组合	抗倾覆 抗滑动	1.2

9.2.2.3　墩顶水平位移验算

墩顶过大的水平位移会影响桥跨结构的正常使用，对于高度超过 20m 的重力式桥墩应验算墩顶水平方向的弹性位移。《桥规》规定墩顶端水平位移的容许极限值为：

$$\Delta \leqslant 0.5\sqrt{l} \tag{9.13}$$

式中 l—— 相邻墩台间最小跨径长度(m)，跨径小于 25m 时仍以 25m 计；

Δ—— 墩顶计算水平位移值(cm)。

9.2.2.4　基础底面土的承载力和偏心距的验算

(1) 基底土的承载力验算

基底土的承载力一般按顺桥向和横桥向分别进行验算。当偏心荷载的合力作用在基底截面核心半径 ρ 以内时，应验算偏心向的基底应力。当设置在基岩上的桥墩基底的合力偏心距超出核心半径时，其基底的一边将会出现拉应力，由于不考虑基底承受拉应力，故需按基底应力重分布(图 9.37) 重新验算基底最大压应力，其验算公式如下：

顺桥方向

$$p_{\max} = \frac{2N}{ac_x} \leqslant \gamma_R [f_a] \tag{9.14}$$

横桥方向

$$p_{\max} = \frac{2N}{bc_y} \leqslant \gamma_R [f_a] \tag{9.15}$$

式中 $p_{\max}$—— 应力重分布后基底最大压应力；

N—— 作用于基础底面合力的竖向分力；

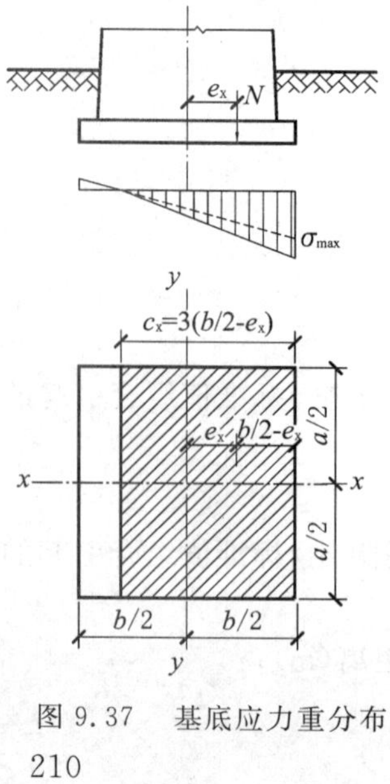

图 9.37　基底应力重分布

a,b—— 横桥方向和顺桥方向基础底面积的边长；

γ_R—— 地基承载力容许值抗力系数，根据地基不同的受荷阶段，取 $\gamma_R = 1.0 \sim 1.5$；

$[f_a]$—— 计入基底埋置深度影响的修正后地基承载力容许值；

c_x—— 顺桥方向验算时，基底受压面积在顺桥方向的长度，即 $c_x = 3\left(\frac{b}{2} - e_x\right)$；

c_y—— 横桥方向验算时，基底受压面积在横桥方向的长度，即 $c_y = 3\left(\frac{a}{2} - e_y\right)$；

e_x, e_y—— 合力在 x 轴和 y 轴方向的偏心距。

(2) 基底偏心距验算

为了使恒载基底应力分布比较均匀，防止基底最大压应力 σ_{max} 与最小压应力 σ_{min} 相差过大，导致基底产生不均匀沉陷和影响桥墩的正常使用，故在设计时，应对基底合力偏心距加以限制，在基础纵向和横向，其计算的荷载偏心距 e_0 应满足表 9.4 的要求。

墩台基础合力偏心距的限制 **表 9.4**

荷载情况	地基条件	合力偏心距	备　注
墩台仅承受永久作用标准值效应组合	非岩石地基	桥墩 $e_0 \leqslant 0.1\rho$	拱桥、刚构桥墩台，其合力作用点应尽量保持在基底重心附近
		桥台 $e_0 \leqslant 0.75\rho$	
墩台承受作用标准值效应组合或偶然作用（地震作用除外）标准值效应组合	非岩石地基	$e_0 \leqslant \rho$	拱桥单向推力墩不受限制，但 $e_0 > \rho$ 时应考虑应力重分布，且符合抗倾覆稳定系数
	较破碎 ～ 极破碎岩石地基	$e_0 \leqslant 1.2\rho$	
	完整、较完整岩石地基	$e_0 \leqslant 1.5\rho$	

表中 ρ 及 e_0 按下式计算：

$$\rho = \frac{W}{A}; \quad e_0 = \frac{\sum M}{N}$$

式中 ρ—— 墩台基础底面的核心半径；

W—— 墩台基础底面的截面模量；

A—— 墩台基础底面的面积；

N—— 作用于基底的合力的竖向分力；

$\sum M$—— 所有作用于墩台的水平力和竖向力对基底形心轴的弯矩。

9.2.3 桩柱式桥墩计算

桩柱式桥墩的计算包括盖梁计算和桩身计算两个部分。

9.2.3.1 盖梁计算

(1) 计算图式

桩柱式墩台通常采用钢筋混凝土构件。在构造上，桩柱的钢筋伸入到盖梁内，与盖梁的钢筋绑扎成整体。因此盖梁与柱刚接呈刚架结构。双柱式墩台，当盖梁与桩柱的线刚度 EI/l 之比大于 5 时，为简化计算可以忽略节点不均衡弯矩的分配及传递，一般可按简支梁进行计算和配筋，多根桩柱的盖梁可按连续梁计算。当盖梁计算跨径与梁高之比，对于简支梁当 $2.0 < l/h \leqslant 5.0$ 时，或对于连续梁当 $2.5 < l/h \leqslant 5.0$ 时将盖梁称为"短梁"，应按设计规范[3] 相关内容把它作为深受弯构件计算。当刚度比小于 5，或桥墩承受较大横向力时，盖梁和桩柱应作为横向刚架的一个整体予以验算。计算盖梁内力时可考虑柱支承宽度的影响。

(2) 外力计算

外力包括上部结构永久作用引起的支点反力、盖梁自重、活载和施工吊装荷载以及桥墩沿纵向的水平力。车道荷载的布置要使各种组合为对盖梁最不利情况，求出支点最大反力作为盖梁的活载。当活载对称布置时，按偏心压力法（或刚接板梁法、铰接板梁法）计算。当盖梁为多根柱支承时，其内力计算可按设计规范[3] 考虑桩柱支承宽度对削减负弯矩尖峰的影响。桥墩沿纵向的水平力有制动力、温度力、支座摩阻力以及地震力等。

(3) 内力计算

公路桥桩柱式墩台的帽梁通常采用双悬臂式，计算时的控制截面应选取支点和跨中截面。在计算支点负弯矩时，采用非对称布置活载与恒载的反力；在计算跨中正弯矩时，采用对称布置活载与恒载的反力。桥墩沿纵向的水平力以及当盖梁在沿桥纵向设置两排支座时，上部结构活载的偏心对盖梁将产生扭矩，应予以计入。

(4) 配筋验算

盖梁的配筋验算方法与钢筋混凝土梁配筋类同，根据弯矩包络图配置受弯钢筋，根据剪力包络图配置弯起钢筋和箍筋。在配筋时，还应计算各控制截面抗扭所需要的箍筋及纵向钢筋。当采用预应力混凝土盖梁时，预应力钢筋的配置及普通钢筋的配置同预应力混凝土梁。

9.2.3.2 柱身计算

(1) 外力计算

桥墩桩柱的外力有上部结构永久作用与盖梁的永久作用所引起的反力以及柱身自重。可变作用按设计荷载布置车列，得到最不利的作用效应组合，作用效应组合后要分别比较哪一种情况控制桩长和桩的内力。桥墩的水平力有支座摩阻力和汽车制动力等。

(2) 内力计算

桩柱式墩按桩基础的有关内容计算桩柱的内力和桩的入土深度。对于单柱式墩，计算弯矩时应考虑两个方向弯矩的合力。纵、横方向弯矩合力值为：$\sum M = \sqrt{M_x^2 + M_y^2}$。

(3) 配筋验算

在最不利组合内力作用下，可先配筋，再按钢筋混凝土偏心受压构件进行验算。

(4) 抗裂验算

按照《桥规》的规定，对于钢筋混凝土圆形和环形截面偏心受压构件，其最大裂缝宽度 W_{fk} 可按下式进行计算：

$$W_{fk} = C_1 C_2 \left[0.03 + \frac{\sigma_{ss}}{E_s}\left(0.004\frac{d}{\rho} + 1.52C\right)\right] \tag{9.16a}$$

其中

$$\sigma_{ss} = \left[59.42\frac{N_S}{\pi r^2 f_{cu,k}}\left(2.80\frac{\eta_s e_0}{r} - 1.0\right) - 1.65\right] \cdot \rho^{-\frac{2}{3}} \tag{9.16b}$$

式中各符号的意义可具体参考《桥规》。

9.2.4 柔性排架墩计算

梁桥的柔性桩墩多用于中、小跨径的桥梁上，当桥跨结构采用连续的构造和变形不够完善的支座(如仅垫油毛毡数层时)，则可近似地按多跨铰接框架的图示计算[图 9.38(a)]。当采用橡胶支座时，这种支座在水平力作用下，将发生较小的水平面剪切变形，因此，可以按在节点处设水平弹簧支承的框架图示[图 9.38(b)]来进行计算。

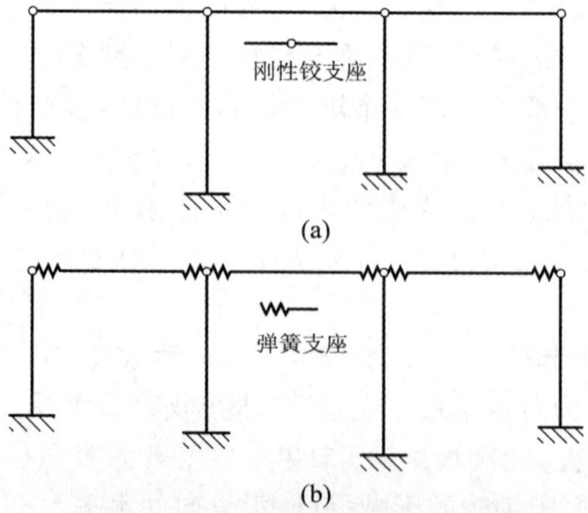

图 9.38 梁桥柔性排架墩计算图示

多孔拱桥的柔性桥墩可按连拱计算方法进行计算。本节仅对多跨铰刚架的计算特点进行简要介绍。

9.2.4.1　基本假定

(1) 柔性墩视为下端固支、上端铰支的超静定梁。外力(例如温度力和制动力)引起的墩顶位移视为铰支承的沉陷,如图 9.39(a) 所示。

(2) 作用于墩顶的竖向力 N、不平衡弯矩 M_0 以及由温度、制动力等水平力 H 所引起的墩顶位移,先分别进行力学分析,然后进行内力叠加,不计这些力相互作用的影响[图 9.39(b)]。

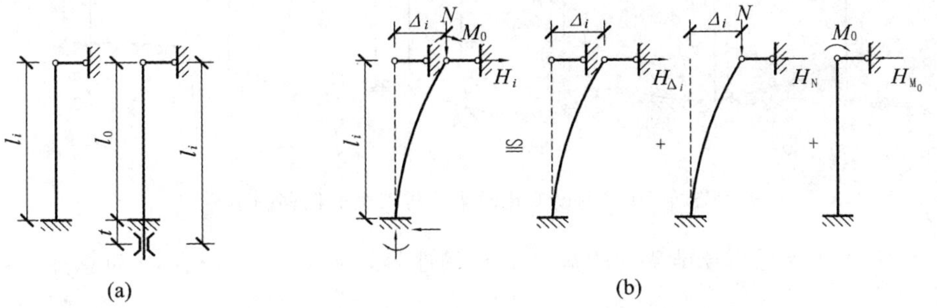

图 9.39　柔性排架墩结构的计算图示

(a) 结构图式;(b) 墩顶水平反力计算图式

(3) 计算制动力时,各墩台受力按墩顶抗推刚度分配。在计算土压力时,如设有实体刚性墩台,则土压力全部由有关刚性墩台承受;如均为柔性墩,则由岸墩承受土压力,并假定此时各个桩顶与上部构造之间不发生相对位移。

(4) 计算温度变形时,桩墩对梁产生的弹性拉伸或压缩影响忽略不计,而只考虑桩墩顶部水平力对桩墩所引起的弯矩的影响。

9.2.4.2　计算步骤

(1) 抗推刚度 k 的计算

抗推刚度 k 是指使墩顶产生单位水平位移所需施加的水平反力,按下式计算:

$$k_i = \frac{1}{\delta_i} \tag{9.17}$$

① 当墩柱下端固定在基础或承台顶面时:

$$\delta_i = \frac{l_i^3}{3EI} \tag{9.18}$$

式中　δ_i—— 单位水平力作用在第 i 个柔性墩顶产生的水平位移(m/kN);

l_i—— 第 i 墩柱下端固着处到墩顶的高度(m),排架桩应为地面(或冲刷线)以上桩长 l_0 与桩在地基内的挠曲长度 t 之和即 $l_i = l_0 + t$,t 为地面(或设计冲刷线)至第一个弹性零点的距离,鉴于目前的计算方法(例如 K 法、m 法和 c 法)还不一致,此处也可近似地根据地基土质取 2m ~ $h_i/2$,h_i 为排架桩的入土深度(m);

I—— 墩身横截面对形心轴的惯性矩(m^4)。

② 当考虑桩侧土的弹性抗力时,δ_i 则按桩基础的有关公式计算。

(2) 墩顶制动力的计算

$$H_{iT} = \frac{k_i}{\sum k_i} T \tag{9.19}$$

式中　H_{iT}—— 作用在第 i 墩台的制动力(kN);

T—— 全桥(或一联)承受的制动力(kN)。

于是墩顶水平位移 Δ_{iT} 为:

$$\Delta_{iT} = \frac{H_{iT}}{k_i} \tag{9.20}$$

(3) 梁的温度变形所引起的水平力

当温度下降时桥梁上部结构将缩短,两岸边排架向河心偏移;当温度上升时则将伸长,两岸边排架向路堤偏移。在求排架的偏移值时，需先求出温度变化时偏移值等于零的位置(图 9.40)。

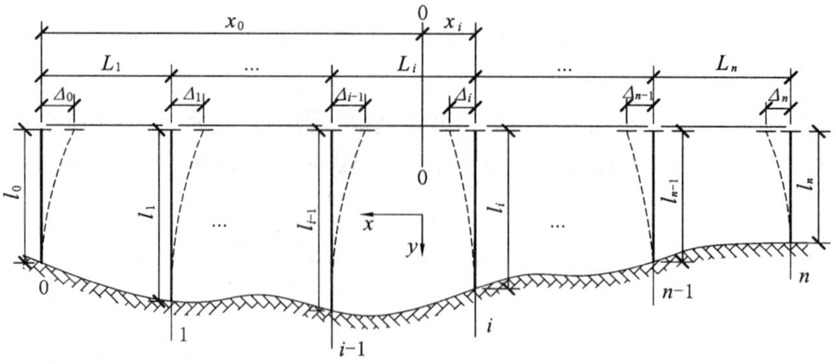

图 9.40　温度变化时柔性排架墩的偏移图示

图 9.40 中：x_0 为 0-0 线至 0 号排架的距离；i 为桩的序号，$i=0、1、2、\cdots、n$，n 为总排架数减 1；L_i 为桥梁跨径。

如果用 $x_1、x_2、\cdots、x_i$ 表示自 0-0 线至 1、2、…、i 号排架的距离，则得各墩顶部由温度引起的水平位移为：

$$\Delta_{it} = \alpha t x_i \tag{9.21}$$

式中　α—— 上部结构的线膨胀系数；

t—— 温度升降的度数。

Δ_{it}、x_i 均带有正负号，以自 0-0 线指向 x 轴正轴为正。

$$x_i = x_0 - (L_1 + L_2 + \cdots + L_i) = x_0 - \sum_{j=1}^{i} L_j \tag{9.22}$$

各排架桩顶所受的温度力为：

$$H_{it} = k_i \Delta_{it} \tag{9.23}$$

由 $\sum X = 0$ 得到：

$$\sum_{i=0}^{n} H_{it} = 0 \tag{9.24}$$

联合式(9.21) ~ 式(9.24)得到：

$$x_0 = \frac{\sum_{i=1}^{n}\left[k_i(\sum_{j=1}^{i} L_j)\right]}{\sum_{i=0}^{n} k_i} \tag{9.25}$$

当各跨跨径相同且为 L 时：

$$x_0 = \frac{\sum_{i=1}^{n}[k_i(iL)]}{\sum_{i=0}^{n} k_i} = \frac{\sum_{i=1}^{n} ik_i}{\sum_{i=0}^{n} k_i} L \tag{9.26}$$

将 x_0 代入式(9.21)，可以得到 Δ_{it}。

由式(9.20)得到，墩顶发生的水平位移综合为：

$$\Delta_i = \Delta_{iT} + \Delta_{it} \tag{9.27}$$

由前述可知，$k_i = \dfrac{3EI}{l_i^3}$。相应的水平力为：

$$H_i = k_i \Delta_i = H_{iT} + H_{it} \tag{9.28}$$

(4) 由于墩顶产生水平位移 Δ_i、墩顶竖向力 N 和弯矩 M_0 将引起墩顶产生新的附加水平位移，并使墩身内力增大，这就是所谓的二次力(或称几何非线性)效应，在高柔墩中需要考虑这一因素的影响。

作用在一个墩顶的各项水平力计算出后，便可根据最不利作用效应进行组合。柱墩按柱顶处的水平力、竖向力及弯矩对各截面进行承载能力极限状态验算和稳定性验算，排架桩应考虑桩侧土的弹性抗力，按弹性地基梁法进行内力计算，并对各截面进行承载能力极限状态验算，还要对其稳定性、桩的入土深度等进行验算。

柔性排架墩在横桥向是一个多跨刚架，横桥向水平荷载不大，一般不控制设计，可不作验算。

9.2.4.3　例题分析

【例 9.1】　图 9.41 所示五跨一联的先简支后连续梁桥，跨长 $L = 20$m，桥宽 9m，钢筋混凝土双圆柱式墩（$D = 1.0$m），混凝土强度等级为 C30，扩大基础位于基岩上。设梁与桥墩之间为刚性铰接，其余尺寸见图。试求在温升 20℃ 和公路—Ⅱ 级汽车荷载的制动力作用下所引起的最不利柱底截面弯矩。

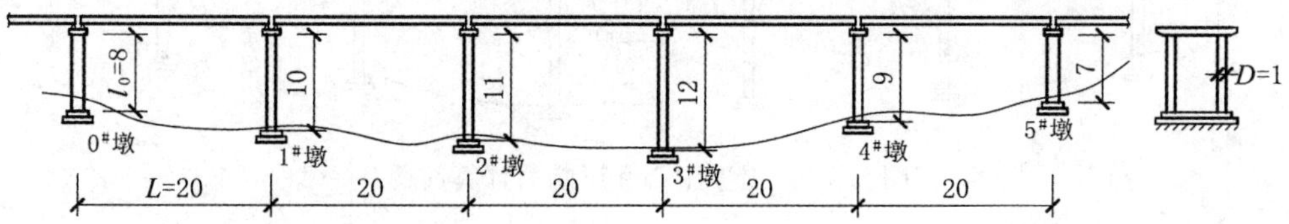

图 9.41　例 9.1 图(单位：m)

【解】　(1) 计算桥墩抗推刚度

C30 混凝土的弹性模量为：

$$E = 3 \times 10^4 \text{MPa} = 3 \times 10^7 \text{kN/m}^2$$

桥墩顺桥向的抗弯惯性矩为：

$$I = 2 \times \frac{\pi D^4}{64} = 2 \times \frac{\pi \times 1^4}{64} = \frac{\pi}{32} \text{m}^4$$

0# 墩抗推刚度为：

$$k_0 = \frac{3EI}{l_0^3} = \frac{3 \times 3 \times 10^7 \times \pi/32}{8^3} = 17257 \text{kN/m}$$

相对于 0# 墩的各墩抗推刚度比为：

$$k_0 : k_1 : k_2 : k_3 : k_4 : k_5 = \frac{3EI}{8^3} : \frac{3EI}{10^3} : \frac{3EI}{11^3} : \frac{3EI}{12^3} : \frac{3EI}{9^3} : \frac{3EI}{7^3}$$
$$= 1 : 0.512 : 0.3847 : 0.2963 : 0.7023 : 1.4927$$

(2) 计算温度影响力

① 确定温度偏移值为零的位置

由式(9.26)得：

$$x_0 = \frac{\sum_{i=1}^{n} ik_i}{\sum_{i=0}^{n} k_i} L = \frac{k_1 + 2k_2 + 3k_3 + 4k_4 + 5k_5}{k_0 + k_1 + k_2 + k_3 + k_4 + k_5} L = \frac{12.443k_0}{4.388k_0} \times 20 = 56.714 \text{m}$$

② 求各墩墩顶的位移量 Δ_{it}

由式(9.22)可以算出各墩相对于温度零点的坐标：

$$x_1 = 36.714\text{m}, x_2 = 16.714\text{m}, x_3 = -3.286\text{m}, x_4 = -23.286\text{m}, x_5 = -43.286\text{m}$$

混凝土的线膨胀系数为：$\alpha = 1 \times 10^{-5}$。

由式(9.21)得各墩墩顶位移值为：

$$\Delta_{0t} = 11.3428 \times 10^{-3} \text{m}$$
$$\Delta_{1t} = 7.3428 \times 10^{-3} \text{m}$$
$$\Delta_{2t} = 3.3428 \times 10^{-3} \text{m}$$
$$\Delta_{3t} = -0.6572 \times 10^{-3} \text{m}$$
$$\Delta_{4t} = -4.6572 \times 10^{-3} \text{m}$$
$$\Delta_{5t} = -8.6572 \times 10^{-3} \text{m}$$

③ 计算各墩墩顶承受的水平推力 H_{it}

由式(9.23) 得 0# 墩墩顶的水平推力为：

$$H_{0t} = k_0 \Delta_{0t} = 17257 \times 11.3428 \times 10^{-3} = 195.74\text{kN}$$

同理，根据刚度比和 Δ_{it}，可得其他墩顶所承受的水平推力，具体值均示于表 9.6 中。

以上各式中的 Δ_{it}、x_i、H_{it} 均带有正负号，凡与图 9.42 中 x 轴正方向相同则为正，反之为负。

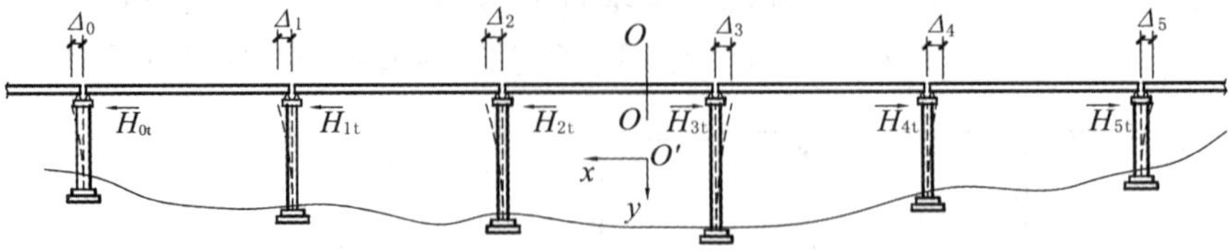

图 9.42 温度中心和影响力计算简图

(3) 计算汽车制动力

① 求汽车制动力

《桥规》规定：汽车制动力的计算布载应按车道荷载进行布置，示于图 9.43 中。从图中可知，活载总重为：

$$\sum Q = 100 \times 7.9 + 225 = 1015\text{kN}$$

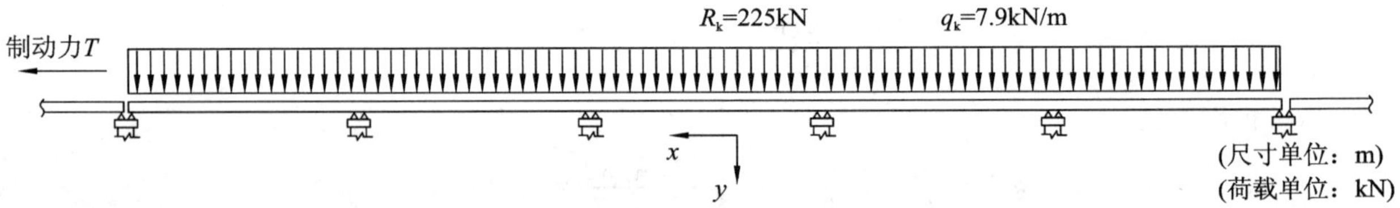

图 9.43 公路—Ⅱ 级车道荷载布置

按《桥规》第 4.3.6 条，汽车制动力为：

$$T = \sum Q \times 10\% = 101.5\text{kN}$$

同时《桥规》又规定，公路—Ⅱ 级荷载所产生的制动力不得小于 90kN，经比较取 $T = 101.5\text{kN}$。

② 汽车向左行驶时的制动力分配

按式(9.19) 计算：

$$H_{iT} = \frac{k_i}{\sum k_i} T$$

对于 0# 墩：

$$H_{0T} = \frac{k_0}{k_0 + k_1 + k_2 + k_3 + k_4 + k_5} T = \frac{k_0}{4.388 k_0} \times 101.5 = 23.13\text{kN}$$

同理得其他墩受到的制动力，计算值列于表 9.5 中。

③ 汽车向右行驶时的制动力分配

只需将向左行驶的计算值反号即得，计算值亦列于表 9.5 中。

H_{iT} 均带有正负号，以指向 x 轴正方向为正。

(4) 求墩身底截面的弯矩

① 温度影响力和汽车制动力的组合

分别按汽车向左和向右行驶的工况进行叠加，即 $H_i = H_{iT} + H_{it}$，直接在表 9.5 中计算。

② 墩底截面弯矩

按 $M_i = H_i \cdot l_i$ 直接在表 9.5 中计算。

各墩墩底水平推力及墩底截面弯矩计算值汇总 表 9.5

桥墩编号		0#	1#	2#	3#	4#	5#
墩身高度 l_i(m)		8	10	11	12	9	7
温升 20℃ 影响力 H_t(kN)		195.74	64.878	22.192	−3.36	−56.443	−223.005
制动力 H_T(kN)	向左行驶	23.131	11.843	8.899	6.854	16.245	34.528
	向右行驶	−23.131	−11.843	−8.899	−6.854	−16.245	−34.528
$H_t = H_{iT} + H_{it}$(kN)	向左行驶	218.871	76.721	31.091	3.494	−40.198	−188.477
	向右行驶	172.609	53.035	13.293	−10.214	−72.688	−257.533
墩底弯矩(kN·m)	向左行驶	1750.970	767.212	341.997	41.926	−361.781	−1319.339
	向右行驶	1380.870	530.348	146.227	−122.566	−654.193	−1802.731

从表 9.5 计算结果可知,0# 和 5# 两个边墩的墩底弯矩很大,受力不利,因而宜将两边墩支座改为滑动支座,这样墩顶只承受很小的摩阻力,墩底弯矩将大幅度减小。两端改为滑动支座后,中墩在温变效应作用下内力值变化将很小,而水平制动力原先由 6 个墩承受转成为基本只由 4 个墩承受,因而中墩在制动力作用下的内力将有所增加。

9.3 桥台计算

9.3.1 重力式桥台的计算

9.3.1.1 作用于桥台上的作用

桥台的计算荷载与桥墩计算中(见 9.2.1.1 节内容)所用到的基本相同,只是在永久作用中要计入台后填土对台身的侧压力。工程设计中,一般都将它按主动土压力计算,其大小与压实程度有关。

9.3.1.2 作用效应组合

(1) 梁桥桥台的作用布置及组合(只考虑顺桥向)

① 在桥跨结构上布置车道荷载,温度下降,制动力向桥孔方向,并考虑台后土侧压力[图 9.44(a)];

② 在台后破坏棱体上布置车道荷载,温度下降,并考虑台后土侧压力[图 9.44(b)];

③ 在桥跨结构上和台后破坏棱体上都布置车道荷载(当桥台尺寸较大时,还要考虑在桥跨结构上、台后破坏棱体上和桥台上同时布置车道荷载的情况),温度下降,制动力向桥孔方向,并考虑台后土侧压力[图 9.44(c)]。

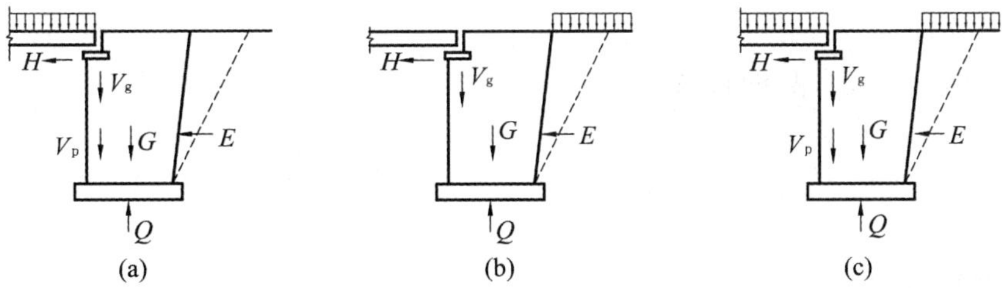

图 9.44 作用在梁桥桥台上的作用

一般重力式桥台以第二种和第三种组合控制设计,但需根据具体情况进行分析比较后才能确定。

(2) 拱桥桥台的作用布置及组合(只考虑顺桥向)

① 在台后破坏棱体上布置车道荷载,制动力向桥跨方向,桥跨上无作用,温度下降,并按未压实土考虑台后土侧压力,使桥台有向桥跨方向偏移的趋势,拱圈材料的收缩力(图 9.45);

② 在桥跨结构上布置车道荷载,使拱脚水平推力 H_p 达到最大值,温度上升,制动力向路堤方向,并按压

实土考虑台后土侧压力，使桥台有向路堤方向偏移的趋势，拱圈材料的收缩力(图 9.46)。

图中符号的意义同图 9.34。

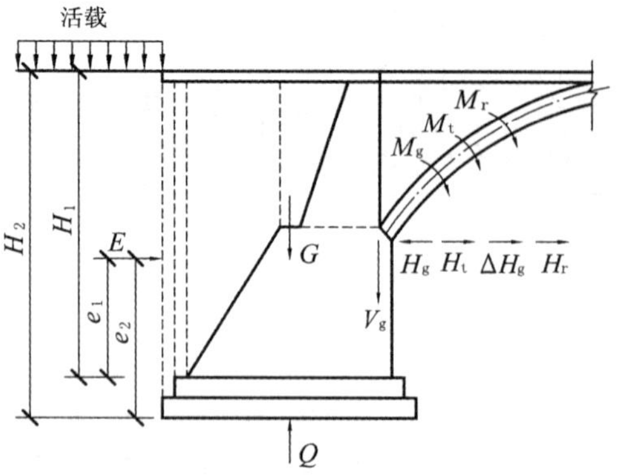

图 9.45　作用在拱桥桥台台后的作用
(第一种情况)

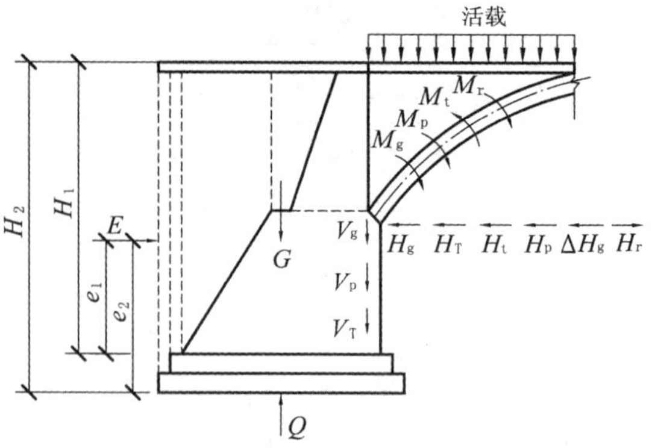

图 9.46　作用在拱桥桥跨结构上的作用
(第二种情况)

9.3.1.3　桥台承载能力、偏心和稳定性验算

桥台台身承载能力，基底承载力、偏心以及桥台稳定性验算和桥墩相同。如果 U 形桥台两侧墙宽度不小于同一水平截面前墙全长的 0.4 倍，进行桥台台身截面验算时应把前墙和侧墙作为整体考虑其受力。否则，台身前墙应按独立的挡土墙进行验算。

9.3.2　梁桥轻型桥台的计算特点

前面介绍了设有支撑梁的梁桥薄壁轻型桥台的受力特点，它是利用桥跨结构和底部支撑梁作为桥台与桥台或者桥台与桥墩之间的支撑，以防止桥台受路堤的土侧压力而向河心方向移动，从而使结构成为四铰框架的受力体系。因此，对于这类桥台(例如一字形桥台)的计算主要包括以下三项内容：

(1) 桥台(顺桥向)在侧向土压力作用下台身作为竖梁进行截面承载能力极限状态验算。

(2) 桥台(包括基础)在竖向荷载作用下横桥向作为一根弹性地基短梁进行截面承载能力极限状态验算。

(3) 基础底面下地基应力验算。

9.3.2.1　桥台作为竖梁时的截面承载能力极限状态验算

通常取单位桥台宽度进行验算，其步骤为：

(1) 验算截面处的竖直力 N

它包括以下三项：

① 桥跨结构永久作用在单位宽度桥台上的支点反力 N_1；

② 单位宽度台帽的自重 N_2；

③ 验算截面以上单位宽度台身的自重 N_3。

于是：

$$N = N_1 + N_2 + N_3$$

(2) 土压力计算

计算土压力时，对桥台的最不利作用效应组合是桥上无车道荷载，台背填土破坏棱体上有车道荷载。其承载作用分布图示如图 9.47 所示。

① 单位台宽由填土本身引起的土压力 E_T

它呈三角形分布，其计算公式为：

$$E_T = \frac{1}{2}\gamma H_2^2 \tan^2\left(45° - \frac{\varphi}{2}\right) \tag{9.29}$$

② 单位台宽由车道荷载引起的土压力 E_c

它呈均匀分布，其计算公式为：

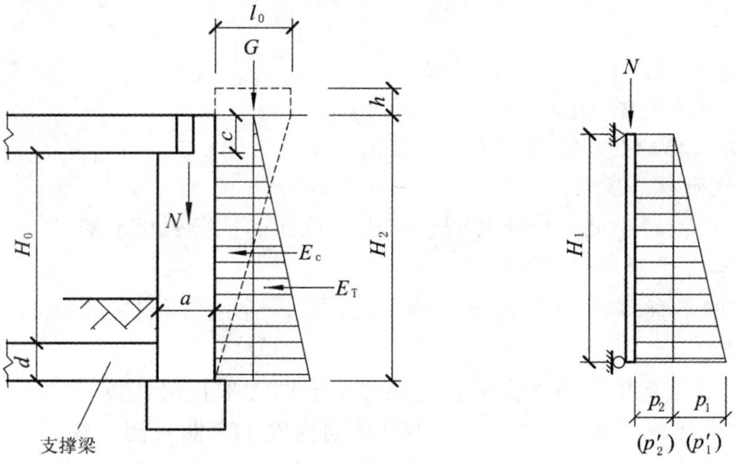

图 9.47 土压力及计算图式

$$E_c = \gamma H_2 h \tan\left(45° - \frac{\varphi}{2}\right) \tag{9.30}$$

③ 单位台宽的总土压力 E

$$E = E_T + E_c \tag{9.31}$$

④ 等代土层厚度 h

$$h = \frac{\sum G}{B l_0 \gamma} \tag{9.32}$$

式中 γ—— 台后填土容重；

φ—— 土的摩擦角；

$\sum G$—— 布置在 $B \times l_0$ 面积内的车道荷载；

B—— 桥台计算宽度；

l_0—— 台后填土的破坏棱体长度，按下式计算：

$$l_0 = H_2 \tan\left(45° - \frac{\varphi}{2}\right) \tag{9.33}$$

(3) 台身内力计算

① 计算图式

台身按上下铰接的简支梁计算，如图 9.47 所示。对于有台背的桥台，因上部构造与台背间的缝隙已用砂浆或小石子混凝土填实，保证了有牢靠的支撑作用，因此，台身受弯的计算跨径为：

$$H_1 = H_0 + \frac{1}{2}d + \frac{1}{2}c \tag{9.34}$$

式中 H_0—— 桥跨结构与支撑梁间的净距；

d—— 支撑梁的高度；

c—— 桥台背墙的高度。

对于受剪的计算跨径，则取 $H_1 = H_0$。

② 内力计算

在计算截面弯矩 M 时，轴力 N 的影响忽略不计，而是放在截面承载能力极限状态验算中考虑。对于跨中截面其弯矩为：

$$M = \frac{1}{8} p_2 H_1^2 + \frac{1}{16} p_1 H_1^2 \tag{9.35}$$

在台帽顶部截面的剪力为：

$$Q = \frac{1}{2} p'_2 H_0 + \frac{1}{6} p'_1 H_0 \tag{9.36}$$

在支撑梁顶面处的剪力为：

$$Q = \frac{1}{2}p'_2 H_0 + \frac{1}{3}p'_1 H_0 \tag{9.37}$$

式中　p_1, p_2—— 受弯计算跨径 H_1 处的土压力强度；

p'_1, p'_2—— 受剪计算跨径 H_0 处的土压力强度。

(4) 截面承载能力极限状态验算

按《桥规》有关公式进行跨中截面的抗压强度和支点截面的抗剪强度验算。

9.3.2.2　桥台在本身平面内的弯曲验算

轻型桥台是一较长的平直薄墙，在竖向力作用下，桥台在本身平面内发生弯曲，其弯曲的程度与地基的变形系数 α 有关(图 9.48)。

当桥台长度 $L > 4/\alpha$ 时，把桥台当作支承在弹性地基上的无限长梁计算；当 $L < 1.2/\alpha$ 时，把桥台当作支承在弹性地基上的刚性梁计算(即不考虑桥台在本身平面内发生弯曲)；当 $4/\alpha > L > 1.2/\alpha$ 时，把桥台当作支承在弹性地基上的短梁计算。在一般情况下，轻型桥台的长度大多处于 $4/\alpha$ 和 $1.2/\alpha$ 之间，因此，这里仅介绍按短梁计算的公式。

设梁上作用着一段对称的均布作用，则梁的最大弯矩产生在中点，其计算公式为：

$$M_{1/2} = \frac{q}{2\beta^2}\left(\frac{\mathrm{ch}\beta l - 1}{\mathrm{sh}\beta l + \sin\beta l}\mathrm{ch}\beta a\sin\beta a + \frac{1-\cos\beta l}{\mathrm{sh}\beta l + \sin\beta l}\mathrm{sh}\beta a\cos\beta a - \mathrm{sh}\beta a\sin\beta a\right) \tag{9.38}$$

式中　l—— 基础长度；

a—— 桥台中心线至分布荷载边缘的距离；

β—— 特征系数，其计算公式为：

$$\beta = \sqrt[4]{\frac{k}{4EI}}$$

式中　k—— 土的弹性抗力系数，若无试验资料时，可按规范或手册采用；

E, I—— 桥台的弹性模量和截面惯性矩。

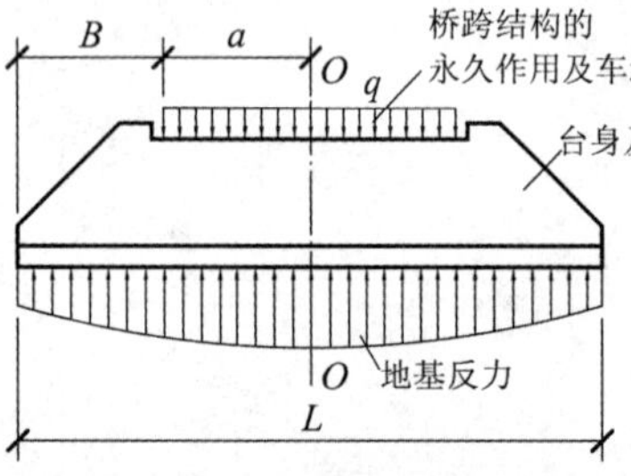

图 9.48　桥台受力图示

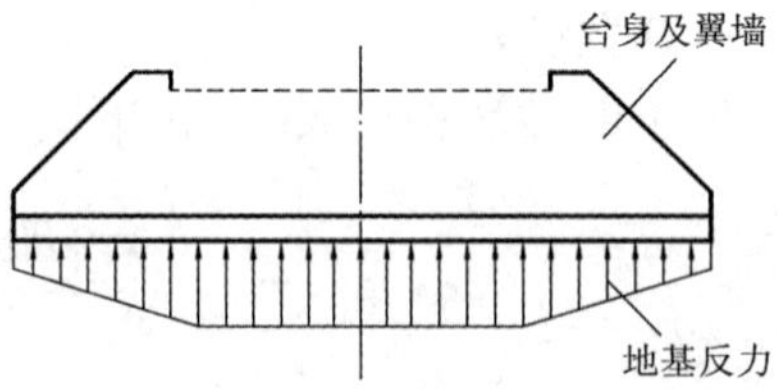

图 9.49　桥台自重引起的基础应力分布图

9.3.2.3　基底应力验算

桥台的基底应力为桥台本身自重引起的和桥跨结构的永久作用及车道荷载引起的应力之和。桥台自重引起的基底应力可按台墙因自重不致发生弯曲的假定(图 9.49) 计算。作用引起的基底最大应力可按下式求得：

$$\sigma = \frac{q}{b}\left(\frac{\mathrm{ch}\beta l + 1}{\mathrm{sh}\beta l + \sin\beta l}\mathrm{sh}\beta a\cos\beta a + \frac{1+\cos\beta l}{\mathrm{sh}\beta l + \sin\beta l}\mathrm{ch}\beta a\sin\beta a + 1 - \mathrm{ch}\beta a\cos\beta a\right) \tag{9.39}$$

式中　b—— 基础宽度；

其余符号意义同前。

拱桥轻型桥台在目前工程设计中应用较少，故不作介绍，需要时可参考《公路桥涵设计手册 —— 墩台与基础》[15]。

本 章 小 结

1. 梁桥(或拱桥) 墩(台) 主要由墩(台) 帽、墩(台) 身和基础三部分组成。

2. 梁桥墩台可分为重力式墩台和轻型墩台两大类。重力式墩台是靠自身重量来平衡外力而保持其稳定，其墩、台身比较厚实，一般用天然石材或片石混凝土砌筑，但圬工体积较大，适用于地基良好的大、中型桥梁。轻型墩、台的体积和自重较小，刚度小，受力后允许在一定的范围内发生弹性变形，一般用钢筋混凝土和少量配筋的混凝土修建，适用于中、小跨径桥梁。

3. 梁桥桥墩按其构造可分为实体桥墩、空心桥墩、柱式桥墩和柔性排架墩四种类型。实体桥墩分实体重力式桥墩和实体薄壁式桥墩两种；空心桥墩在外形上与实体重力式桥墩无太大的差别，只是将墩身内部作为空腔体以减轻自重，减少软弱地基的负荷；柱式桥墩的常用形式有单柱式、双柱式（或多柱式）和哑铃式以及混合双柱式；柔性排架墩是由单排或双排的钢筋混凝土桩与钢筋混凝土盖梁连接而成。

4. 梁桥轻型桥台有设支撑梁的轻型桥台、钢筋混凝土薄壁桥台和埋置式桥台等几种类型。

5. 拱桥重力式桥墩可分为普通墩和单向推力墩，普通墩的墩身薄一些，单向推力墩则做得厚实一些。

6. 拱桥桥墩与梁桥桥墩的一个不同点是，梁桥桥墩的顶面要设置传力的支座，且支座距顶面边缘要保持一定的距离；而拱桥桥墩则在其顶面的边缘设置呈倾斜面的拱座，直接承受由拱圈传来的垂直压力和水平推力。

7. 拱桥桥台可分为重力式桥台、轻型桥台和组合式桥台。常用的重力式桥台为 U 形桥台，其尺寸一般较相应梁桥的要大。常用的轻型桥台有八字形和 U 形桥台。轻型桥台的工作原理是，当桥台受到拱的推力后，便发生绕基底形心轴而向路堤方向的转动，依靠台后土产生的抗力来平衡拱的推力，从而减小桥台尺寸，但由于拱脚位移而产生的附加内力必须予以计算。

8. 重力式桥墩计算包括截面强度验算、桥墩的稳定性验算、墩顶水平位移验算、基础底面土的承载力和偏心距的验算。

9. 桩柱式桥墩计算包括盖梁计算和柱身计算。

10. 柔性排架墩计算也包括截面强度验算和桥墩稳定性验算，其中的重点是水平力的计算，包括墩顶制动力和梁的温度变形引起的水平力计算。

11. 梁桥轻型桥台的计算包括桥台作为竖梁时的强度计算、桥台在本身平面内的弯曲验算和基底应力验算。

思考题及习题

9.1　说明重力式桥墩和轻型桥墩的特点及适用范围。

9.2　说明重力式桥台和轻型桥台的特点及适用范围。

9.3　什么叫 U 形桥台？

9.4　叙述设有支撑梁的轻型桥台的特点。

9.5　什么叫单向推力墩？

9.6　当设置在基岩上的桥墩基底的合力偏心距超出核心半径时，基底应力如何验算？

9.7　题 9.7 图所示为五跨一联的简支梁桥，跨长 $L = 20$m，桥宽 9m，钢筋混凝土双圆柱式墩（$D = 1.0$m），混凝土标号为 C30，扩大基础位于基岩上。桥面做成简支连续，$1^{\#} \sim 4^{\#}$ 桥墩与梁之间为刚性铰接，$0^{\#}$ 和 $5^{\#}$ 桥墩采用滑动支座，摩阻系数近似取为零，其余尺寸见图。试求在温降 20℃ 和汽车 — 超 20 级荷载的制动力作用下所引起的最不利柱底截面弯矩。

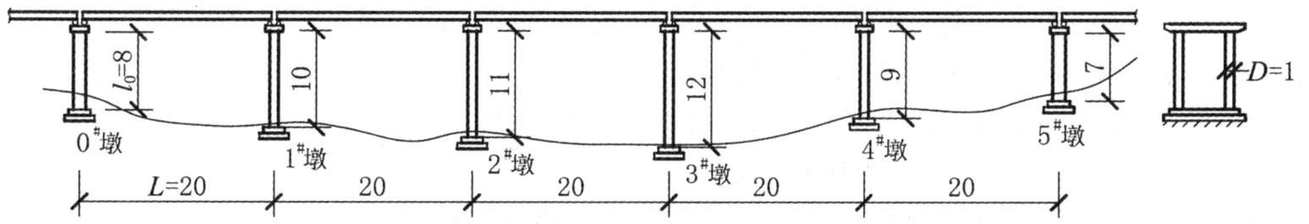

题 9.7 图（单位：m）

参 考 文 献

[1] 交通部.公路桥涵设计通用规范(JTG D60—2015).北京:人民交通出版社,2015.

[2] 交通部.公路圬工桥涵设计规范(JTG D61—2005).北京:人民交通出版社,2005.

[3] 交通部.公路钢筋混凝土及预应力混凝土桥涵设计规范(JTG D62—2004).北京:人民交通出版社,2004.

[4] 交通部.公路桥涵地基与基础设计规范(JTG D63—2007).北京:人民交通出版社,2007.

[5] 交通部.公路交通安全设施设计规范(JTG D81—2006).北京:人民交通出版社,2006.

[6] 交通部.公路桥涵施工技术规范(JTG/T F50—2011).北京:人民交通出版社,2011.

[7] 建设部.城市桥梁设计规范(CJJ 11—2011).北京:中国建筑工业出版社,2011.

[8] 建设部.城市道路照明设计标准(CJJ 45—2006).北京:中国建筑工业出版社,2006.

[9] 毛瑞祥,程翔云.公路桥涵设计手册 —— 基本资料.北京:人民交通出版社,1995.

[10] 徐光辉,胡明义.公路桥涵设计手册 —— 梁桥(上册).北京:人民交通出版社,1996.

[11] 顾懋清,石绍甫.公路桥涵设计手册 —— 拱桥(上册).北京:人民交通出版社,1997.

[12] 顾安邦,孙国柱.公路桥涵设计手册 —— 拱桥(下册).北京:人民交通出版社,1997.

[13] 江祖铭,王崇礼.公路桥涵设计手册 —— 墩台与基础.北京:人民交通出版社,1997.

[14] 金吉寅,等.公路桥涵设计手册 —— 桥梁附属构造与支座.北京:人民交通出版社,1999.

[15] 姚玲森.桥梁工程(公路与城市道路工程专业用).北京:人民交通出版社,1985.

[16] 范立础.桥梁工程(上、下册)(桥梁工程专业用).2 版.北京:人民交通出版社,1993.

[17] 顾安邦.桥梁工程(下).高等学校教材(土木工程专业用).北京:人民交通出版社,2000.

[18] 张明君,等.城市桥梁工程.北京:中国建筑工业出版社,2000.

[19] 雷俊卿.桥梁悬臂施工与设计.北京:人民交通出版社,2000.

[20] 徐岳,等.预应力混凝土连续梁桥设计.北京:人民交通出版社,2000.

[21] 叶国铮,等.道路与桥梁工程概论.北京:人民交通出版社,1999.

[22] 范立础.预应力混凝土连续梁桥.北京:人民交通出版社,1999.

[23] 钱冬生,陈仁福.大跨悬索桥的设计与施工.成都:西南交通大学出版社,1999.

[24] 黄绳武.桥梁施工及组织管理(上).北京:人民交通出版社,1999.

[25] 陈宝春.钢管混凝土拱桥设计与施工.北京:人民交通出版社,1999.

[26] 李杨海,等.公路桥梁伸缩装置实用手册.2 版.北京:人民交通出版社,2007.

[27] 马尔立.公路桥梁墩台设计与施工.北京:人民交通出版社,1998.

[28] 万国坤,等.桥梁漫笔.北京:中国铁道出版社,1997.

[29] 铁道部大桥工程局桥梁科学研究所.悬索桥.北京:科学技术文献出版社,1996.

[30] 易建国.桥梁计算实例集 —— 混凝土简支梁(板)桥.北京:人民交通出版社,1991.

[31] 周远棣,徐君兰.钢桥.北京:人民交通出版社,1991.

[32] 经德良.湖北省公路桥梁的回顾与展望//2000 年桥梁学术讨论会论文集.北京:人民交通出版社,2000.

[33] 范立础.桥梁工程(上).北京:人民交通出版社,2001.

[34] 邵旭东.桥梁工程.北京:人民交通出版社,2004.

[35] 强士中,邵旭东.桥梁工程(上).北京:高等教育出版社,2004.

[36] 李杨海.公路桥梁支座实用手册.北京:人民交通出版社,2009.

[37] 邵旭东,等.桥梁设计与计算.北京:人民交通出版社,2007.

[38] 交通运输部公路局,中交第一公路勘察设计研究院有限公司.公路工程技术标准(JTG B01—2014).北京:人民交通出版社,2015.